高等学校规划教材·材料科学

管道的腐蚀与控制

王　荣　杨爱民　雒设计　刘文婷　编著

西北工业大学出版社

【内容简介】 本书以管道和管道材料为主要对象,系统地论述了金属材料与环境作用而产生腐蚀的理论基础和控制腐蚀的方法。内容包括管道成型技术及管道用钢;金属高温氧化的热力学和动力学规律;金属腐蚀的电化学原理、电极过程的动力学规律;局部腐蚀的产生机理、动力学规律及影响因素;典型环境中的腐蚀机理和控制因素;常用腐蚀控制技术,涂层、阴极保护和缓蚀剂的原理及工程应用;材料的腐蚀性与评价方法,以及典型材料的腐蚀性等。

本书可作为高等院校材料类专业的教材,也可作为从事材料腐蚀与防护研究和工程应用领域工作的研究人员、工程技术人员和管理人员的参考书。

图书在版编目(CIP)数据

管道的腐蚀与控制/王荣等编著. —西安:西北工业大学出版社,2013.2
ISBN 978 - 7 - 5612 - 3596 - 6

Ⅰ.①管… Ⅱ.①王… Ⅲ.①管道防腐 Ⅳ.U177

中国版本图书馆 CIP 数据核字(2013)第 030158 号

出版发行:西北工业大学出版社
通信地址:西安市友谊西路 127 号   邮编:710072
电　　话:(029)-88493844　88491757
网　　址:http://www.nwpup.com
印 刷 者:陕西兴平报社印刷厂
开　　本:787 mm×1 092 mm　　1/16
印　　张:18
字　　数:437 千字
版　　次:2013 年 3 月第 1 版　　2013 年 3 月第 1 次印刷
定　　价:38.00 元

前　言

金属材料的使用面广、量大，因此它们的使用性能，特别是腐蚀性能一直受到工程领域的关注。在各种金属材料中，钢铁是创造人类铁器时代文明的基础材料，曾经有力地推进了人类工业化的进程。进入 21 世纪，信息技术和电子材料突飞猛进，但对钢铁的需求却有增无减，这主要是因为钢铁具有优良的综合性能和低的比强度价格。因此，钢铁材料仍然是工程结构中最重要的基础材料，也是产量最大的结构材料。

各种工程设施、构件和机械装备等必须在一定环境中工作，有些环境具有很强的腐蚀性，例如化工领域的各种化学介质，石油、天然气领域的二氧化碳和硫化氢，材料会与其作用而产生腐蚀。这不仅会导致材料的损失，从而使设施发生破坏，而且可能引发事故，造成巨大的经济损失。腐蚀是一个十分复杂的过程，材料和环境中任何微小的变化都会影响最终的腐蚀速率。因此，掌握材料在腐蚀性环境中的腐蚀机理和探索腐蚀的控制技术具有十分重要的意义。

本书紧密围绕材料腐蚀基础理论和工程应用这两个主题，系统介绍了金属尤其是钢铁材料在腐蚀环境中的腐蚀机制、动力学规律和各种防护方法的原理。第 1 章主要介绍了管道成型及管道用钢的特点；第 2,3 章介绍了金属腐蚀的热力学和动力学理论；第 4 章介绍了局部腐蚀的现象、产生原理和控制措施；第 5 章阐述了典型自然环境中的腐蚀现象和规律，以及油气工业中二氧化碳、硫化氢的腐蚀问题；第 6~8 章介绍了涂层、阴极保护和缓蚀剂防腐蚀措施的原理和应用；第 9 章介绍了材料的腐蚀性和评价方法，并列举了常见材料腐蚀体系的腐蚀速率结果。本书选择管道这一典型工程构件，突出了腐蚀的理论基础与工程实践的结合。

本书的编写分工如下：绪论、第 2~5 章由王荣编写；第 6 章由杨爱民编写；第 1,7,9 章由雒设计编写；第 8 章由刘文婷编写；王荣对全书进行了统稿。

本书是在总结前人研究结果的基础上，结合笔者的教学和科研实践撰写的。书中引用了大量的数据、图表，特别是近年来对各种管道用钢腐蚀性的研究成果，在此对有关作者表示感谢。本书得到了西安石油大学教材建设项目的资助，在此一并表示衷心的感谢。

由于水平有限，书中的缺点和错误在所难免，敬请广大读者批评指正。

编　者

2012 年 11 月

目　录

绪 论

1. 腐蚀及其定义

材料是人类用于制造物品、器件、构件、机器或其他产品的物质,是现代科学技术和当代文明的重要支柱。在各种材料中,金属及其合金是工程领域、工业部门等用量最大的材料。各种金属设施、构件和机械装备等在使用中离不开环境,这些环境有些对金属的影响很小,有些则具有很高的腐蚀性。

在自然界,绝大多数金属是以离子的形式存在于各种矿石中,是处于低能状态的。当把金属从矿石中提炼(通常称为冶金过程)出来时,需要提供很大的能量,因此冶金所得到的金属是处于高能状态的。冶金所用的矿石往往是典型的金属化合物,如钢铁冶炼时的赤铁矿(Fe_2O_3)、炼铝的铝土矿($Al_2O_3 \cdot H_2O$)。从热力学上讲,任何体系包括材料总是趋向于以最低的能量状态存在的,因此冶金所得到的大多数金属处于热力学不稳定的状态,具有自发寻求低能量状态的倾向,如氧化物或其他化合物。因此,从广义上讲,金属转变为低能状态氧化物的过程就是腐蚀,而腐蚀过程正好是冶金的逆过程,最重要的是腐蚀过程是一个自发过程,是不可避免的。

冶金技术水平的提高,可提高生产率和材料的质量,进而提高材料的抗腐蚀性,即提高材料对腐蚀的抗力,但从热力学上来说,腐蚀总是自发的,只不过是特定材料与具体腐蚀环境所组成腐蚀体系的腐蚀速率高低不一而已。寻求冶金手段以外的方法是延缓或控制材料腐蚀的重要技术,即防腐蚀技术。防腐蚀技术的提高,能以少量的投入降低材料的损失率,从而延长构件的使用寿命。

金属材料在人类发展史上占有极为重要的地位,现在和今后都应该是用量最大的材料,被广泛用于各种工程设施、结构和机械装备等,其他材料均不能完全替代它们。这些工程设施等在服役过程除承受外载荷(应力)外,其所处的环境也具有一定的腐蚀性,环境和金属材料的协同作用,在一定的条件下就会发生明显的腐蚀,造成金属材料的损失,同时对这些工程设施等的安全使用产生影响。

大量的工程实践表明,各种工程设施、构件和机械装备等的失效,即丧失其规定的功效,是由它们的服役条件所决定的,主要表现为腐蚀(Corrosion)、断裂(Fracture)和磨损(Wear)三种失效破坏形式,它们发展成了三个独立的综合性边缘学科。与断裂不同,金属的磨损和腐蚀是一个渐变的过程,腐蚀与金属的粉化和氧化有关,且腐蚀损伤的金属转变为离子或化合物,不可恢复。

不可能存在绝对不腐蚀的材料,即便是陶瓷、有机材料也存在腐蚀问题,只不过相对金属材料在相同环境中的腐蚀速率要小得多。所谓的不锈钢,只不过比普通钢具有明显高的腐蚀抗力和明显低的腐蚀速率而已。因此,腐蚀定义为材料与环境之间通过化学反应、电化学反应或物理性溶解引起材料的损失、变质或破坏(针对工程构件、零件)的现象。

2. 腐蚀的危害及其研究意义

材料的腐蚀问题遍及国民经济的各个部门,造成的危害令人触目惊心,概括为巨大的经济损失、灾难性事故、停工停产、环境污染等。

腐蚀的经济损失包括直接的经济损失和间接的经济损失。直接的经济损失是指由腐蚀造成的材料损失。据发达国家估计,金属腐蚀的直接经济损失约占国民经济总产值的 1.5%~4.2%,主要有 1969 年英国 Hoar 报告估计英国的年腐蚀损失＞13.65 亿英镑,1975 年美国 NBS 报告估计美国的年腐蚀损失＞700 亿美元,1992 年 ASM 手册 B 卷估计美国的年腐蚀损失＞1 700 亿美元,2003 年《中国腐蚀调查报告》数据指出我国的年腐蚀损失达 5 000 亿元。金属结构由腐蚀引起的事故所造成的间接经济损失也很大。

腐蚀若引发重要设施或结构破坏往往会引起灾难性事故,最有影响的是 1988 年英国北海油田阿尔法平台因腐蚀导致爆炸,致使 166 人丧生,北海油田年减产 12%。

在工业生产过程中由于腐蚀损伤引起结构的损坏频繁发生,往往导致停工、停产,不仅会影响正常的生产,而且会造成不必要的经济损失。

腐蚀造成生产中的"跑、冒、滴、漏",使有毒气体、液体、核放射物质等外逸,不仅污染周围的环境,而且会危及人类的生命安全和健康。如 1990 年美国轻水堆核电站由于腐蚀的原因不仅造成 13 亿美元的经济损失,而且导致人员辐射达 10^4 人·伦。腐蚀失效造成的直接人员伤亡的例子则不胜枚举,例如,1984 年 12 月 3 日美国联合碳化物公司在印度博帕尔市的农药厂泄漏了 45 吨甲基异氰酸酯剧毒物,造成 3 500 多人丧生,20 多万人中毒;1985 年 8 月,日航一架波音 747 客机由于机身增压舱端框应力腐蚀断裂而坠毁,机上 524 人全部遇难。

腐蚀造成的危害极大,不仅带来巨大的经济损失,而且给人类赖以生存的环境造成严重的污染以及资源和能源的严重损耗。因此,学习和研究腐蚀的基本原理,减缓和控制腐蚀破坏的发生,不仅有显著的经济效益,而且有巨大的社会效益,同时对促进新技术、新工艺的发展也是必不可缺的。实际上,经过人类与腐蚀现象的长期斗争,通过对腐蚀行为、机理和规律较为广泛、深入的研究,已经建立了一定的基础理论,并通过借助相关科学技术的发展,探索出了一系列行之有效的腐蚀控制方法,且已用于材料和工程设备的腐蚀防护。因此,研究材料的腐蚀与控制具有十分重要的意义。

实践表明,若能充分利用现有的防腐蚀技术,实施严格的科学管理,就有可能使腐蚀损失降低 15%~40%,但仍有 50% 以上的腐蚀损失尚无行之有效的腐蚀控制方法加以避免。同时,随着科学技术的进步和社会的发展,原有的腐蚀问题不断得到解决,但新的腐蚀问题也在不断涌现。因此,需要不断加强腐蚀学科的基础理论和防护工程应用技术的研究。

应该指出,由于任何事物都是一分为二的,"腐蚀"既有有害的一面,也有有利的一面,如利用腐蚀现象进行固体燃料电池开发、电化学加工、制备信息硬件的印刷线路、制取奥氏体粉末、腐蚀出金相试样的微观形貌等,均属于腐蚀对人类有利的一面。因此,从科学上深入理解腐蚀的机理,在技术上避免腐蚀的有害效应、利用其有利效应,就可以最大限度地获得人类所追求的经济效益。

综上所述,可以看出学习和掌握材料的腐蚀与控制技术是十分必要的,目的主要在于:①研究材料在各种腐蚀性环境介质作用下的破坏行为,不仅要从热力学方面研究腐蚀发生的可能性,更重要的是研究腐蚀发生的动力学规律和机理,弄清腐蚀过程的控制因素,以指导实际工程构件腐蚀的控制;②以材料的腐蚀理论基础、腐蚀防护技术为应用目标,开发具有高耐腐蚀性的合金,研究和发展腐蚀控制的技术以延长工程结构的使用寿命,同时对制定腐蚀控制的标准及规范具有积极的推动作用;③研究和开发腐蚀测试、检测和监控方法,以保障工程构件安全可靠地运行,防止因腐蚀引发的事故。

3.腐蚀的分类

材料的腐蚀科学与防护技术实际上是一门涉及多学科的综合性边缘学科,它的理论和实践与金属学、金属物理、材料学、化学、电化学、物理学、物理化学、工程力学、断裂力学、流体力学、化学工程学、机械工程学、微生物学、表面科学、表面工程学、电学、计算机科学等密切相关。因此,作为独立学科的腐蚀科学学科是随着各相关学科的发展逐步完善的。

腐蚀往往首先从材料的表面开始,组成材料的原子或分子脱离材料基体而造成材料的损失,则在材料表面产生腐蚀损伤。随腐蚀过程的发展,材料表面的腐蚀损伤因材料性质和环境特性,其表现形式多种多样。腐蚀可按机理、环境、腐蚀损伤形态等多种方法进行分类。

按腐蚀的机理可将腐蚀分为化学腐蚀(Chemical corrosion)和电化学腐蚀(Electrochemical corrosion)。化学腐蚀是材料与环境中的成分直接通过化学反应而引起的腐蚀,如金属与大气中的氧发生氧化反应形成氧化物,通常只有在高温下氧化才会产生明显的金属损失,故将其称为高温氧化;又如金属在酸、碱等化学药品中的腐蚀。电化学腐蚀是金属在电解质溶液中通过电化学反应而引起的金属腐蚀。电化学的腐蚀过程,包括一对共轭的氧化、还原反应,腐蚀过程中有电子的迁移,即有电流产生。在常温水溶液、自然环境中,金属的腐蚀基本属于电化学腐蚀。

按照腐蚀损伤的形态或引起材料的破坏形式,可将腐蚀分为均匀腐蚀和局部腐蚀两大类。所谓均匀腐蚀是指腐蚀发生在整个金属材料的表面,其结果是导致金属表面均匀减薄。局部腐蚀则是指腐蚀集中发生在金属材料表面的局部不大面积内,而其余大部分表面腐蚀十分轻微,甚至不发生腐蚀。在各类腐蚀失效事例中,80%为局部腐蚀破坏。局部腐蚀按形态、部位等可划分为电偶腐蚀、点腐蚀、晶间腐蚀、缝隙腐蚀等。

按照环境的特性可将腐蚀分为气体腐蚀、非电解质溶液中的腐蚀、大气腐蚀、海水腐蚀、土壤腐蚀、电解质溶液中的腐蚀、生物腐蚀和人体腐蚀等,其中气体腐蚀、非电解质溶液中的腐蚀属于化学腐蚀,其余以电化学腐蚀为主。

工业合金的各组分或组成相通常存在化学的或电化学的差异,导致合金在腐蚀环境中首先发生选择性腐蚀。选择性腐蚀(Selective corrosion)是某些组分或组成相不按其在合金中所占的比例进行反应所发生的合金腐蚀。在合金腐蚀过程中,在表面上某些特定部位优先产生选择性的溶解现象。金属固溶体的组元之一,优先地由于腐蚀而转入溶液,而金属表面则逐渐地富集了另一组元,称为组元的选择性腐蚀,如黄铜脱锌。在多相合金中,任何一相发生优先溶解,称之为组织的选择性腐蚀。铸铁因腐蚀而发生铁素体的溶解,碳化物和石墨在表面上富集是这类腐蚀的实例。由于腐蚀后剩下一个已优先除去某种合金组分的组织结构,因此也常称为去合金化。去合金化后材料总的尺寸变化不大,但金属已失去了强度,因而易于发生危险事故。

按照构件工作条件、力学性质可将腐蚀分为流体力学-化学腐蚀和固体力学-化学腐蚀(或断裂腐蚀)。流体力学-化学腐蚀包括空泡腐蚀和冲刷腐蚀。固体力学-化学腐蚀包括应力腐蚀开裂、氢脆和腐蚀疲劳。

非金属材料(无机非金属材料、有机材料)的腐蚀机理与金属材料有所不同。金属材料的腐蚀有化学腐蚀和电化学腐蚀之分，而非金属材料的腐蚀破坏通常为纯化学作用和物理作用，如塑料的氧化和水解腐蚀均为化学变化，紫外线辐射引起的老化也是一种氧化过程，而辐射导致的高分子材料的分解则为物理作用的结果。硅酸盐材料的腐蚀破坏通常也是由于化学的或物理的因素所致，并非电化学过程引起的。

4. 本书的内容

本书紧密围绕材料腐蚀的基础理论和工程应用这两个主题，系统地介绍了金属尤其是钢铁材料在腐蚀环境中腐蚀的机制、动力学规律和各种防护方法的原理，以期为工程实践中材料腐蚀的控制提供参考。全书共9章，第1章主要介绍了管道成型及管道用钢的特点；第2章介绍了金属高温腐蚀的热力学和动力学理论；第3章介绍了金属在电解质溶液中电化学腐蚀的热力学和电极动力学理论；第4章介绍了局部腐蚀的现象、产生原理和控制措施；第5章阐述了典型自然环境中的腐蚀现象和规律，以及油气工业中二氧化碳、硫化氢腐蚀的基本问题；第6～8章介绍了涂层、阴极保护和缓蚀剂防腐蚀措施的原理和应用；第9章介绍了材料的腐蚀性和评价方法，并列举了常见材料腐蚀体系的腐蚀速率结果。

本书选择管道这一典型工程构件并列举了大量有关管道及管道材料腐蚀规律与控制的实例，突出了腐蚀的理论基础与工程实践的结合。因此，本书的内容具有很强的实践性和实用性。

第1章 管道及管道用钢

1.1 管道及其分类

1.1.1 管道

管道(Pipe)是用各种材料制成的管子(Tube)的通称。管子是具有长度大于截面尺寸,且截面为空心的工程构件,如图1-1所示。直径小的空心构件称为管子,直径大的空心构件称为管道。若干个空心管道构件连接在一起组成管道。当管道的长度很长,达到几万米到几百万米时,称为管线。

图1-1 圆形截面管道

制造管道的材料很多,实际工程所使用的大多为钢铁材料,所以将钢材制造的管道称为钢管。钢管生产技术的发展始于自行车制造业的兴起。19世纪初期石油的开发,两次世界大战期间舰船、锅炉、飞机的制造,第二次世界大战后火电锅炉的制造,化学工业的发展以及石油天然气的钻采和运输等,都有力地推动着钢管工业在品种、产量和质量上的发展。

钢管不仅用于输送气体、输送流体和粉状固体、交换热能、制造机械零件和容器,它还是一种经济钢材。用钢管制造建筑结构网架、支柱和机械支架,不仅可以减轻质量,节省金属20%~40%,而且可实现工厂机械化施工。用钢管制造公路桥梁不但可节省钢材、简化施工,而且可大大减少涂层保护的面积,节约投资和维护费用。所以,任何其他类型的钢材都不能完全代替钢管,但钢管可以代替部分型材和棒材。钢管与国民经济发展和人类生活品质的提高关系甚大,远胜于其他钢材。从人们的日常用具、家具、供排水、供气、通风和采暖设施到各种农机用具的制造,地下资源的开发,国防和航天所用枪炮、子弹、导弹、火箭等都离不开钢管。

正由于钢管与人类生活、生产活动密不可分,钢管工业的生产技术不仅发展迅速,而且推陈出新,钢管生产在钢铁工业中占有不可替代的位置。

1.1.2　管道的分类

钢管按截面形状可分为圆形管、方形管、矩形管、八角形管、六角形管、D形管、五角形管、异形钢管等。还有一些复杂断面的钢管,如双凹型钢管、五瓣梅花形钢管、圆锥形钢管、波纹形钢管、瓜子形钢管、双凸形钢管等。

钢管按用途可分为管道用钢管、热工设备用钢管、机械工业用钢管、石油与地质钻探用钢管、容器钢管、化学工业用钢管、特殊用途钢管等。

钢管按成型工艺可分为无缝钢管和有缝钢管两类。无缝钢管是一种具有中空截面、周边没有接缝的长条形钢材。有缝钢管是中空截面、周边有接缝的长条形钢材,主要是焊接钢管,用钢板或钢带经过卷曲成型后由焊接方法制成。

无缝钢管按其制造工艺可以分为热轧(挤压)、冷轧(拔)、热扩钢管。

焊接钢管按焊缝的形式可分为直缝焊管和螺旋焊管,按照制造工艺可以分为直缝焊接钢管、埋弧焊接钢管、板卷对接焊钢管、焊管热扩钢管。

焊接钢管生产工艺简单,生产效率高,品种规格多,设备投资少。随着优质带钢连轧生产的迅速发展以及焊接和检验技术的进步,焊缝质量不断提高,焊接钢管具有强度高、尺寸精度高的特点,其品种规格也日益增多,并在越来越多的领域代替了无缝钢管。

1.2　无缝钢管成型

1.2.1　无缝钢管成型工艺流程

无缝钢管(Seamless pipe)成型工艺流程:管坯→检验→剥皮→检验→加热→穿孔→酸洗→修磨→润滑风干→焊头→冷拔→退火处理→酸洗→酸洗钝化→检验→冷轧→去油→切头→风干→内抛光→外抛光→检验→标识→成品包装。

1.2.2　热轧无缝管成型

热轧无缝管一般在自动轧管机组上生产。热轧无缝管的实心管坯经检查并清除表面缺陷,截成所需长度,在管坯穿孔端端面上定心,然后送往加热炉加热,而后在穿孔机上穿孔,如图1-2所示。穿孔机的主要部件是由一对轧辊和一个穿孔顶头组成的。当穿孔时,管坯不断旋转和前进,进入同向旋转的一对轧辊,在轧辊和芯轴(或顶头)的作用下,管坯内部逐渐形成空腔,管子继续前进到达轧辊的另一端,得到具有空心截面的管段,通常称为毛管。

在热轧无缝管的过程中,将管坯加热使其处于奥氏体状态,钢的强度显著降低,塑性明显提高,具有良好的压力加工性能,管坯不断旋转和前进,进入轧辊,在顶头的作用下在管坯内部容易形成空腔。

热轧无缝管所得到的毛管,管子的壁比较厚,长度也比较短,尺寸精度不高,需要进一步轧制,减小壁厚和增加长度,如图1-3所示。毛管的轧制过程一般采用连轧工艺(如Pilger连轧)。连轧机是由若干对轧辊组成的,每对轧辊反向旋转,带有芯棒的毛管旋转进入连轧的轧辊,芯棒限定了管子的内径,轧辊的间距限定了管子的外径。当毛管通过连轧的轧辊时,管子的壁厚减薄,同时长度再增加。

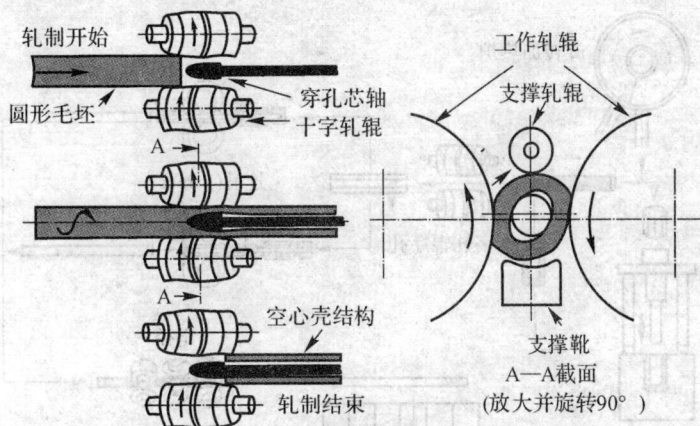

图 1 - 2　热轧无缝管的穿孔

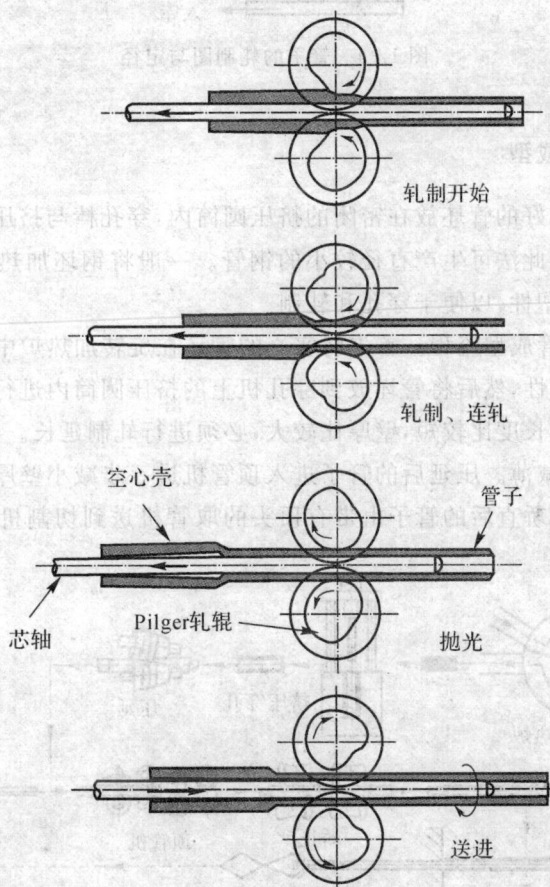

图 1 - 3　毛管的连轧

　　毛管连轧后,其外径还没有达到成品的要求,需要在定径机上进行定径,Pilger 连轧后需要对管子进行定径,如图 1 - 4 所示。当定径时,连轧的管子通过 3 对十字交叉的轧辊,轧制后管子的外径达到成品管的要求。利用连续式轧管机组生产热轧无缝钢管是较先进的方法。

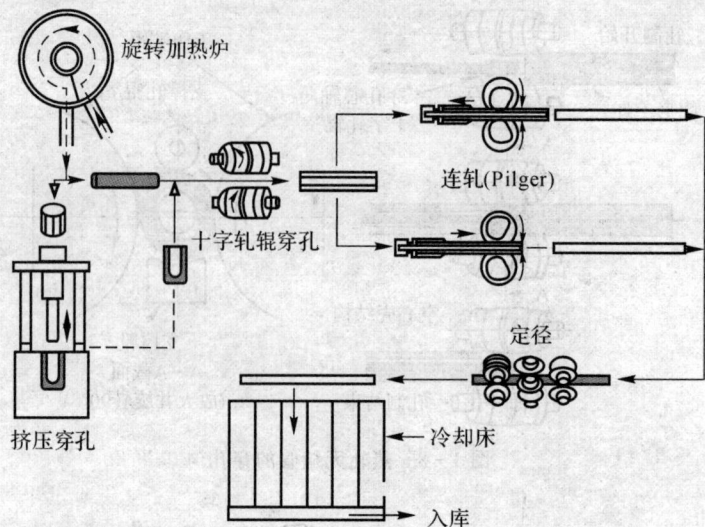

图 1-4　管子的轧制图与定径

1.2.3　热挤压管成型

热挤压法即将加热好的管坯放在密闭的挤压圆筒内,穿孔棒与挤压杆一起运动,使挤压件从较小的模孔中挤出。此法可生产直径较小的钢管。一般将钢坯加热到奥氏体状态,降低钢坯的强度,增加钢坯的塑性,以便于穿孔和轧制。

图 1-5 为热挤压管成型流程。首先将实心的管坯在旋转加热炉中加热到奥氏体状态,降低钢的强度并增加其塑性,然后将管坯放到穿孔机上的挤压圆筒内进行挤压穿孔而得到毛管,即空心的管坯。毛管的长度比较短,壁厚比较大,必须进行轧制延长。毛管进入延伸轧机的轧辊增加长度,同时壁厚减薄。压延后的管子进入顶管机进一步减小壁厚。减小壁厚后的管子,进入矫直机进行矫直。矫直后的管子由带有顶头的取管机送到切割机进行切割,切割后得到一定长度的成品管道。

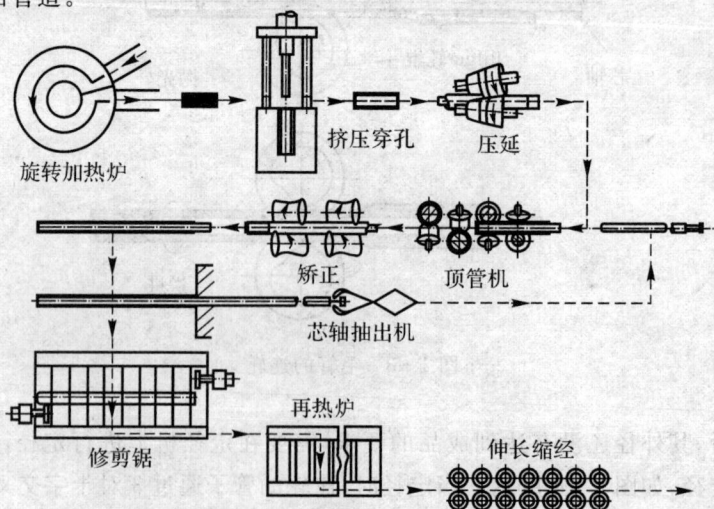

图 1-5　热挤压管成型流程

有些管子需要进一步连轧时,需要重新加热,进入连轧机进行连轧,进一步减小管子的壁厚和管径,可得到直径更小的钢管。

1.2.4　冷轧管成型

若欲获得尺寸更小和质量更好的无缝管,必须采用冷轧、冷拔或者两者联合的方法。冷轧管成型采用热轧穿孔的管子。冷轧管成型时,不需要对管子进行加热,而是利用管子的塑性变形达到成型的目的,这就要求管子的材料具有足够的塑性。

冷轧通常在二辊式轧机上进行,如 0.5~100 t 的单链式或双链式冷轧机如图 1-6 所示,钢管在变断面圆孔槽和不动的锥形顶头所组成的环形孔型中轧制。

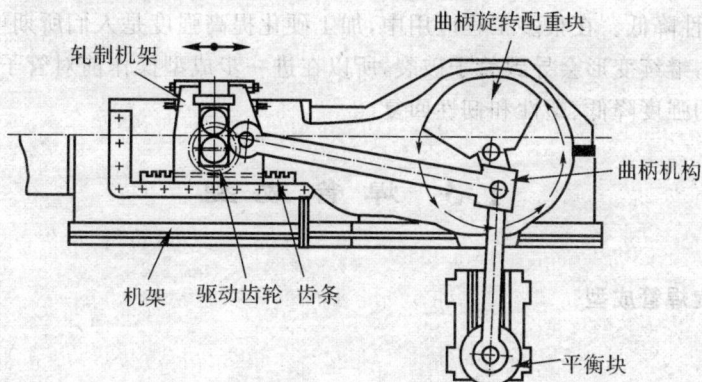

图 1-6　冷轧管成型

在冷轧过程中,空心管带有芯棒,芯棒保证管子的内径。管子通过轧辊,经历压力而产生塑性变形,并被轧长,如图 1-7 所示。

冷拔是将热轧后的空心管在拉力作用下通过模孔,进行减径和拉长,如图 1-8 所示。冷拔时管子穿过模孔,其外径减小,在管子缩颈处材料产生塑性变形,从而产生加工硬化,以保证在拉力作用下管子不会在缩颈处发生断裂,即保证管子的成型能力,因此管子材料必须具有足够的塑性和加工硬化能力。通常采用的冷拔方式有四种:①空心管冷拔;②管子带芯棒一起冷拔;③固定芯棒冷拔;④浮动芯棒冷拔。

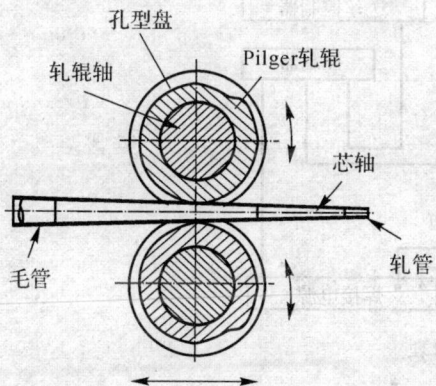

图 1-7　冷轧原理

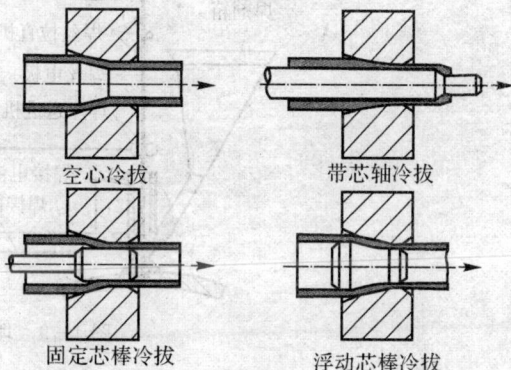

图 1-8　冷拔方式

在空心管冷拔过程中,管子外径减小,外表面通过模孔变得光滑,管子外表面质量很高,但由于管内是空的,管子的壁厚没有明显的减小。

在管子带芯棒冷拔过程中,管子内插入芯棒,并拉过冷拔模的模孔,管子的外径和内径以及壁厚一起减小。每次冷拔面积的减少量比芯棒冷轧的要大,但管子的长度受芯棒长度的限制。

在芯棒冷拔过程中,无论是固定芯棒还是浮动芯棒,在管子拉过的模孔间形成一个环形空间,管子的内径、外径及管子的壁厚处在规定的范围,内外表面均比较光滑。一般来说,固定芯棒冷轧主要应用于每次冷拔面积减小在45%以内的管子。浮动芯棒冷轧主要用于生产很长的小直径管子。

管子在冷拔成型过程中,塑性变形使得钢产生应变硬化,钢的屈服强度、抗拉强度升高,但钢的延伸率和韧性降低。在很多工程应用中,加工硬化提高强度是人们所期望的。但是,由于钢延展性的降低,继续变形会导致管子破裂,所以在进一步成型操作前对管子要进行再结晶退火热处理,使钢的强度降低、塑性和韧性回复。

1.3 焊管成型

1.3.1 螺旋焊管成型

1. 埋弧焊接

埋弧焊(Submerged arc welding)是一种由电弧在焊剂层下燃烧进行焊接的方法。其固有的焊接质量稳定、焊接生产率高、无弧光及烟尘很少等优点,使其成为压力容器、管段制造、箱型梁柱等重要钢结构成型中的主要焊接方法。

埋弧焊可以由手工来完成,而对焊接质量要求高的管道在实际应用中主要采用埋弧自动焊,可显著提高生产效率。工厂里生产焊接管道时,采用管道的移动实现自动焊接,而在现场的焊接则采用电弧的移动。埋弧自动焊接时,引燃电弧、送丝、电弧沿焊接方向移动及焊接收尾等过程完全由机械来完成,埋弧自动焊过程如图1-9所示。

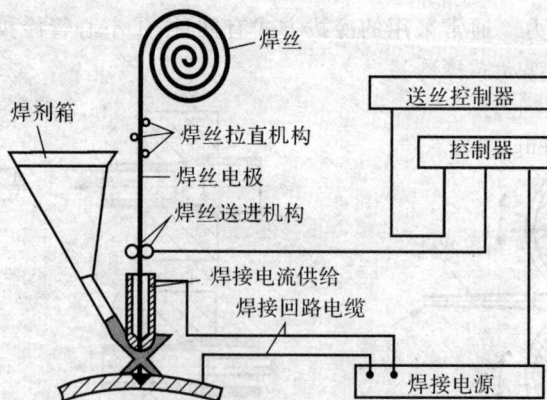

图1-9 埋弧焊原理

焊剂装在焊剂箱(料斗)中,由漏斗流出,均匀地堆敷在装配好的工件上,焊丝由送丝机构经送丝滚轮、拉直机构和导电嘴送入焊接电弧区。焊接电源的两端分别接在导电嘴和工件上。

送丝机构、焊剂漏斗及控制盘通常都装在一台小车上以实现焊接电弧的移动。

焊接过程是通过操作控制盘上的按钮开关来实现自动控制的。焊接过程中，在工件被焊处覆盖着一层30～50 mm厚的粒状焊剂，连续送进的焊丝在焊剂层下与焊件之间产生电弧，电弧的热量使焊丝、工件和焊剂熔化，形成金属熔池。由于焊剂覆盖在熔池上面，使得熔池与空气隔绝，防止气体进入熔池产生有害的影响。随着焊机自动向前移动，电弧不断熔化前方的焊件金属、焊丝及焊剂，而熔池后方的边缘开始冷却凝固形成焊缝，液态熔渣随后也冷凝形成坚硬的渣壳，未熔化的焊剂可回收使用。

焊丝和焊剂在焊接时的作用与手工电弧焊的焊条芯、焊条药皮一样。焊接不同的材料应选择不同成分的焊丝和焊剂。如焊接低碳钢时常用H08A焊丝，配用高锰高硅型焊剂HJ431等。焊接电源通常采用容量较大的弧焊变压器。

埋弧焊是一种熔化焊，焊丝和焊件在电弧热的作用下局部熔化，并在焊件上形成熔池。在焊丝或工件移开熔池后，熔池冷却并凝固形成焊缝。图1-10为双面埋弧焊焊接接头侵蚀后的形貌。熔池从融合线处开始凝固，并向熔池中心发展，所以焊缝沿散热方向凝固形成柱状晶。在焊缝和母材之间的部分为热影响区，包括相变区、部分相变区和未相变区。

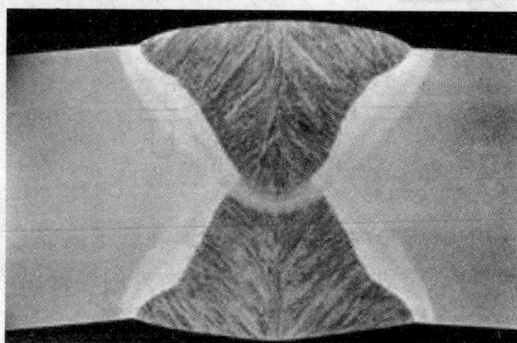

图1-10 双面埋弧焊焊接接头侵蚀后的形貌

2. 螺旋埋弧焊接工艺流程

图1-11给出了螺旋埋弧焊管生产线的原理图。采用带钢卷作为原材料，经开卷、成型和焊接等过程，其生产步骤为：

(1)原材料即带钢卷、焊丝、焊剂，在投入前都要经过严格的理化检验。

(2)带钢头尾对接，采用单丝或双丝埋弧焊接，在卷成钢管后采用自动埋弧焊补焊。

(3)成型前，带钢经过矫平、剪边、刨边，然后进行表面清理输送和预弯边处理。

(4)采用电接点压力表控制输送机两边压下油缸的压力，确保了带钢的平稳输送。

(5)采用外控或内控辊式成型。

(6)采用焊缝间隙控制装置来保证焊缝间隙满足焊接要求，管径、错边量和焊缝间隙都能得到严格的控制。

(7)内焊和外焊均采用单丝或双丝埋弧焊接，从而获得稳定的焊接规范。

(8)焊完的焊缝均经过在线连续超声波自动伤仪检查，保证了100%的螺旋焊缝的无损检测覆盖率。若有缺陷，其会自动报警并喷涂标记，生产工人依此及时调整工艺参数，消除缺陷。

(9)采用空气等离子切割机将钢管切成单根。

(10)切成单根钢管后，每批钢管头三根要进行严格的首检制度，检查焊缝的力学性能、化学成分、熔合状况、钢管表面质量。然后经过无损探伤检验,确保制管工艺合格后,才能正式投入生产。

(11)若焊缝上有连续声波探伤标记的部位,经过手动超声波和 X 射线复查,证明确有缺陷,需经过修补后,再次经过无损检验,直到确认缺陷已经消除。

(12)带钢对焊焊缝及与螺旋焊缝相交的丁型接头的所在管,全部经过 X 射线电视或拍片检查。

(13)每根钢管都需经过静水压试验,压力采用径向密封。试验压力和时间都由钢管水压微机检测装置严格控制。试验参数自动打印记录。

(14)管端机械加工,使端面垂直度、坡口角和钝边得到准确控制。

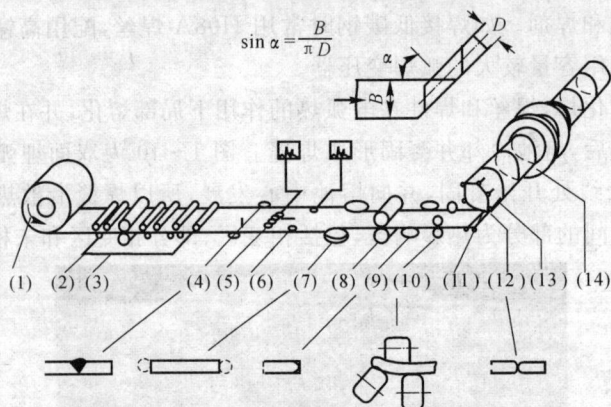

$$\sin \alpha = \frac{B}{\pi D}$$

图 1-11　螺旋埋弧焊管生产线原理图

图 1-12 给出了生产线上螺旋管内、外焊的照片。在管子内部有一把焊枪,完成内焊缝的焊接,在管子的外部有一把焊枪,完成外焊缝的焊接,内、外的焊枪保持固定。

图 1-12　螺旋管内、外埋弧焊

1.3.2　直缝电阻焊管成型

1.直流电阻焊

电阻焊时,将焊件组合后通过电极施加压力,利用电流通过接头的接触面及邻近区域产生的电阻热进行焊接的方法称为电阻焊(Electric resistance welding)。电阻焊具有生产效率高、成本低、节省材料、易于自动化等特点,广泛应用于航空、航天、能源、电子、汽车、轻工等各工业部门。

一般来说,钢件本身的电阻很小,要使钢件局部达到熔化或半熔化状态,需要施加很大的

电流,电阻焊时产生的热量由下式决定:

$$Q = I^2 Rt \tag{1-1}$$

式中,Q 为电阻焊所产生的热量(J);I 为焊接电流(A);R 为电极间电阻(Ω);t 为焊接时间(s)。如果电阻焊过程中提供电流的电源为直流电,则这种电阻焊称为直流电阻焊,它是重要的电阻焊接工艺之一。由于钢质材料的电阻很小,焊接时直流电源提供的电流不可能很大,所以直流电阻焊所产生的电阻热受到一定的限制,它主要用于焊接薄板和直径在 20 mm、壁厚 2 mm 以下的小管子。

2. 低频电阻焊

如果电阻焊时所使用的电源频率为 50～400 Hz 的交流电,这种电阻焊称为低频电阻焊。电极为圆盘状铜合金,外层为绝缘盘。电极不仅提供电流,而且作为成型工具,产生焊接需要的压力,如图 1-13 所示。

电极是组成焊机的重要部件。电极中间有一个凹槽,与焊接管子的直径相当,在焊接过程中因为磨损要定期检测其半径。在压力焊接过程中,被挤出的材料在焊接区形成内、外毛刺,需要靠去毛刺机来清除。

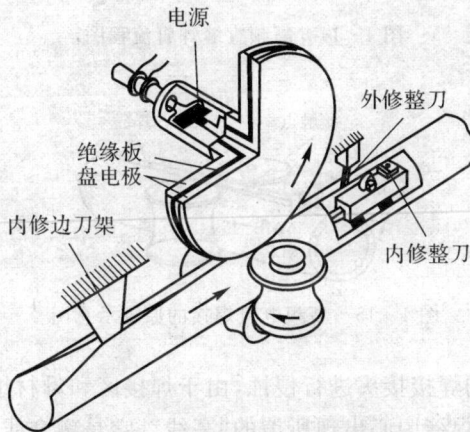

图 1-13　低频电阻焊

3. 高频电阻焊

高频电阻焊(High frequency electric welding)是根据电磁感应原理和交流电荷在导体中的趋肤效应、邻近效应和涡流热效应,使焊缝边缘的钢材局部加热到熔融状态,经滚轮的挤压,使对接焊缝实现原子尺度范围的接合,冷却后形成一条牢固的对接焊缝,从而达到焊接的目的。高频焊是一种感应焊(或压力接触焊),它具有无需焊缝填充料、无焊接飞溅、焊接热影响区窄、焊接接头成型美观、焊接机械性能良好等优点,因此在有缝钢管的生产中受到广泛的应用。

直缝焊接钢管是通过高频焊接机组将一定规格的长条形钢带卷成圆管状并将直缝进行焊接而形成的钢管。直缝钢管的高频焊接过程是在高频焊管机组中完成的,如图 1-14 所示。高频焊管机组通常由滚压成型、高频焊接、挤压、冷却、定径、飞锯切断等部件组成,机组的前端配有储料活套,机组的后端配有钢管翻转机架;电气部分主要由高频发生器、直流励磁发电机和仪表自动控制装置等组成。

高频电阻焊接的原理如图 1-15 所示。在电流感应器通入高频电流,由于趋肤效应在管子焊接表面会产生感应电流,感应电流因管子本身的电阻而产生电阻热,将焊接表面加热到熔融状态,然后挤压辊产生压力,将熔融的表面挤压在一起,并挤出加热过程中在焊接表面形成的金属氧化物,使得焊接表面的金属达到原子间的结合,并形成焊缝。

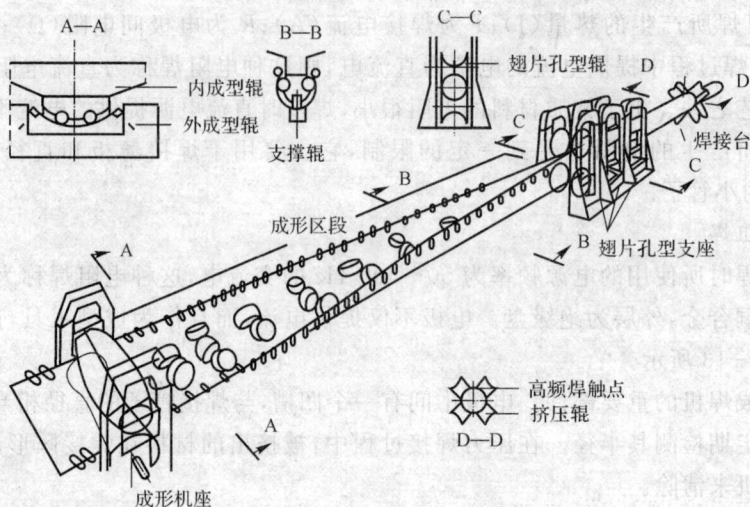

图 1-14 高频直缝焊管流程图

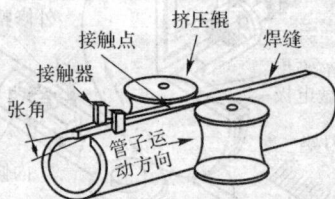

图 1-15 高频电阻焊接的原理示意图

将高频直缝钢管的焊接接头进行侵蚀,由于焊接区和母材组织等的差异,对腐蚀液的抵抗能力不同,可以发现在焊缝中心出现所谓的"亮线",它是融合线所在的位置。热影响区以"亮线"为中心,呈腰鼓状(见图 1-16(a)),它反映了热影响区的大小,腰鼓直径与焊接的挤压压力有关。高频直缝钢管进行焊后的相变热处理,焊接区的"亮线"仍然存在,但腰鼓状的形貌基本消失(见图 1-16(b))。

(a)   (b)

图 1-16 高频直缝焊管接头形貌

(a)焊接管; (b)焊缝热处理管

直缝钢管高频焊接工艺主要包括以下几个参数。

1.焊缝间隙的控制

将带钢送入焊管机组,经多道轧辊滚压,带钢逐渐卷起,形成有开口间隙的圆形管坯,调整挤压辊的压下量,使焊缝间隙控制在 1～3 mm,并使焊口两端齐平。如间隙过大,则造成邻近效应减少,涡流热量不足,焊缝晶间接合不良而产生未熔合或开裂;如间隙过小则造成邻近效应增大,焊接热量过大,造成焊缝烧损,或者焊缝经挤压、滚压后形成深坑,影响焊缝表面质量。

2.焊接温度的控制

焊接温度主要受高频涡流热功率的影响,高频涡流热功率主要由电流频率决定,与电流激励频率的二次方成正比,而电流激励频率又受激励电压、电流和电容、电感的影响。激励频率公式为

$$f = \frac{1}{2\pi(CL)^{1/2}} \tag{1-2}$$

式中,f 为激励频率(Hz);C 为激励回路中的电容(F),电容等于电量与电压之比;L 为激励回路中的电感,电感等于磁通量与激励电流之比。

由式(1-2)可知,激励频率与激励回路中的电容、电感平方根成反比,或者与电压、电流的平方根成正比,只要改变回路中的电容、电感或电压、电流即可改变激励频率的大小,从而达到控制焊接温度的目的。对于低碳钢,焊接温度控制在 1 250~1 460 ℃,可满足管壁厚 3~5 mm 焊透要求。另外,焊接温度亦可通过调节焊接速度来实现。

当输入热量不足时,被加热的焊缝边缘达不到焊接温度,金属组织仍然保持固态,导致未熔合或未焊透;当输入热量太大时,被加热的焊缝边缘超过焊接温度,产生过烧或熔滴,使焊缝形成熔洞。

3.挤压力的控制

管坯的两个边缘加热到焊接温度后,在挤压辊的挤压下,形成共同的金属晶粒,互相渗透、结晶,最终形成牢固的焊缝。如果挤压力过小,形成共同晶体的数量就小,焊缝金属强度下降,受力后会产生开裂;如果挤压力过大,将会使熔融状态的金属被挤出焊缝,不但降低了焊缝强度,而且会产生大量的内外毛刺,甚至造成焊接搭缝等缺陷。

4.高频感应圈位置的调控

高频感应圈应尽量接近挤压辊位置。当感应圈距挤压辊较远时,有效加热时间较长,热影响区较宽,焊缝强度下降;反之,焊缝边缘加热不足,挤压后成型不良。

5.阻抗器

阻抗器是一个或一组焊管专用磁棒,阻抗器的截面积通常应不小于钢管内径截面积的70%,其作用是使感应圈、管坯焊缝边缘与磁棒形成一个电磁感应回路,产生邻近效应,其形成的涡流热量集中在管坯焊缝边缘附近,可以使管坯边缘加热到焊接温度。阻抗器用一根钢丝拖动在管坯内,其中心位置应相对固定在接近挤压辊中心位置。开机时,由于管坯快速运动,阻抗器受管坯内壁的摩擦而损耗较大,需要经常更换。

6.焊缝

焊缝经焊接和挤压后会产生焊疤或毛刺,需要清除。清除方法是在机架上固定刀具,靠焊管的快速运动,将焊疤刮平。焊管内部的毛刺一般不清除。

现以焊制 $\Phi 32$ mm×2 mm 的直缝焊管为例,其工艺参数:带钢规格为 $\Phi 2$ mm×98 mm,带宽按中径展开量加少量成型余量获得,钢材材质为 Q235A,输入励磁电压为 150 V,励磁电流为 1.5 A,频率为 50 Hz,输出直流电压为 11.5 kV,直流电流为 4 A,频率为 120 000 Hz,焊接速度为 50 m/min。

根据焊接线能量的变化及时调节输出电压和焊接速度,参数固定后一般不用调整。

根据 GB 3092《低压流体输送用焊接钢管》标准的规定,焊管的公称直径为 6~150 mm,公

称壁厚为 2.0~6.0 mm,焊管的长度通常为 4~10 m,可按定尺或倍尺长度出厂。钢管表面应光滑,不允许有折叠、裂缝、分层、搭焊等缺陷存在。钢管表面允许有不超过壁厚负偏差的划道、刮伤、焊缝错位、烧伤和结疤等轻微缺陷存在;允许焊缝处壁厚增厚和内缝焊筋存在。

1.4 管 道 用 钢

1.4.1 管道用钢及分类

管道用钢按用途来分主要有一般结构无缝钢管、合金无缝钢管等十余种,涉及大多数的钢种。

1. 一般结构无缝钢管

一般结构无缝钢管是指一般结构、工程支架、机械加工等所使用的钢管。常用的钢有 10,20,45,27SiMn,16Mn,Q345(A,B,C,D,E),ASTM A53A(B)等类型。

ASTM 是一套美国材料与试验协会钢管标准,ASTM 钢管 A53A 对应中国标准是 GB 8163 材质为 10 钢,A53B 对应中国标准是 GB 8163 材质为 20 钢。

2. 合金无缝钢管

合金无缝钢管是指用于石油、化工、电力、锅炉行业的耐高温、耐低温、耐腐蚀的无缝钢管。常用的钢有 12Cr1MoVG,12CrMoG,15CrMoG,12Cr2Mo(相当于 ASTM A335P22),Cr5Mo(相当于 ASTM A335P5),Cr9Mo(相当于 ASTM A335P9),10Cr9Mo1VNb(相当于 ASTM A335P91),15NiCuMoNb5(相当于德国钢号 WB36),12Cr2MoWVTiB 等类型。

3. 不锈钢钢管

不锈钢钢管主要用于石油、航空、冶炼、食品、水利、电力、化工、化学、化纤、医药机械等行业。常用的钢有 0Cr18Ni9(相当于 ASTM 304),00Cr19Ni10(相当于 ASTM 304L),00Cr25Ni20(相当于 ASTM 310S),0Cr17Ni12Mo2(相当于 ASTM 316),00Cr17Ni14Mo2(相当于 ASTM 316L),1Cr18Ni9Ti(相当于 ASTM 321),0Cr18Ni10Ti,0Cr18Ni11Nb(相当于 ASTM347)等类型。

4. 低温用管

低温用管指适用于 −45~−195℃ 低温的压力容器管道以及低温热交换器管道的无缝钢管。常用的钢有 16MnDG,10MnDG,09DG,09Mn2VDG,06Ni3MoDG,ASTM A333Grade1~11 等类型。

5. 高压锅炉管

高压锅炉管适用于制造高压锅炉受热管、集箱、蒸汽管道等。常用的钢有 20G,ASTM SA106B/C,ASTM SA210A/C,ST45.8—III(德国标准 DIN17175—79)等类型。

6. 高压化肥管

高压化肥管适用于工作温度为 −40~400℃、工作压力为 10~32MPa 的化工设备及管道。常用的钢有 10,20,16Mn 等类型。

7. 石油裂化管

石油裂化管适用于石油精炼厂的炉管、热交换器管和管道。常用的钢有 10,20 等类型。

8. 低中压锅炉管

低中压锅炉管适用于制造各种结构低中压锅炉过热蒸汽管、沸水管及机车锅炉用过热蒸汽管、大烟管、小烟管。常用的钢有 10,20,16Mn,Q345A(B,C,D,E)等类型。

9. 输送流体管

输送流体管适用于输送流体的一般无缝钢管。常用的钢有 10,20,ASTM A106A(B,C),ASTM A53A(B),16Mn,Q345A(B,C,D,E)等类型。

10. 石油套管

石油套管用于抽取石油或天然气井的井壁。常用的钢级有 J55,K55,N80,L80,C90,C95,P110,Q125。这类钢级分类的标准是美国石油学会标准 API SPEC 5CT(1988 年第 1 版),钢名称中的字母代表钢级顺序编号,数字为钢的名义最低屈服强度,单位为 ksi(1ksi＝6.9 MPa)。

11. 管线钢

管线钢是指用于输送石油、天然气等的大口径焊接钢管用的宽厚钢板。这类钢管是采用热轧卷板或宽厚板通过焊接成型方法而得到的。

常用的钢按 API SPEC 5L 规定的有 A,B,X42,X46,X52,X56,X60,X65,X70,X80,X100,X120 等类型。按 GB/T9711.1 规定的有 L245,L290,L360,L415,L450 等类型。

1.4.2　碳钢

碳钢是以 Fe,C 为主的二元合金,其价格低廉,广泛用于制造各类管道。由于管道加工制造工艺性的要求,用于管道的碳钢含碳量一般在 0.2% 以下,如 10,20,16Mn 等。中碳钢,如 45 钢等,主要用于工程构件和空心零件。

用于制造管道的碳钢通常是在正火或热轧正火状态下使用,其显微组织是由铁素体和少量珠光体组织组成的,是一种接近平衡态的组织,如图 1-17 所示的 20 g 钢的显微组织,其中白亮色的为铁素体,灰黑色的为珠光体组织,珠光体组织经放大为共析铁素体和共析渗碳体组成的层片状组织。按平衡态组织估算,20 g 钢中珠光体组织的体积相对含量为 23.8%。在正火状态下,冷却速率比较快,其显微组织偏离平衡态,其中珠光体组织的体积相对含量会增加,珠光体层片间距也会变小,钢的强度和硬度相应有所增加。

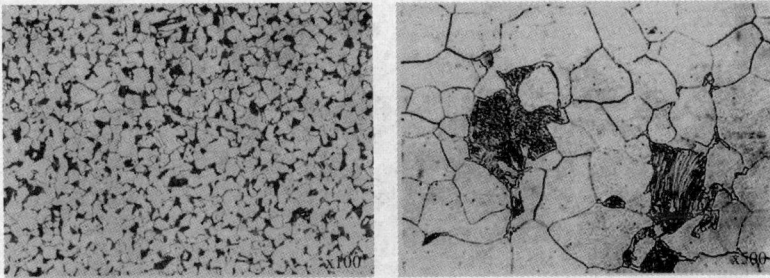

图 1-17　20 g 钢正火态的光学显微组织

1.4.3　合金钢

由于碳钢的抗腐蚀性能十分有限,在一些腐蚀性强、高温或低温环境下,需要使用合金钢制造管道,用合金钢制造的管道可简称为合金管。合金管是指采用合金钢制造的一种无缝钢管,其性能,尤其是抗腐蚀性能,要比一般的无缝钢管高很多。因为这种钢管里面含 Cr 比较多,其耐高温、耐低温、耐腐蚀的性能是碳钢无缝钢管比不上的,所以合金管在石油、化工、电力、锅炉等行业的用途比较广泛。

管道所使用的合金钢其含碳量一般在 0.15% 以下,以保证其良好的焊接性。主要添加的合金元素有 Cr,其可提高钢的耐温性和抗腐蚀性,含量为 1%~9%,如 12CrMoG 和 Cr9Mo。附加的合金元素有 Mo,V,Nb,Cu 等,其主要作用是细化晶粒、进一步提高抗腐蚀性等。同时,合金元素的加入会改变 Fe-C 合金相图上的临界点和钢的工艺性能。

合金管的使用状态可分为珠光体组织、铁素体+马氏体组织、贝氏体组织和回火马氏体组织,这与钢中合金元素含量的高低有关。

低合金钢,如 12CrMoG,12Cr2Mo,正火后使用,使用态的组织为铁素体和珠光体型组织,其组织形态的基本特征和图 1-17 所示相似。但是,钢中的合金元素增加,会降低钢的共析点对应的含碳量,即同等碳含量的合金钢比碳钢组织中珠光体的相对含量增加,钢的强度也有所增加。

中合金钢,如 Cr5Mo,Cr9Mo,是经过正火后使用的。由于 Cr 含量高,钢冷却转变 C 曲线显著右移,淬透性高,在空气中冷却就可得到马氏体,故正火后得到铁素体+马氏体的混合组织,Cr9Mo 通常被称为铁素体-马氏体耐热钢,它适用于低于 630℃ 的再热器管。

12Cr2MoWVTiB(简称 102)是一种低合金贝氏体型耐热钢,主要采用钨钼复合固溶强化、钒钛复合弥散强化和微量硼硬化,在低于 600℃ 的工况下该钢具有优良的综合力学性能、抗氧化性能及组织稳定性。该钢种在 620℃ 时热强性较好,甚至达到某些铬镍奥氏体钢的水平,但抗氧化性能急剧下降,其 3 000 h 的单位面积增重为 242 g/m²,腐蚀率为 0.15 mm/a,故近年来有关资料中已将其最高推荐使用温度由 620℃ 降为 600℃。

图 1-18 为 102 耐热钢在不同处理状态的显微组织,正火温度决定了钢在 760℃ 回火后的组织状态。当正火加热温度为 970℃ 时,处于两相区加热,组织为奥氏体+铁素体+未溶碳化物,在正火时组织中的奥氏体转变为贝氏体,在 760℃ 回火时贝氏体转变为回火贝氏体(见图 1-18(a))。当加热温度为 1 020℃ 和 1 040℃ 时,组织为均匀的奥氏体,正火冷却时奥氏体转变为贝氏体,回火后转变为回火贝氏体(见图 1-18(b)和(c))。当加热温度为 1 060℃ 时,奥氏体长大,正火冷却时得到粗大的贝氏体,回火后得到粗大的回火贝氏体组织(见图 1-18(d))。

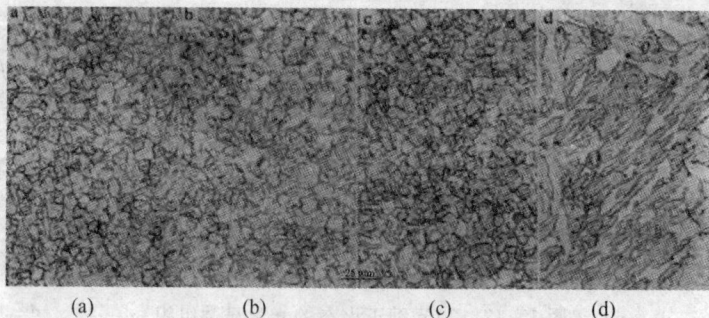

| (a) | (b) | (c) | (d) |

图 1-18　102 耐热钢的贝氏体在 760℃ 回火的组织[1]

(a)970℃正火,回火贝氏体+铁素体+碳化物;　(b)1 020℃正火,粒状回火贝氏体;
(c)1 040℃正火,均匀回火贝氏体;　(d)1 060℃正火,粗大回火贝氏体

高合金钢,如 10Cr9Mo1VNb(简称 T/P91)铁素体耐热钢,是制造超临界火力发电机组的重要材料,其使用温度不超过 620℃。在 P91 钢中,Cr 作为主要添加元素,含量高达 9%,其主要的作用是提高合金的耐热性和抗腐蚀性。P91 钢除以铁素体组织状态使用外,还可以在回

火马氏体状态使用,如图 1-19 所示。由于钢淬火得到马氏体的形态主要取决于含碳量,故 P91 钢在淬火和回火后典型的显微组织为回火板条马氏体组织,马氏体由大体相互平行的板条组成(见图 1-19(a)),板条的亚结构为高密度的位错(见图 1-19(b)),因为回火转变在马氏体板条界面会析出碳化物和在板条内析出特殊化合物(见图 1-19(c))。在板条界面析出的碳化物类型为 $M_{23}C_6$,其中 M 代表金属,典型的碳化物为 $Cr_{23}C_6$。在板条内析出的特殊化合物类型为 MX,其中 X 代表非金属 C,N。

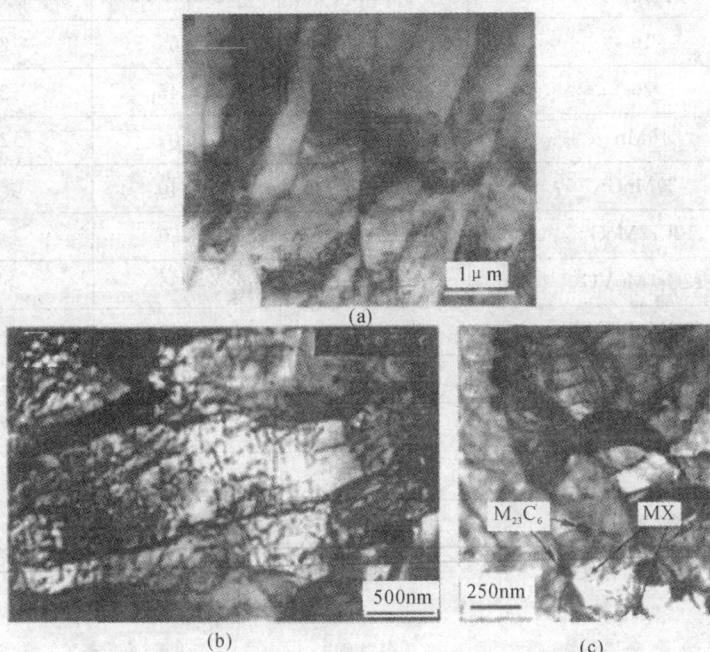

图 1-19 P91 钢的透射组织[2]
(a)板条马氏体; (b)位错亚结构; (c)碳化物析出

另一种超临界火力发电机组的重要材料是 T/P92。T/P92 是在 T/P91 耐热钢基础上发展起来的新型耐热钢,是在 T/P91 的基础上通过加入 1.5%～2.0%W 代替部分 Mo 元素,Mo 元素含量下降到 0.3%～0.6% 而形成的,这些 9%Cr 钢具有良好的力学性能和耐热性。T/P92 钢的显微组织和透射电镜的照片如图 1-20 所示。在光学显微镜下,组织为板条回火马氏体;在透射电镜下,在板条界面析出碳化物,在板条内析出特殊化合物。

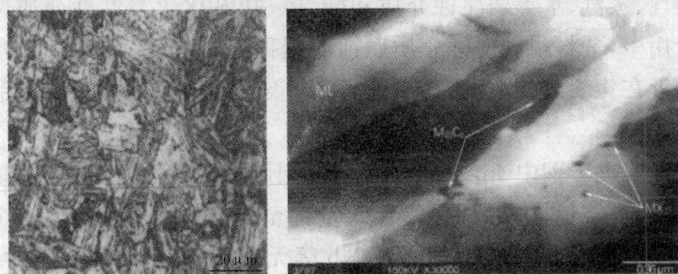

图 1-20 T/P92 钢的显微组织和透射组织[3]

表 1-1 列出了几种管道用碳钢和合金钢的力学性能。可见,这些钢的碳含量属于低碳范

围,其含量<0.20%。对合金钢来说,随着合金元素含量的增加,钢中的碳含量相应降低而钢的强度随之增加。对碳钢来说,钢中的含碳量增加,钢的强度增加。对表中所列出钢,碳钢强度增加的同时塑性有所降低;合金钢合金总量增加的同时塑性均有所降低,但所有钢的断裂伸长率 $\delta(18\% \leqslant \delta \leqslant 24\%)$ 变化范围很小。

表 1-1 管道用钢的力学性能

钢的牌号	σ_b/MPa	σ_s/MPa	$\delta/(\%)$
10	335~475	195	24
20	410~550	≥245	20
16Mn	490~670	320	21
20MnG	≥415	≥240	≥22
12Cr2MoG	450~600	≥280	≥20
12Cr1MoVG	470~640	≥255	≥21
12Cr2MoWVTiB	540~735	≥345	≥18
Cr5Mo	390	185	22
Cr9Mo	390	185	22
10Cr9Mo1VNb(P91)	≥585	≥415	≥20
10Cr9W2VNb(P92)	≥620	≥440	≥22

注:σ_b—抗拉强度;σ_s—屈服强度。

1.4.4 不锈钢

不锈钢(Stainless steel)管道是由不锈钢材质制造的无缝管子,根据所使用材质的组织状态其可分为奥氏体不锈钢、铁素体不锈钢和双相不锈钢。

不锈钢比普通钢具有高的抗腐蚀能力,主要是由于采用了 Cr 进行合金化,合金中的 Cr 能与环境中的氧形成致密的 Cr_2O_3 保护膜,同时当 Cr 含量超过 12%,即原子比为 1:8,钢的电极电位有一个突跃的升高,从而赋予钢极高的抗腐蚀性。Cr 使铁基固溶体的电极电位发生突跃升高的现象称为二元合金固溶体电位的 $n/8$ 规律。

不锈钢指耐空气、蒸汽、水等弱腐蚀介质和酸、碱、盐等化学浸蚀性介质腐蚀的钢,又称不锈耐酸钢。实际应用中,常将耐弱腐蚀介质腐蚀的钢称为不锈钢,而将耐化学介质腐蚀的钢称为耐酸钢。由于两者在化学成分上的差异,前者不一定耐化学介质腐蚀,而后者则一般均具有不锈性。

不锈钢的耐蚀性取决于钢中所含的合金元素。不锈钢的耐蚀性随含碳量的增加而降低,因此,大多数不锈钢的含碳量均较低,有些含碳量甚至低于 0.03%,如 00Cr12 钢。不锈钢中除主要合金元素 Cr 外,还含有 Ni,Ti,Mn,N,Nb 等元素,以满足各种用途对不锈钢组织和性能的要求。

不锈钢按组织状态分为铁素体不锈钢、奥氏体不锈钢、双相不锈钢和马氏体不锈钢。另外,可按成分分为铬系不锈钢(ASTM 400 系列)、铬镍不锈钢(ASTM 300 系列)、铬锰镍不锈钢（ASTM 200 系列）和析出硬化系（ASTM 600 系列）。

1. 铁素体不锈钢

铁素体不锈钢含铬 12%～30%，使用态的组织为单相铁素体，其耐蚀性、韧性和可焊性随含铬量的增加而提高，耐氯化物应力腐蚀开裂性能优于其他种类的不锈钢。

铁素体不锈钢属于 Cr 系不锈钢，常用的牌号有 Cr17，Cr17Mo2Ti，Cr25，Cr25Mo3Ti，Cr28 等，对应 ASTM 的牌号有 409,430 等。由于 Cr 缩小 Fe-C 相图上的奥氏体区，使相图中的 GS 线或 A_3 温度升高。合金在高温下为单相铁素体，冷却到室温时不发生相变，保持单相铁素体。铁素体不锈钢因为含铬量高，耐腐蚀性能与抗氧化性能均比较好，但机械性能与工艺性能较差，多用于受力不大的耐酸结构及作抗氧化钢使用。这类钢能抵抗大气、硝酸及盐水溶液的腐蚀，并具有高温抗氧化性能好、热膨胀系数小等特点，可用于硝酸及食品工厂设备，也可用于制作在高温下工作的零件，如燃气轮机零件等。

2. 奥氏体不锈钢

奥氏体不锈钢含铬大于 18%，还含有 8% 左右的镍及少量钼、钛、氮等元素，使用态的组织为单相奥氏体。奥氏体不锈钢通常指 18-8 型，即 18%Cr-8%Ni，常用牌号有 0Cr19Ni9，1Cr18Ni9，1Cr18Ni9Ti 等，其中 0Cr19Ni9 钢的碳含量 $w_C < 0.08\%$，钢号中标记为"0"，当 $w_C < 0.03\%$ 时，钢号中标记为"00"。18-8 型奥氏体不锈钢对应 ASTM 的牌号有 301,304，309,316 等。这类钢中含有大量的 Ni 和 Cr，Ni 和 Cr 综合作用扩大 Fe-C 相图上的奥氏体区，钢的 A_3 温度达到室温以下，使钢在室温下呈奥氏体状态。这类钢具有良好的塑性、韧性、焊接性和耐蚀性能，在氧化性和还原性介质中耐蚀性均较好，用来制作耐酸设备，如耐蚀容器、设备衬里、输送管道、耐硝酸的设备零件等。奥氏体不锈钢一般采用固溶处理，即将钢加热至 1 050～1 150℃，然后水冷，以获得单相奥氏体组织。

3. 奥氏体-铁素体双相不锈钢

奥氏体-铁素体双相不锈钢兼有奥氏体不锈钢高抗腐蚀性和铁素体不锈钢高强度的优点，并具有超塑性。双相不锈钢中奥氏体和铁素体组织各约占一半，如图 1-21 所示，其中白亮的部分为奥氏体，灰色的部分为铁素体。

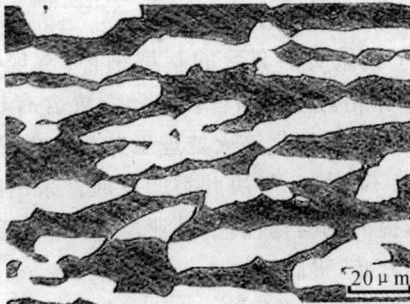

图 1-21　双相不锈钢的显微组织[4]

双相不锈钢含 C 较低，通常在 0.1% 以下或更低，为 0.03% 以下，主要的合金元素为 Cr 和 Ni。Cr 含量为 18%～28%，Ni 含量为 3%～10%，有些钢还含有 Mo，Cu，Si，Nb，Ti，N 等合金元素，以改善钢的其他性能。常见的钢种有 0Cr21Ni4N，1Cr21Ni5Ti，00Cr18Ni5Mo3Si2，00Cr22Ni5Mo3N（简称 2205）。

该类钢兼有奥氏体和铁素体不锈钢的特点,与铁素体相比,塑性、韧性更高,无室温脆性,耐晶间腐蚀性能和焊接性能均显著提高,同时还保持有铁素体不锈钢的 475℃ 脆性以及导热系数高,具有超塑性等特点。与奥氏体不锈钢相比,强度高且耐晶间腐蚀和耐氯化物应力腐蚀性能有明显提高。双相不锈钢具有优良的耐孔蚀性能,也是一种节镍不锈钢。

4. 马氏体不锈钢

马氏体不锈钢强度高,但塑性和可焊性较差,常用牌号有 1Cr13,3Cr13 等。通常为 Cr13 型不锈钢,即 13%Cr。因含碳较高,故具有较高的强度、硬度和耐磨性,但耐蚀性稍差,用于力学性能要求较高、耐蚀性能要求一般的一些零件上,如弹簧、汽轮机叶片、水压机阀等。这类钢是在淬火、回火处理后使用的,可获得回火马氏体组织(3Cr13,4Cr13)或回火索氏体组织(1Cr13,2Cr13)。

1.4.5 石油套管

石油套管主要用于油、气井的钻探及油、气的输送。它包括石油钻管、石油套管、抽油管。石油钻管主要用于连接钻铤和钻头并传递钻井动力。石油套管主要用于钻井过程和完井后对井壁的支撑,以保证钻井过程的进行和完井后整个油井的正常运行。抽油管主要将油井底部的油、气输送到地面。

石油套管是石油钻探用的重要器材,其主要器材还包括钻杆、岩心管和套管、钻铤及小口径钻进用钢管等。国产套管以地质钻探用钢经热轧或冷拔制成,均为无缝管,其钢号用"地质"(DZ)表示,常用的套管钢级有 DZ40,DZ55,DZ75,DZ 后的两位数字代表钢的屈服点。按美国石油学会标准 API 5D 钻杆按钢级可分为 E-75,X-95,G-105,S-135,短线后的数字代表最小的屈服强度(ksi)。常用的钢号有 DZ45 的 45MnB,50Mn;DZ50 的 40Mn2,40Mn2Si;DZ55 的 40Mn2Mo,40MnVB;DZ60 的 40MnMoB;DZ65 的 27MnMoVB 等。G-105 钢级的材质相当于 37Mn2,37Mn2Cr。S135 钢级的材质相对于 36CrNiMo,36CrMnMo,30CrMn,也可以采用不锈钢材质,如 00Cr13Ni5Mo。

石油钻杆一般采用中碳合金钢,钢管都以热处理状态交货,通常是采用调质热处理,得到回火索氏体组织,其具有良好的综合机械性能。

27MnCrV 是生产 TP110T 钢级石油套管的新型钢种,常规生产 TP110T 钢级石油套管钢种是 29CrMo44 和 26CrMo4。相对于后两者,27MnCrV 含有较少的 Mo 元素,可以极大地降低生产成本。然而采用正常的奥氏体化淬火处理工艺生产的 27MnCrV 存在明显的高温回火脆性,造成其冲击韧性偏低且不稳定。解决此类问题通常采用两种方法处理:一是回火后快速冷却方法,可避免高温脆性,提高钢的韧性;二是亚温淬火法,通过钢种的不完全奥氏体化以有效地改善有害元素及杂质的分布,提高韧性。

27MnCrV 钢的 A_{C1} 为 736℃,A_{C3} 为 810℃,亚温淬火时加热温度在 740～810℃ 之间选取。亚温淬火一般选取加热温度为 780℃,淬火加热的保温时间为 15 min;淬火后回火选取温度为 630℃,回火加热保温时间为 50 min。由于亚温淬火在 F+A 两相区加热,在保留部分未溶解铁素体状态下进行淬火,在保持较高强度的同时,韧性得到提高。同时,低温淬火较常规温度低,减小了淬火的应力,从而减小了淬火的变形,这样保证了热处理生产的顺利操作,以便于后续的车丝加工。亚温淬火工艺是钢制品生产中避免高温脆性的一种极好方法。图 1-22 为 27MnCrV 在 820℃ 完全奥氏体化加热空冷淬火得到的板条马氏体和在 630℃ 回火得到的回火索氏体组织。

　　另一类石油套管是油井套管。油井套管是一种大口径管材,主要起到固定石油和天然气油井壁或井孔的作用。套管插入井眼里,用水泥固定,将井眼和岩层隔开,防止井眼坍塌,并保证钻探泥浆循环流动,以便于钻探开采。在石油开采过程中使用不同类型的套管,表层石油套管用以保护钻井,使其避免受浅水层及浅气层污染,以及支撑井口设备并保持套管的其他层质量;技术石油套管分隔不同层面的压力,以便钻液额度正常流通并保护生产套管,以便在钻井内安装反爆裂装置、防漏装置及尾管;油层石油套管将石油和天然气从地表下的储藏层里导出。

　　油井套管是维持油井运行的生命线。由于地质条件不同,井下受力状态复杂,拉、压、弯、扭等应力综合作用于管体,这对套管本身的质量提出了较高的要求。一旦套管本身由于某种原因而损坏,可能导致整口井减产,甚至报废。

图 1-22　27MnCrV 钢的显微组织[5]

(a)820℃淬火;　(b)630℃回火

　　油井套管按钢级进行分类。按 API 5CT 1988 年第 1 版,套管钢级分 H-40,J-55,K-55,N-80,C-75,L-80,C-90,C-95,P-110,Q-125 等 10 种。日本厂方标准(如新日铁、住友、川崎等),钢号是 NC-55E,NC-80E,NC-L80,NC-80HE 等。

　　井况、井深不同,采用的钢级也不同。在腐蚀环境下还要求套管本身具有抗腐蚀性能。而在地质条件复杂的地方还要求套管具有抗挤毁性能。除了无缝套管外,目前国内外均有使用直缝焊接管作为套管的实践。

　　对按钢级要求的油井套管,其化学成分可在一定的范围变化。不同批次或不同厂家生产的相同钢级的化学成分往往存在一定的差别,其会对钢的腐蚀性能产生一定的影响,因为钢的抗腐蚀性能强烈依赖于钢的成分。

1.4.6　管线钢

　　管线钢是指用于输送石油、天然气等的大口径焊接钢管用热轧卷板或宽厚板。管线钢在使用过程中,除要求具有较高的耐压强度外,还要求具有较高的低温韧性和优良的焊接性能。

　　管线钢是采用钢级来表示其强度等级的,也是以强度作为钢材的验收标准,但相同钢级的钢板其化学成分可能会存在差异,腐蚀性能也会存在一定的差异。国内管线钢的牌号表示为 L(表示管线钢)+三位数字(表示最小屈服强度,单位为 MPa)。API 5L 中管线钢的牌号表示为 X(表示管线钢)+数字(表示最小的屈服强度,单位为 ksi)。表 1-2 中列出了该两种钢级的对照表。

表 1-2　两种钢级的对照表

钢级 (GB/T9711.1)	L175(Ⅰ,Ⅱ类)	L210	L245	L290	L320	L360	L390	L415	L450	L485	L555
钢级 (ANSI/API 5L)	A25(Ⅰ,Ⅱ类)	A	B	X42	X46	X52	X56	X60	X65	X70	X80
$R_{t0.5}/(min)MPa$	175	210	245	290	320	360	390	415	450	485	555
抗拉强度/ (min)MPa	315	335	415	415	435	460	490	520	535	570	625

注:$R_{t0.5}$为残余变形为 0.5% 对应的拉伸应力。

1.管线钢的性能要求

管线是重要的基础设施,往往具有战略意义。目前,管线工程的发展趋势是大管径、高压富气输送、高冷和腐蚀的服役环境、海底管线的厚壁化。因此,现代管线钢应具有高强度、低包申格效应、高韧性和抗脆断、低焊接碳当量和良好焊接性、抗 HIC 和抗 H_2S 腐蚀性能。

在天然气和原油输送过程中,管道单位时间的输送量与管道的截面面积成正比,故提高管道半径可显著提高输气量。当天然气输送管道的截面一定时,输送量与输送压力的平方根成正比。提高输送压力,可以大大降低管道的建设成本和运营成本。因此,大管径、高压输送就要求管线具有较高的耐压强度,从而导致管线钢的强度在逐年提高。

长距离的管线所遇到的环境差别很大,往往要穿越沙漠、戈壁、沼泽、峡谷、地震活动断层等环境极其恶劣的地段。环境温度变化大,最高可达 70℃,最低可达 −70℃。当环境温度降低时,管线钢也存在低温脆性问题,所以对管线钢的韧性提出了很高的要求。如厚度为 14.6 mm 的 X70 管线钢,在 20℃时的横向冲击功≥120 J。海底管线往往厚壁化,厚壁会导致管道的应力状态变硬,管道脆断的可能性增加,这就要求管线钢具有高的冲击韧性,以防止管道在低温的脆性断裂,保证管线的运行安全和可靠性。

在天然气的输送过程中,有"甜"气输送和"富"气输送之分。"甜"气输送指脱 S,CO_2 等气体的输送,这些气体基本不会对管线钢的性能产生影响。当采用"富"气输送时,天然气中所存在的 H_2S 气体,会导致管线钢产生氢脆和 H_2S 腐蚀,因此要求管线钢具有高的抗 HIC 和抗 H_2S 腐蚀性能。

大口径的管线往往采用钢板成型的螺旋焊管,每一根管子在现场通过焊接成型的方法连接,最后组成一条管线,因此管线钢要求具有良好的工艺性能。当采用卷板成型时,具有良好的冷变形性能,即低强度和高塑性,低包申格效应。当焊接时,具有良好的可焊性,以获得优质的焊接接头。碳钢及合金结构钢的碳当量 C_E 可用经验公式表示。

$$C_E = w_C + w_{Mn/6} + (w_{Cr} + w_{Mo} + w_V)/5 + (w_{Ni} + w_{Cu})/15 \qquad (1-3)$$

式中,w_C,w_{Mn},w_{Cr},w_{Mo},w_V,w_{Ni},w_{Cu} 为钢中该元素的质量分数,C_E 用百分数表示。C_E 越大,则钢的焊接工艺性越差。根据实践经验,当 $C_E < 0.4\%$ 时,钢的焊接工艺性良好;当 $C_E = 0.4\% \sim 0.6\%$ 时,钢的焊接工艺性较差。对后一种情况都必须采取一定的工艺措施,如焊前预热,以保证焊接接头的质量。

2.管线钢的化学成分

管线钢是按强度所要求的,相同钢级或牌号的钢,其化学成分是存在一定的差别,表 1-3

给出了常用钢级的一组化学成分。低强度的 L245(B) 钢级及以下为碳素钢,含碳量在 0.1%
左右。强度级别在 L290(X42)~L390(X56) 的管线钢为碳素钢,含碳量在 0.09%~0.14% 范
围,还含约 1%Mn。强度级别在 L415(X60) 以上的管线钢为 C-Mn-微量合金元素。随管线
钢钢级的升高,管线钢中的含碳量呈下降的趋势,往往采用多元微合金化。

碳在管线钢中起提高强度的作用,主要通过两种方式:一是溶入到的 $\alpha-Fe$ 的晶格中,形
成间隙固溶体,即铁素体,起固溶强化作用;二是形成渗碳体,起第二相强化作用。由于焊接作
为管道成型和建设的主要连接工艺,对管线钢的焊接性有一定的要求,同时要求不断改善钢的
低温韧性、断裂应力以及延展性,对钢中的含碳量有一定的限制。当钢中加入合金元素时,为
保证焊接性,其含碳量有一定的降低。高强度、微合金化管线钢的碳含量通常在 0.1% 水平或
更低,甚至在 0.01%~0.04% 范围。

表 1-3　典型管线钢的化学成分　(单位:%)

钢级	C	Mn	Si	P	S	Cu	Ni	其他
A	0.086	0.35	0.24	0.012	0.016 9	0.06		
B	0.115	0.515	0.23	0.021	0.022 5	0.06		
X42	0.096	1.00	0.14	0.013	0.018	0.039		
X46	0.117	1.35	0.14	0.017	0.017	0.045		
X52	0.141	1.21	0.24	0.023	0.014	0.035		
X56	0.129	1.315	0.23	0.025	0.016 9	0.03		
X60	<0.22	<1.40		<0.025	<0.015	0.04		
X70	0.045	1.48	0.26	0.017	0.003	0.21	0.16	
X80	0.06	1.75	0.20	0.01	0.003	0.27	0.3	Nb:0.1,Mo:0.2
X100	0.06	1.80	0.25	<0.01	<0.003			Mo:0.19
X120	0.04	1.93		<0.01	0.003			Mo:0.32

锰在管线钢中形成置换固溶体,起固溶强化作用,提高钢的强度。由于加工工艺性能的要
求,降低碳含量,使钢的屈服强度下降,但增加锰含量可补偿因碳含量降低对钢强度的影响。

锰是扩大奥氏体区的元素,可以使 Fe-C 合金相图中的 A_1,A_3 点下降,钢热处理或轧制
的温度降低,可以保持铁素体的晶粒细小,从而可达到细晶强化的目的。在管线钢中,锰含量
不超过 2%。

早期的管线钢采用普通碳素钢,因为工艺性能的要求和韧性的要求,进一步提高钢的强度
有限,所以高强度管线钢采用微合金化。在钢中当合金元素的含量在 0.1% 范围时,该合金元
素称为微合金元素。在管线钢中加入的微量合金元素主要为强碳化物形成元素 Nb,V,
Ti 等。

强碳化物形成元素的作用之一是阻止奥氏体晶粒的长大,保持转变后的组织细小。Nb,
V,Ti 能形成碳化物、氮化物,在钢的控轧或再热过程中,碳化物、氮化物的质点分布在奥氏体
晶界,阻碍晶界的运动,可以明显阻止奥氏体晶粒的长大。强碳化物形成元素的作用之二是延
缓钢板在控轧过程中奥氏体的再结晶,可获得细小的相变组织。

强碳化物形成元素除具有以上细化晶粒的效果外,还具有沉淀硬化作用。钢板在轧制过程中,动态的应变在奥氏体中形成高密度的位错,虽然会经过高温的动态回复和再结晶,奥氏体中的位错密度还是比较高。在控轧及轧制后的连续冷却过程中,Nb,V,Ti 元素形成的碳化物、氮化物优先在位错处形核,起到沉淀硬化的作用。

高强度、高韧性的管线钢已经采用多元合金化,即少量多元的合金化思路,不同微量合金元素之间存在交互作用,产生"叠加"效应。所以,管线钢出现了 Mn－Nb－V,Mn－Mo－Nb 等微合金化管线钢。从冶金技术、经济性和管线钢其他性能方面的要求,管线钢中还加入 Ni,Cu,Cr 等合金元素,以提高钢的抗腐蚀性能。

1.4.7 管线钢的组织及强化机制

管线钢使用态的组织与管线钢的合金化设计、轧制工艺,特别是冷却条件有关,主要可以分为四种类型的组织:铁素体＋珠光体和少珠光体组织、针状铁素体和超低碳贝氏体组织、低碳索氏体组织、下贝氏体或马氏体组织。

1. 铁素体＋珠光体型

铁素体＋珠光体钢的基本成分是 C－Mn 合金,是低强度管线钢的基本组织形态,X60 及以下钢级的均属于此类。铁素体＋珠光体钢含 C 量在 $0.10\%\sim0.25\%$ 范围,含 Mn 量在 $0.30\%\sim1.70\%$ 范围,一般采用热轧和正火热处理。

图 1－23 为含碳 0.16% 的 X60 管线钢显微组织,其中白亮部分为等轴铁素体,黑色部分为珠光体,这种组织是接近平衡态组织,主要靠 C,Mn 的固溶强化和珠光体中渗碳体的第二相强化提高强度,钢中珠光体含量的增加会进一步提高钢的强度。由于珠光体含量主要受含 C 量的控制,增加 C 含量必然会影响到钢的焊接性。因此,不能采用增加含 C 量的方法来提高管线钢的强度。如果能在钢中加入少量的强碳化物形成元素,通过细化晶粒和碳化物的沉淀硬化可进一步提高管线钢的强度,从而产生了少珠光体钢的思路。

图 1－23　含碳 0.16% 的 X60 管线钢显微组织[6]

少珠光体钢是在 C－Mn 合金基础上采用强碳化物形成元素进行合金化,并适当降低含碳量,其含碳量 $<0.1\%$,合金元素 Nb,V,Ti 总含量 $<0.1\%$,典型化学成分系有 Mn－Nb,Mn－V,Mn－Nb－V 等,X70,X80 钢级属于此类。

少珠光体钢生产工艺采用控制轧制和控制冷却技术如图 1－24 所示,也可称为热机械变形轧制(TMCP)。其可分成两类:一类是热机械轧制(TMR)＋空冷(AC);另一类为 TMR＋控冷(AcC),与普通轧制(CORO)相比,细化了铁素体,晶粒的尺寸为 $4\sim5~\mu m$,一般 C－Mn 的晶粒尺寸为 $6\sim7~\mu m$。除了晶粒细化外,钢在控轧过程中产生 Nb,V,Ti 第二相,在晶界和位错处以细小的质点析出,起沉淀硬化作用。图 1－25 为含碳 0.06% 的 X70 管线钢的显微组织,为少珠光体钢。

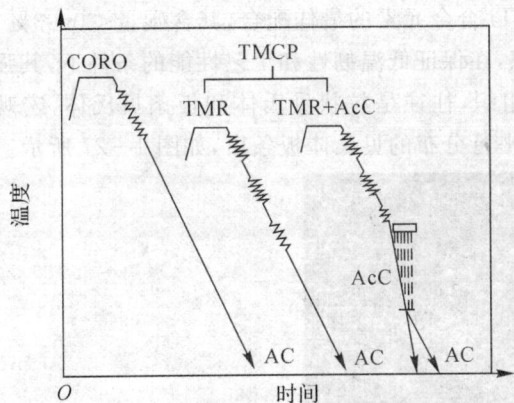

图 1-24　控制轧制冷却工艺示意图

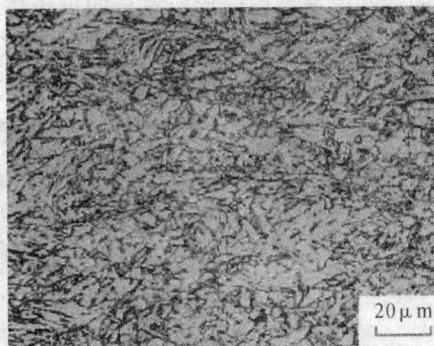

图 1-25　含碳 0.06% 的 X70 管线钢的显微组织[7]

2. 针状铁素体组织

针状铁素体组织是通过控轧技术，综合利用晶粒细化、微合金元素析出相和位错亚结构的强化效应，使钢的屈服强度可达 650 MPa，-60℃冲击功达 80 J。针状铁素体钢的典型成分组成为 C-Mn-Nb-Mo，一般含碳量<0.06%。图 1-26 为含碳 0.06% 的 X80 管线钢显微组织。

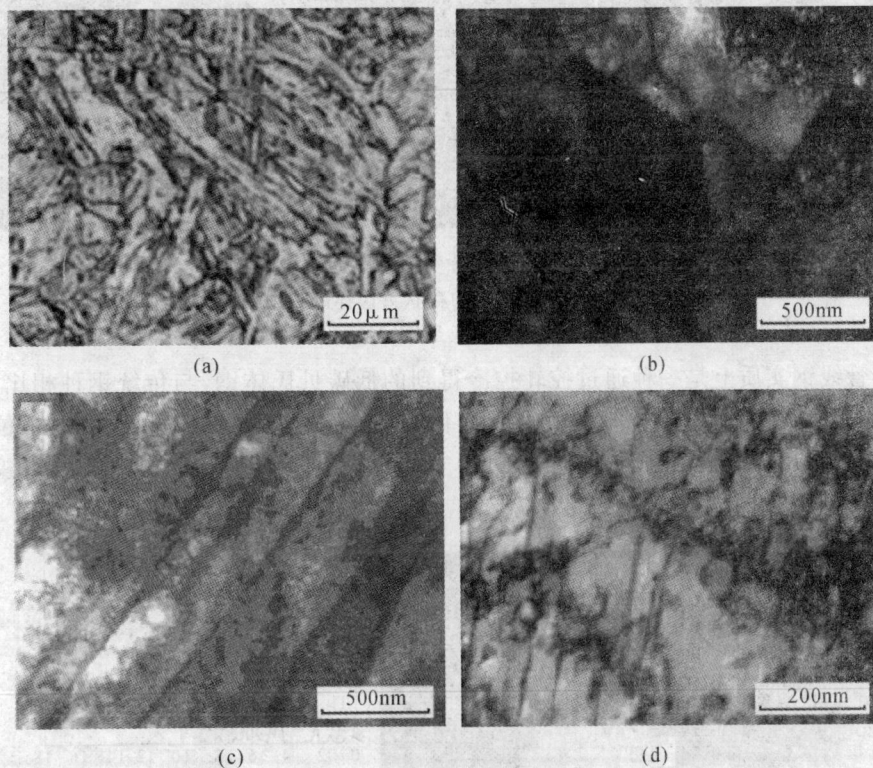

(a)

(b)

(c)

(d)

图 1-26　含碳 0.06% 的 X80 管线钢的显微组织[8]

(a)典型的针状铁素体；　(b)M/A 岛的 TEM 形貌；　(c)板条铁素体的 TEM 形貌；　(d)板条铁素体内的位错亚结构

　　低碳贝氏体组织,选择 C,Mn,Nb,Mo,B,Ti 合金元素的最佳配合,其含碳量<0.03%,在较大的冷却速率范围内形成完全的贝氏体组织,在保证低温韧性和工艺性能的条件下,其强度可达 700 MPa,如 X100 管线钢。低碳贝氏体组织,往往是粒状贝氏体和板条贝氏体,宏观上出现扁平拉长的趋势,可以观察到内部为几乎平行分布的贝氏体板条束,如图 1-27 所示。

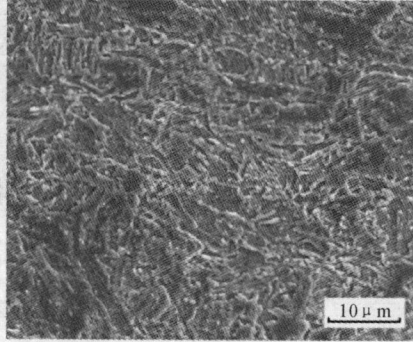

图 1-27　含碳 0.06% 的 X100 管线钢的显微组织[9]

　　粒状贝氏体是一种复合组织,是由针状铁素体和 M/A 单元组成的。M/A 单元的组成是针状铁素体形成的同时伴随的岛状硬相,这种弥散分布的硬相是高碳马氏体和残余奥氏体的混合物,通常称为 M/A 单元,X100 管线钢的粒状贝氏体的透射电子像如图 1-28 所示。

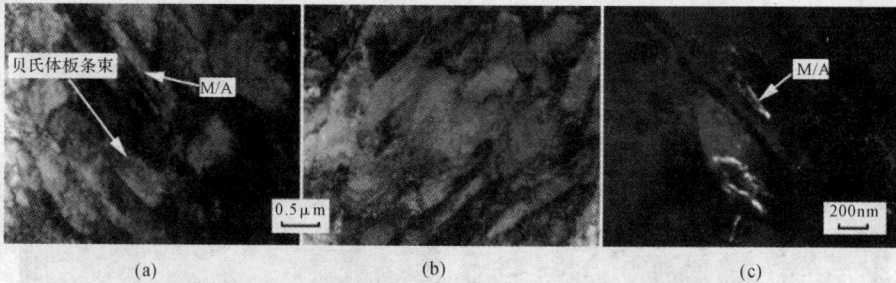

图 1-28　X100 管线钢的粒状贝氏体的透射观察[9]

(a)贝氏体板条束;　(b)贝氏体板条束边界;　(c)M/A 岛的暗场像

　　X100 管线钢实质上是一种通过控轧控冷得到的低碳贝氏体钢,与传统钢种相比,其强度已不再依靠其含碳量,而主要靠相变后得到细化的含有高密度位错的贝氏体基体、位错亚结构,以及钛、铌析出物的析出,图 1-29 为 X100 管线钢析出的 Ti 的碳化物。因此,相变强化和析出强化是 X100 的两种最主要的强化方式。

图 1-29　X100 管线钢析出的 Ti 的碳化物[9]

(a)Ti 的碳化物分布;　(b)Ti 析出物对位错的钉扎;　(c)析出相的电子衍射谱

为了进一步提高管线钢的强度,必须采用热处理得到下贝氏体组织,即可获得 X120 钢级的管线钢并具有极高的低温冲击韧性[10],这是因为下贝氏体组织中没有 M/A 单元。

3. 低碳索氏体组织

低碳索氏体组织,采用淬火+回火的热处理工艺,在淬火后得到低 C 马氏体,然后进行回火得到满足壁厚、高强度和足够韧性的要求。

4. 下贝氏体组织

下贝氏体组织,采用等温淬火+回火的热处理工艺,得到低 C 下贝氏体,直至马氏体组织,但目前尚待研究。

管线钢的强度与其碳当量、冷却速率和加工工艺有关,图 1-30 概括了这种关系。随固溶强化元素和微合金元素含量的增加、冷却速率的增加,钢的强度 R_{eL} 增加,如图 1-30(a)所示。由 X100 和 X120 管线钢的对比可见,冷却速率 v 和碳当量 C_E 共同决定了管线钢的强度。

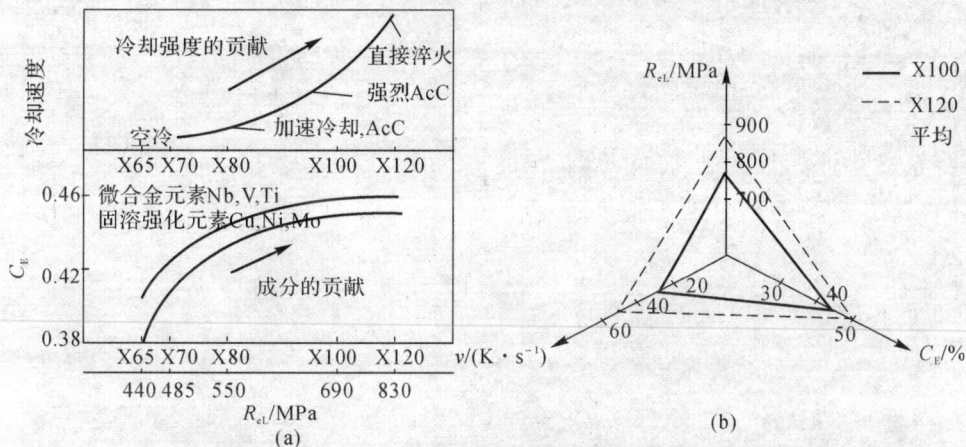

图 1-30 管线钢强度与碳当量、冷却条件和加工工艺的关系[11]

(a)冷却强度和碳当量对屈服强度的硬性; (b)X100 和 X120 的生产工艺参数

参 考 文 献

[1] 彭孙鸿. 正火温度对 12Cr2MoWVTiB 耐热钢高温性能的影响. 特殊钢,1998,19(1):21-23.

[2] 宁保群,严泽生,付继成,等. T91 铁素体耐热钢强化新途径. 材料导报,2009,23(4):72-76.

[3] 吴军,邹增大,王新洪,等. 控制控冷 T92 耐热钢的显微组织结构研究. 金属热处理,2007,32(9):71-74.

[4] 雒设计,郑新侠. 敏化处理对 2205 双相不锈钢组织与力学性能的影响. 材料工程,2011(5):76-80.

[5] 白兴国,梅丽,陈建伟,等. 淬火温度对石油套管用钢 27MnCrV 冲击韧性的影响. 特殊钢,2010,31(2):63-65.

[6] 蒋善玉. X60 管线钢板的研制. 中国冶金,2005,15(7):38-40.

[7] 郭斌,郑琳,董中波,等. HTPX70 级热轧卷板的研究开发与应用. 焊管,2009,32(2):14-16.

[8] 王道远,刘春明,黄贞益. X80 管线钢的炉卷轧机控制轧制与组织性能. 钢铁研究学报,

2010,22(5):41-45.

[9] 钱海帆. TMCP 工艺生产 X100 管线钢的微观组织及强化机理. 钢铁研究学报,2011,23(10):54-58.

[10] 朝日均. 超高强度管线钢管 X120 的开发. 鞍钢技术,2006,338(2):57-60.

[11] Schutz W, Kirsch H J, Fluss P, et al. Extended property combinations in thermomechanically control processed steel plates by application of advanced rolling and cooling technology. Iron Making and Steel Making, 2001,28(2):180-184.

第 2 章　金属的高温氧化

高温氧化(High temperature oxidation)是指金属在高温条件下和环境中的氧直接发生化学反应形成氧化物,而引起的金属腐蚀现象,是一种典型的化学腐蚀。高温氧化涉及的范围比较广,如锅炉、化工的反应釜、内燃机、涡轮发动机、航空发动机等都是在高温下各种工业环境中工作的,环境介质中除含有氧外,常常还含有水蒸气、二氧化硫、二氧化碳等。高温氧化腐蚀不仅消耗了金属材料,还影响着这些生产装备的运行安全和可靠性。对高温下工作的金属构件的应用,都离不开对高温腐蚀规律的掌握和正确使用。

2.1　氧化热力学

2.1.1　氧化的定义

从广义上可将氧化定义为 $M \longrightarrow M^{n+} + ne^-$,即金属 M 在高温环境中转变为金属的离子 M^{n+},从而失去金属的特性,一方面金属被消耗掉,另一方面金属结构的壁厚减少。

从狭义上可将氧化定义为 $nM + \dfrac{x}{2}O_2 \longrightarrow M_nO_x$,即金属 M 与环境中的氧通过化学反应,生成氧化物 M_nO_x,金属转变为离子态,失去金属的特性,使得金属被腐蚀掉。

2.1.2　氧化的自由能

为什么金属会在含氧的环境中发生氧化,需要用热力学来解答。

由热力学第二定律,在恒温、等压条件下可用吉布斯自由能(G)的变化来判断过程进行的方向和限度。当一个研究体系从状态 I 变化到状态 II 时,并且体系不做非体积功,体系的自由能的变化、过程进行的方向和限度为

$$\Delta G = G_{II} - G_I \begin{cases} < 0, & 自发过程 \\ = 0, & 过程达到平衡状态 \\ > 0, & 非自发过程 \end{cases} \qquad (2-1)$$

金属的氧化通常是在恒温、等压条件下进行的,即使是在一定温度范围和一定的压力范围内进行的氧化反应,总可以把它看成为一系列恒温、等压条件下的氧化过程。根据氧化反应方程式 $nM + \dfrac{x}{2}O_2 \longrightarrow M_nO_x$,则氧化反应的生成自由能可写为

$$\Delta G_{T,P} = RT \ln \frac{p_O}{p_K} \qquad (2-2)$$

其中,p_O 为反应物的分压,取决于环境中氧的分压 p',即

$$p_O = \frac{1}{p'^{n/2}} \qquad (2-3)$$

p_K 为反应物的平衡分压,即氧化反应式达到平衡的分压,取决于平衡氧化物的分压 p,即

$$p_K = \frac{1}{p^{n/2}} \tag{2-4}$$

将式(2-3)和式(2-4)代入式(2-2),氧化反应的吉布斯自由能的变化为

$$\Delta G = \Delta G_{T,P} = RT \ln \frac{p_O}{p_K} = RT \ln \frac{p^{\frac{n}{2}}}{p'^{\frac{n}{2}}} = \frac{nRT}{2} \ln \frac{p'}{p} \tag{2-5}$$

要使氧化反应式向右进行,氧化反应自发进行,则 $\Delta G < 0$,$p' > p$。因此,在判断氧化进行的方向时,不必计算氧化反应吉布斯自由能的变化,可直接将环境中氧的分压和平衡氧化物的分压进行比较来判断氧化是否发生。

表 2-1 列出了几种金属在不同温度下的分解压。分解压表示氧化物分解趋势的大小,分解压越大,该氧化物越容易分解;分解压越小,氧化物越稳定。在大气环境中,氧的分压为 0.21 atm(1 atm = 101.325 kPa = 0.1 MPa)。各种氧化物的分解压与大气环境中的氧分压相比,绝大多数金属在大气环境中满足 $p' > p$,所以在大气环境中绝大多数金属可自发氧化。

表 2-1　金属在不同温度下的氧化物的分解压($\times 101.325$ kPa)

T/K	Ag_2O	CuO	PbO	NiO	ZnO	FeO
300	8.4×10^{-5}					
400	6.9×10^{-1}					
500	2.49×10^{2}	5.6×10^{-31}	3.1×10^{-38}	1.8×10^{-46}	1.3×10^{-68}	
600	3.6×10^{2}	8.0×10^{-24}	9.4×10^{-31}	1.3×10^{-37}	4.6×10^{-56}	5.1×10^{-42}
800		3.7×10^{-16}	2.3×10^{-21}	1.7×10^{-28}	2.4×10^{-40}	9.1×10^{-30}
1 000		1.5×10^{-11}	1.1×10^{-15}	8.4×10^{-20}	7.1×10^{-31}	2.0×10^{-22}
1 200		2.0×10^{-8}	7.0×10^{-12}	2.6×10^{-15}	1.5×10^{-24}	1.6×10^{-19}
1 400		3.6×10^{-6}	3.8×10^{-9}	4.4×10^{-12}	5.4×10^{-20}	5.9×10^{-14}
1 600		1.8×10^{-4}	4.4×10^{-7}	1.2×10^{-9}	1.4×10^{-16}	2.8×10^{-11}
1 800		3.8×10^{-3}	1.8×10^{-5}	9.6×10^{-8}	6.8×10^{-14}	3.3×10^{-9}
2 000		4.4×10^{-1}	3.7×10^{-4}	9.3×10^{-6}	9.5×10^{-12}	1.6×10^{-7}

从热力学计算数据可得到以下结论:

(1)绝大多数金属,在大气环境中 $p' > p$,会自发氧化,只有几个不发生氧化的金属,如 Pb,Pt,Au 和 Ag,所以称这些金属为贵金属。

(2)随温度或压力的升高,氧化物的分解压升高,金属自发氧化的热力学趋势减小,但氧化速率不一定减小。

(3)通过调控环境气氛可以控制氧化进行的方向。如当热处理时,为了防止钢的氧化和脱碳,可采用 CO_2 可控气氛热处理;当焊接时,为了防止液态金属的氧化,可采用 CO_2 气体、惰性气体保护焊。

根据金属氧化物的标准吉布斯自由能的变化 $\Delta G^{\ominus}$,可以判断氧化反应的方向,即氧化发生的可能性。当氧化反应 $nM + \frac{x}{2}O_2 \longrightarrow M_nO_x$ 达到平衡时,$\Delta G^{\ominus} = \frac{nRT}{2} \ln p$,则式(2-5)可改

写为

$$\Delta G = \Delta G^{\ominus} - \frac{nRT}{2}\ln p' \qquad (2-6)$$

表 2-2 列出了一些氧化物的标准生成自由能。可见，在 300 K 或 500 K 温度下，氧化物的标准生成自由能为负值，式(2-6)中等号右边第二项为负值，故 $\Delta G < 0$，金属可自发氧化。

表 2-2　部分氧化物的标准生成自由能(300 K)

氧化物	Ag_2O	CuO	PbO	NiO	FeO	ZnO	Cr_2O_3	SiO_2	Al_2O_3	MgO
$\Delta G^{\ominus}/(kJ \cdot mol^{-1})$	-21.3	-289.2	-376.2	-430	-455.6*	-651	-660*	-824	-1 060	-1 140

* 为 500 K 的数据.

标准自由能 $\Delta G^{\ominus}$ 随温度而变化，将各种金属的 $\Delta G^{\ominus}$ 随温度的变化关系绘制在一张图上，得到系统标准吉布斯自由能的变化和温度的关系，即 $\Delta G^{\ominus} - T$ 图或 Ellingham 图[1]（见图2-1）。

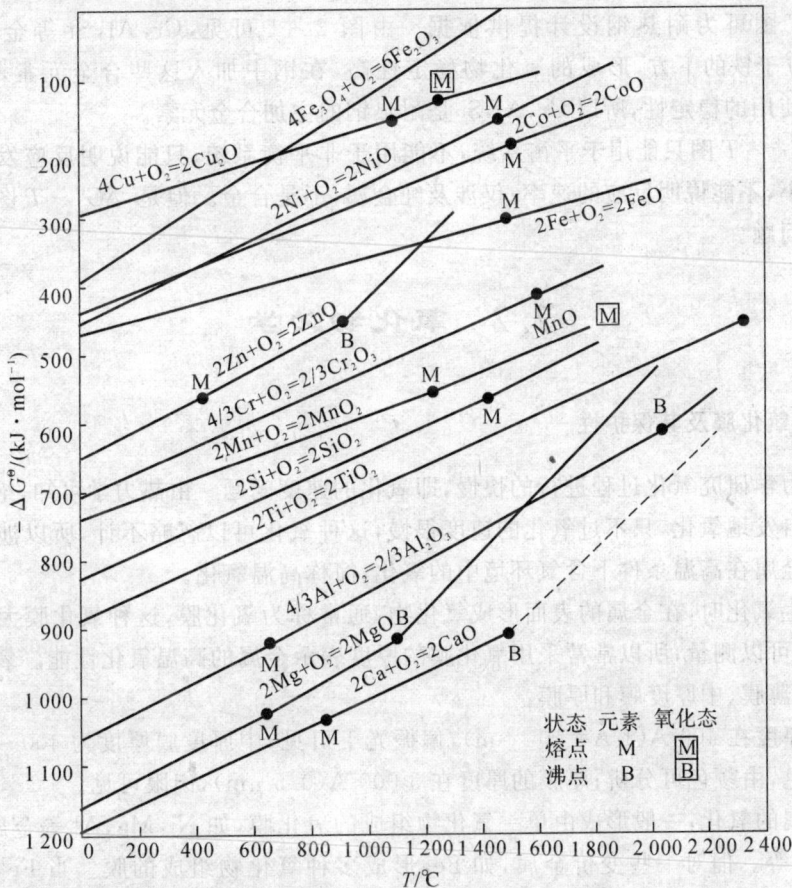

图 2-1　部分金属氧化物的 $\Delta G^{\ominus} - T$ 关系

在图 2-1 中，所示的金属氧化物 $\Delta G^{\ominus} < 0$，这些金属在含氧环境下能自发氧化，和由分解压得出的结论一致；$\Delta G^{\ominus}$ 与温度具有正斜率的直线关系，温度升高，$\Delta G^{\ominus}$ 的值升高，其绝对值变小，对应氧化物的稳定性越小；$\Delta G^{\ominus}$ 值越小的氧化物稳定性越高。

$\Delta G^{\ominus}-T$ 图在铁的冶炼中十分有用,可选择脱氧剂。在钢铁冶炼过程中,可选择氧化物稳定性比铁氧化物稳定性高的金属对铁脱氧。在 1 500℃ 以上,铝和硅的氧化物比铁氧化物的 $\Delta G^{\ominus}$ 低,即在 $\Delta G^{\ominus}-T$ 图中位于铁的下方。在铁液中加入铝和硅,可使得钢液脱氧:

$$2FeO+\frac{4}{3}Al \longrightarrow \frac{2}{3}Al_2O_3+2Fe$$

$$2FeO+Si \longrightarrow SiO_2+2Fe$$

Al_2O_3 或 SiO_2 作为熔渣排除,达到对钢脱氧的目的。

例如,铬的氧化物,$\frac{4}{3}Cr(s)+O_2(g) \longrightarrow \frac{2}{3}Cr_2O_3$,生成自由能为 -540 J/mol,铝的氧化物,$\frac{4}{3}Al(s)+O_2(g) \longrightarrow \frac{2}{3}Al_2O_3$,生成自由能为 -827 J/mol,则铝的氧化物比铬的氧化物更稳定。反应 $\frac{2}{3}Cr_2O_3(s)+\frac{4}{3}Al(s) \longrightarrow \frac{2}{3}Al_2O_3+\frac{4}{3}Cr$ 的自由能为 $\Delta G^{\ominus}=-287$ kJ/mol,则铝可作为铬的还原剂。

$\Delta G^{\ominus}-T$ 图可为耐热钢设计提供依据。由图 2-1 可见,Cr,Al,Si 等金属氧化物的 $\Delta G^{\ominus}-T$ 线位于铁的下方,形成的氧化物稳定性高,在钢中加入这些合金元素,可提高钢在 300~600℃ 使用的稳定性,所以 Cr,Al,Si 是耐热钢的主加合金元素。

注意,$\Delta G^{\ominus}-T$ 图只能用于平衡系统,不能用于非平衡系统;只能说明反应发生的可能性和倾向的大小,不能说明反应的速率;仅涉及纯金属,不是合金。但是,$\Delta G^{\ominus}-T$ 图能回答许多热力学上的问题。

2.2 氧化动力学

2.2.1 氧化膜及其保护性

氧化动力学研究氧化过程进行的快慢,即氧化的速度问题。由热力学可知,绝大多数金属在常温下可自发地氧化,只不过氧化的速度很慢,这种氧化可以忽略不计,所以涉及金属的氧化一般是指金属在高温条件下含氧环境中的氧化,简称高温氧化。

金属发生氧化时,在金属的表面形成氧化物,通常称为氧化膜,这种氧化膜大多附着在金属表面,往往可以测量,所以常常采用氧化膜的厚度表示金属的高温氧化性能。氧化膜按厚度可分为三类:薄膜、中厚度膜和厚膜。

薄膜的厚度在 400 Å(1 Å=10^{-10} m),偏振光下可见;中厚度膜厚度为 400~5 000 Å,氧化膜呈氧化色,由颜色可分辨;厚膜的厚度在 5 000 Å(0.5 μm),肉眼可见。

对纯金属的氧化,一般形成由单一氧化物组成的氧化膜,如 Ni,Mg,Al 等金属形成 NiO,MgO,Al_2O_3 等。但对一些变价金属,如 Fe,形成多种氧化物组成的膜。当 Fe 在空气中于 570℃ 以下氧化时,氧化膜由 Fe_3O_4 和 Fe_2O_3 组成;当于 570℃ 以上氧化时,氧化膜由 FeO,Fe_3O_4 和 Fe_2O_3 组成,如图 2-2 所示。

当金属发生氧化腐蚀时,在金属表面形成氧化膜。如果氧化膜能覆盖在金属表面,则已经氧化形成的氧化膜可防止内部金属进一步发生氧化,氧化膜就具有一定的保护性。氧化膜是否具有保护性,首先氧化膜必须是致密完整的。氧化膜完整性的一个必要条件是氧化膜的体积(V_{ox})大于消耗金属的体积(V_M),否则氧化膜就不能覆盖整个金属表面,结果形成疏松的氧化膜。氧化膜的体积与消耗金属的体积之比定义为

$$\gamma = \frac{V_{ox}}{V_M} = \frac{M_r \rho_M}{n A_r \rho_{ox}} \qquad (2-7)$$

式中,M_r 为金属氧化物的相对分子质量;A_r 为金属的相对原子质量;n 为金属氧化物中金属的原子价;ρ_M 和 ρ_{ox} 分别为金属和其氧化物的密度。

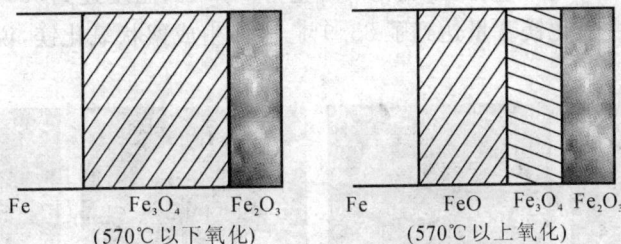

| Fe | Fe₃O₄ | Fe₂O₃ |

图 2-2　Fe 表面氧化膜的组成

　　一般情况下,当体积比 $\gamma < 1$ 时,形成疏松的氧化膜,氧化膜没有保护作用;当 $\gamma > 1$ 时,形成的氧化膜具有一定的保护性,可延缓或阻止金属的进一步氧化;当 γ 值在 $2 \sim 3$ 之间时,氧化膜的保护效果好;当 $\gamma > 5$ 时,膜厚度大,其内应力也大,氧化膜容易破裂而失去保护作用。

2.2.2　氧化动力学规律

　　高温氧化的动力学是指金属氧化膜成长的动力学,即在恒温下氧化膜厚度 y 随氧化时间 t 的变化关系,即 dy/dt。在一定的氧化时间内,氧化的程度可用氧化膜厚度来表示,也可以用单位面积上的试样氧化增重 ΔW 来表示。氧化增重与氧化膜厚度的关系为

$$y = (\Delta W M_{r,ox})/(M_{r,o_2} \rho_{ox}) \qquad (2-8)$$

式中,$M_{r,ox}$ 为氧化物的相对分子质量;M_{r,o_2} 为氧的相对分子质量;ρ_{ox} 为氧化物的密度。

　　在恒温下,各种金属氧化膜成长的动力学可分为 3 种类型:直线型、抛物线型和对数型。抛物线型和对数型为非直线型。

1. 直线规律

　　在恒温下金属氧化时,如果在金属表面不能形成致密的、具有保护性的氧化膜,氧化速率直接由形成氧化物的化学反应速率所决定,氧化速率与氧化膜厚度无关,即

$$dy/dt = k_L \qquad (2-9)$$
$$y = k_L t + C \qquad (2-10)$$

式中,k_L 为氧化的线性速率常数;C 为积分常数,即 $t = 0$ 时的氧化膜厚度。图 2-3 给出了纯镁在不同温度下氧化的增重随氧化时间的变化关系,符合直线规律。随氧化温度的升高,氧化膜增重加剧,氧化速率升高,主要是 k_L 的增加,所以 k_L 强烈依赖于氧化发生的温度。

　　一般碱金属 K,Na,Ca,Mg,Mo,V 等高温氧化遵循直线规律,所形成的氧化膜没有保护性。

　　虽然高温氧化会造成金属的腐蚀,但高温腐蚀也有有

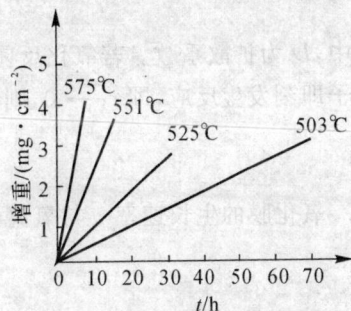

图 2-3　纯镁恒温氧化规律

利的一面。人们利用镁在含氧环境中反应效率高、反应速度快的特点,可以制成金属燃料,适合用作水下动力的能源,通常采用水蒸气和镁粉的氧化反应。图 2-4 为镁粉在 200℃,350℃,450℃ 和 550℃ 条件下的常压水蒸气中氧化 10 min 的表面形貌。

由图 2-4 可见,温度在 200℃ 时镁粉没有发生明显的氧化;350℃ 时,镁粉只发生了轻微的氧化;温度在 350℃ 以下时,镁粉基体没有出现严重氧化,只在镁粉表面附有氧化微粒;450℃ 时,镁与水反应产生了少量的氧化镁,氧化镁含量为 10.1%;温度达到 550℃ 时,镁粉氧化速率迅速提高,反应产物中氧化镁含量达到了 85.9%,表面生成絮状氧化镁,说明此时已有气相反应发生。

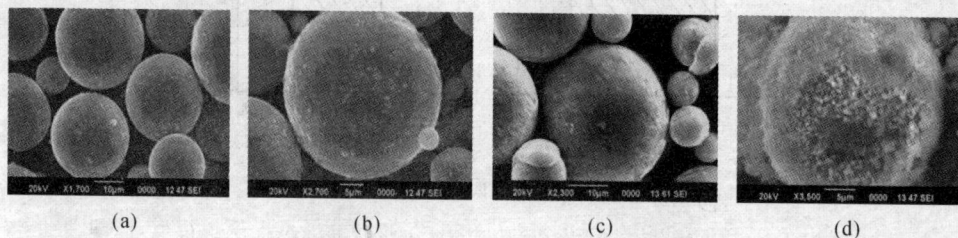

图 2-4 镁在水蒸气中氧化 10 min 后的表面形貌[2]
(a)200℃; (b)350℃; (c)450℃; (d)550℃

2.抛物线规律

当氧化膜的体积与消耗金属的体积比值大于 1 时,氧化膜覆盖整个金属表面,继续氧化需要氧或金属离子通过氧化膜的扩散,这时膜的成长速率由膜中氧或金属扩散速率决定,氧化动力学具有抛物线规律,即

$$dy/dt = k_P/y \qquad (2-11)$$
$$y^2 = k_P t + C \qquad (2-12)$$

式中,k_P 为氧化的抛物线速率常数;C 为积分常数,与初始状态有关,通常不为零。

对抛物线生长规律,膜的生长是受扩散所控制的,可由扩散定律推导,如图 2-5 所示。当在金属(Me)表面形成厚度为 y 的氧化膜时,氧在氧化膜界面离子化,并通过氧化膜扩散,达到氧化膜与金属界面,然后与金属离子发生氧化反应,使得氧化过程继续进行。当然,金属离子也可以通过氧化膜进行扩散。

设氧化膜与氧环境界面上氧离子的浓度为 c_0,在金属与氧化膜的界面上氧离子的浓度为 c_1,则通过界面氧离子的扩散通量 J 由扩散第一定律计算,即

$$J = -D\frac{dc}{dy} = -D\frac{c_0 - c_1}{y} \qquad (2-13)$$

式中,D 为扩散系数。若氧化反应速度高于氧离子的扩散速度,到达金属与氧化膜界面上的氧离子即刻发生反应,即 $c_1 \to 0$,则扩散通量 J 可简化为

$$J = -D\frac{c_0}{y} \qquad (2-14)$$

氧化膜的生长速率 v 与氧离子扩散通量成正比,即

$$v = k|J| = kD\frac{c_0}{y} = \frac{dy}{dt} \qquad (2-15)$$

将式(2-15)积分,可得 $y^2 = k't + C$,与式(2-12)具有相同的形式。

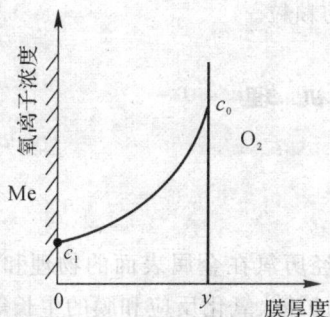

图 2-5　氧通过氧化膜的扩散

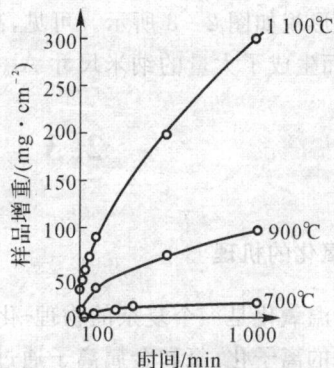

图 2-6　Fe 在高温下氧化曲线

具有抛物线氧化规律的金属有 Cu,Fe,Ni,Co,Mo,P,Zr 等,形成的氧化膜具有一定的保护性。图 2-6 为 Fe 在高温下氧化的抛物线规律,可见随着氧化的温度升高氧化速率加剧。由于 Fe 在高温下氧化具有抛物线规律,具有一定的保护性,所以以 Fe 为基的合金广泛用于高温下服役的工程构件。

3.对数规律

有一部分金属氧化的动力学特征具有对数规律,即

$$dy/dt = k_E/e^y \tag{2-16}$$

$$y = \ln (k_E t) \tag{2-17}$$

式中,k_E 为氧化的对数速率常数。具有对数氧化规律的金属有 Al,Si,Zn,形成的氧化膜具有良好的保护性。Fe 在低温下氧化也具有对数规律,如图 2-7 所示。

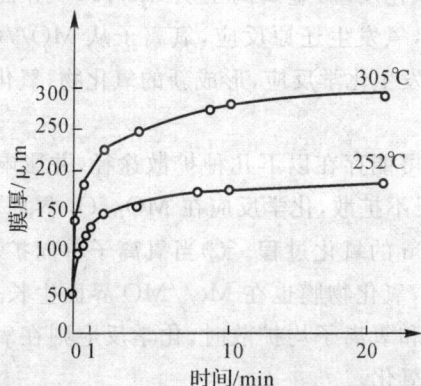

图 2-7　Fe 在低温下氧化曲线

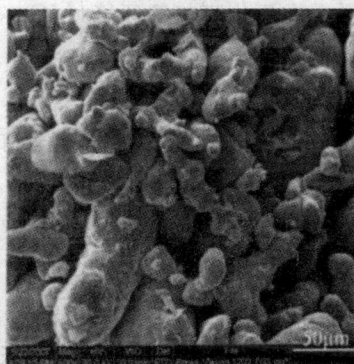

图 2-8　铝颗粒在 1 200℃氧化后的表面形貌[3]

金属氧化的动力学关系还与金属发生氧化的温度有关。如图 2-6 和图 2-7 所示,Fe 在不同的温度下氧化具有不同的规律。Cu 在 300～1 000℃温度范围内氧化具有抛物线生长规律,在室温至 100℃温度范围内氧化具有对数规律。Al 氧化的对数规律是在室温至 375℃温度范围。

金属铝因具有很高的燃烧焓,被认为是推进剂和炸药中的理想组成材料。研究金属铝的高温氧化过程,对于增加燃烧效率、制备纳米氧化铝粉体等有很高价值。在 1 200℃下空气中

氧化后的铝粉形貌如图2-8所示。可见,高温氧化后,铝粉呈松散堆积状态,相互之间没有烧结,氧化后表面生成了大量的纳米尺寸 Al_2O_3 晶体的颗粒。

2.3 氧化机理

2.3.1 氧化的机理

金属的高温氧化是一个复杂的物理-化学过程,经历氧在金属表面的物理和化学吸附、氧和金属在界面的离子化、氧和金属离子通过氧化膜的扩散、氧化反应和膜的生长等过程。

对氧化开始的机理并不十分清楚,一旦氧和金属发生化学反应,并在金属表面形成氧化膜,金属继续发生氧化反应则受两个方面的因素控制,一是界面反应速度;二是参与反应物通过界面的扩散,如图2-9所示。

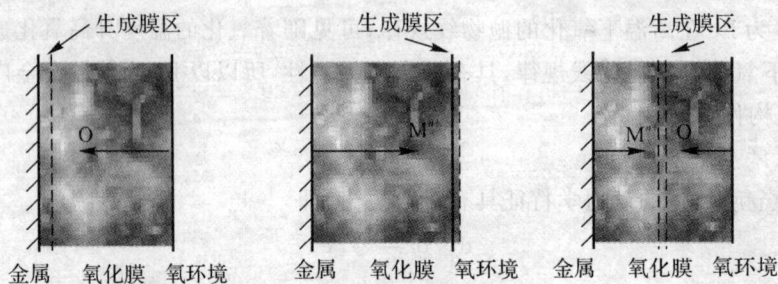

图2-9 氧化的过程模型

在金属与氧化膜(Me//MO)界面,金属发生氧化反应,金属离子从 Me//MO 界面向氧化膜一侧扩散。在氧化膜与氧环境($MO//O_2$)界面,氧发生还原反应,氧离子从 $MO//O_2$ 界面向氧化膜一侧扩散。当金属离子和氧离子相遇时发生化学反应,形成新的氧化物,氧化物膜厚度增加。

界面反应形成离子(包括金属离子和氧离子)可能存在以下几种扩散途径,并影响氧化物膜生长位置。①当金属离子单向扩散时,或氧离子不扩散,化学反应在 $MO//O_2$ 界面发生,氧化物膜也在 $MO//O_2$ 界面生长,或膜外生长,如 Cu 的氧化过程。②当氧离子单向扩散时,或金属离子不扩散,化学反应在 Me//MO 界面发生,氧化物膜也在 Me//MO 界面生长,或膜在内侧生长,如钛、锆等金属的氧化。③当金属离子和氧离子均扩散时,化学反应则在氧化物膜内发生,氧化膜在已形成的氧化膜中生长,如钴的氧化。

实际上金属氧化的扩散方式往往比较复杂,氧化膜的开裂和结构缺陷等会影响离子的扩散,使氧化膜的生长过程发生相应的变化。

2.3.2 氧化物的结构

根据氧化的化学反应式,理想的金属氧化物应该是符合化学比的离子化合物,如 ZnO,NiO 等。实际上,金属氧化反应不可能形成理想的、符合化学比的离子化合物,通常所形成的氧化物 M_nO_x 绝大多数是非化学比的离子化合物,如 ZnO 的化学比为 1:1,但实际上氧化物中 Zn>50%;NiO 的化学比也为 1:1,但实际上氧化物中 Ni<50%。产生这种现象的原因是

氧化物中存在缺陷,正是由于缺陷的存在使得属于绝缘体的离子氧化物变成了半导体。

当氧化物中含有过剩的金属离子,如图 2-10(a)所示,氧化物晶体中含有间隙金属离子和自由电子,金属氧化物具有半导体的性质。在外电场作用下靠正离子和自由电子导电,这种半导体称为 N 型半导体(一)。当金属氧化物中存在氧离子的空位,金属氧化物也具有 N 型半导体的性质。具有 N 型半导体性质的氧化物有 ZnO,CdO,BeO,Fe_2O_3,Al_2O_3,SiO_2,PbO_2,V_2O_5,MoO_3,WO_3,CdS,Cr_2S_3,TiS_2 等。

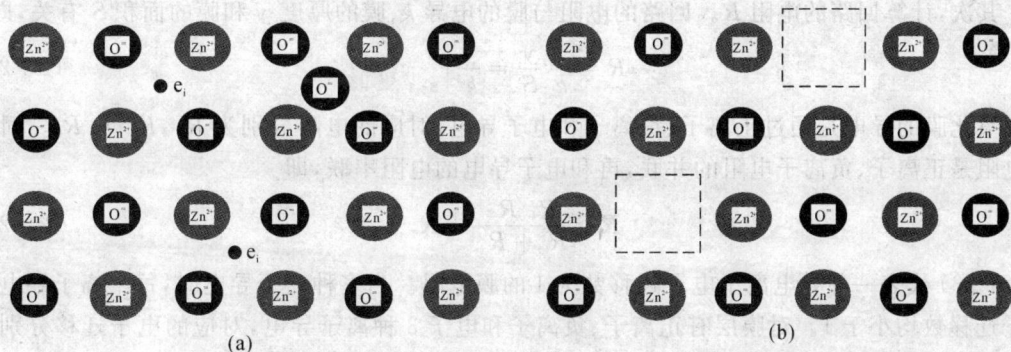

图 2-10　氧化物的晶体结构示意图
(a)N 型半导体;　(b)P 型半导体

当氧化物中含有过剩的氧离子,如图 2-10(b)所示,由于氧离子的直径比金属离子的直径大,实际上形成了金属离子的空穴。在外电场作用下靠电子-空穴导电,这种半导体称为 P 型半导体(十)。具有 P 型半导体性质的氧化物有 NiO,FeO,Cu_2O,Cr_2O_3,MnO,CoO 等。

2.3.3　氧化膜成长的电化学模型

Wagner 等认为[4],当氧化一开始,在金属表面形成一定厚度的氧化膜后,金属继续氧化,由界面反应和离子在氧化膜中的扩散所决定,则可认为金属氧化是一个"电化学过程"。氧化膜,通常为半导体,可视为固体电解质,其中进行着离子和电子的扩散和迁移。

氧化膜的生长既要求界面反应的电子进行迁移,也要求阳离子或阴离子或两者通过膜的运动。电子的迁移、离子的扩散运动,可视为有一个等效的电流流过氧化膜,则氧化膜的生长可采用一个等效电路来模拟,如图 2-11 所示,这就是电化学模型对应的电池回路。

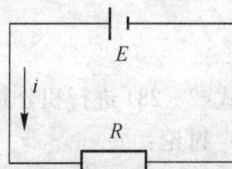

图 2-11　氧化电路

电池回路有 3 个参数,电池电动势 E,回路的电阻 R 和回路电流 i。i 是单位时间通过单位面积氧化膜的电流,即电流密度,则氧化的速率与氧化电流密度 i 成正比。

由法拉第电解定理,电解物质的质量 W 与电解的电流密度 i 有如下关系:

$$W = \frac{M}{nF}it \tag{2-18}$$

式中,M 为氧化物的原子量,n 为金属的原子价,F 为法拉第常数,t 为时间。氧化膜的厚度 y 可表示为

$$y = \frac{M}{nF\rho}it \tag{2-19}$$

其中，ρ 为氧化物的密度。氧化的速率可表示为

$$dy/dt = \frac{M}{nF\rho}i \qquad (2-20)$$

首先，计算电池电动势 E。由热力学定理，在恒温、恒压下体系自由能的降低等于体系对外所做的非体积功，即 $\Delta G = -nFE$，则电池电动势为

$$E = -\Delta G/nF \qquad (2-21)$$

其次，计算回路的电阻 R。回路的电阻与膜的电导 k、膜的厚度 y 和膜的面积 S 有关，即

$$R = \frac{1}{k}\frac{y}{S} = \frac{y}{k}\bigg|_{S=1} \qquad (2-22)$$

氧化膜的导电是通过正离子、负离子和电子导电，对应的电阻分别为 R_+，R_- 和 R_e。回路的电阻是正离子、负离子电阻的并联，再和电子导电的电阻串联，即

$$R = \frac{R_+ R_-}{R_+ + R_-} + R_e \qquad (2-23)$$

式(2-23)代表一种导电离子电子迁移数为 1 的膜电阻。当多种离子导电时，每个离子导电的电子迁移数均小于 1。对膜层有正离子、负离子和电子 3 种离子导电，对应的电子迁移分别为 t_+，t_- 和 t_e，且有 $t_+ + t_- + t_e = 1$，则有

$$R_e = \frac{y}{kt_e} \qquad (2-24)$$

$$\frac{1}{R_+} + \frac{1}{R_-} = \frac{k(t_+ + t_-)}{y} \qquad (2-25)$$

将式(2-24)和式(2-25)代入式(2-23)，得到膜导电的电阻为

$$R = \frac{y}{kt_e(t_+ + t_-)} \qquad (2-26)$$

再次，由欧姆定理计算回路电流为

$$i = \frac{E}{R} = \frac{-\Delta G k t_e(t_+ + t_-)}{nF}\frac{1}{y} \qquad (2-27)$$

最后，将式(2-27)代入式(2-20)，得到氧化的动力学方程为

$$dy/dt = \frac{-\Delta G M k t_e(t_+ + t_-)}{(nF)^2}\frac{1}{y} = k_p\frac{1}{y} \qquad (2-28)$$

将式(2-28)进行积分并简化，得到膜的厚度与时间的关系 $y^2 = k_p t + C$，和式(2-12)相同。

讨论：

(1)金属氧化时的热力学驱动力(ΔG)越大，氧化的速率也越大。

(2)氧化膜的电导率 k 越大，膜的生长速率越大。当氧化膜完全绝缘时，$k=0$，膜形成后不会生长，如 Al_2O_3 膜绝缘性好，保护性好。

(3)当电子迁移数 $t_+ + t_- = t_e$ 时，参数$(t_+ + t_-)t_e$ 取最大值，氧化膜的成长速率最大。

(4)氧化膜越致密，膜的密度越大，氧化膜的生长速率越慢。

2.3.4　内应力对膜生长的影响

在氧化膜生长过程中，氧化膜的形成导致体积膨胀，氧化膜导热不均匀等会在氧化膜内产生内应力，影响膜的生成过程和生长规律。

当体积比 $\gamma > 1$ 时，氧化膜的生长产生体积膨胀，体积膨胀所产生的应变 ε 为

$$\varepsilon = 1 - \gamma^{-1/3} \tag{2-29}$$

由胡克定律可计算膜的内应力 σ 为

$$\sigma = E(1 - \gamma^{-1/3}) \tag{2-30}$$

其中，E 为氧化膜的弹性模量。

当体积比 γ 增加时，在金属表面形成的氧化膜厚度增加，氧化膜的内应力也随之增大。当氧化膜的内应力超过氧化膜本身的强度，氧化膜就出现开裂，同时也失去保护作用，金属的抗氧化性能降低。Cu 在500℃ 氧化具有抛物线规律，但由于内应力导致氧化膜的破裂，氧化曲线上出现了转折点，将每个转折点连接在一起为一条直线，具有直线型氧化规律，这时氧化膜就失去保护性，如图 2-12 所示。

导热性不均匀也会引起内应力，内应力与温度差 ΔT 和导热系数差 $\Delta \alpha$ 成正比，即

$$\sigma = CE\Delta\alpha\Delta T \tag{2-31}$$

图 2-12　Cu 在 500℃ 氧化曲线

式中，C 为比例系数。在恒温下，由导热性不均匀膜破裂的临界厚度 y_c 为

$$y_c = \frac{AE_s\psi}{E\gamma\Delta\alpha} \tag{2-32}$$

式中，A 为比例系数；E_s 为膜的表面能；ψ 为膜的高温塑性。

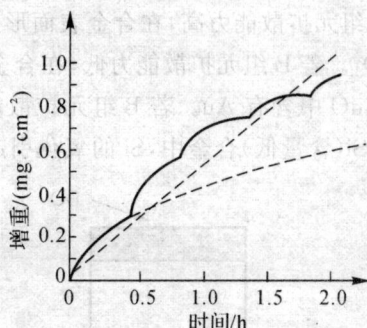

2.3.5　氧化的温度关系

以上有关氧化的讨论是指在恒温下的氧化。由热力学定律可见，随着温度升高，氧化的热力学驱动力减小，但氧化的速度却显著增加。氧化的速度与氧化温度间的关系（Arrhenius 方程）为

$$dy/dt = Ae^{-Q/RT} \tag{2-32a}$$

或

$$\lg dy/dt = -\frac{Q}{2.303R}\frac{1}{T} + \lg A \tag{2-32b}$$

式中，A 为系数；R 为气体常数；Q 为激活能，与氧化膜有关。

利用氧化的温度关系，在不同温度下测定氧化的速度，然后将氧化的速度和对应氧化温度的倒数 $1/T$ 画在双对数坐标上得到一条直线，该直线的斜率为 $-\dfrac{Q}{2.303R}$，由此斜率可求得氧化的激活能 Q。

2.4　合金氧化

2.4.1　合金氧化的特点

通常纯金属强度低、抗氧化性能有限，工程中实际使用的金属基本为合金。合金是由两种或两种以上的金属与金属，或金属与非金属，通过熔炼、烧结等方法组合而成具有金属特性的

物质。合金氧化比纯金属要复杂得多,主要特点有合金组成相的氧化具有选择性,出现内氧化现象,形成比任何组元复杂的氧化物。

合金组元的氧化具有选择性。与氧亲和力大的组元、生成自由能越低的组元首先氧化。如图 2-13 所示,以 A-B 合金组成的二元合金为例,设 B 组元生成自由能低,A 组元不氧化。若 B 组元扩散能力高,在合金表面形成 B 的氧化物 BO,如在高 Cr 含量的 Fe-Cr 合金中形成 Cr_2O_3。若 B 组元扩散能力低,在合金表面形成 B 的氧化物中含有 A 组元,如在 Cu-Au 合金中,CuO 中含有 Au。若 B 组元扩散能力很低,且 B 组元的含量低,会出现内氧化的现象,如 Al-Si(含量低)合金中,Si 的氧化引起内氧化。内氧化是一种灾难性的氧化,无保护性。

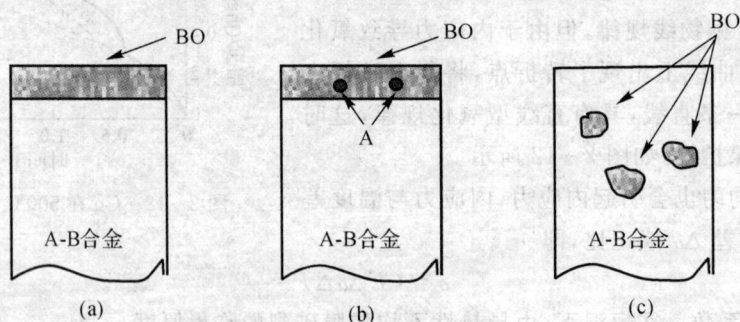

图 2-13 合金的选择性氧化
(a)B 组元氧化; (b)氧化物中含 A 组元; (c)内氧化

2.4.2 合金氧化物

如果合金的组元均能发生氧化,A,B 组元能单独氧化形成氧化物 AO 和 BO,但当组元同时氧化时,会形成复杂的氧化物,影响氧化膜的保护性。

当 A,B 组元形成的氧化物 AO 和 BO,其结构类型相同或接近时,则两种氧化物可以互溶,形成固溶体型的氧化物,用 AO-BO 表示。常见的固溶体型的氧化物有 FeO-NiO,FeO-CaO,Fe_2O_3-Al_2O_3,具有比单独氧化膜高的保护性。

当 A,B 组元形成的氧化物 AO 和 BO,其结构类型不同,则两种氧化物可以化合,形成化合物型复合氧化物,用 AO·BO 表示。常见的化合物型的氧化物有 NiO·Cr_2O_3,NiO·Fe_2O_3,FeO·Cr_2O_3。化合物型的氧化物具有良好的保护性,氧化膜熔点高,稳定性好,致密性高。

当 A,B 组元形成的氧化物 AO 和 BO,既不互溶也不化合,形成混合型的氧化物,它的保护性相对比较差。

2.4.3 提高合金抗氧化性能的原则

(1)合金组元或组元之一生成致密性高的表面氧化膜,起保护作用。常见的元素有 Cr,Al 和 Si。当钢中含 Cr 的质量分数大于 0.18% 时,在高温下可在钢表面形成 Cr_2O_3 膜,提高钢的抗氧化能力。当钢中含 Al 的质量分数大于 0.10% 时,在高温下可在钢表面形成 Al_2O_3 膜,提高钢的抗氧化能力。

(2)组成合金的组元间形成化合物型复杂氧化物。复合氧化物一般结构复杂,具有尖晶石型结构,这种结构致密,晶体缺陷的浓度低,离子在这种膜中扩散所需要的激活能比较大,离子扩散的速度缓慢,具有优异的抗氧化性能。在铁基合金中加入足够的 Cr 可形成尖晶石型复合氧化物 $FeO \cdot Cr_2O_3$。多 Ni – Cr 合金,则形成 $NiO \cdot Cr_2O_3$ 复合氧化物,具有优异的抗氧化性能。

(3)通过调整加入合金元素的原子价,减少氧化物中的空位,称为掺杂效应。对形成 N 型半导体氧化膜的金属中,加入高价金属,提高抗氧化性能。对形成 P 型半导体氧化膜的金属中,加入低价金属,提高抗氧化性能。

(4)增强氧化物膜和金属基体间的结合力。在 Fe – Cr – Al 电热合金中加入稀土元素 Ce,La,Y 能显著提高使用温度和寿命,其主要原因是稀土元素增强了氧化膜与合金基体的结合力,使得氧化膜不容易破裂和脱落。

2.5　典型合金的高温氧化

2.5.1　碳钢的高温氧化

碳素结构钢是制造锅炉部件的主要材料,典型材料为 20 g 钢,它主要用于火力发电机组锅炉水冷壁管。在长期高温运行中,主要承受高温、高压和水蒸气的作用,存在明显的高温水蒸气氧化腐蚀。20 g 钢是 Fe – C 合金,其中 C 在使用温度下不发生氧化,只有基体 Fe 会发生高温氧化。20 g 钢在 360℃,18.67 MPa 饱和水蒸气中的氧化动力学曲线遵循抛物线规律(见图 2 – 14),开始氧化增重快而后增重慢,其动力学方程为[5]

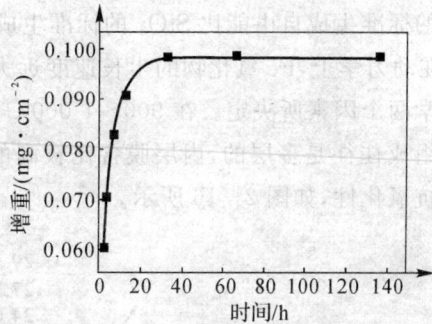

图 2 – 14　20 g 钢在饱和水蒸气中的氧化动力学[5]

$$y = 0.024\ 2 + 0.008\ 26t - 1.804\ 3 \times 10^{-4} t^2 \tag{2-33}$$

20 g 钢在氧化 34 h 前,氧化速度较快,以后氧化速度变缓,氧化 34 h 后不再增重。这可能是因为氧化 34 h 前,氧化膜中富 Fe 的 Fe_3O_4 能为新的氧化物晶核在氧化膜表面形核提供 Fe,提高了形核和长大速度,氧化速度就快。氧化 34 h 后,Fe_3O_4 富 Fe 程度下降,会抑制氧化物在氧化膜表面形核,而表面上形成的完整保护性氧化膜,会抑制或减缓离子的扩散和界面反应的发生。20 g 钢在 360℃,18.67 MPa 饱和水蒸气中形成的氧化物为富 Fe 的 Fe_3O_4 氧化物时,氧化反应方程式为 $3Fe + 4H_2O + 8e^- = Fe_3O_4 + 8H^-$。

在钢板轧制过程中,如果在钢板表面形成均匀的氧化膜,既可以保证钢板的表面质量,又可以防止钢板在储存过程中因大气环境所引起的大气腐蚀。碳钢在 450～560℃范围内形成的氧化皮均匀,具有双层结构,内层为 Fe_2O_3,外层为 Fe_3O_4。SS400 钢(Fe – 0.16%C – 0.36%Mn)在 600℃的氧化动力学曲线符合抛物线规律,所形成的氧化皮厚度约为 10 μm,如图 2 – 15 所示,其氧化皮厚度与氧化时间的关系可表示为[6]

$$y = 6.37 + 0.07t - 1.01 \times 10^{-4} t^2 \tag{2-34}$$

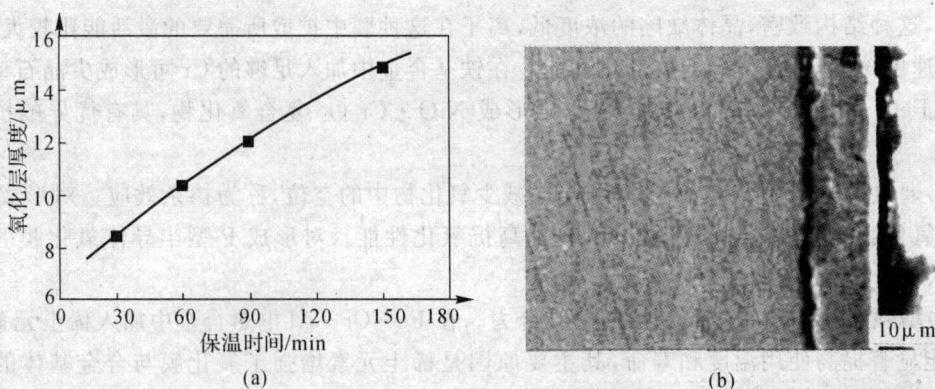

图 2-15　SS400 钢氧化曲线和氧化皮[6]
(a)氧化层厚度曲线；　(b)氧化层 SEM 形貌

2.5.2　Fe-Si 合金高温氧化

Fe-Si 合金是广泛应用于电力、电子及机械等领域的重要合金材料。Fe-Si 合金中，Fe 氧化物的标准生成自由能比 SiO_2 的标准生成自由能高，但生成氧化物的稳定性是 SiO_2 大于 FeO。在动力学上，Fe 氧化物的生长速度远大于 SiO_2，合金表面的氧化膜结构通常由热力学和动力学两个因素所决定。在 900~1 000℃ 范围，Fe-Si 合金的动力系符合抛物线规律，氧化膜的组成往往是多层的，内层膜含比较高的 SiO_2，降低了 Fe 离子向外扩散的速率，从而保持高的抗氧化性，如图 2-16 所示。

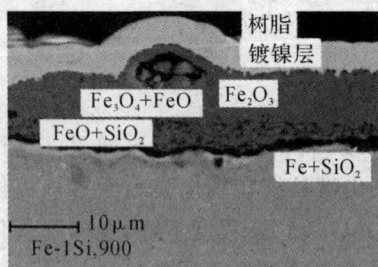

图 2-16　Fe-1%Si 合金 900℃氧化膜[7]

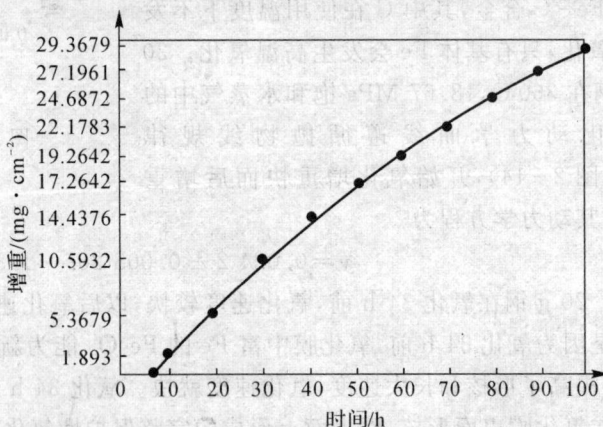

图 2-17　800℃下 Cr18Ni9Ti 不锈钢氧化的动力学曲线[8]

2.5.3　不锈钢的高温氧化

奥氏体不锈钢 1Cr18Ni9Ti 也可作为耐热钢使用，合金成分中 Fe，Cr，Ni，Ti 均能氧化，形成氧化物。一般认为在高温下，合金中 Cr 优先氧化形成 Cr_2O_3，然后与其他氧化物形成化合物型复杂氧化物，如 $NiCr_2O_4$，结构致密，对基体具有良好的保护作用。当温度超过 1 000℃ 时，$NiCr_2O_4$ 会发生分解，所以 1Cr18Ni9Ti 的最高使用温度不超过 900℃。当 800℃氧化时，

1Cr18Ni9Ti 氧化的动力学符合抛物线规律,如图 2-17 所示。氧化增重与氧化时间的关系可表示为[8]

$$y=6.37+0.07t-1.01\times 10^{-4}t^2 \qquad (2-35)$$

2.6 高温合金简介

2.6.1 高温合金

高温合金指在 650℃ 以上具有一定力学性能和抗氧化、耐腐蚀性能的合金。高温合金主要用于制造航空、舰艇和工业用燃气轮机的涡轮叶片、导向叶片、涡轮盘、高压压气机盘和燃烧室等高温部件,还用于制造航天飞行器、火箭发动机、核反应堆、石油化工设备以及煤的转化等能源转换装置。

高温合金按基体元素主要可分为铁基高温合金、镍基高温合金和钴基高温合金,按制备工艺可分为变形高温合金、铸造高温合金和粉末冶金高温合金,按强化方式有固溶强化型、沉淀强化型、氧化物弥散强化型和纤维强化型等。

2.6.2 高温合金的强化机制

(1)固溶强化。加入与基体金属原子尺寸不同的元素(铬、钨、钼等)引起基体金属点阵的畸变,加入能降低合金基体堆垛层错能的元素(如钴)和加入能减缓基体元素扩散速率的元素(钨、钼等),以强化基体。

(2)沉淀强化。通过时效处理,从过饱和固溶体中析出第二相(γ',γ'',碳化物等),以强化合金。γ' 相与基体相同,均为面心立方结构,点阵常数与基体相近,并与晶体共格,因此,γ' 相在基体中能呈细小颗粒状均匀析出,阻碍位错运动,从而产生显著的强化作用。γ' 相是 A_3B 型金属间化合物,A 代表镍、钴,B 代表铝、钛、铌、钽、钒、钨,而铬、钼、铁既可为 A 又可为 B。镍基合金中典型的 γ' 相为 $Ni_3(Al,Ti)$。γ' 相的强化效应可通过以下途径得到加强:

1)增加 γ' 相的数量。

2)使 γ' 相与基体有适宜的错配度,以获得共格畸变的强化效应。

3)加入铌、钽等元素增大 γ' 相的反相畴界能,以提高其抵抗位错切割的能力。

4)加入钴、钨、钼等元素提高 γ' 相的强度。γ'' 相为体心四方结构,其组成为 Ni_3Nb。因 γ'' 相与基体的错配度较大,能引起较大程度的共格畸变,使合金获得很高的屈服强度。但超过 700℃,强化效应便明显降低。钴基高温合金一般不含 γ' 相,而用碳化物强化。

(3)晶界强化。在高温下,合金的晶界是薄弱环节,加入微量的硼、锆和稀土元素可改善晶界强度。这是因为稀土元素能净化晶界,硼、锆原子能填充晶界空位,降低蠕变过程中晶界扩散速率,抑制晶界碳化物的集聚和促进晶界第二相球化。另外,铸造合金中加适量的铪,也能改善晶界的强度和塑性。还可通过热处理在晶界形成链状分布的碳化物或造成弯曲晶界,提高塑性和强度。

(4)氧化物弥散强化。通过粉末冶金方法,在合金中加入高温下仍保持稳定的细小氧化物,并使其呈弥散分布状态,从而获得显著的强化效应。通常加入的氧化物有 ThO_2 和 Y_2O_3 等。这些氧化物是通过阻碍位错运动和稳定位错亚结构等因素而使合金得到强化的。

2.6.3 制造工艺

不含或少含铝、钛的高温合金,一般采用电弧炉或非真空感应炉冶炼。含铝、钛高的高温合金如在大气中熔炼时,元素烧损不易控制,气体和夹杂物进入较多,所以应采用真空冶炼。为了进一步降低夹杂物的含量,改善夹杂物的分布状态和铸锭的结晶组织,可采用冶炼和二次重熔相结合的双联工艺。冶炼的主要手段有电弧炉、真空感应炉和非真空感应炉;重熔的主要手段有真空自耗炉和电渣炉。

铁基高温合金使用温度一般只能达到 750~780℃。

2.6.4 高温合金的牌号

国内高温合金的牌号为"GH+数字"。

固溶强化型铁基合金有 GH1015,GH1016,GH1035,GH1040,GH1131,GH1140,其主要化学成分如表 2-3 所示,其中 P,S 含量不超过 0.02%。这类合金含铬、镍量相对较高,含弥散强化相形成元素(V,Al,Ti)量相对较少。它的热处理主要形式为"固溶处理",通过固溶处理可达到强化的目的。当零件需要多次冷压加工时,为消除加工硬化、恢复塑性,也要进行固溶处理。零件焊接后通常进行退火处理以消除内应力。由于铬、镍含量较高,故这类合金抗氧化温度较高,一般可为 900℃以上;但因含弥散强化相形成元素较少,合金中化合物数量较少,故室温强度、高温强度都较低。这类合金固溶处理后的组织为奥氏体,因此塑性好,可以冷压成型;由于含碳量少,故焊接性亦好。这类合金主要用来制作形状复杂、冷压成型、受力不大、但要求抗氧化能力较高的高温零件,其中最典型的零件是涡轮发动机的燃烧室。

表 2-3 固溶强化型铁基合金的化学成分 (单位:%)

牌号	C	Cr	Ni	W	Mo	Al	Ti	Nb	Mn	Si
GH1015	≤0.08	19~22	34~39	4.8~5.8	2.5~3.2			1.1~1.6	≤1.50	≤0.60
GH1016	≤0.08	19~22	32~36	5.0~6.0	2.6~3.3			0.9~1.4	≤1.80	≤0.60
GH1035	0.06~0.12	20~23	35~40	2.5~3.5		≤0.5	0.7~1.2	1.2~1.7	≤0.70	≤0.80
GH1040	≤0.12	15~17.5	24~27		5.5~7				1~2	0.5~1
GH1131	≤0.10	19.0~22.0	25.0~30.0	4.8~6.0	2.8~3.5		0.7~1.3		≤1.20	≤0.8
GH1140	0.06~0.12	20.0~23.0	35.0~40.0	1.40~1.80	2.0~2.5	0.20~0.60	0.70~1.20		≤0.70	≤0.80

时效硬化型铁基合金有 GH2018,GH2036,GH2038,GH2130,GH2132,GH2135,GH2302,其主要化学成分如表 2-4 所示。美国牌号有 A-286,Discaloy,Incoloy 903,Pyromet CTX-1,Incoloy 907,Incoloy 909,Incoloy 925,V-57,W-545 等,各个国家的牌号不同。A-286 相当于 GH2132,是以 Fe-25Ni-15Cr 为基的综合强化的铁基高温合金。这类合金铬、镍含量相对较低,故抗氧化的温度仅约 800℃,但是含弥散强化相形成元素(V,Al,

Ti)量相对较高,在固溶体基体上可形成化合物强化相,常用热处理方式为固溶处理+时效。通过时效处理,合金析出细小强化相[VC,Ni3Al,Ni3Ti,Ni3(Al·Ti)],从而提高室温和高温强度。固溶并时效处理后的组织为奥氏体+弥散化合物。例如,GH2132 的化合物量为2.5%,GH2135 的化合物量为 14%,这类合金通常应用于高温下受力的零件,如涡轮盘、螺栓和工作温度不高的转子叶片等。

表 2－4　时效硬化型铁基合金的化学成分　　　　　(单位:%)

牌号	C	Cr	Ni	W	Mo	Al	Ti	Nb	Mn	Si
GH2018	≤0.06	18.0~21.0	40.0~44.0	1.80~2.20	3.70~4.30	0.35~0.75	1.80~2.20		≤0.50	≤0.60
GH2036	0.34~0.40	11.5~13.5	7.0~9.0		1.10~1.40		≤0.12	0.25~0.50	7.50~9.50	0.30~0.80
GH2038	≤0.10	10.0~12.5	18.0~21.0			≤0.50	2.30~2.80		≤1.00	≤1.00
GH2130	≤0.08	12.0~16.0	35.0~40.0	5.0~6.5		1.40~2.20	2.40~3.20		≤0.50	≤0.60
GH2132	≤0.08	13.5~16.0	24.0~27.0		1.00~1.50	≤0.40	1.75~2.30		≤2.00	≤1.00
GH2135	≤0.08	14.0~16.0	33.0~36.0	1.70~2.20	1.70~2.20	2.00~2.80	2.10~2.50		≤0.40	≤0.50
GH2136	≤0.06	13.0~16.0	24.5~28.5		1.00~1.75	≤0.35	2.40~3.20		≤0.35	≤0.75
GH2302	≤0.08	12.0~16.0	38.0~42.0	3.50~4.50	1.50~2.50	1.80~2.30	2.30~2.80		≤0.60	≤0.60

表 2－5　固溶强化型镍基合金的化学成分　　　　　(单位:%)

牌号	C	Cr	Fe	W	Mo	Al	Ti	Nb	Mn	Si
GH3030	≤0.12	19.0~22.0	≤1.50			≤0.15	0.15~0.35		≤0.70	≤0.80
GH3039	≤0.08	19.0~22.0	≤3.0		1.80~2.30	0.35~0.75	0.35~0.75	0.90~1.30	≤0.40	≤0.80
GH3044	≤0.10	23.5~26.5	≤4.0	13.0~16.0	≤1.50	≤0.50	0.30~0.70		≤0.50	≤0.80
GH3128	≤0.05	19.0~22.0	≤2.0	7.5~9.0	7.50~9.0	0.40~0.80	0.40~0.80		≤0.50	≤0.80

固溶强化型镍基合金有 GH3030,GH3039,GH3044,GH3128,GH1131,GH1140,其主要化学成分如表 2－5 所示。其特性、用途和相应的固溶强化型铁基合金、时效硬化型铁基合金基本相同,不同之处在于基体的差别。铁基高温合金的基体金属是铁(含铁量为 50% 左右),含铬量为 10%~23%、含镍量为 7%~40%;而镍基高温合金的基体金属是镍,镍含量大于50%。由于镍含量的提高,故镍基高温合金比铁基高温合金的热强性高,最高工作温度已达到1 050℃;但其可切削加工性亦随之变差。同时由于它们都含有大量的镍,不符合我国资源情

况,应逐步采用铁基高温合金来代替。

时效硬化型镍基合金有 GH4033,GH4037,GH4043,GH4049,GH4133,GH4169,其主要化学成分如表 2-6 所示。

表 2-6 时效硬化型镍基合金的化学成分 （单位:%）

牌号	C	Cr	Fe	W	Mo	Al	Ti	Nb	Mn	Si
GH4033	0.03~0.08	19.0~22.0	≤4.0			0.60~1.00	2.40~2.80		≤0.35	≤0.65
GH4037	0.03~0.10	13.0~16.0	≤5.0	5.00~6.00	2.00~4.00	1.70~2.30	1.80~2.30		≤0.50	≤0.40
CH4043	≤0.12	15.0~19.0	≤5.0	2.00~3.50	4.00~6.00	1.00~1.70	1.90~2.80	0.50~1.30	≤0.50	≤0.60
GH4049	≤0.10	9.5~11.0	≤1.5	5.00~6.00	4.50~5.50	3.70~4.40	1.40~1.90		≤0.50	≤0.50
GH4133	≤0.07	19.0~22.0	≤1.5			0.70~1.20	2.50~3.00	1.15~1.65	≤0.35	≤0.65
GH4169	≤0.08	17.0~21.0	≤5.0		2.8~3.3	0.20~0.60	0.65~1.15	4.75~5.50	≤0.35	≤0.35

参 考 文 献

[1] Ellingham H J T. Reducibility of oxides and Sulphides in metallurgical processes, J. Soc. Chem. Ind. (London), 1944,63:125.

[2] 周俊虎,周楷,杨卫娟,等.镁在水蒸气中高温氧化的动力学特性.燃烧科学与技术,2010, 16(5):383-387.

[3] 于成龙,沈清,江红涛,等.铝高温氧化过程中表面氧化物的有序转变及形貌观察.人工晶体学报,2010,39(5):1308-1324.

[4] Wagner C. Theoretical analysis of the diffusion process determing the oxidation rate of alleys. J. Electrochem. Soc. ,1952,99(10):369.

[5] 王志武,邓芳,王玉山,等.20g 钢高温高压水蒸气氧化行为研究.腐蚀科学与防护技术, 2008,20(3):170-172.

[6] 华小珍,符明含,陈庆军,等.SS400 钢高温氧化层的微观结构及其耐蚀性研究.热加工工艺,2009,38(6):1-4.

[7] 苏勇,付广艳,刘群.Si 含量对熔炼 Fe-Si 合金高温氧化行为的影响.沈阳化工学院学报,2008,22(2):157-160.

[8] 龙剑平,胤驰,邓苗,等.1Cr18Ni9Ti 高温氧化行为研究.热加工工艺,2008,37(18):1-3.

第3章 金属的电化学腐蚀

电化学腐蚀是金属在电解质溶液中通过电化学反应而产生的腐蚀,产生电化学腐蚀的根源是水。在常温下含水的腐蚀环境中发生的腐蚀绝大多数是电化学腐蚀。在大气环境中的钢铁材料、埋设在地下土壤中的金属管道、海洋工程结构、采油和石油化工生产设备等都会因电化学的作用而产生腐蚀。

3.1 腐 蚀 电 池

3.1.1 电化学腐蚀现象

将一块 Zn 放置在稀盐酸溶液中,发现在 Zn 块表面有大量的气体放出,同时 Zn 块的体积迅速减少,发生了严重的腐蚀,这种腐蚀就是电化学腐蚀。在 Zn 和稀盐酸溶液组成的腐蚀体系中,Zn 的电化学腐蚀速率很快,如图 3-1 所示。

同样将一块钢放置在一杯蒸馏水或自来水中,浸泡长时间后,首先发现水溶液的颜色发生了变化,其颜色变黄到棕红到黑,同时磨光的钢表面出现棕红的腐蚀产物。在钢和蒸馏水组成的腐蚀体系中,钢电化学腐蚀速率较 Zn 和稀盐酸溶液组成的腐蚀体系的要慢得多。不同金属电化学腐蚀的共同特点是金属变成了离子,脱离了金属的晶格,进入环境发生损失,同时环境也发生了变化。

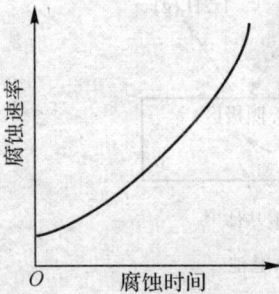

图 3-1 Zn 的腐蚀速率与腐蚀时间关系示意图   图 3-2 腐蚀原电池示意图

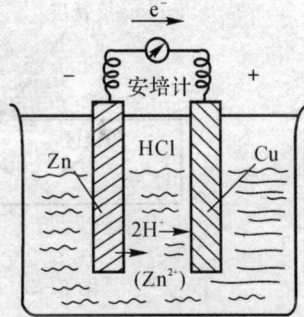

3.1.2 腐蚀原电池

为了解释金属的电化学腐蚀现象,人们提出了一个直观的腐蚀原电池模型(见图 3-2)。

下面以 Zn 和 Cu 组成腐蚀原电池说明 Zn 在稀盐酸溶液中发生电化学腐蚀的原理。稀盐酸溶液是一个强烈的电解质溶液,盐酸在溶液中电离成离子,溶液中含有大量的 H^+ 和 Cl^-。在盛有稀盐酸溶液的容器中,将 Zn 棒和 Cu 棒(通常称为电极)插入到电解质溶液中,然后用导线连接,在回路串接一个电流表。

在这个电路接通后,发现回路中有电流流过,电流从 Cu 电极流向 Zn 电极,在 Cu 电极有气泡放出。在腐蚀足够长的时间后,检查 Cu 电极没有发生任何变化,但 Zn 电极发生了明显的损失,即电化学腐蚀。

将发生腐蚀的 Zn 电极称为阳极,在阳极上发生氧化反应:$Zn \longrightarrow Zn^{2+} + 2e^-$。将不发生腐蚀的 Cu 电极称为阴极,在阴极上发生还原反应:$2H^+ + 2e^- \longrightarrow H_2\uparrow$。在电化学腐蚀过程中,电子从阳极流向阴极,即电流从阴极流向阳极。

因此,发生电化学腐蚀有三个环节:①阳极金属失去电子,转变为离子,进入溶液,进一步与环境中的离子作用,形成腐蚀产物;②电子从阳极流向阴极,即电流从阴极流向阳极;③在阴极区,环境中有吸附电子的物质,溶液中离子吸收阳极金属失去的电子被还原,同时环境发生了相应的变化。

钢铁材料在电解质溶液中发生电化学腐蚀时,氧化反应为 $Fe \rightarrow Fe^{2+} + 2e^-$。电解质溶液组成不同,电化学腐蚀时的阴极反应也不尽相同。在不含氧的酸性溶液中,溶液中含有大量的 H^+,吸附电子的物质是氢离子,阴极还原反应为 $2H^+ + 2e^- \longrightarrow H_2\uparrow$。在含氧的酸性溶液中,吸附电子的物质是氢离子和氧,阴极还原反应为 $O_2 + 4H^+ + 4e^- \longrightarrow 2H_2O$。在碱性溶液中,吸附电子的物质是溶液中的溶解氧,阴极还原反应为 $O_2 + 2H_2O + 4e^- \longrightarrow 4OH^-$。

钢铁材料在大气环境中的生锈是典型的电化学腐蚀,可用腐蚀原电池来解释,如图 3-3 所示。大气环境中的潮气在钢制品表面凝结并形成液膜,产生了发生电化学腐蚀的电解质溶液条件,钢中的碳、渗碳体或在钢制品表面的尘粒将作为阴极,钢组织中的基体相铁素体作为阳极,发生氧化反应。脱离晶格的铁离子进入液膜,铁离子被液膜中的溶解氧所氧化,形成氧化物,铁离子的氧化物通常以 Fe_2O_3 为主,呈红棕色,即通常所说的锈层。

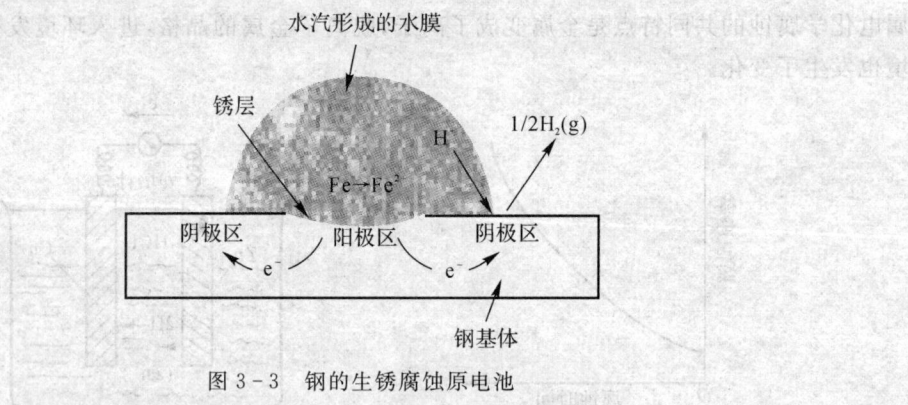

图 3-3　钢的生锈腐蚀原电池

注意:腐蚀原电池的规定和电化学(干)电池是有区别的。电池是将化学能转变成电能的装置,将发生还原反应的电极称为"+"极,将反生氧化反应的电极称为"−"极。

3.1.3　腐蚀原电池的类型

腐蚀原电池按其发生腐蚀的尺度范围大小,可以划分为宏观腐蚀电池、微观腐蚀电池和超显微腐蚀电池。

宏观腐蚀电池的阴极和阳极明显分开,而且固定不变。形成这种电池主要有:①两种不同金属连接在一起,处于同一个电解质环境中,如图 3-2 所示的腐蚀原电池,通常将两种不同金属在相同电解质溶液中产生的腐蚀称为电偶腐蚀;②相同金属的两个部分在不同浓度的电解质溶液中,形成浓差电池;③不同的金属浸在不同离子和浓度的电解质溶液中,如丹聂尔电池。

微观腐蚀电池是由金属表面微观区域内电化学不均匀性引起的,造成显微尺寸的局部腐蚀,如晶间腐蚀,选择性腐蚀等。在黄铜(Cu - Zn 合金)中,Zn 往往优先被腐蚀,通常称为脱 Zn 腐蚀,或化学成分差别引起的选择性腐蚀。在钢中,MnS 夹杂物优先被腐蚀,产生点腐蚀。形成微观腐蚀电池的主要原因:①合金中化学成分不均匀,如夹杂、偏析;②金属组织不均匀;③金属表面物理状态不同,如加工后的残余应力、变形不均匀;④金属表面膜不完整,表面膜有孔隙的地方电极电位低,成为腐蚀微电池的阳极。

超显微腐蚀电池是在金属原子尺度范围所形成的腐蚀电池,其阴极区和阳极区是变化的,往往造成全面腐蚀,或均匀腐蚀。合金晶体结构中的位错及第三类内应力较高的地方,如亚晶界是形成超显微腐蚀电池的部位。在位错台阶的地方,一开始位错台阶作为阳极被腐蚀,在位错台阶被溶解后,该部位就不再是阳极,而变成了阴极。

3.2　电　极　电　位

3.2.1　电极电位及产生

电极电位是用来表征金属电化学腐蚀性能的重要指标,可以判断组成腐蚀电池时,两个金属电极哪个电极是阳极,将发生腐蚀,哪个电极是阴极,将不发生腐蚀,即判断电化学腐蚀的热力学倾向。

由热力学定律,在恒温、等压条件下吉布斯自由能的变化 ΔG 等于可逆电池所做的最大有用电功 $W = nFE$,即

$$\Delta G = -nFE \tag{3-1}$$

式中,E 为可逆电池的电动势。要使腐蚀电池自发进行,则 $\Delta G < 0, E > 0$。

在忽略液接界面电位的情况下,腐蚀原电池的电动势 E 等于阴极平衡电位 E_c^e 与阳极平衡电位 E_a^e 之差,即

$$E = E_c^e - E_a^e \tag{3-2}$$

将式(3-2)代入式(3-1),可得到金属电化学腐蚀倾向的电极电位判断依据,即

$$E_c^e > E_a^e \tag{3-3}$$

电极电位是金属与电解质溶液界面的电位差。把金属浸入到电解质溶液中,将在金属与电解质溶液界面进行电化学反应,即电极反应,导致在电极和溶液界面建立双电层,从而在双电层两侧产生电位差。双电层有 3 种类型:离子双电层、偶极子双电层和吸附双电层。

离子双电层,如金属 M 浸入水中将发生水化反应,在金属和溶液界面建立双电层。金属在水溶液中与水分子产生水化反应 $M^{n+} \cdot ne^- + mH_2O \longrightarrow M^{n+} \cdot mH_2O + ne^-$,结果界面的金属离子进入溶液,金属上的自由电子过剩,在金属一侧造成负荷的积累。按电中性的要求,溶液中的金属正离子则在界面溶液的一侧对应排列,形成了离子双电层,界面上电荷的排列类似于电容器,如图 3-4(a)所示。

很多负电性的金属(Zn,Mg,Te,Cd 等)浸入如水中或酸、碱、盐溶液中,会形成离子双电层。电极电位的大小由双电层上金属表面的电荷密度决定。如果界面金属一侧为正电荷,则

在静电引力的作用下吸引溶液中的负离子定向排列,也会形成离子双电层,如图3-4(b)所示。

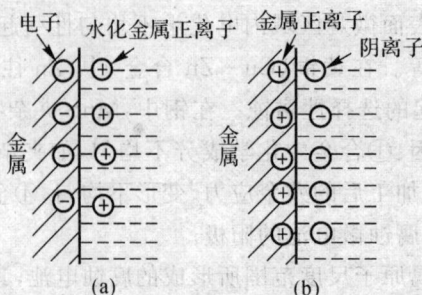

图3-4 离子双电层的结构

偶极子双电层,金属表面存在界面能,能够吸附溶液中的极性分子,使得极性分子的偶极矩排列成一直线,从而形成偶极子双电层。如水分子是极性分子,在水中是杂乱无章的,吸附金属表面后,则呈定向排列,如图3-5所示。

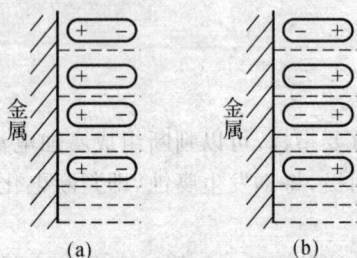

图3-5 偶极子双电层结构   图3-6 吸附双电层结构

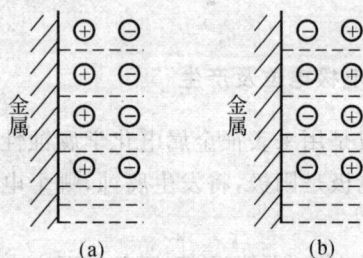

吸附双电层,金属表面吸附溶液中的离子,导致在金属与溶液界面正、负电荷定向排列,形成吸附双电层,如图3-6所示。当金属表面吸附负离子(负电荷)时,再按电中性的要求,负离子又吸附溶液中的正离子(正电荷),则会在界面形成吸附双电层。当金属表面吸附正离子时,正离子又吸附溶液中的负离子,也会在界面形成吸附双电层。

一般金属和溶液界面形成的双电层厚度<10 nm,形成双电层的场强可达10^9 V/m,电极电位为$-2\sim2$ V。双电层两侧的电位差是绝对的电极电位,目前尚无法直接测量。国际上统一规定用标准氢电极(SHE,电极电位为0)为参照电极,测量其他金属电极的电极电位,由此测量的电极电位称为氢标电位。由于氢电极使用不方便,在实际中广泛使用的是饱和甘汞电极(SCE)、饱和硫酸铜电极和氯化银电极。饱和甘汞电极相对氢电极的电极电位为0.241 V,主要在实验室使用;饱和硫酸铜电极相对氢电极的电极电位为0.316 V,主要在现场使用,如阴极保护的参比电极;氯化银电极相对氢电极的电极电位为0.222 V,主要在高温环境中使用。

通常所讲的电极电位有三种,平衡电极电位、标准电极电位和非平衡电极电位。

平衡电极电位是金属在自己离子的电解质溶液中双电层达到平衡的电极电位,又称为可逆电位。如Zn浸入到$ZnSO_4$溶液,发生氧化还原反应。在固体Zn电极上,发生溶解反应,即氧化反应:$Zn \longrightarrow Zn^{2+} + 2e^-$。在溶液中,发生沉积反应,即还原反应:$Zn^{2+} + 2e^- \longrightarrow Zn$。当电极反应达到平衡时,即氧化反应速度等于还原反应速度,$Zn \rightleftharpoons Zn^{2+} + 2e^-$,就得到一个稳定的电极电位,该电极电位是平衡电极电位。

若将 Zn 浸入到 HCl 或 H_2SO_4 溶液中,电极反应是不平衡的,所得到电极电位是非平衡电极电位。Zn 在酸溶液中发生的电极反应为 $Zn \longrightarrow Zn^{2+} + 2e^-$,$2H^+ + 2e^- \longrightarrow H_2\uparrow$,总反应式为 $Zn + 2H^+ \longrightarrow Zn^{2+} + H_2\uparrow$。

金属浸入其离子摩尔浓度为 1 mol/L 的溶液中的电极电位称为标准电极电位。标准电极电位的参比电极是氢电极,规定其电极电位为零,则将金属的标准电极电位按由小到大的顺序排列,就组成了电极电位序列(见表 3-1)。

表 3-1　金属在 25℃ 水溶液中的标准电极电位(还原态)

电极反应	E/V	电极反应	E/V
$Li^+(aq) + e^- \longrightarrow Li(s)$	-3.04	$Cu^+(aq) + e^- \longrightarrow Cu(s)$	0.52
$K^+(aq) + e^- \longrightarrow K(s)$	-2.92	$I_2(s) + 2e^- \longrightarrow 2I^-(aq)$	0.54
$Ca^{2+}(aq) + 2e^- \longrightarrow Ca(s)$	-2.76	$ClO_2^-(aq) + H_2O(l) + 2e^- \longrightarrow ClO^-(aq) + 2OH^-(aq)$	0.59
$Na^+(aq) + e^- \longrightarrow Na(s)$	-2.71	$Fe^{3+}(aq) + e^- \longrightarrow Fe^{2+}(aq)$	0.77
$Mg^{2+}(aq) + 2e^- \longrightarrow Mg(s)$	-2.38	$Hg_2^{2+}(aq) + 2e^- \longrightarrow 2Hg(l)$	0.80
$Al^{3+}(aq) + 3e^- \longrightarrow Al(s)$	-1.66	$Ag^+(aq) + e^- \longrightarrow Ag(s)$	0.80
$2H_2O(l) + 2e^- \longrightarrow H_2(g) + 2OH^-(aq)$	-0.83	$Hg^{2+}(aq) + 2e^- \longrightarrow Hg(l)$	0.85
$Zn^{2+}(aq) + 2e^- \longrightarrow Zn(s)$	-0.76	$ClO^-(aq) + H_2O(l) + 2e^- \longrightarrow Cl^-(aq) + 2OH^-(aq)$	0.90
$Cr^{3+}(aq) + 3e^- \longrightarrow Cr(s)$	-0.74	$2Hg^{2+}(aq) + 2e^- \longrightarrow Hg_2^{2+}(aq)$	0.90
$Fe^{2+}(aq) + 2e^- \longrightarrow Fe(s)$	-0.41	$NO_3^-(aq) + 4H^+(aq) + 3e^- \longrightarrow NO(g) + 2H_2O(l)$	0.96
$Cd^{2+}(aq) + 2e^- \longrightarrow Cd(s)$	-0.40	$Br_2(l) + 2e^- \longrightarrow 2Br^-(aq)$	1.07
$Ni^{2+}(aq) + 2e^- \longrightarrow Ni(s)$	-0.23	$O_2(g) + 4H^+(aq) + 4e^- \longrightarrow 2H_2O(l)$	1.23
$Sn^{2+}(aq) + 2e^- \longrightarrow Sn(s)$	-0.14	$MnO_2(g) + 4H^+(aq) + 2e^- \longrightarrow Mn^{2+} + 2H_2O(l)$	1.23
$Pb^{2+}(aq) + 2e^- \longrightarrow Pb(s)$	-0.13	$Cr_2O_7^{2-}(aq) + 14H^+(aq) + 6e^- \longrightarrow 2Cr^{3+}(aq) + 7H_2O(l)$	1.33
$Fe^{3+}(aq) + 3e^- \longrightarrow Fe(s)$	-0.04	$Cl_2(g) + 2e^- \longrightarrow 2Cl^-(aq)$	1.36
$2H^+(aq) + 2e^- \longrightarrow H_2(g)$	0.00	$Ce^{4+}(aq) + e^- \longrightarrow Ce^{3+}(aq)$	1.44
$Sn^{4+}(aq) + 2e^- \longrightarrow Sn^{2+}(aq)$	0.15	$MnO_4^-(aq) + 8H^+(aq) + 5e^- \longrightarrow Mn^{2+}(aq) + 4H_2O(l)$	1.49
$Cu^{2+}(aq) + e^- \longrightarrow Cu^+(aq)$	0.16	$H_2O_2(aq) + 2H^+(aq) + 2e^- \longrightarrow 2H_2O(l)$	1.78
$ClO_4^-(aq) + H_2O(l) + 2e^- \longrightarrow ClO_3^-(aq) + 2OH^-(aq)$	0.17	$Co^{3+}(aq) + e^- \longrightarrow Co^{2+}(aq)$	1.82
$AgCl(s) + e^- \longrightarrow Ag(s) + Cl^-(aq)$	0.22	$S_2O_8^{2-}(aq) + 2e^- \longrightarrow 2SO_4^{2-}(aq)$	2.01
$Cu^{2+}(aq) + 2e^- \longrightarrow Cu(s)$	0.34	$O_3(g) + 2H^+(aq) + 2e^- \longrightarrow O_2(g) + H_2O(l)$	2.07
$ClO_3^-(aq) + H_2O(l) + 2e^- \longrightarrow ClO_2^-(aq) + 2OH^-(aq)$	0.35	$F_2(g) + 2e^- \longrightarrow 2F^-(aq)$	2.87
$IO^-(aq) + H_2O(l) + 2e^- \longrightarrow I^-(aq) + 2OH^-(aq)$	0.49		

电极电位是衡量金属溶解变成金属离子转入到溶液的趋势,电极电位越负,金属的电负性越大,其离子越容易转入溶液。在电极电位序列表中,电极电位为正的金属,其还原能力比氢强,电极电位为负的金属,其氧化能力比氢强。若两个金属组成腐蚀电池,电极电位较低的金

属将作为阳极,发生氧化反应,电极电位较高的金属将作为阴极,溶液中吸收电子的物质在阴极上发生还原反应,但作为阴极的金属几乎没有发生腐蚀。

3.2.2　能斯特方程

用氢电极测量 Zn 的电极电位,平衡电极反应可写为 $Zn+2H^+ \rightleftharpoons Zn^{2+}+H_2$。该反应的自由能变化可写为

$$\Delta G = \Delta G^0 + RT \ln \frac{a_{Zn} a_{H^+}^2}{a_{Zn^{2+}} a_{H_2}} \tag{3-4}$$

当活度 $a_i=1$ 时,$\Delta G = \Delta G^0$,ΔG^0 为标准自由能。将式(3-1)带入式(3-4),可得

$$E = E^0 - \frac{RT}{nF} \ln \frac{a_{Zn} a_{H^+}^2}{a_{Zn^{2+}} a_{H_2}} \tag{3-5}$$

取 $a_{H_2} = a_{H^+} = 1$,即参比电极为标准氢电极,则得

$$E = E^0 - \frac{RT}{nF} \ln \frac{a_{Zn}}{a_{Zn^{2+}}} \tag{3-6}$$

将式(3-6)改写为

$$\varphi_{Zn^{2+}/Zn} = \varphi_{Zn^{2+}/Zn}^0 - \frac{RT}{nF} \ln \frac{a_{Zn}}{a_{Zn^{2+}}} \tag{3-7}$$

式(3-7)表示了锌平衡电极电位与锌离子浓度的关系,即锌的能斯特(Nernst)方程。

对于任何电极反应,当电极反应达到平衡状态时,能斯特方程的一般形式可写成

$$\varphi_{氧化态/还原态} = \varphi_{氧化态/还原态}^0 - \frac{RT}{nF} \ln \frac{a_{还原态}}{a_{氧化态}} \tag{3-8}$$

或

$$\varphi_{氧化态/还原态} = \varphi_{氧化态/还原态}^0 + \frac{RT}{nF} \ln \frac{a_{氧化态}}{a_{还原态}}$$

其中,E^0,φ^0 为标准电极电位。

3.2.3　气体电极

气体也具有一定的电极电位。当气体分子吸附在惰性金属上如 Pt,在 Pt 表面上的气体分子与其溶液中的离子将发生氧化还原反应,并在 Pt 表面与溶液之间建立起平衡体系,表现一定的电极电位,将该电极电位称为气体的电极电位。常用的气体电极有氢电极、氧电极和氯电极等。

氢电极的电极反应平衡式为 $H^+ + e^- = \frac{1}{2}H_2$。电极电位为 $\varphi = \varphi^0 - \frac{RT}{F} \ln \frac{\sqrt{p_{H_2}}}{a_{H^+}} = -0.059\,pH$（$25℃$，$p_{H_2} = 1\,atm$）。当 pH=7 时,$\varphi_{H^+/H_2} = -0.413\,V$。

氧电极的电极反应平衡式为 $O_2 + 2H_2O + 4e^- = 4OH^-$。电极电位为 $\varphi = \varphi^0 - \frac{RT}{4F} \ln \frac{a_{OH^-}^4}{p_{O_2}}$。当 $25℃$ 时,则有 $\varphi = \varphi^0 + 0.014\,7\lg p_{O_2} - 0.059(14-pH)$。

氯电极的电极反应平衡式为 $Cl_2 + 2e^- = 2Cl^-$。电极电位为 $\varphi = \varphi^0 - \frac{RT}{2F} \ln \frac{a_{Cl^-}^2}{p_{Cl_2}}$。

当惰性金属电极浸入到含有氧化剂或还原剂的溶液中时,离子吸附在惰性金属电极上,在其氧化态和还原态之间建立平衡时表现一定的电极电位,将这一电极电位称为氧化-还原电

位。例如，Fe^{3+}（氧化态）$+ e^- = Fe^{2+}$（还原态），电极电位为 $\varphi = \varphi^0 - \dfrac{RT}{F} \ln \dfrac{a_{Fe^{2+}}}{a_{Fe^{3+}}}$，$\varphi^0 =$ 0.771 V。氧化-还原电位的测定是以惰性金属作为吸附界面，在惰性金属和溶液的界面氧化态和还原态之间建立电极反应的平衡，参比电极可采用饱和甘汞电极。所测量的氧化-还原电位越正，表明溶液中氧化剂越强，测量的氧化-还原电位越负，表明溶液中还原剂越强。高锰酸根是强氧化剂，电极平衡反应为 $MnO_4^{2-} + 8H^+ + 6e^- = Mn^{2+} + 4H_2O$，$\varphi^0 = 1.51$ V。

3.2.4　开路电位

平衡电极电位的应用是有限制的，因为在实际的腐蚀体系中更多的是金属处在不是其离子的电解质溶液中，实际金属所发生的腐蚀就是这种情况。

金属在某种电解质溶液中，通过一段时间后，也会得到一个稳定的电位，将该电位称为开路电位，也可以称为自腐蚀电位。开路电位是不平衡的，只有通过实验来测定，也不能用能斯特方程计算。

开路电位是相对参比电极测量的。实际中，由于氢电极使用不方便，通常采用其他参比电极来测量开路电位，但必须注明参比电极，如饱和甘汞电极是实验研究时常用的参比电极。

开路电位除与金属本身有关外，还与腐蚀溶液成分、浓度、温度、搅拌情况和金属的表面状态有关，另外开路电位还与测试时间有关，通常取电极电位基本稳定的电位作为开路电位。在实际的腐蚀条件下，测量开路电位具有重要的意义，它可以相对表征金属电化学腐蚀的热力学趋势，或电化学活性。

对于高频电阻焊管，由于局部的快速加热和冷却，焊缝的开路电位分布不均匀，一般在焊缝中心具有比母材金属更负的开路电位，如图 3-7 所示。在腐蚀溶液中，开路电位低的部位优先发生腐蚀，同时具有不同开路电位部位材料间存在电偶腐蚀效应，从而形成所谓的沟槽腐蚀[1]。

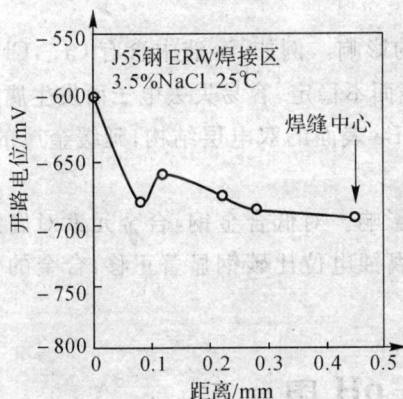

图 3-7　电阻焊管开路电位分布[1]

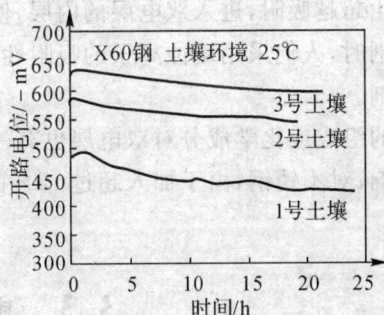

图 3-8　X60 管线钢在典型土壤中开路电位随时间变化[2]

开路电位在达到稳定之前，是随测量时间而变化的。测量开路电位随时间的变化，可以表征金属表面腐蚀发生的特征。当开路电位随时间增加而降低，变得更负时，说明金属的腐蚀活性增加。当开路电位随时间增加而升高时，向正的方向移动，说明金属的腐蚀活性降低，如图

3-8 所示。

在一给定的电解质溶液中,如海水,测量金属的开路电位,将开路电位按由小到大的顺序排列,组成一个电偶序。从金属在电偶序中的位置可以判断,当两种金属在该腐蚀环境中相互接触时哪种金属作为阳极将发生腐蚀,哪种金属作为阴极将不发生腐蚀。如 Fe-Zn 组成电偶对,Zn 在海水中的开路电位比 Fe 的开路电位更负,将 Zn 作为阳极被腐蚀,Fe 作为阴极不发生腐蚀,或受到保护,所以用 Zn 可以保护钢船免遭海水的腐蚀,将这种保护方法通常称为牺牲阳极的阴极保护。

开路电位的形成可用双电层理论来解释,但实际腐蚀体系中形成的双电层更复杂。对 $Fe-H_2O$ 腐蚀体系,双电层由内层、外层和扩散层组成,如图 3-9 所示。H_2O 吸附在 Fe 的表面,形成内层,Fe 在水中产生水化反应,则在界面 Fe 的一侧造成负电荷的积累。按电中性的要求,溶液中的正离子在界面溶液的一侧对应排列,形成了外层。由于溶液局部也要保持电中性,溶液中的负离子排列在外层,组成扩散层。开路电位是由 Fe 表面一层的负电荷和双电层外层的正电荷决定的。当在溶液中放置参比电极(如 SCE)测量双电层的电位时,则测量的电极电位为负值。

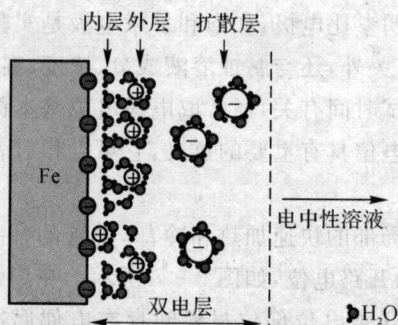

图 3-9 $Fe-H_2O$ 腐蚀体系双电层示意图

当溶液中含有其他离子时,对双电层有一定的影响。例如,溶液中含有 Cl^-,Cl^- 可在 Fe 的表面产生超越吸附,进入双电层的内层,使 Fe 表面不稳定,容易失去电子而发生腐蚀[3]。当设计缓蚀剂时,人们采用缓蚀离子的吸附性,改变 Fe 表面的双电层结构,延缓金属的腐蚀,如胺类缓蚀剂。

合金的组成或化学成分对双电层也有一定的影响。对低合金钢,合金元素对腐蚀电位有一定的影响;对不锈钢,由于加入超过 12% 的 Cr,腐蚀电位比碳钢显著正移,合金的化学稳定性提高。

3.3 电位-pH 图

3.3.1 平衡电位与溶液 pH 关系

电位-pH 图是描述金属的状态(氧化态、还原态)与电极电位、溶液 pH 值的关系。在电位-pH 图中,临界线或点是由能斯特方程所决定的,所以电位-pH 图是热力学的平衡状态图。

因参与电极反应物质的不同,电位-pH 图上的曲线可分三类:

(1)只与电极电位有关,与溶液 pH 无关。这类电极反应的特点是只有电子交换,不产生 H^+ 或 OH^-,主要包括金属及其离子的氧化反应。如 $Fe \longrightarrow Fe^{2+} + 2e^-$,平衡电位 $E_{Fe/Fe^{2+}} = E^0_{Fe/Fe^{2+}} + \dfrac{RT}{2F} \ln a_{Fe^{2+}} = -0.441 + 0.029\ 5 \lg a_{Fe^{2+}}$,则在该平衡电极电位以上,Fe 是不稳定的状态,以 Fe^{2+} 存在,在该平衡电极电位以下,Fe 是稳定的状态。另如,铁离子间的电极反应 $Fe^{2+} \longrightarrow Fe^{3+} + e^-$,平衡电位 $E_{Fe/Fe^{2+}} = E^0_{Fe^{2+}/Fe^{3+}} + \dfrac{RT}{F} \ln \dfrac{a_{Fe^{3+}}}{a_{Fe^{2+}}} = 0.747 + 0.059\ 1 \lg \dfrac{a_{Fe^{3+}}}{a_{Fe^{2+}}}$,则在该平衡电极电位以上,$Fe^{3+}$ 是稳定的状态,在该平衡电极电位以下,Fe^{2+} 是稳定的状态。

将以上的电极反应可写成通式为

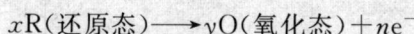

$$x R(还原态) \longrightarrow y O(氧化态) + ne^-$$

平衡电位为

$$E_{R/O} = E^0_{R/O} + \frac{RT}{nF} \ln \frac{a_O^y}{a_R^x}$$

在电位为纵坐标、pH 值为横坐标的直角坐标系中,其电位-pH 图为平行于横坐标的直线,如图 3-10 所示。在直线以上氧化态为稳定的状态,在直线以下还原态为稳定的状态。

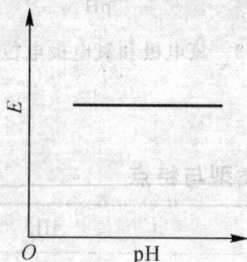

图 3-10　仅与电位有关的电位-pH 图　　　　图 3-11　仅与 pH 有关的电位-pH 图

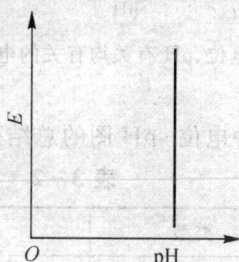

(2)只与 pH 值有关,而与电极电位无关。这类电极反应的特点是只产生 H^+,无电子参与,构不成电极反应,仅是化学反应,不能用能斯特方程计算电位-pH 图关系,但可从化学反应平衡常数计算电位-pH 的关系。如沉淀反应 $Fe^{2+} + 2H_2O \Longrightarrow Fe(OH)_2 \downarrow + 2H^+$,平衡常数为 $\lg K = -2pH - \lg a_{Fe^{2+}}$。水解反应也仅是一个化学反应 $Fe^{3+} + H_2O = Fe(OH)^{2+} + H^+$,平衡常数为 $\lg K = -2pH - \lg a_{Fe^{3+}}$。

将以上的化学反应可写成通式为

$$\gamma A + z H_2O \longrightarrow q B + m H^+$$

$$pH = -\frac{1}{m} \lg \frac{K a_A^\gamma}{a_B^q} = -\frac{1}{m} \lg K - \frac{1}{m} \lg \frac{a_A^\gamma}{a_B^q}$$

在电位为纵坐标、pH 值为横坐标的直角坐标系中,其电位-pH 图为平行于纵坐标的直线,如图 3-11 所示。在直线以左 A 为稳定的状态,在直线以右 B 为稳定的状态。

(3)既与电极电位有关,又与溶液 pH 有关。这类电极反应的特点是既有电子转移,又产生 H^+(或 OH^-),则溶液的 pH 值发生变化。如电极反应 $Fe^{2+} + H_2O \longrightarrow Fe(OH)^+ + H^+$,其平衡电极电位为

$$E_{Fe^{2+}/Fe(OH)^+} = E^0_{Fe^{2+}/Fe(OH)^+} + \frac{RT}{F} \ln \frac{a_{H^+} a_{Fe(OH)^+}}{a_{Fe^{2+}}} = 0.877 - 0.059 pH + 0.059\ 1 \lg \frac{a_{Fe(OH)^+}}{a_{Fe^{2+}}}$$

另如电极反应 $Fe^{3+}+3H_2O \longrightarrow Fe(OH)_3+3H^+$，平衡电位为

$$E_{Fe^{3+}/Fe(OH)_3}=E^0_{Fe^{3+}/Fe(OH)_3}+\frac{RT}{F}\ln\frac{a^3_{H^+}}{a_{Fe^{3+}}}=1.057-0.177\,3pH+0.059\,11lg\frac{1}{a_{Fe^{3+}}}$$

这类电极反应,在一定的温度下,反应的平衡条件与 E,pH 均有关,写成通式为

$$x R(还原态)+2H_2O \longrightarrow y O(氧化态)+m H^++n e^-$$

$$E_{R/O}=E^0_{R/O}+\frac{RT}{nF}\ln\frac{a^y_o a^m_{H^+}}{a^x_R a^2_{H_2O}}$$

在电位为纵坐标、pH 值为横坐标的直角坐标系中,其电位-pH 图为一条斜线,如图3-12所示。在斜线以上 O 为稳定的状态,在斜线以下 R 为稳定的状态。

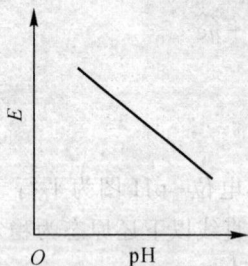

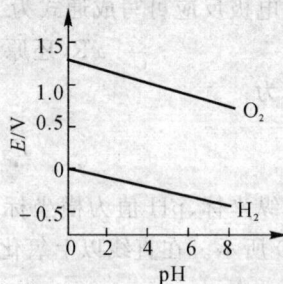

图 3-12　与电位、pH 有关均有关的电位-pH 图　　图 3-13　氢电极和氧电极电位-pH 图

将以上 3 种电位-pH 图的总结列于表3-2中。

表 3-2　电位-pH 图的基本类型与特点

类型	I	II	III
H^+,e^-	e^-	H^+	H^+,e^-
平衡关系	与 E 有关	与 pH 有关	与 E,pH 均有关
图形	平行 pH 轴	平行 E 轴	斜线

3.3.2　氢电极和氧电极电位-pH 图

氢电极的电极反应为 $2H^++2e^- \longrightarrow H_2\uparrow$，平衡电位为 $E_{H^+/H_2}=E^0_{H^+/H_2}+\frac{RT}{2F}\ln\frac{a_{H^+}}{p_{H_2}}$。

氧电极的电极反应为 $O_2+4H^++4e^- \longrightarrow 2H_2O$，平衡电位为 $E_{O_2/H_2O}=E^0_{O_2/H_2O}+\frac{RT}{4F}\ln\frac{p_{O_2}a^4_{H^+}}{a^2_{H_2O}}$。

在 25℃,$p_{H_2}=p_{O_2}=1$ atm(1 atm$=1.013\,25\times10^5$ Pa),$E_{H^+/H_2}=-0.059\,1pH$,$E_{O_2/H_2O}=1.23-0.059\,1pH$,图 3-13 给出了氢电极和氧电极电位-pH 图。

3.3.3　Fe 的电位-pH 图

一般来说,对于一个腐蚀体系,电极反应往往为多个,因此实际金属的电位-pH 图比较复杂。以 Fe-H$_2$O 的腐蚀体系为例。

Fe-H_2O 腐蚀体系电位-pH 图比较复杂,涉的电极反应有 6 个,化学反应有一个。在 25℃,1 atm 条件下的电极电位为

1)$Fe \Longleftrightarrow Fe^{2+} + 2e^-$,$E = E^0 + \dfrac{RT}{2F}\ln a_{Fe^{2+}} = -0.441 + 0.029\ 5\lg a_{Fe^{2+}}$；

2)$Fe^{3+} + e^- \Longleftrightarrow Fe^{2+}$,$E = E^0 - \dfrac{RT}{F}\ln \dfrac{a_{Fe^{2+}}}{a_{Fe^{3+}}} = 0.771 - 0.059\lg \dfrac{a_{Fe^{2+}}}{a_{Fe^{3+}}}$；

3)$Fe(OH)_3 + e^- \Longleftrightarrow Fe^{2+} + 3OH^-$,$E = E^0 - \dfrac{RT}{F}\ln\ a_{Fe^{2+}}\ a_{OH^-}^3 = 0.00 - 0.059\lg$ $a_{Fe^{2+}}\ a_{OH^-}^3$；

4)$Fe(OH)_3 + 3H^+ \Longleftrightarrow Fe^{3+} + 3H_2O$,$\lg a_{Fe^{3+}} = 4.60 - 3pH$；

5)$Fe(OH)_3 + 3H^+ + 3e^- \Longleftrightarrow Fe + 3H_2O$,$E = E^0 - \dfrac{RT}{3F}\ln a_{H^+} = 0.00 - 0.02pH$；

6)$HFeO_2^- + 3H^+ + 2e^- \Longleftrightarrow Fe + 2H_2O$,

$$E = E^0 - \dfrac{RT}{2F}\ln\ a_{H^+}\ a_{HFeOH_2} = 0.493 - 0.886pH + 0.029\ 5\lg\ a_{HFeO_2^-}$$；

7)$Fe(OH)_3 + e^- \Longleftrightarrow HFeO_2^- + H_2O$,$E = E^0 - \dfrac{RT}{F}\ln\ a_{HFeO_2^-} = -0.829 - 0.059\lg\ a_{HFeO_2^-}$

将以上 7 个电位-pH 关系画在以电位为纵坐标、pH 值为横坐标的直角坐标系中得到 Fe 的电位-pH 图,如图 3-14 所示。电位越高,腐蚀介质的氧化能力越强,Fe 越发生氧化。$Fe(OH)_3$ 是溶解度很小的氧化物。

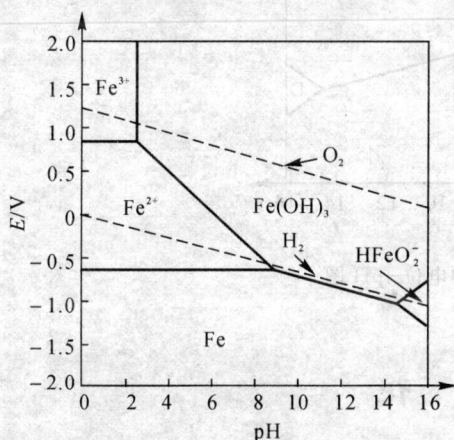

图 3-14　Fe 的电位-pH 图　　　　　图 3-15　Cu 的电位-pH 图

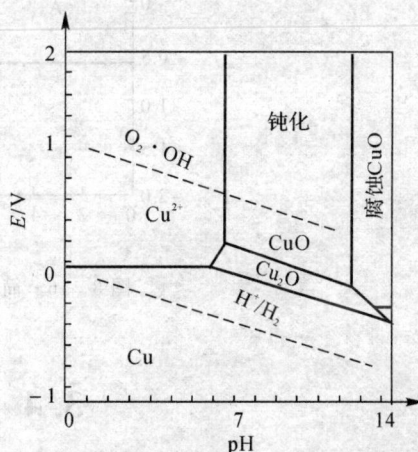

图 3-15 给出了 Cu-H_2O 腐蚀体系在 25℃,Cu 离子浓度为 10^{-6} mol/L 溶液中 Cu 的电位-pH 图。图中给出了 Cu 的不活泼区、腐蚀区、钝化区等。根据电位-pH 图,只要知道金属在水中的电极电位,就可以知道金属在某一 pH 值的水中是否发生腐蚀。但是,对金属-H_2O 腐蚀体系以外的腐蚀,不能使用电位-pH 图来判断。

3.3.4　电位-pH 图的应用

设以平衡金属离子浓度为 10^{-6} mol/L 作为金属腐蚀与否的界限,可得到简化的 Fe 的电

位-pH图,电位-pH图可分成3个区,腐蚀区,非腐蚀区和钝化区,分别表示Fe的不同状态,如图3-16所示。

1)腐蚀区,A区和D区,金属不稳定,随时可被腐蚀,形成的可溶离子或络合离子是稳定的。

2)非腐蚀区,B区,电位-pH值的变化不会引起Fe的腐蚀,在热力学上处于稳定的状态。

3)钝化区,C区,生成稳定的固态氧化物,是否受腐蚀则取决于氧化物的保护性。

电位-pH图汇集了金属腐蚀的热力学数据,并且指出了金属在不同E,pH下存在的状态,可以借助控制电位或改变pH值的方法达到防止金属腐蚀的目的。

电位-pH图是理论上的状态图,不能完全代表实际的情况,应用于实际要具体问题具体分析,其存在以下的局限性:①实际的腐蚀介质的组成是复杂的,电位-pH图忽略了其他离子的作用;②钝化区指出了金属氧化物或氢氧化物,没有指出保护膜的保护性;③电位-pH指的是平衡态,实际腐蚀过程是非平衡态,金属表面各点pH不同,其电位也不尽相同;④只能说明金属在其离子溶液的腐蚀体系中被腐蚀的倾向,不能预知腐蚀速率。

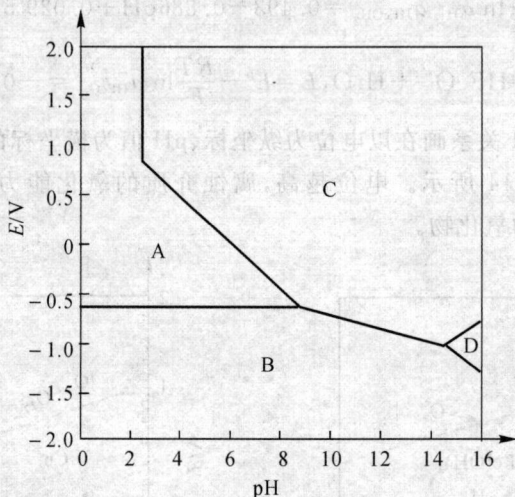

图3-16 简化的Fe的电位-pH图

3.4 极 化

3.4.1 极化现象

在电化学腐蚀过程中,腐蚀速率与腐蚀原电池回路的电流i成正比,腐蚀回路的平衡电流i^e可由欧姆定律来计算,即

$$i^e = \frac{\varphi_c^e - \varphi_a^e}{R} \qquad (3-9)$$

其中,φ_c^e为阴极的平衡电位;φ_a^e为阳极的平衡电位;R为回路的电阻。由于采用电极的平衡电极电位计算腐蚀回路的电流,所以得到的腐蚀电流是平衡态的。实际测量腐蚀电池的腐蚀电流i会远远小于理论计算的i^e,这是因为实际的腐蚀系统并不是平衡状态。在实际的腐蚀中,

金属电极的 φ_c^e 和 φ_a^e 发生了变化，腐蚀电池的平衡电动势 $\varepsilon^e = \varphi_c^e - \varphi_a^e$ 相应也发生了变化，实际的电动势 ε' 比理论的要小得多，如图 3-17 所示。另外，回路的电阻 R 也可能发生变化。当回路电阻增大时，腐蚀电流也会降低。

极化定义为当电流流经电极时电极电位偏离平衡电位的现象。极化的结果，阳极电位升高，称为阳极极化；阴极电位降低，称为阴极极化。腐蚀电池两电极间的电位差减小，引起腐蚀电流强度的显著降低，腐蚀速率降低。

极化的程度采用超电位来衡量，超电位 η 定义为实际的电极电位与平衡电极电位之差，即

$$\eta = \varphi - \varphi^e \qquad (3-10)$$

如图 3-17 所示，当阴极极化时，阴极电位降低，$\eta < 0$；当阳极极化时，阳极电位升高，$\eta > 0$。

极化产生的原因是由于组成电池中电子的迁移速度和电极反应之间的矛盾。

阳极极化的原因主要有 3 个方面，一是阳极离子进入溶液的速率小于电子进入阴极的速率，在阳极表面金属离子产生积累，双电层正电荷积累，阳极电位向正方向移动；其二为阳极金属离子进入溶液扩散不够快，阳极表面金属离子浓度高于溶液中的离子的平均浓度，结果也在阳极表面双电层造成正电荷积累，阳极电位向正方向移动，通常将由浓度差别引起的极化称为浓差极化；最后是在金属表面形成钝化膜，阳极过程受阻，钝化膜的电阻越大，极化越显著，通常将由此引起的极化称为电阻极化。

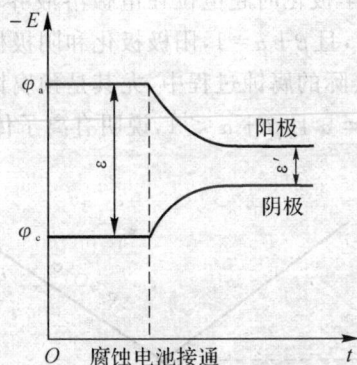

图 3-17　极化时电位的变化

阴极极化的原因主要有 2 个方面，一是从阳极进入阴极的电子过多，阴极反应的速度过慢，在阴极表面产生负电荷的过剩，则双电层上负电荷积累，阴极的电极电位朝负的方向移动；其二为阴极附近反应物或反应生成物扩散过慢，结果从阳极流到阴极表面的电子得不到及时的消耗，在阴极电子过剩，双电层负电荷积累，阴极电位朝负方向移动，即浓差极化。

极化按产生的原因可划分为浓差极化、电阻极化和电化学极化。电化学极化是由于电极电位变化所引起的极化。

3.4.2　电化学极化

对腐蚀电池来说，当电流流经电极时产生极化现象，电极极化的程度可用超电位来衡量。如果采用外电场的作用来改变腐蚀原电池的电极电位，则可对腐蚀电池进行电化学极化。

对任何电极反应，存在一对共轭的氧化还原反应，如 $Fe \rightleftharpoons Fe^{2+} + 2e^-$，当反应达到平衡

状态时,正向的氧化反应和反方向的还原反应速率相等。设有一电极反应,氧化态为 O 和还原态为 R,则电极反应方程为 $O+e^- \Longleftrightarrow R$。在一定的温度下,电极反应的交换电流为

$$i = nFCA e^{-Q/RT} \tag{3-11}$$

式中,C 为电极氧化态或还原态的浓度;A 为电极面积;Q 为电化学能或激活能。对电极反应 $O+e^- \Longleftrightarrow R$,阳极和阴极的交换电流可表示为

$$\overleftarrow{i_a} = nFC_{(O)} A_a e^{-Q_a/RT} \tag{3-12}$$

$$\overrightarrow{i_c} = nFC_{(R)} A_c e^{-Q_c/RT} \tag{3-13}$$

在平衡条件下,$\overleftarrow{i_a} = \overrightarrow{i_c} = i_0$,即图 3-18 中阳极极化曲线和阴极极化曲线的交点 $(i_0, \varphi^e, \eta = 0)$ 对应的平衡条件。

考虑对电极反应式 $O+e^- = R$ 施加一个超电位 $\eta = \Delta\varphi = \varphi - \varphi^e$,电极反应的平衡条件被打破,则 $\overleftarrow{i_a} \neq \overrightarrow{i_c}$,但 $\overrightarrow{i_c}$,$\overleftarrow{i_a}$ 变化规律符合图 3-18 中的直线。施加的超电位将改变电极反应的活化能,则对阳极反应和阴极反应,施加超电位后的活化能分别为

$$Q'_a = Q_a - \beta nF\Delta\varphi \tag{3-14}$$

$$Q'_c = Q_c + \alpha nF\Delta\varphi \tag{3-15}$$

式中,β,α 分别为阳极、阴极的电荷传递系数,或超越系数,$\beta < 1$,$\alpha < 1$,且 $\beta + \alpha = 1$。阳极电荷传递系数表示电化学极化时超电位在电极溶液界面产生的使氧化反应进行的极化能量的分量,阴极电荷传递系数表示电化学极化时超电位在电极溶液界面产生的使还原反应进行的极化能量的分量。当 $\beta = \alpha = 0.5$ 时,且 $\beta + \alpha = 1$,阳极极化和阴极极化是对称的。在这种情况下,腐蚀过程是电子传递电荷。在实际的腐蚀过程中,尤其是预腐蚀后,电极表面形成一层腐蚀产物或有化学反应参与,往往是 $\beta \neq \alpha$ 且 $\beta + \alpha < 1$,说明有离子传递电荷。

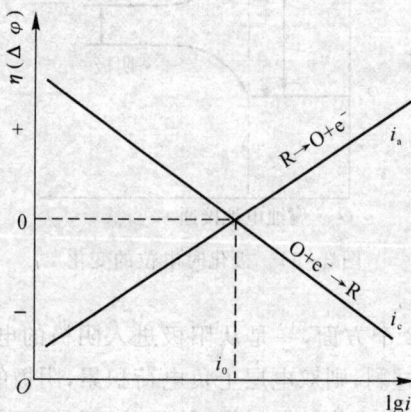

图 3-18　单电极极化曲线示意图

用施加极化的活化能 Q'_a,Q'_c 分别取代式(3-12)和式(3-13)中的 Q_a,Q_c,分别得到在 $\Delta\varphi$ 的超电位下阳极和阴极的极化电流为

$$\overleftarrow{i_a} = nFC_{(O)} A_a e^{-(Q_a - \beta nF\Delta\varphi)/RT} = i_0 e^{\beta nF\Delta\varphi/RT} \tag{3-16}$$

$$\overrightarrow{i_c} = nFC_{(R)} A_c e^{-(Q_c + \alpha nF\Delta\varphi)/RT} = i_0 e^{-\alpha nF\Delta\varphi/RT} \tag{3-17}$$

取 $A_a = A_c$ 为单位面积,任一超电位 $\Delta\varphi$ 下的净电流密度为

$$i = |\overleftarrow{i_a} - \overrightarrow{i_c}| = i_0 [e^{\beta nF\Delta\varphi/RT} - e^{-\alpha nF\Delta\varphi/RT}] \tag{3-18}$$

该式称为 Butler-Volmer 电极动力学方程式,它给出了超电位与电极反应净电流的关系,即电化学极化的基本规律。

对电极动力学方程式讨论如下:

(1) 超电位 $\Delta\varphi$ 很大,远离平衡电位 φ^e。如果 $\Delta\varphi$ 的正值很大,超电位使电极反应朝氧化反应方向进行,则在该超电位下阳极反应的电流密度远高于阴极反应的电流密度,忽略电极动力学方程式中的阴极项,则有 $i \approx |\overset{\leftarrow}{i_a}| = i_0(e^{\beta nF\Delta\varphi})$,经对数变化后有

$$\Delta\varphi = a + b_a \ln i \qquad (3-19)$$

$$b_a = \frac{2.303RT}{\beta nF} \qquad (3-20)$$

式中,a 为与电极材料、溶质中电子浓度有关的常数;b_a 为阳极 Tafel 常数。式(3-19)所表示的关系就是著名的 Tafel 关系。取 $\beta = 0.5$,在 $T = 298$ K 时,对 $n=1$ 的一级电子反应,$b_a = 118$ mV;对 $n=2$ 的二级电子反应,$b_a = 59$ mV。

如果 $\Delta\varphi$ 的负值很大,超电位使电极反应朝还原反应方向进行,同样可得到阴极反应的 Tafel 关系为

$$\Delta\varphi = a' + b_c \ln i \qquad (3-21)$$

$$b_c = \frac{2.303RT}{\alpha nF} \qquad (3-22)$$

式中,a' 为与电极材料、溶质中电子浓度有关的常数,b_c 为阴极 Tafel 常数。取 $\alpha = 0.5$,在 $T = 298$ K 时,对 $n=1$ 的一级电子反应,阴极 Tafel 常数 $b_c = 118$ mV;对 $n=2$ 的二级电子反应,$b_c = 59$ mV。

(2) 超电位 $\Delta\varphi$ 很小。当超电位 $\Delta\varphi$ 很小时,$|\Delta\varphi| \leqslant 10$ mV,利用泰勒展开公式,$e^{\pm x} \approx 1 \pm x$,进行近似处理,极化的净电流密度为

$$i = i_0 \left(\frac{\beta nF}{RT} + \frac{\alpha nF}{RT} \right) \Delta\varphi \xrightarrow{\alpha = \beta = 0.5} i_0 \frac{nF}{RT} \Delta\varphi \qquad (3-23)$$

即极化电位与净电流密度呈直线关系,即 Stern-Geary 方程式,或称为极化阻力方程式,它是线性极化技术的理论基础。

(3) 10 mV $\leqslant |\Delta\varphi| \leqslant b_a/n$(或 b_c/n)。当超电位在此范围时,通常称为弱极化区,极化电位和电流关系符合式(3-18)。腐蚀体系的极化电流和极化电位或超电位呈复杂的非线性关系。

3.4.3　金属腐蚀的极化曲线

对实际的金属腐蚀过程,往往是由至少两个局部的电极反应组成,氧化反应和还原反应建立至少一个腐蚀电池,该腐蚀电池有一个电极电位,定义为自腐蚀电位,它是阳极氧化极化曲线和阴极还原极化曲线的交点,即氧化反应速率等于还原反应速率,这就是混合电位理论。自腐蚀电位所对应的电流密度为自腐蚀电流密度。

在电荷传递控制下,在不含氧的酸性溶液中金属(Fe)发生腐蚀,是由金属电极和氢电极两个电极组成的,这两个电极的平衡电极电位分别为 $\varphi_a^e[E_0(M^{2+}/M)]$,$\varphi_c^e[E_0(H^+/H)]$,平衡电流密度分别为 $i_a^0[i_0(M^{2+}/M)]$,$i_c^0[i_0(H^+/H)]$,金属电极的氧化反应和氢电极的还原反应建立一个新腐蚀电池,金属电极氧化极化曲线和氢电极还原极化曲线的交点为该腐蚀电池的"平衡点",该点对应的电位为自腐蚀电位 E_{corr},对应的电流为自腐蚀电流密度 i_{corr},如图 3-19

所示。

腐蚀电池的阳极和阴极反应：

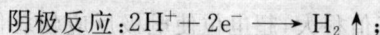

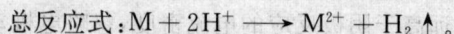

阳极反应：$Fe \longrightarrow Fe^{2+} + 2e^-$；

阴极反应：$2H^+ + 2e^- \longrightarrow H_2 \uparrow$；

总反应式：$M + 2H^+ \longrightarrow M^{2+} + H_2 \uparrow$。

这里 M 特指二价金属，如 Fe。

在电化学极化条件下，相对 E_{corr} 的任一超电位下极化电位与极化电流密度 i 的关系符合电极动力学方程为

$$i = i_{corr}\left[e^{\beta n F \Delta E / RT} - e^{-\alpha n F \Delta E / RT}\right] = i_{corr}\left[e^{2.303\Delta E/b_a} - e^{-2.303\Delta E/b_c}\right] \tag{3-24}$$

$$\Delta E = E - E_{corr} \tag{3-25}$$

将表示极化电位和电流密度之间的关系曲线称为极化曲线。极化曲线分两种，一是理论极化曲线，即 $i < i_{corr}$ 部分，是不可测量的，也称为极化图，主要用作分析；二是表观极化曲线或实测极化曲线，即 $i > i_{corr}$ 部分，是可测量的，可借助参比电极，通过控制电位或控制电流方法测量，通常称为极化曲线。

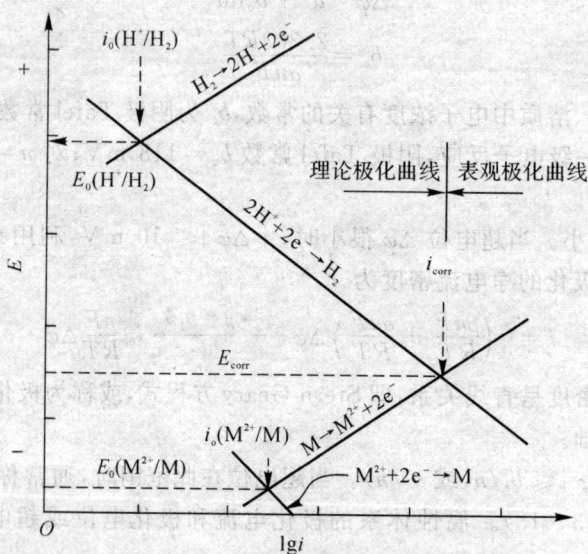

图 3-19 腐蚀体系的极化曲线

常用测量极化曲线的方法是采用三电极系统，如图 3-20 所示，通过控制电位方法或控制电流方法在恒电位仪或电化学工作站（综合电化学测试系统）上进行测量。在程序控制下，以一定的电位扫描速率从阴极某一电位开始给定一系列的极化电位，测量其对应的一系列极化电流密度，直到阳极区预定的电极电位。

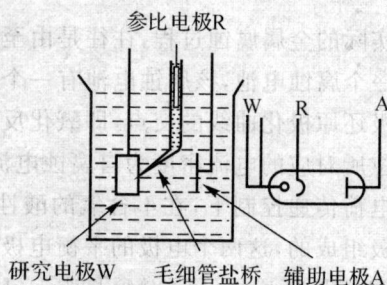

实际测量的极化曲线和理想极化曲线有一定的差异。图 3-21 给出了实际测量的极化曲

图 3-20 三电极系统

线。习惯上，极化曲线在半对数坐标上表示，将阴极极化部分的极化电流密度由负值变换为正值，以便于在对数坐标上表示。

极化曲线测量是研究金属电化学腐蚀的重要手段。通过极化曲线的解析得到腐蚀体系的 Tafel 常数，分析腐蚀体系的特征，得到自腐蚀电流密度，可估算腐蚀体系的腐蚀速率 v 为

$$v = \frac{M_r}{n\rho F} i_{corr} = 3.27 \frac{M_r}{n\rho} i_{corr} \tag{3-26}$$

式中，M_r 为金属的相对原子量，对钢取 56；ρ 为金属的密度，对钢取 7.87 g/cm^3；n 为电极反应的级数，对钢取 2；i_{corr} 的单位为 mA/cm^2。

在强极化区，从原理上可以利用 Tafel 关系外推，阳极和阴极极化曲线在半对数坐标上呈直线关系，两条直线的交点就是腐蚀体系的自腐蚀条件，如图 3-22 所示，即由图解法求出 i_{corr}，然后由式(3-26)计算腐蚀体系的腐蚀速率。

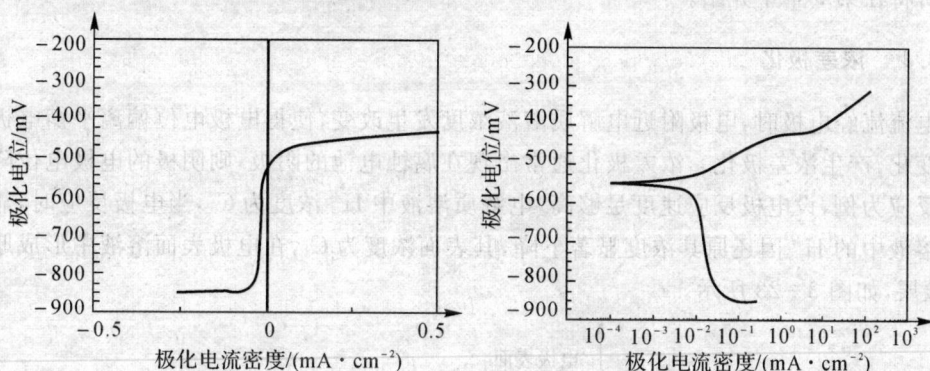

图 3-21　实测的极化曲线

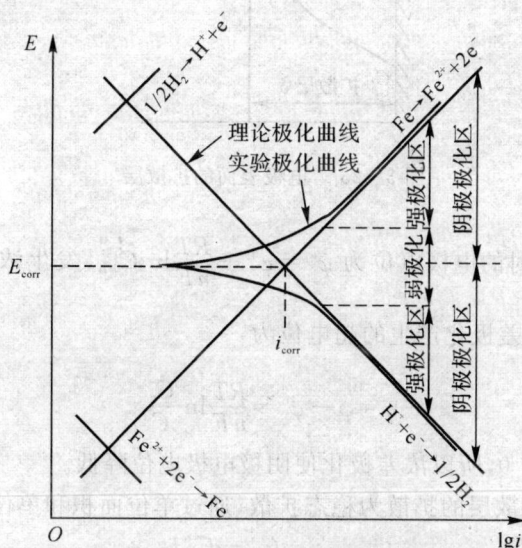

图 3-22　极化曲线解析示意图

在线性极化区，$|\Delta\varphi| \leqslant 10 \ mV$，极化电位 φ 和极化电流 i 呈直线关系，定义极化电阻 R_p 为

$$R_p = \frac{\Delta \varphi}{\Delta I} = \frac{\Delta E}{\Delta I} \qquad (3-27)$$

自腐蚀电流可由线性极化方程计算,即

$$i_{corr} = \frac{B}{R_p} \qquad (3-28)$$

$$B = \frac{b_a b_c}{2.303(b_a + b_c)} \qquad (3-29)$$

线性极化法主要用于已知腐蚀体系的 B 值,通过测量极化电阻,计算腐蚀体系的 i_{corr},然后由式(3-26)计算腐蚀体系的腐蚀速率。

目前,研究金属的电化学腐蚀特征时,主要采用弱极化区的测试数据,可采用两点法、三点法和四点法[4],计算腐蚀体系的 i_{corr}。三参数拟合和多项式解是比较常用的方法[5,6],具体的数学分析将在第9章中介绍。

3.4.4　浓差极化

当电流流经电极时,电极附近电解质溶液浓度发生改变,使得电极电位偏离平衡电极电位或发生变化,产生浓差极化。浓差极化通常出现在腐蚀电池的阴极,则阴极的电极电位降低。以析氢反应为例,设电极反应速度足够高,电解质溶液中 H^+ 浓度为 C_0,当电极反应时,靠近电极表面溶液中的 H^+ 因还原其浓度显著下降,其表面浓度为 C_s,在电极表面溶液中形成厚度为 δ 的扩散层,如图3-23所示。

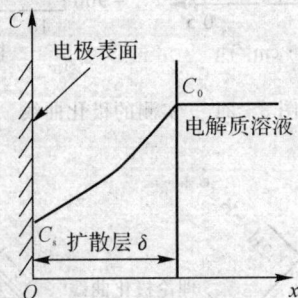

图3-23　电极表面的扩散层

由能斯特方程,平衡时的电极电位为 $\varphi^e = \varphi^0 + \frac{RT}{nF} \ln C_0$。发生浓差极化时,电极电位为 $\varphi = \varphi^0 + \frac{RT}{nF} \ln C_s$,则用浓差极化产生的超电位为

$$\eta = \varphi - \varphi^e = \frac{RT}{nF} \ln \frac{C_s}{C} \qquad (3-30)$$

由于 $C_s/C_0 < 1, \eta < 0$,所以浓差极化使阴极电极电位降低。

设 H^+ 在电极表面扩散层的扩散为稳态扩散,通过单位面积和单位时间的消耗速率 V 为

$$V = D\frac{C_0 - C_s}{\delta} \qquad (3-31)$$

其中,D 为扩散系数。由法拉第定律,浓差极化的极化电流密度为

$$i_d = nFV = nFD\frac{C_0 - C_s}{\delta} \qquad (3-32)$$

如果电极反应很快,在电极表面没有 H^+ 积累,即 $C_s = 0$,则浓差极化的极限电流密度为

$$i_L = nFD\frac{C_0}{\delta} \tag{3-33}$$

将式(3-33)和式(3-32)合并,消去 δ,则 $C_s = C_0\left(1 - \dfrac{i_d}{i_L}\right)$,用浓差极化电流密度表示浓差极化的超电位为

$$\eta = \frac{RT}{nF}\ln\left(1 - \frac{i_d}{i_L}\right) \tag{3-34}$$

图 3-24 给出了浓差极化时的阴极极化曲线。当超电位比较小时,超电位与阴极极化电流密度在半对数坐标上呈直线关系。当出现浓差极化时,超电位与阴极极化电流密度在半对数坐标上偏离直线关系,阴极电极电位降低,阴极极化的 Tafel 常数升高。当超电位很大时,存在一个极限电流密度。

将阳极极化曲线叠加在有浓差极化时的阴极极化曲线图上,得到有浓差极化时腐蚀体系的极化曲线,如图 3-25 所示。根据式(3-24),有浓差极化时,极化的动力学方程可写成为

$$i = i_{corr}\left[e^{2.303\Delta E/b_a} - \frac{e^{-2.303\Delta E/b_c}}{1 - \dfrac{i_{corr}}{i_L}(1 - e^{-2.303\Delta E/b_c})}\right] \tag{3-35}$$

有浓差极化时的电极动力方程中有 4 个未知参数,由一个极化曲线同时求出 4 个参数需要采用特殊的方法。当 $i_{corr} \ll i_L$ 时,相当于浓差极化可以忽略的情况。

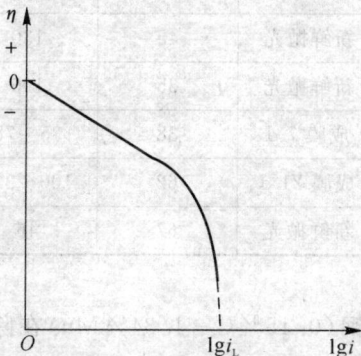

图 3-24 浓差极化时阴极极化曲线

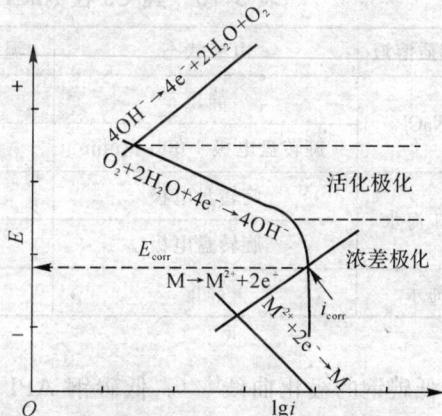

图 3-25 有浓差极化时的极化曲线

通常,组成腐蚀电池的阳极主要可发生电化学极化、电阻极化,阴极主要可发生电化学极化、浓差极化。电化学极化是可控的,可通过外加电位(或外加电流)测量腐蚀电池的极化曲线,分析电化学腐蚀的机理。

3.4.5 典型腐蚀体系的极化特征

(1)铜的电化学溶解[7]。铜在 NaCl 水溶液中,发生电化学腐蚀时的阳极反应式为 $Cu \longrightarrow Cu^{2+} + 2e^-$,阴极反应为氧的还原,阳极超电位与溶解电流密度的关系如图 3-26 所示。其阳极极化曲线可分为 3 个部分,在第 I 区在靠近腐蚀电位的极化电位下,超电位和溶解电流密度符合 Tafel 关系,通常是混合电荷传递和质量传输控制的动力学;在第 II 区,极化电位增加,溶

解电流密度达到最大值,而后又减小,是由于溶解的 Cu^{2+} 被氧化形成 CuO;在第 III 区,极化电位增加,溶解电流密度持续增大。

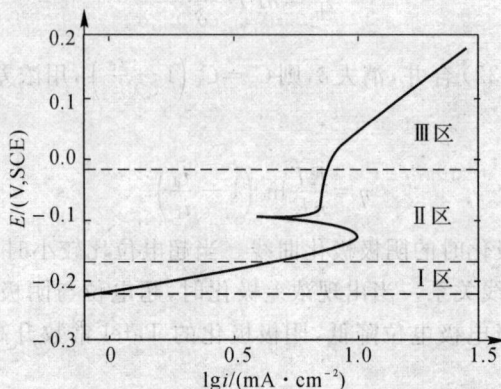

图 3-26　Cu 在 NaCl 水溶液中的阳极极化曲线

表 3-3 中列出了 Cu 在 NaCl 水溶液中的电学参数。可见,表面状态对材料的 Tafel 常数有一定的影响。例如,当采用试样为新鲜抛光试样,采用旋转电极方法测量的阳极 Tafel 常数比静止电极测量的明显降低,但阴极 Tafel 常数却升高;随成膜时间的增加,无论是阳极还是阴极的 Tafel 常数均增加。

表 3-3　纯 Cu 在 NaCl 水溶液中的 Tafel 参数[7]

电解质溶液	电极状态	温度/℃	表面状态	b_a/mV	b_c/mV
NaCl	静止	28	新鲜抛光	45	130
	旋转盘电极 1 000 r/min	28	新鲜抛光	35	190
人工海水	旋转盘电极		成膜 7 d	38	35~75
	旋转盘电极		成膜 21 d	62	100~325
海水	静止	20	新鲜抛光	67	46

(2)低碳钢的极化曲线[8-9]。低碳钢 API 5L X65 钢(0.15%C-1.34%Mn)在除氧、被 CO_2 饱和的 3%NaCl 溶液中电化学极化曲线如图 3-27(a)所示。当 CO_2 溶解在水中时,通过水合物形成弱酸,$CO_2 + H_2O \rightleftharpoons H_2CO_3$,然后碳酸电离形成重碳酸根离子,$H_2CO_3 \rightleftharpoons H^+ + HCO_3^-$,重碳酸根离子再电离形成碳酸根离子,$HCO_3^- \rightleftharpoons H^+ + CO_3^{2-}$,因此含有 CO_2 的溶液呈酸性。

由于溶液已经充分除氧,已经充分消除了氧的去极化,所以在含有 CO_2 的溶液中可能的阴极反应有两个:$H_2CO_3 + e^- \longrightarrow H + HCO_3^-$,$H^+ + e^- \longrightarrow H$。前者的反应速率由溶液中溶解 CO_2 的量决定,后者的反应速率强烈依赖于溶液的 pH 值。腐蚀溶液中溶解 CO_2 的量与温度和压力有关,通过改变 CO_2 的分压可调整溶解 CO_2 的量。

在溶液中再加入醋酸,醋酸弱电离形成氢离子,$HAC \rightleftharpoons H^+ + AC^-$。因此,醋酸的加入,腐蚀溶液中 H^+ 浓度增加,即溶液中去极化的作用增强,同时加速了阳极金属的腐蚀。因此,随溶液中醋酸浓度的增加,极化曲线上移,由 Tafel 关系确定的自腐蚀电流也依次增加,由

Tafel 关系和线性极化技术(LPR)所确定的腐蚀速率也依次增加,如图 3-27(b)所示。

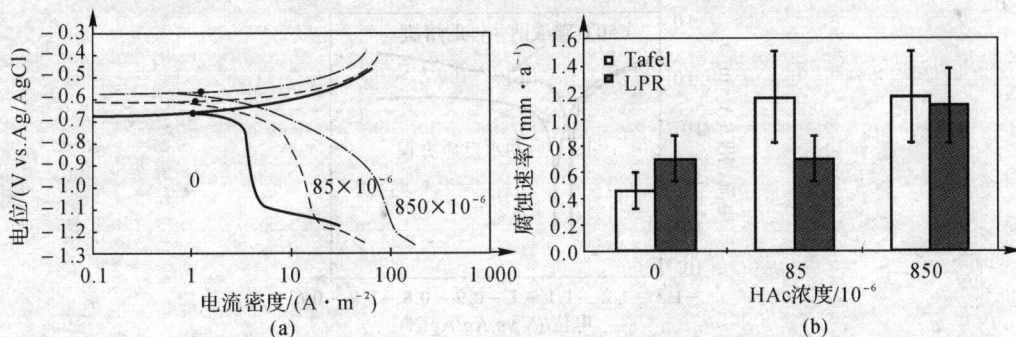

图 3-27　X65 钢在 3‰NaCl 溶液中的极化曲线和腐蚀速率
(a)不同醋酸浓度中的极化曲线；　(b)腐蚀速率

　　将软钢放置在不同浓度的盐酸溶液中,采用电化学极化方法测定了软钢的极化曲线,由极化曲线通过解析得到腐蚀的电化学参数如表 3-4 所示。可见,随溶液中盐酸浓度的增加,腐蚀电位正移,腐蚀电流密度显著增加,腐蚀速率也显著增加,但电化学极化的阳极和阴极 Tafel 常数与盐酸浓度无关,保持为常量。由表 3-4 可以看出,腐蚀电位正移,往往表示电化学稳定性增加,但不表示腐蚀速率也会增加。

表 3-4　软钢在不同浓度盐酸溶液中的动态极化参数

HCl 溶液浓度/(mol·dm^{-3})	$-E_{corr}$/mV	i_{corr}/(mA·cm^{-2})	b_a/mV	b_c/mV
0.25	534	3.913	75	87
0.5	519	6.896	75	87
1.0	508	10.205	75	87
1.5	484	13.836	75	87
2.0	480	17.497	75	87
2.5	477	20.230	75	87

　　(3)高铝钢在高温的极化特征[10]。高铝钢(Kanthal Al,Fe-22‰Cr-5.8‰Al)属于铁素体不锈钢,相对镍基合金价格低,在溶解碳酸盐燃料电池中得到一定的应用,但其在阳极环境中抗腐蚀性能有限。在阳极条件下的溶解碳酸盐体系中,氧化剂是溶解在熔盐中的水,其反应式为 $CO_2 + H_2O + 2e^- \rightleftharpoons H_2 + CO_3^{2-}$,该反应在燃料电池正常工作条件下从右向左进行,在阳极环境中金属氧化时,该反应则向相反的方向进行,使得水转变为分子氢。在碳酸熔盐中,氢的氧化很快,在很大程度上受高的阳极过电位下氢质量传输或阳极极限电流密度的控制。该反应在阴极方向的速率受水或 CO_2 质量传输极限的影响。

　　Kanthal Al 在 650℃碳酸钠-锂的熔盐中的极化曲线如图 3-28 所示。与水中的极化曲线相比,极化曲线向极化电位负的方向移动。应用电极动力学方程对极化曲线进行了解析,得到的腐蚀电位为 $E_{corr} = -1.120$ V,自腐蚀电流 $i_{corr} = 0.20$ A/m^2,$\alpha + \beta = 1.29$。

　　应该指出,理论上阴极和阳极的电荷转移数之和为 1,实际的腐蚀体系并非如此,阴极和阳极的 Tafel 常数也偏离其理论值。因此,对实际的腐蚀体系来说应该具体问题具体分析。

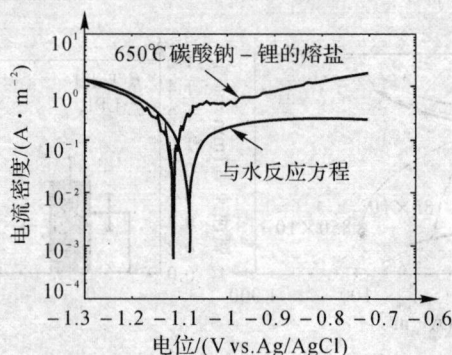

图 3-28　Kanthal Al 在 650℃水和碳酸钠-锂的熔盐中的极化曲线[10]

3.5　去极化-析氢腐蚀和吸氧腐蚀

3.5.1　去极化和主要的去极化反应

凡能消除金属极化的反应,叫去极化反应,消除极化现象的作用叫去极化,能起去极化的物质叫去极化剂,去极化的结果是提高腐蚀速率,加速腐蚀过程。去极化也分为阳极去极化和阴极去极化。

阳极去极化可通过在阳极区阳极反应金属离子与腐蚀溶液中的负离子生成沉淀物、络合离子,消除正电荷在阳极表面的积累,从而达到去极化的目的。

阴极去极化主要是从阳极传递的电子在阴极区能及时被消耗,消除负电荷在阴极表面的积累,从而达到去极化的目的。阴极去极化主要包括:①阴极表面的正离子被还原,夺取阴极上的电子,促进阳极进一步腐蚀,如在酸性腐蚀液氢离子的还原;②阴极表面的负离子被还原,如在含有 NO_3^- 溶液中的去极化反应 $2NO_3^- + 8H^+ + 6e^- \longrightarrow 2HNO_3 + 3H_2O$;③中性分子的还原,如在含氧的腐蚀溶液中氧被还原 $O_2 + 2H_2O + 4e^- \longrightarrow 4OH^-$;④不溶性钝化膜的还原,如 $Fe(OH)_3 + e^- \longrightarrow Fe(OH)_2 + OH^-$。

在一个腐蚀体系中,许多情况下阴极过程对腐蚀起主要的作用。从本质上讲,凡能在阴极上吸收电子的过程,即还原反应,都能去极化。在实际的腐蚀过程中,H^+ 和 O_2 的还原反应是最为常见的两个阴极去极化过程。

3.5.2　析氢腐蚀

将在阴极由氢离子的还原作为去极化作用引起的金属腐蚀,称为析氢腐蚀。在不含氧的酸性溶液中,金属的腐蚀属于此类。

在析氢腐蚀过程中,阳极反应放出的电子不断地从阳极流向阴极,在阴极表面溶液中的氢被还原,消耗掉电子,氢气从阴极表面不断逸出,$2H^+ + 2e^- \longrightarrow H_2 \uparrow$。

当金属和氢电极组成一个腐蚀电池时,保证腐蚀过程进行的必要条件是金属的电极电位比氢电极的电极电位更负,即 $E_a < E_c$。由平衡电极电位序列表可知,当 $\varphi_{M/M^{n+}}^e < \varphi_{H^+/H}^e$,或

$E_a^e < E_c^e$ 时，则有可能发生析氢腐蚀，所以除 Cu 外常见的金属 Al，Fe，Ti，Ni 及组成合金的金属 Cr，V，Mn，Mo，W 在酸性溶液均有可能发生析氢腐蚀。在 25℃，对具有不同酸度的腐蚀溶液，氢的平衡电位由能斯特方程计算，$\varphi_{H^+/H}^e = 0.059\lg[H^+] = -0.059pH$。当腐蚀溶液的 pH＝7 时，$\varphi_{H^+/H}^e = -0.413$ V。

当氢去极化时，氢的超电位 $\eta_{H_2}(<0)$ 符合 Tafel 关系为

$$\eta_{H_2} = E_c - \varphi_{H^+/H}^e = a' + b_c\lg i \tag{3-36}$$

不同的电极材料，a' 值不同，氢在不同金属上的超电位是不同的。随 η_{H_2} 值的增加，阴极析氢的电流密度也随之增加。在金属上发生氢去极化时，氢的超电位值越大，氢去极化越困难，腐蚀也越慢。析氢腐蚀的条件用氢的超电位可表示为

$$E_a < \varphi^e + \eta_{H_2} \tag{3-37}$$

在 25℃ 的标准状态下，式(3-37)可具体写成

$$E_a < -0.059pH + \eta_{H_2} \tag{3-38}$$

在酸性溶液中，氢去极化过程的步骤：

(1)水化氢离子向电极表面扩散，并在电极表面脱水，$H^+ \cdot nH_2O \longrightarrow H^+ + nH_2O$，脱水后的 H^+ 吸附在电极表面。

(2)H^+ 与电极表面的电子结合，即 H^+ 放电成为还原态的氢，$H^+ + e^- \longrightarrow H$。

(3)氢原子成对结合，形成氢分子，$H + H \longrightarrow H_2$。

(4)氢分子聚集形成气泡，从阴极表面逸出。

金属中的杂质对析氢腐蚀具有明显的影响。当金属中的杂质的电极电位大于金属基体的电极电位时，杂质就成为阴极，与基体组成腐蚀电池。若杂质的氢超电位值很低，就会促进金属的离子化过程，加速阳极金属的溶解。当金属中的杂质的电极电位小于金属基体的电极电位时，则杂质作为阳极发生腐蚀，如钢种 MnS 夹杂在各种腐蚀介质中优先被腐蚀。

提高氢的超电位值，可降低氢去极化的过程，控制金属的腐蚀速率。主要有以下几种措施：

(1)提高金属的纯度，消除或减少杂质。

(2)加入缓蚀剂，减少阴极面积，增加氢的超电位值。

(3)加入氢的超电位值大的合金元素，如 Hg，Zn，Cd 等。

(4)降低腐蚀介质中活性阴离子成分等。

3.5.3　吸氧腐蚀

将在阴极氧的还原作为去极化作用引起的阳极金属腐蚀，称为吸氧腐蚀。在含氧的酸性溶液、含氧的碱性溶液中，金属的腐蚀属于此类。

在吸氧腐蚀过程中，阳极反应放出的电子不断地从阳极流向阴极，在阴极腐蚀介质中的氧被还原。在含氧的酸性溶液中，吸附电子的物质是氢离子和氧，阴极还原反应为 $O_2 + 4H^+ + 4e^- \longrightarrow 2H_2O$。在碱性溶液中，吸附电子的物质是氧，阴极还原反应为 $O_2 + 2H_2O + 4e^- \longrightarrow 4OH^-$。

吸氧腐蚀产生的条件除了溶液中含有氧外，金属的电极电位比氧电极的电极电位更负，即 $E_a < E_c$。也可以用平衡电极电位来判断，即 $\varphi_{M/M^{n+}}^e < \varphi_{O_2/OH^-}^e (\varphi_{O_2/H_2O}^e)$。

氧作为阴极的电极电位 E_c，可称为氧的离子化电位 E_0。在一定的电流密度下氧还原发

生极化的超电位 $\eta_O(<0)$ 也符合 Tafel 关系为

$$\eta_O = E_O - \varphi_{O_2/OH^-}^e = a' + b_c \lg i \tag{3-39}$$

在 $25^\circ C$，$p_{O_2} = 1$ atm 标准状态下，碱性溶液中 $\varphi_{O_2/OH^-}^e = \varphi_{O_2/OH^-}^0 - \dfrac{RT}{4F}\ln\dfrac{a_{OH^-}^4}{p_{O_2}} = 1.229 - 0.059\ 1\text{pH}$，则吸氧腐蚀产生电位条件可具体写成为

$$E_a < E_c = 1.229 - 0.059\ 1\text{pH} + \eta_O \tag{3-40}$$

对比式(3-38)和式(3-40)，可以看出，在同一腐蚀溶液和相同的条件下，氧的平衡电位比氢的平衡电位高 1.229 V。因此，腐蚀溶液只要有氧存在，首先发生的应该是吸氧腐蚀。事实上，金属在腐蚀环境中发生电化学腐蚀时，吸氧腐蚀和析氢腐蚀往往同时存在，只是各自所占的比例不同。

在腐蚀溶液中，氧是不带电的中性分子，具有一定的溶解度，并以扩散方式达到阴极。因此，氧在阴极的还原速率和氧的扩散有关，并产生氧浓差极化，往往氧的去极化腐蚀受氧浓差极化的控制。

氧在水溶液中的溶解度非常低。$20^\circ C$ 时，被空气饱和的纯水中溶解氧的质量分数大约为 4×10^{-5}。在 $5^\circ C$ 海水中氧的溶解量大约为 0.3 mol/m³。取吸氧腐蚀时扩散层的厚度 $\delta = 0.1$ mm，氧在水中的扩散系数 $D = 10^{-9}$ m/s，氧在海水中的浓度 $C_0 = 0.3$ mol/m³，氧还原反应的电子数 $n = 4$，由式(3-33)可得到氧的极限扩散电流密度 $i_L = nFD\dfrac{C_0}{\delta} = 4\times96\ 500\times10^{-9}\times0.3/0.1 = 0.116$ mA/cm²。对钢来说，该极限电流密度对应的腐蚀速率为 0.001 mm/a，即通常的阴极扩散速率控制下的吸氧腐蚀速率比较低。但是，加强搅拌或在流动的水溶液中，尤其是存在海水飞溅作用时，加速了氧的扩散，消除了氧浓差极化，腐蚀速率会大大增加。

考虑到浓差极化，将式(3-30)代入式(3-40)，可得到 $25^\circ C$ 下吸氧腐蚀产生的电位条件为

$$E_a < 1.229 - 0.059\ 1\text{pH} + 0.014\ 775\lg\left(1 - \dfrac{i_d}{i_L}\right) \tag{3-41}$$

图 3-29 给出了氧去极化的阴极极化曲线，同时也给出了氢去极化的阴极极化曲线。

氧去极化的过程由 2 个基本过程组成，一是氧的输送过程；二是氧的离子化过程。其主要包括 3 个步骤：①溶液中的氧向电极表面的扩散；②氧吸附在电极表面；③氧的离子化，即氧的还原。这 3 个步骤的任一个都可以影响阴极过程，并在一定程度上影响腐蚀速率。

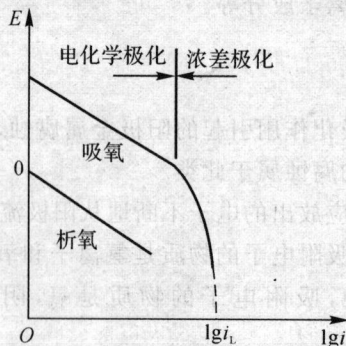

图 3-29 氧、氢去极化的阴极极化曲线

下面讨论影响氢去极化的因素。

（1）温度。环境温度升高，氧的扩散加剧，扩散系数升高，加速腐蚀。

（2）浓度。溶液中溶解氧的浓度增加，极限电流密度增加，提高腐蚀速率。

（3）溶液流速。溶液流速增加，扩散层的厚度降低，极限电流密度增加，加快腐蚀。

（4）搅拌。对溶液进行搅拌，加快扩散消除浓差极化，加快腐蚀。但是，对易钝化的金属，如不锈钢，适当增加流速或搅拌，有利于金属的钝化，会降低腐蚀速率。

3.6　钝　化

3.6.1　钝化现象

金属或合金在强氧化性介质中，由于表面状态的变化，使金属或合金由活化态转变为钝化态，其阳极过程受到了强烈阻滞的现象称为钝化现象。

钝化会显著降低金属或合金的腐蚀速率，使其具有很高的腐蚀抗力，防止金属进一步的腐蚀。

钝化态是一个相对的概念，是相对活化态。Fe 在硝酸溶液中的腐蚀速率强烈依赖于硝酸的浓度，当硝酸浓度从零增加到 40％时，Fe 的腐蚀速率相应增加，Fe 处于活化态，产生明显的腐蚀。当硝酸浓度大于 40％时，Fe 的腐蚀速率反而下降，当硝酸浓度在大约 70％时，腐蚀速率最低，Fe 产生了钝化，Fe 处于钝化态，腐蚀很轻微。继续增加硝酸浓度，腐蚀速率又明显增加，这时 Fe 又处于活化态，如图 3－30 所示。

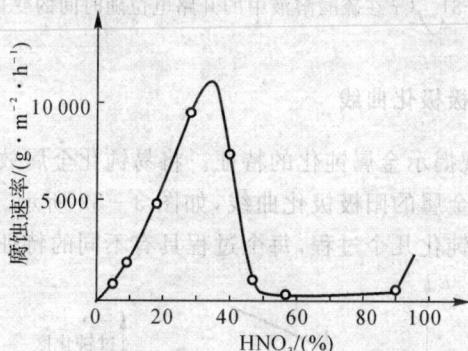

图 3－30　Fe 的腐蚀速率与硝酸浓度的关系

只有容易钝化的金属在强氧化剂存在时才能产生明显的钝化现象。易钝化的金属有 Cr，Ni，Al，Mo，Fe 等。常见的强氧化剂有 HNO_3，$HClO$，$K_2Cr_2O_3$，$KMnO_4$。在氧化剂中钝化了的金属，再放置在非氧化剂中，其钝化作用仍然存在，从而使其具有比较低的腐蚀速率，但在含有卤族离子的腐蚀溶液中，钝化膜容易被破坏，金属局部失去钝化作用而处于活化态。在还原性气体（H_2，O_2）中，钝化的金属也有被破坏的倾向。

金属钝化后，其电极电位升高，钝化后的金属在腐蚀介质中的开路电位也比活化态的金属要高。

Cr 是典型的钝化金属，在硫酸溶液中的开路电位有几个稳定状态，如图 3－31 所示。一个是 Cr 电极直接从大气环境放入到硫酸溶液中的开路电位，即 $E_{corr,1}$(air)，其值大约在 －200

mV（SCE），Cr 电极表面自发形成氧化膜。另一个开路电位为 $E_{corr.1}(-200\ mV)$，其值大约在 $-400\ mV$（SCE），是 Cr 电极在 $-200\ mV$（SCE）钝化 2 min 的开路电位。最后一个开路电位为 $E_{corr.2}(-900\ mV)$，其值大约在 $-800\ mV$（SCE），是 Cr 电极在 $-900\ mV$（SCE）阴极极化 2 min 后的开路电位，Cr 电极表面的氧化膜被除掉，处于活化状态。

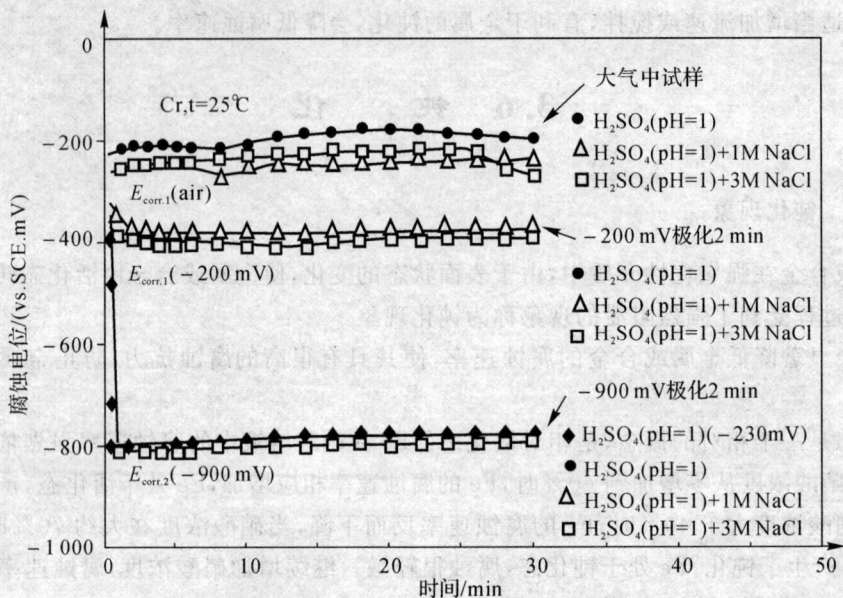

图 3-31　Cr 在硫酸溶液中的开路电位随时间的变化[11]

3.6.2　钝化金属的阳极极化曲线

阳极极化曲线可以直观揭示金属钝化的特征。将易钝化金属放入到强氧化剂中组成一个腐蚀体系，用控电位法测量金属的阳极极化曲线，如图 3-32 所示。在自腐蚀电位 E_{corr} 以上，金属要经历活化、钝化和过钝化几个过程，每个过程具有不同的特征。

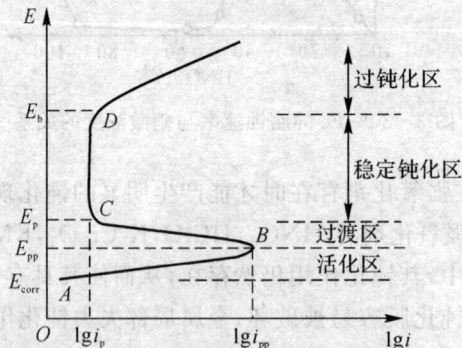

图 3-32　钝化金属的阳极极化曲线示意图

阳极极化曲线被 4 个特征电位，即 E_{corr}，致钝电位 E_{pp}，E_p 和过钝化电位 E_d 分成 4 个区，每个区具有不同的极化电位-电流密度关系，各区的主要特征如下：

（1）活化区。AB 曲线区，从 E_{corr} 到电位 E_{pp} 的电位范围为活化区。在活化区，随极化电位增加,腐蚀电流密度增加。当极化电位增加到 E_{pp} 时,金属的阳极溶解电流密度达到最大值。当金属处于活化区时,金属发生氧化反应。

(2)过渡区。BC 曲线区,从 E_{pp} 电位到 C 点对应的 E_p 电位范围。在活化-钝化过渡区,随电极电位的增加,金属的阳极溶解电流密度减少,到 C 点对应的电位 E_p 时,金属的阳极溶解电流密度达到最小值 i_p。

(3)钝化区。CD 曲线区,从 C 点对应的电位到 E_b 的电位范围。在钝化区,金属进入钝态,有一个稳定的电流密度,称为维钝电流密度 i_p。i_p 基本保持为常数,不随极化电位的变化而变化。i_p 在某种意义上代表着阳极保护时钝态金属的腐蚀速度。因此,维钝电流越小越好。值得注意的是,腐蚀介质中某些成分和杂质往往在阳极上产生副反应使维钝电流偏高,此时的维钝电流不能代表腐蚀速度,须用失重法实测后加以校正,以求得真正的腐蚀速度。

在钝化区,金属表面产生一层耐腐蚀性好的钝化膜,这也是钝化的原因。钝化膜大多被认为是氧化物,具有半导体的性质,产生明显的电阻极化,能显著阻滞金属的阳极溶解过程,因此在钝化的电位范围具有很低的阳极溶解电流密度 i_p,金属处于钝化态。同时,要保持钝化态,保证金属表面钝化膜的完整,需要提供一定量的金属不断形成钝化膜,这就需要一个很小的阳极溶解电流密度,所以将这一电流密度称为维钝电流密度。

(4)过钝化区。E_d 以上的电位范围,称为过钝化区。当电极电位增加超过 E_d 电位时,金属的阳极溶解电流密度再次增加,腐蚀加剧,这种现象称为过钝化。

对于钢铁材料来说,产生过钝化的原因是在较高的极化电位下,保护性钝化膜可能生成高价可溶性氧化物,使得钝化膜破坏,金属由钝化态转变为活化态。

与一般的极化曲线相比,钝化金属氧化极化具有几个特点:

(1)极化电流密度和极化电位为非单调的函数关系,阳极溶解规律不再符合 Tafel 关系,不能采用控电流方法测量钝化金属的阳极极化曲线,但其阴极极化曲线却为单调的函数关系。

(2)极化曲线有几个特征电位和特征电流密度,将极化曲线分成 4 个区域,每个区域的电极反应和腐蚀速率各不相同。

(3)存在一个明显的钝化区。

阳极极化曲线表征钝化金属极化电位与阳极溶解电流密度的特征关系。当没有外加极化时,如何确定金属在氧化剂中所处的状态呢?众所周知,阴极极化曲线为单调的函数关系,按照混合电位理论,将金属的阴极极化曲线叠加在阳极极化曲线上,两曲线的交点则代表金属在氧化剂溶液中所处的状态,如图 3-33 所示。以氧化剂的氧化性的强弱和浓度的不同,可以分为 4 种情况:

(1)Ⅰ代表交点在活化区,金属处于活化态,发生阳极溶解。如钢、不锈钢在稀硫酸溶液的腐蚀,钛在不含空气的稀硫酸溶液和稀盐酸中的腐蚀均属于此种情况。

(2)Ⅱ代表两条极化曲线有 3 个交点,在自然腐蚀状态下,金属可能发生腐蚀溶解,也可能被钝化。氧化剂的氧化性较弱或氧化剂浓度不高时会发生这种情况,如不锈钢在含氧浓度不高的硫酸溶液属于此种情况。

(3)Ⅲ代表交点在钝化区,金属处于钝化状态。由于是在自然腐蚀状态,所以称为金属的自钝化。从曲线上可见产生自钝化的条件,$E_{pp} < E_{corr} < E_b$。不锈钢在稀硝酸中的腐蚀、碳钢在浓硝酸中的腐蚀均属于此种情况。

(4)Ⅳ代表交点在过钝化区,金属处于过钝化状态。氧化剂的氧化性过强或氧化剂浓度高时会发生这种情况,如不锈钢在浓硝酸溶液中的腐蚀属于此种情况。

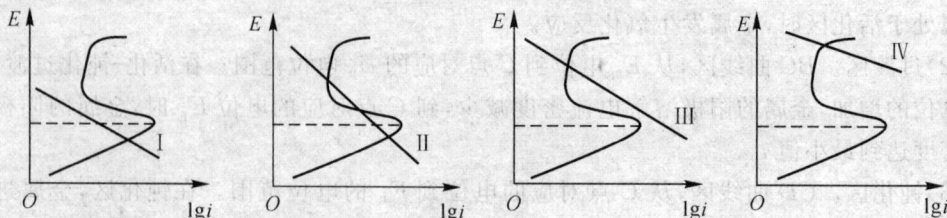

图 3-33　金属在氧化剂中的钝化行为

3.6.3　金属钝化的理论

钝化的主要原因是金属在强氧化剂中形成了钝化膜,使得金属产生了强烈的电阻极化,减缓或阻滞了金属的腐蚀。钝化膜的形成可用成相膜理论和吸附钝化膜理论来解释。

成相膜理论认为,当金属溶解时,可在其表面上生成致密的、覆盖性良好的保护膜。这种保护膜作为一个独立的相存在,并把金属和腐蚀溶液机械地隔开,从而使金属的腐蚀溶解速度大大降低,即使金属表面转化为钝态。

成相膜理论最直接的实验证据是曾经在金属上观察到成相膜的存在,且可测定其厚度和组成。例如选用适当溶剂可单独溶去基体金属而分离出钝膜,使用 I_2-KI 溶液作溶剂便可以分离出铁的钝化膜。使用比较灵敏的光学方法(椭圆偏振仪)可不必把膜从金属表面取下来也能测其厚度,例如用光学方法测定过,在硝酸中钝化了的铁表面上有着厚度为 $25\sim30\text{Å}$ 的钝化膜。对于在同一条件下钝化的碳钢,其膜要厚一些($90\sim110\text{Å}$);对于不锈钢而言,其钝化膜要薄一些($9\sim10\text{Å}$)。利用电子衍射法对钝化膜进行相分析的结果表明,大多数的钝化膜是由金属的氧化物组成的,例如铁的钝化膜为 $\gamma-Fe_2O_3$;铝的钝化膜为无孔的 $\gamma-Al_2O_3$,盖在它上面的为多孔的 $\beta-Al_2O_3$ 等,在一定条件下,铬酸盐、磷酸盐、硝酸盐及难溶的硫酸盐和氯化物也可构成钝化膜。

金属处于钝化态时,并不等于它已经完全停止了溶解,而只不过是溶解速度大大降低而已,这一现象有人认为是因为钝化膜有微孔,所以钝化后金属的溶解速度是由微孔内金属的溶解速度决定的。但也有人认为金属溶解是透过完整的膜而进行的,由于膜的溶解是一个纯粹的化学过程,其速度与电极电位无关。因此,钝态金属的稳定溶解速度也应和电极电位无关。这一结论在大多数情况下和实验结果是相符合的。

吸附钝化膜理论认为,钝化是在金属表面或部分表面形成氧或含氧离子的吸附层。吸附理论认为,引起金属钝化并不一定要形成相膜,而只要在金属表面或部分表面上生成氧或含氧粒子的吸附层就足够了。这一吸附层只有单分层厚,它可以是 OH^- 或 O^{2-} 离子,更多的人认为可能是氧原子。氧原子和金属的最外侧的原子因化学吸附而结合,并使金属表面的化学结合力饱和,从而改变了金属/溶液界面的结构,大大提高了阳极反应的活化能,故金属在腐蚀介质中表面化学反应能力将显著减小,可以认为这就是金属发生钝化的原因。

测量电量的结果表明,在某些情况下为了使金属钝化,只需要在每平方厘米电极表面通过十分之几毫库仑的电量,而这些电量甚至不足以生成氧的单分子吸附层。这样看来,在金属表面上根本不需要形成一个单分子层的氧就可以引起极强的钝化作用。

以上事实说明,金属表面的单分子吸附层甚至可以是不连续的,不一定需要将表面完全覆盖。可以设想,只要在最活泼的、最先溶解的金属表面区域上,例如金属晶格顶角及边缘处吸附了单分子层,便能抑制阳极的溶解过程并使金属钝化。

参 考 文 献

[1]　王荣.显微组织和热处理对直缝电阻焊管沟槽腐蚀的影响.金属学报,2002,38(12):1281 – 1286.

[2]　王荣,介燕妮.陕京管线典型土壤环境的腐蚀性研究.中国腐蚀与防护学报,2006,26(4): 211 – 215.

[3]　Zhao W,Wang J,Liu F,et al. Equilibrium geometric structure and electronic properties of Cl^- and H_2O co-adsorption on Fe (100) surface. Chinese Science Bulletin,2009, 54(8):1295 – 1301.

[4]　吴荫顺,方智,何积铨,等.腐蚀试验方法与防腐蚀检测技术.北京:化学工业出版社,1996.

[5]　宋诗哲.腐蚀电化学研究方法.北京:化学工业出版社,1988.

[6]　Rocchini G. Evaluation of the electrochemical parameters by means of series expansion. Corrosion Science,1994,36:1347 – 1361.

[7]　Kear G,Barker B D,Walsh F C. Electrochemical corrosion of unalloyed copper in chloride media — a critical review. Corrosion Science,2004,46:109 – 135.

[8]　Georgeand K S,Nešic S. Investigation of carbon dioxide corrosion of mild steel in the presence of acetic acid—Part 1:Basic mechanisms. Corrosion,2007(4):178 – 186.

[9]　Noor E A,Al – Moubaraki A H. Corrosion behavior of mild steel in hydrochloric acid solutions. Int. J. Electrochem. Sci. ,2008,3:806 – 818.

[10]　Lindbergh G,Zhu B. Corrosion behaviour of high aluminium steels in molten carbonate in an anode gas environment. Electrochimica Acta,2001,46(8):1131 – 1140.

[11]　Jegdic B,Drazic D M,Popic J P. Influence of chloride ions on the open circuit potentials of chromium in deaerated sulfuric acid solutions. J. Serb. Chem. Soc. ,2006,71 (11):1187 – 1194.

第4章 局部腐蚀

按金属材料腐蚀破坏形态可以将腐蚀分为均匀腐蚀（General corrosion）和局部腐蚀（Localized corrosion）两大类。在实际的腐蚀体系中，大多数金属所发生的腐蚀是局部腐蚀。由于局部腐蚀发生在金属表面的不大范围内，所以绝大多数金属表面腐蚀量很小，但是工程结构、构件及零件的使用寿命主要取决于局部腐蚀损伤的发展。

4.1 均匀腐蚀和局部腐蚀

4.1.1 均匀腐蚀和局部腐蚀的对比

所谓均匀腐蚀是指腐蚀发生在整个金属材料的表面，其结果是导致金属表面均匀减薄。从电化学特点上讲，均匀腐蚀属于微电池效应，腐蚀过程没有固定的阴极和阳极，即阴极部分和阳极部分在腐蚀过程中是交替变化的。

在均匀腐蚀过程中，金属表面各处的减薄速率相同，用平均的腐蚀速率可以比较精确地计算金属结构的腐蚀量，以估算构件的腐蚀寿命，从而在工程设计时通过预先考虑留出腐蚀裕量的措施，可以达到防止设备发生过早腐蚀破坏的目的。尽管均匀腐蚀会导致金属材料的大量流失，但是由于易于检测和察觉，通常不会造成金属结构的突发性失效事故。

均匀腐蚀现象十分普遍，既可能由电化学腐蚀原因引起，例如均相电极（纯金属）或微观复相电极（均匀的合金）在电解质溶液中的自溶解过程，也可能由纯化学腐蚀反应造成，如金属材料在高温下发生的一般氧化现象。各类腐蚀失效事故、事例的调查结果表明，均匀腐蚀仅占约20%，其余约80%为局部腐蚀破坏。

局部腐蚀则是指腐蚀集中发生在金属材料表面局部不大的面积内，而其余大部分表面腐蚀十分轻微，甚至不发生腐蚀。

局部腐蚀是由于金属本身（结构、组织、化学成分、表面状态）和腐蚀介质不均匀，导致电化学性不均匀，即不同的部位具有不同的电极电位，从而造成电位差，成为局部腐蚀的驱动力，往往在电极电位低的部位优先发生腐蚀。在局部腐蚀过程中，腐蚀电池的阳极区和阴极区一般是截然分开的，可以用肉眼或微观检查方法加以区分和辨别，通常阳极的面积比阴极的面积小得多，即形成所谓的小阳极-大阴极的组态。对于这种组态，由于阴极的面积相对较大，阴极去极化的作用很大，结果很小的阳极区域腐蚀很严重，腐蚀集中在金属表面的局部阳极区域。

发生局部腐蚀时，由于金属表面各处的减薄程度不同，不能用平均的腐蚀速率估算局部腐蚀的程度。通常，局部腐蚀造成的金属损失量比较小，但结构在发生局部腐蚀时具有隐蔽性，不易察觉，其危害性很大，往往会造成灾难性事故。

4.1.2　环境差异产生的宏观电池

局部腐蚀一般是由宏观电池效应引起的,常见的因腐蚀介质不均匀引起的腐蚀电池有氧浓差电池、离子浓差电池、温差电池等。

1.氧浓差电池

当腐蚀溶液含氧量不均匀时,与金属结构或构件不同部位接触的腐蚀溶液含氧量不同,与金属接触的低氧区为阳极,与金属接触的高氧区为阴极,从而形成宏观的腐蚀电池,加速低氧区金属的腐蚀。

设在碱性腐蚀水溶液中,阴极氧去极化的电极反应为 $\frac{1}{4}O_2+\frac{1}{2}H_2O+e^-\longrightarrow OH^-$,由能斯特方程可写出其电极电位,即 $\varphi=\varphi^0+0.059\,1\ln\frac{p_{O_2}^{1/4}}{a_{OH^-}}$。

由于金属的不同部位处在不同的含氧区,$p_{O_2}^2>p_{O_2}^1$,则形成宏观腐蚀电池的电动势为

$$\varepsilon=\varphi(p_{O_2}^2)-\varphi(p_{O_2}^1)=0.059\,1\ln\frac{(p_{O_2}^2)^{1/4}}{(p_{O_2}^1)^{1/4}} \tag{4-1}$$

由于 $p_{O_2}^2>p_{O_2}^1$,因此 $\varepsilon>0$。

在含氧的水溶液中,由氧浓差电池引起的腐蚀主要有点腐蚀、缝隙腐蚀、水线腐蚀和丝状腐蚀等。大口径的埋地管道在土壤环境中,也会由氧浓差电池引起局部腐蚀,管道下部腐蚀比较快,在管道使用一定时间后,将管道转动 $180°$ 可延长管道的使用寿命。

2.离子浓差电池

当腐蚀溶液所含各种离子不均匀时,会产生溶液离子浓差电池。电池电流将从溶液浓度高的部位流向离子浓度低的部位,即和稀溶液接触的部分为阳极,容易被腐蚀。

如果在腐蚀溶液中,金属离子不均匀,则形成金属离子浓差电池。如果腐蚀溶液溶解盐不均匀,则产生盐浓差电池。

如图 4-1 所示为金属离子浓差电池。左边为稀溶液,Cu 离子活度为 a_1,右边为浓溶液,Cu 离子活度为 a_2,且 $a_2>a_1$。由能斯特方程可写出其电极电位,即 $\varphi=\varphi^0+0.029\,5\ln a$。形成宏观腐蚀电池的电动势为

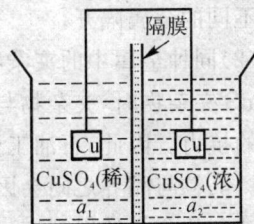

图 4-1　金属离子浓差电池

$$\varepsilon=\varphi(a_2)-\varphi(a_1)=0.029\,5\ln\frac{a_2}{a_1} \tag{4-2}$$

由于 $a_2>a_1$,因此 $\varepsilon>0$。

3.温差电池

金属构件由于温度不均匀,也会产生宏观电池效应。温度高的部位作为阳极,易受腐蚀。如在原油输送过程中,靠近加热泵的埋地管线因温度高容易被腐蚀。

4.土壤差异性引起的宏观电池

土壤环境往往是不均匀的,其性质是不同的。当管道不同部位的土壤组成或物理化学性质不同时,在管道相应的部位产生宏观电池,如图 4-2 所示。采用饱和硫酸铜参比电极,测量在土壤 A 中的开路电位为 $-0.5\,V$,在土壤 B 中的开路电位为 $-0.4\,V$,在土壤 A 中管段的开

路电位比在土壤 B 中管段的负,因此土壤 A 中的管道作为阳极被腐蚀,而在土壤 B 中的管段作为阴极,不产生腐蚀。采用两个饱和硫酸铜参比电极,测量土壤 A 与土壤 B 的电位差为 -0.1 V。土壤性质的小差异也会引起局部的腐蚀电池,如图 4 - 3 所示。

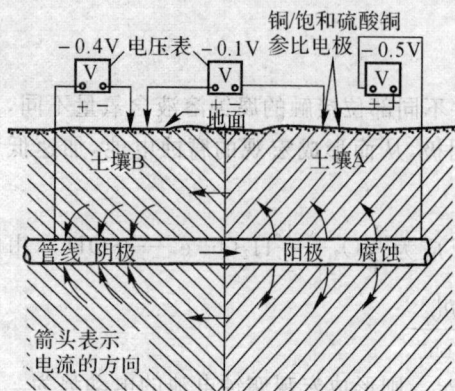

图 4 - 2 异种土壤引起的宏观电池

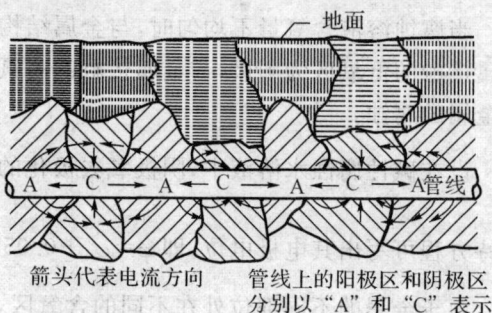

图 4 - 3 土壤小差异引起的腐蚀电池

4.1.3 材料差异引起的宏观电池

金属材料的不均匀性也会产生宏观电池效应,产生局部腐蚀。常见结构材料不同和材料不均匀产生的腐蚀电池有以下几个方面。

(1)异种金属接触,产生电偶腐蚀,可以采用标准电极电位或电偶序来判断阴极和阳极。当结构设计时,尽量避免采用不同的金属材料。如果采用异种金属,设计上要考虑采用绝缘法兰将不同的金属隔开。

(2)同种金属中的夹杂物与金属基体间(或一相与另一相间)形成腐蚀电池。在钢中,当存在 MnS 夹杂物时,夹杂物与金属基体因电极电位差的存在,夹杂物作为阳极被腐蚀,降低对钢腐蚀的抗力。因此,石油工业中应用的各种管道对材质中含 S 量要求比较严格,就是基于这个原因。晶粒与晶界之间会因化学成分的差异形成腐蚀电池,由此引起的局部腐蚀一般称为晶间腐蚀。从合金的组织讲,单晶体的抗腐蚀性比多晶体要好,单相合金的抗腐蚀性比多相合金要好。

(3)表面状态的影响。因金属的表面状态不同,在腐蚀介质中会形成宏观电池效应,加速局部金属的腐蚀。当管道维修时,新管段与旧管段之间因表面状态不同,形成腐蚀电池,新管段作为阳极,易受腐蚀,而旧管道作为阴极而减缓了腐蚀,如图 4 - 4 所示。

(4)受力状态的影响。当金属结构所承受的应力高到一定的程度时,金属受力的部分和不受力的部分形成腐蚀电池,受力部分作为阳极,易受腐蚀。一般当金属局部产生屈服时,屈服区则加速腐蚀。

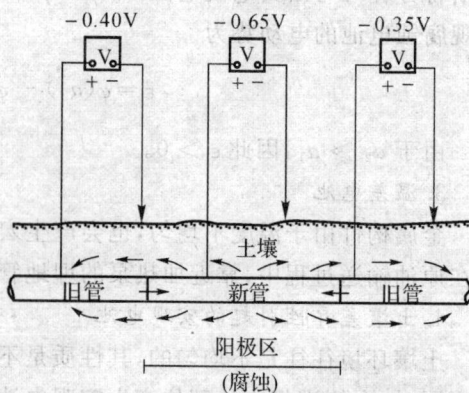

图 4 - 4 新、旧管道的腐蚀电池

(5)产生活化电池。在钝化的金属表面形成钝化膜后,金属表面处于钝态,具有较高的电极电位。在钝化膜的局部产生破裂后,破裂区的金属处于活化态,具有较低的电极电位。这样,钝化的表面和膜的破裂区形成宏观腐蚀电池,通常称为活化电池。

(6)涂层划伤区与涂层区形成腐蚀电池。当管道或工程结构使用涂层进行防护时,如果涂层表面划伤,使得被保护的金属暴露,在腐蚀溶液中划伤区和涂层区形成腐蚀电池,划伤区成为阳极被腐蚀。

4.2　电偶腐蚀

4.2.1　电偶腐蚀与电偶序

电偶腐蚀(Galvanic corrosion),也称为接触腐蚀,是异种金属或具有不同电极电位金属在腐蚀溶液中形成腐蚀电池,导致阳极金属腐蚀的现象。在工程实践中,电偶腐蚀现象十分普遍,因为机械装备、工程结构常常由不同金属材料制备的零部件组装而成。例如,飞机上用钛合金紧固件将不锈钢蒙皮与铝合金蒙皮连接在一起,在一定的电化学腐蚀环境中,就会发生电偶腐蚀的破坏;油田为了防止腐蚀,部分采用不锈钢管道,不锈钢和钢管道偶合后加速钢管的腐蚀。当不锈钢和钢、铸铁偶合时,钢、铸铁因为电极电位低而作为阳极产生电偶腐蚀[1-2];非金属材料如碳纤维和金属偶合,也会加速金属的腐蚀[3-4]。

当不同金属接触构成电偶腐蚀电池时,电位低(或负)的金属成为电偶腐蚀电池的阳极,其腐蚀速率较连接前大大提高,有时会增加数十倍。而电位高(或正)的金属成为电偶腐蚀电池的阴极,其腐蚀速率大大降低,甚至不再发生腐蚀。

电偶腐蚀实际上是宏观腐蚀电池的一种,产生电偶腐蚀应同时具备下述 3 个基本条件:

(1)具有不同腐蚀电位的材料。电偶腐蚀的驱动力是阴极金属与阳极金属的电极电位差。

(2)存在离子导电支路。电解质溶液必须连续地存在于接触金属之间,构成电偶腐蚀电池的离子导电支路。

(3)存在电子导电支路。即两种金属直接接触,要么通过其他导体实现电连接,构成腐蚀电池的电子导电支路。

标准电极电位序不仅能用来判断金属在简单腐蚀体系中产生腐蚀的可能性,还能判断金属材料在某一特定腐蚀电解质中电偶腐蚀倾向的大小,为了更方便地判断金属材料在某一特定腐蚀电解质中电偶腐蚀倾向的大小而引入了电偶序。

所谓电偶序,就是将金属材料在特定的电解质溶液中实测的腐蚀(稳定)电位值按低高(或大小)排列成表的形式。利用电偶序可以判断电偶腐蚀电池的阴、阳极极性和金属腐蚀的倾向性大小。例如,钢和锌在海水中组成电偶时锌受到加速腐蚀,钢得到了保护,钢船就是采用这种原理进行保护的。对具有明显钝化现象的金属,如不锈钢、Inconel 合金、铝合金,有活化和钝化两种状态。由于这两种状态的腐蚀电位不同,其在电偶序中处于不同电位区间。

4.2.2　电偶腐蚀的原理

由电化学腐蚀动力学可知,两金属偶合后的腐蚀电流密度与电极电位差、极化率及回路中的欧姆电阻有关。偶合金属的电极电位差愈大,电偶腐蚀的驱动力愈大。电偶腐蚀速率的大

小与电偶电流成正比,其大小可表示为

$$I_g = \frac{E_c - E_a}{P_c/S_c + P_a/S_a + R} \tag{4-3}$$

式中,I_g 为电偶电流强度;E_c,E_a 分别为阴、阳极金属偶接前的稳定电位;P_c,P_a 分别为阴极和阳极金属的极化率;S_c,S_a 分别为阴极和阳极金属的表面积;R 为欧姆电阻(包括溶液电阻和接触电阻)。由式(4-3)可知,当阴极和阳极电极电位差增大、极化率和欧姆电阻减小时,偶合电流增加,电偶阳极加速腐蚀,但电偶阴极没有发生任何变化。

若将电位高的金属 M 和电位低的金属 N 偶接后,低电位阳极金属 N 的腐蚀电流记为 i'_N,则 i'_N 与未偶接时该金属的腐蚀电流 i_N 之比 γ 称为电偶腐蚀效应,即

$$\gamma = i'_N/i_N = (i_g + |i_{C,N}|)/i_N \approx i_g/i_N \tag{4-4}$$

式中,i_g 为阳极金属的电偶腐蚀电流密度;$i_{C,N}$ 为阳极金属 N 上的阴极还原电流密度;后者相对于前者通常很小,可以忽略不计。式(4-4)表明,γ 值越大,阳极金属的电偶电流密度越大,电偶腐蚀则越严重。

除了采用电偶电流表示电偶腐蚀效应外,也可以采用浸泡试验所测量的腐蚀速率表示为

$$\gamma = v_d/v \tag{4-5}$$

式中,v_d 为偶合后的阳极试样的腐蚀速率;v 为阳极金属未偶合的腐蚀速率。表 4-1 列出了一些材料电偶腐蚀的结果。应该指出,偶合后作为阴极的金属,腐蚀速率比没有偶合的降低,如在 0.01 mol/L Na_2S 溶液中,304L - Q235 电偶对腐蚀 48 h 后,计算 304 L 的电偶腐蚀效应 $\gamma' = 0.36$,而 Q235 的 $\gamma = 1.6$[1]。

表 4-1 材料电偶腐蚀的结果($S_c = S_a$)

腐蚀环境	材料 M	材料 N	电偶电位 /mV	$i_g/(\text{mA} \cdot \text{cm}^{-2})$	γ	文献
0.01 mol/L Na_2S,48 h	304L	Q235	−186(SCE)		1.6	[1]
3.5% NaCl	SS304	带锈铸铁	−643	6.1	1.4	[2]
自然海水暴露	16Mn	20Mn			1.3	[5]
	945(14SiMn)	20Mn			1.8	
	921(11CrNi$_2$Mo)	20Mn			1.8	
	E2(10Cr$_3$MnAl$_2$)	20Mn			1.9	
海水	TA2	Q235	−740(SCE)	3.61		[6]
3.5% NaCl	碳纤维	4340		21.7		[3]
		300M		17.2		
		7075 - T6		12.5		
		2024 - T3		8.7		
		Ti - 6Al - 4V		0.0		
3.5% NaCl	碳纤维	LY12CZ			1.52	[4]

采用极化图可方便地分析电偶腐蚀的原理,如图 4-5 所示。设电位高的金属 M 和电位低的金属 N 构成电偶对,两种金属面积相等,且阴极过程仅是氢原子的还原,$2H^+ + 2e^- \longrightarrow$

H_2。在偶接前,金属 M 表面发生氧化反应,$M \longrightarrow M^{2+} + 2e^-$,其理论阳极极化曲线 1 和氢还原的理论阴极极化曲线 2 的交点 (E_M, i_M),对应金属 M 的自腐蚀电位和自腐蚀电流密度;金属 N 表面发生氧化反应,$N \longrightarrow N^{2+} + 2e^-$,其理论阳极极化曲线 3 和氢还原的理论阴极极化曲线 4 的交点 (E_N, i_N),对应金属 N 的自腐蚀电位和自腐蚀电流密度。由于氢在不同金属电极上的超电位不同,氢还原的理论极化曲线平行。

两金属偶接后,根据混合电位理论,电偶腐蚀电池的总阳极极化曲线 5 和总阴极极化曲线 6 的交点即总氧化速率和总还原速率相等处,即对应偶合体系的腐蚀电流密度 i_g 和混合电位(电偶电位)E_g,E_g 处于两偶接金属自腐蚀电位之间。由图 4-5 可见,偶合的结果导致自腐蚀电位低的金属 N 的腐蚀电流由 i_N 增加到 i_g,金属 M 与金属 N 产生了电偶效应,加速阳极金属 N 的腐蚀。自腐蚀电位高的金属 M 的腐蚀电流由 i_M 降低到了 i'_M,得到了阴极极化的保护,这就是电偶腐蚀原理。

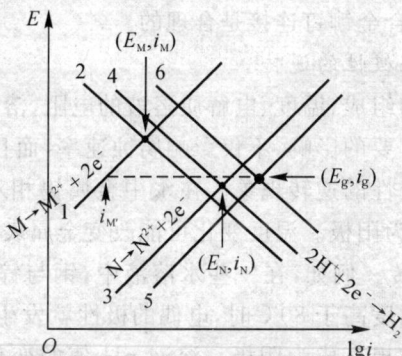

图 4-5　电偶腐蚀的极化图

将低电位的金属 N 和高电位的金属 M 通过偶接,低电位的金属发生氧化反应,提供电子使得高电位金属得到电子,电解质溶液中的离子在高电位金属表面产生还原反应,则高电位的金属不发生腐蚀,将这种作用称为阴极保护效应。利用该原理,人们提出了牺牲阳极的电化学阴极保护技术,采用低电位金属 Mg,Zn,Al 来保护钢质结构。在这种阴极保护中,低电位金属被消耗,所以叫牺牲阳极阴极保护。

4.2.3　影响电偶腐蚀的因素

电偶腐蚀受多种因素影响,除了接触金属材料自身性质外,还受阴极与阳极面积比、环境条件等因素的影响。

1. 金属特性的影响

偶合金属材料的电化学特性会影响其在电偶序中的位置,从而改变偶合金属的电偶腐蚀敏感性。钛、铬等金属具有很强的、稳定的活化-钝化行为,在某些特殊环境中,电偶偶合导致的阳极极化反而有可能使这类金属材料的腐蚀速率降低。在非氧化性酸(硫酸或盐酸)中,钛的腐蚀由阴极氢离子还原所控制,钛处于活化腐蚀状态,当钛与金属铂等偶接时,其电偶电位升高,而电偶电流低于原来的自腐蚀速率,即电偶合的结果反而使其腐蚀速率降低。根据这一特殊行为,通过合金化的方法在钛中加入铂、铑、钯等贵金属元素,可以改进钛合金的抗腐蚀性能。例如,含 Pb 质量分数为 0.005、Ti 质量分数为 0.10 的沸腾硫酸和质量分数为 0.10 的盐酸中的腐蚀速率较纯 Ti 低 800～1 000 倍[7]。

2. 阴、阳极面积比的影响

阴、阳极面积比的比值愈大,即大阴极小阳极组态,阳极电流密度增大,阳极金属腐蚀速率也相应增大。在氢去极化腐蚀的情况下,阴极上的氢过电位与电流密度有关,阴极面积越大,电流密度越小,氢过电位也越小,越容易发生氢去极化,因而阳极腐蚀加快。在氧去极化腐蚀的情况下,若腐蚀过程由氧离子化过电位所控制,则阴极面积的增大导致氧过电位降低,因而阳极腐蚀加快。如果腐蚀过程由氧扩散所控制,则阴极面积增大能接受更多的氧发生还原反应,因而阳极腐蚀电流也增大,由此导致阳极腐蚀加速。因此,生产实际中小阳极和大阴极式的电偶结构是很危险的。在航空结构设计中,如果钛合金板用铝合金铆钉铆接,就属于小阳极大阴极结构,铝合金铆钉会迅速破坏。如果用钛合金铆钉铆接铝合金板,组成大阳极小阴极结构,尽管铝合金板受到腐蚀,但是整个结构破坏的速率与危险性较前者小。对在海水中工作的钢质结构,采用铜、不锈钢、钛合金铆钉连接是合理的。

3. 环境因素的影响与电偶极性的逆转

环境因素的性质如介质的组成、温度、电解质溶液的电阻、溶液的 pH 值、环境工况条件的变化等因素均对电偶腐蚀有重要的影响,不仅影响腐蚀速率,而且同一电偶对在不同环境条件下有时甚至会出现电偶电极极性的逆转现象。在水中金属锡相对于铁来说为阴极,而在大多数有机酸中,锡对于铁来说成为阳极。温度变化可能改变金属表面膜或腐蚀产物的结构,也可能导致电偶电池极性发生逆转。例如,在一些水溶液中,钢与锌偶合时锌为阳极受到加速腐蚀,钢得到了保护,而当水的温度高于 80℃时,电偶的极性就发生逆转,钢成为阳极而被腐蚀,而锌上的腐蚀产物使锌的电位提高成为阴极。溶液 pH 值的变化也会影响电极反应,甚至也会改变电偶电池的极性。例如,镁与铝偶合在稀的中性或弱酸性氯化钠水溶液中,铝是阴极,但随着镁阳极的溶解,溶液变为碱性,导致两性金属铝成为阳极。

金属表面状态的变化对电偶腐蚀敏感性也有一定的影响。如某航空发动机中固定钛合金压气机叶片的耐热不锈钢 1Cr 11Ni2W2MoV 卡环的选材是依据常温条件下钛合金与耐热不锈钢的电偶序,耐热不锈钢为阳极。但是,在实际应用中 1Cr 11Ni2W2MoV 卡环却发生了严重的接触腐蚀损伤[7],其原因是高温下耐热不锈钢表面发生选择性氧化,表面层发生贫铬现象,其耐 NaCl 环境腐蚀抗力降低,其电偶序发生了逆转。

4.2.4　电偶腐蚀的控制措施

电偶腐蚀的产生必须具备 3 个基本条件,工程实践中只要设法控制或排除产生电偶腐蚀的 3 个基本条件,即可达到控制电偶腐蚀破坏的目的。

(1)在设计时尽可能选用电位差较小的金属材料相接触。一般工业中,当两金属的电位差小于 50 mV 时,电偶效应通常可以忽略不计;而对于安全性要求较高的航空结构来说,通常规定接触金属的电位差必须小于 25 mV,即使这样往往还要求采取其他必要的防护措施。我国航空标准 HB5374 按电偶腐蚀敏感性增大的顺序将电偶腐蚀分为 A,B,C,D,E 5 个级别,在结构设计时可参考有关标准和实际工况条件等因素确定相应的腐蚀控制方案。

(2)采用合理的表面技术。例如,钢零件表面镀锌、镀镉后才可与阳极极化的铝合金零件接触;铆接铝合金板材结构的钛合金铆钉表面需要采用离子镀铝处理。

(3)设计中应避免出现大阴极小阳极面积比不合理的结构。例如,在螺接或铆接结构中,螺栓、螺帽或铆钉材料的电极电位不应低于被连接构件材料的电极电位。

(4)在接触金属之间进行电绝缘处理,如放置绝缘衬垫(纤维纸板、硬橡胶、胶布、胶木、胶粘绝缘带等)或涂绝缘胶。但是不允许用吸湿性强的棉花、毛毡、报纸及不涂漆的麻布作为绝缘材料,否则反而使与之接触的金属发生强烈的腐蚀。

(5)设计时尽可能使处于阳极状态的部件易于更换或加大其尺寸,以延长寿命。

(6)采用阴极保护措施,使用耐蚀材料,如用 Cr17Ni2 耐热不锈钢取代 1Cr11Ni2W2MoV 钢作发动机压气机零部件用固定卡环,也可控制卡环与钛合金叶片及盘之间的电偶腐蚀等。在许可的情况下,向环境介质中加入缓蚀剂,也可以达到控制接触金属电偶腐蚀的目的。

4.3 点 腐 蚀

4.3.1 点腐蚀的特征及产生条件

在某些腐蚀溶液中,经过一定时间的腐蚀后,金属表面上发生的局限于小点、小孔的腐蚀,称为点腐蚀(Pitting corrosion)。发生点腐蚀后,金属绝大部分表面不发生腐蚀或腐蚀很轻微。点腐蚀时,腐蚀的小点或小孔的直径远小于其深度,最大的腐蚀坑直径通常在 1 mm 范围,其分布稀,隐蔽性强,危害大,形态各异,有半球形、半壁形、不定性、开口形和闭口形等,如图 4-6 所示。

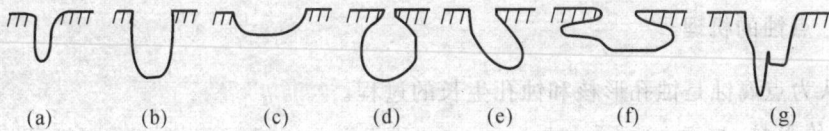

(a)　　(b)　　(c)　　(d)　　(e)　　(f)　　(g)

图 4-6　点腐蚀的形态

点腐蚀是一种隐蔽性强、破坏性大的局部腐蚀形式,通常因点腐蚀造成的金属质量损失很小,即金属的平均腐蚀速率很低,但管道等设施常常由于发生点蚀而出现穿孔破坏,造成介质泄漏,甚至导致重大危害性事故发生。

点腐蚀具有以下的特点和发生条件:

(1)点腐蚀大部分发生在钝化的合金中,如不锈钢、铝合金[8-9]。钝化的合金因表面状态的改变,处于钝化态,使得在发生点腐蚀时大部分的金属表面不发生腐蚀或腐蚀很轻微,而点腐蚀部位的金属处于活化态,发生严重的腐蚀。

(2)点腐蚀发生在含有特定阴离子如 Cl^-,Br^-,I^-,次氯酸盐离子,硫代硫酸盐离子的腐蚀溶液中。由于这些特定的阴离子可以破坏金属表面的钝化膜,在钝化膜的破裂处金属处于活化态,形成了点蚀坑。

(3)金属点腐蚀的产生需要在某一临界电位以上,该电位称作点蚀电位或击穿电位(Breakdown potential,记为 E_b)。点蚀电位 E_b 的测量可以利用动电位扫描法,即以较缓慢的速率使金属电极的电位升高,当电流密度达到某一预定值时,立即回扫,这样可以得到"滞后环"状阳极极化曲线,如图 4-7 所示。点蚀电位 E_b 对应着金属阳极极化曲线上电流迅速增大的位置,此时钝化膜遭到破坏产生了局部点腐蚀。正、反向极化曲线交点对应的电位 E'_p 称为保护电位(也叫再钝化电位)。当金属的电位低于 E'_p 而仍处于钝化区时,不会生成点蚀坑。

当金属的电位处于 $E_b \sim E'_p$ 之间时,不会形成新的点蚀坑,而已有的点蚀坑会继续长大。当金属的电位高于 E_b 时,不仅已形成的点蚀孔会继续长大,而且将形成新的点蚀孔。点蚀电位 E_b 越高,从热力学上讲金属的点蚀倾向越小,而 E_b 与 E'_p 越接近,则表明金属钝化膜的修复能力越强。

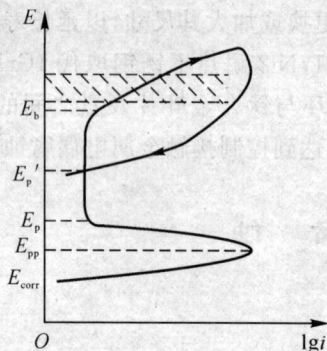

图 4-7　点腐蚀发生的电位范围　　　　图 4-8　点腐蚀的孕育期

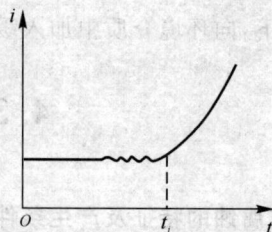

(4)点腐蚀过程包括孕育(萌生)和发展两个阶段。点腐蚀孕育(或诱导)期长短不一,有的情况下需要几个月,有的情况下则达数年之久,如图 4-8 所示。有时因环境条件的改变,已生成的点蚀坑会停止长大,当环境条件进一步变化时,可能又会重新发展。

4.3.2　点蚀的机理

Hoar 认为点腐蚀是蚀孔形核和蚀孔生长的过程。

1. 点蚀的形核

点蚀的发生首先是在金属表面的某些敏感位置形成点蚀核,即萌生点蚀坑。这些敏感部位通常是夹杂物、晶界(不锈钢晶界贫 Cr)、钝化膜划伤处、应力集中处、晶体缺陷等。生成第一个或最初几个蚀点所需的时间称为点蚀萌生的诱导期(或孕育期),用 t 表示。点蚀的孕育期的长短取决于介质中的阴离子浓度、pH 值、金属的纯度和表面完整性、外加极化电位等因素。软钢在腐蚀溶液中的孕育期与 Cl^- 的浓度 C_{Cl^-} 呈反比,即

$$t = K/C_{Cl^-} \qquad\qquad (4-6)$$

其中,K 为系数。可见,溶液中 Cl^- 的浓度升高,发生点蚀的孕育期缩短。通常认为,发生点蚀存在一个临界的 C_{Cl^-},当溶液中 Cl^- 的浓度小于该临界值时,不发生点蚀。

点腐蚀的形核机制有两种:①钝化膜破坏机制,包括两种模型,即离子迁移模型和机械破坏模型;②竞争吸附模型。

离子迁移模型认为,腐蚀溶液中腐蚀性阴离子 Cl^- 因原子半径小可以穿过钝化膜或溶入到钝化膜中,增加钝化膜的缺陷,提高了离子的导电性,于是在钝化膜表面一定的点上维持比较高的电流密度。当钝化膜和溶液界面的电位达到一定值时,导致点蚀坑萌生。

机械破坏模型认为,在电场的作用下,Cl^- 迁移进入钝化膜,导致氧化膜膨胀产生内应力。当应力足够大时,达到钝化膜的断裂强度,导致氧化膜破裂,即机械破坏,则在钝化膜的机械破损处萌生点蚀。

竞争吸附模型认为,点蚀的产生是溶液中 Cl^- 和 O_2 竞争吸附的结果。在腐蚀溶液中,O_2

是保持钝化的基本因素,Cl^- 是破坏钝化膜的因素,通常将 Cl^- 称为破钝剂。当腐蚀溶液中存在一定量的 Cl^- 时,Cl^- 的吸附能力比 O_2 强,Cl^- 取代在钝化膜表面吸附的 O_2,使得金属表面在这些部位不能继续钝化,导致点蚀的产生。一般因 Cl^- 的吸附会产生小的点蚀坑,其直径在 $30~\mu m$ 范围内,这些小点蚀坑在一定条件下发展成点蚀源。

对于不同的金属-环境体系,点蚀坑可以以上述某一种机理模型或混合机理模型萌生。同时,点蚀既可在光滑的钝化金属表面萌生,更容易在金属或合金表面层中包含的某些化学上不均匀位置或物理缺陷处萌生。

在大多数情况下,点蚀核心将继续长大,当长大至临界尺寸(一般孔径大于 $30~\mu m$)时,金属表面出现宏观蚀坑。在外加阳极极化条件下,环境介质中只要含有一定量的氯离子便可能使点蚀核心发展成蚀坑。在自然腐蚀的条件下,含氯离子的介质中若有溶解氧或阳离子氧化剂(如 Fe^{3+}),也可使点蚀核长大成蚀孔,因为氧化剂可使金属的腐蚀电位上升至点蚀临界电位 E_b 以上。上述原因一旦使点蚀形成后,点蚀的发展是很快的。

点腐蚀的形核可从能量角度进行分析。根据点蚀的机制,点腐蚀的形成是钝化膜的局部破裂。设在金属表面有一厚度为 h 的钝化膜,在钝化膜上形成一个直径为 $2r$ 的点蚀坑如图 4-9 所示,则体系的能量变化为

$$A_b = 2\pi r h \sigma + \pi r^2(\sigma_m - \sigma) - 0.5\pi r^2 C_d \Delta E^2 \qquad (4-7)$$

式中,σ 为膜(与金属)的表面张力;σ_m 为膜与金属界面和溶液界面的平均表面张力;C_d 为双电层的电容;ΔE 为形成腐蚀坑后电位的变化量。式中等号右边的第一项为形成点蚀的阻力,即形成直径为 $2r$ 点蚀坑所需要的功,即厚度为 h 的环形表面的表面能;第二项为形成直径为 $2r$ 点蚀坑表面由氧化膜-溶液界面变成金属-溶液界面所需要增加的能量,即形成直径 $2r$ 圆形表面的表面能差;第三项为点腐蚀的动力。

点腐蚀的能量与点腐蚀的主要参数的变化规律如图 4-10 所示。当点蚀核心半径小于临界半径时,点蚀核心半径的增加导致体系能量的增加,则点蚀核心不能自发生长,即不会产生宏观的点蚀坑。当点蚀核心的半径大于或等于临界半径时,任何点蚀半径的增加导致体系能量的降低,则点蚀能自发生长,生长为点蚀源。当 ΔE 增加时,点蚀的临界半径减小,点蚀形核所需要的临界能量也降低。

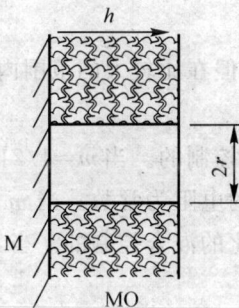

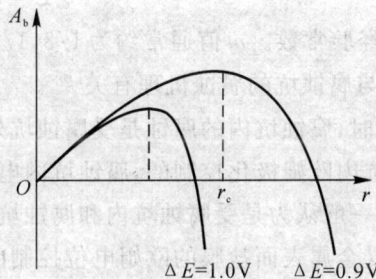

图 4-9 钝化膜破裂   图 4-10 钝化膜破裂能量的变化规律

2. 点蚀的生长

点蚀的发展机理目前也有多个模型,被人们普遍接受的是蚀坑发展引起的闭塞腐蚀电池(Occluded corrosion cell)效应和蚀坑内环境变化引起的自催化作用。

当点蚀一旦产生时,点蚀部位处于活化状态,金属表面钝化部分处于钝化态,且钝化部位的面积远大于点蚀的面积,如图 4-11 所示。在含有 Cl^- 的水溶液中,蚀坑内的金属发生腐蚀溶解,$M \longrightarrow M^{n+} + ne^-$,同时阴极反应为吸氧反应,$O_2 + 2H_2O + 4e^- \longrightarrow 4OH^-$。随蚀坑内腐蚀的发展,蚀坑内溶液中的含 O_2 量因吸氧腐蚀显著降低,变成贫 O_2 区,在腐蚀坑外则为富 O_2 区,则在贫 O_2 的坑内和富 O_2 的坑外钝化膜间形成氧浓差电池,加速坑内金属的腐蚀溶解,将这种宏观电池效应称为闭塞腐蚀电池效应。

随坑内金属的腐蚀溶解,坑内金属离子的浓度显著增加,在腐蚀坑内与腐蚀坑外钝化膜表面之间形成电场,在电场作用下腐蚀坑外的阴离子(Cl^-)向坑内迁移,以保持腐蚀坑内的电中性,腐蚀坑内的 Cl^- 浓度升高。与此同时,蚀坑内的金属离子发生水解反应,$M^{n+} + nH_2O \longrightarrow M(OH)_n \downarrow + nH^+$,导致 H^+ 浓度增加,坑内 pH 值降低(pH 值降低到 $2 \sim 3$,甚至趋于 0),H^+ 和 Cl^- 形成很强的酸性溶液,加速坑内金属的阳极溶解,从而对坑内金属的阳极溶解起到一个自催化的作用。

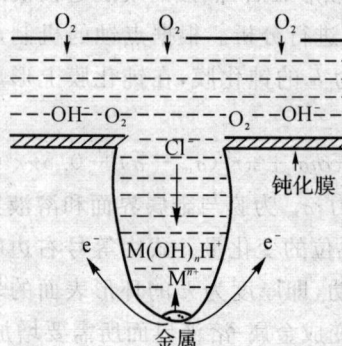

图 4-11　点蚀坑的生长示意图

4.3.3　点腐蚀的动力学

对腐蚀坑的分析和测量表明,腐蚀坑的深度 L 与腐蚀时间 t 之间具有幂函数的关系[10-11],即

$$L = kt^m \tag{4-8}$$

式中,k 和 m 为经验常数。m 值通常约为 $1/3$,$1/2$,$2/3$ 和 1,但在比较大的范围内变化。一般认为 m 值的大小与腐蚀坑的腐蚀机理有关[10]。

当 $m = 1/3$ 时,腐蚀坑内的腐蚀是受腐蚀坑外欧姆极化控制的。当 $m = 1/2$ 时,腐蚀坑内的腐蚀是受腐蚀坑内欧姆极化控制的,腐蚀坑内电解质溶液的电阻为常数。当 $m = 2/3$ 时,腐蚀机理比较复杂,一般认为是受腐蚀坑内和腐蚀坑外欧姆极化的混合控制的。当 $m = 1$ 时,腐蚀坑内的腐蚀是受金属表面盐膜的欧姆电位控制的。

对式(4-8)求导,可得到点腐蚀的腐蚀速率为

$$\frac{dL}{dt} = mkt^{m-1} \tag{4-9}$$

可见,点腐蚀的腐蚀速率与腐蚀时间有关,因此不能采用平均的腐蚀速率来描述点腐蚀的动力学规律。只有当 $m = 1$ 时,点腐蚀的腐蚀速率才为常量。

4.3.4 影响点蚀的因素

1. 材料因素

合金成分。通常具有自钝化特征的金属或合金,对点蚀的敏感性也比较高,如表 4-2 所示。在 25℃,0.1 mol/L NaCl 水溶液中的不同金属具有不同点蚀电位。金属的点蚀电位越高,说明其耐点蚀能力越强,因此对点蚀最为敏感的是铝,抗点蚀能力最强的是钛。

在钢的合金元素中,Cr,Ni,Mo 是抗点蚀性能好的元素,尤其是 Mo。Mo 能形成可溶性钼酸盐,吸附在金属表面的活性位置,抑制了金属的溶解。最有害的杂质元素是 S,点蚀源往往在 MnS 夹杂物处形成,MnS 极易被腐蚀,$MnS + 4H_2O \longrightarrow Mn^{2+} + SO_4^{2-} + 8H^+ + 8e^-$。

表 4-2 0.1mol/L NaCl 水溶液中金属的点蚀电位(25℃)[7]

金属	Al	Fe	Ni	Zr	Cr	Ti	Fe-12%Cr	18Cr-8Ni	Fe-30%Cr
E_b/V	−0.45	0.23*	0.28	0.46	1.0	1.2	0.20	0.26	0.62

* 在 0.01 mol/L NaCl 水溶液中。

(2)材料的组织。当材料中具有含 Cr,Mo 元素高的相时,可提高点蚀的抗力。奥氏体不锈钢敏化热处理促进富 Cr 的碳化物 $M_{23}C_6$ 沿晶界析出,导致临近区域贫 Cr,从而会提高其点蚀敏感性。σ 相和 δ 铁素体对不锈钢的点蚀抗力也是有害的。对奥氏体不锈钢进行固溶处理后,可提高抗点蚀能力。

对含 Cu 和 Mg 的铝合金进行时效处理,可促进 Al_2CuMg 相析出,导致合金表面上生成缺陷的氧化膜,点蚀容易在这些有沉积物质点的氧化膜缺陷处形成,因此点蚀的敏感性增大。

金属材料中夹杂物(如钢中的硫化物、Al_2O_3 及 Cr_2O_3 等夹杂)与晶界是点蚀容易形核的地方。晶界因存在晶界吸附的不均匀性和结构的不均匀性,导致细晶点蚀的趋势通常较大。

(3)表面状态与加工硬化。当金属表面存在均匀致密的钝化膜时,点蚀的抗力随着钝化膜厚度增加而提高。孔隙率高的钝化膜加速点蚀的萌生。当金属表面存在 N 型氧化膜时,其点蚀敏感性高;而当被 P 型氧化膜覆盖时,其点蚀敏感性则较低。

表面精整处理对点蚀有一定的影响。电解抛光或机械抛光能够提高钢的抗点蚀能力,一般光滑、清洁的表面抗点蚀能力高,而积有灰尘或有金属和非金属杂质的表面,易产生点蚀。

位错在金属材料表面露头处,容易萌生点蚀坑,因此增加位错密度的冷加工变形处理可以增大点蚀趋势,提高点蚀密度,但一般对点蚀电位影响不大。

2. 环境因素

(1)环境介质成分。多数金属材料的点蚀破坏易发生在含有卤素阴离子(特别是 Cl^-)的溶液中。铁、镍、铝、钛、锆及其合金在含 Cl^- 的溶液中,均可能产生点蚀。18-8 型不锈钢点蚀的临界电位与 Cl^- 浓度的关系为

$$E_{Cl^-} = -0.115 \lg c_{Cl^-} + 0.247 \tag{4-10}$$

对于铁和铝基合金而言,Cl^- 的侵蚀性高于 Br^- 和 I^-;对于钛和钽而言,情况刚好相反。ClO_4^- 可以引起铁、铝、锆的点蚀。除了 Cl^-,Br^- 外,$S_2O_3^{2-}$ 也会使不锈钢产生点蚀。SO_4^{2-} 引起铁活化-钝化电位区点腐蚀,而抑制钝化区 Cl^- 引起的点蚀。铜对 SO_4^{2-} 的点蚀敏感性高于对 Cl^-,Cl^- 和 SO_4^{2-} 浓度对铜点蚀倾向的影响与对不锈钢点蚀的影响则相反。

含侵蚀性卤素离子的介质中若含有去极化效应的阳离子,如 Fe^{3+},Cu^{2+},Hg^{2+} 等,则可以

加速点蚀。实际中,常用的加速点蚀的试剂中含有 Fe^{3+},如 $FeCl_3$ 对不锈钢的点腐蚀是极为严重的,当 w_{FeCl_3} 为 0.10 时,使 18-8 不锈钢在几小时内就会产生严重的点腐蚀。

非侵蚀性阴离子,例如 NO_3^-,CrO_4^{2-},SO_4^{2-},OH^-,CO_3^{2-},Ac^- 等,添加到含 Cl^- 的溶液中时,都可起到点蚀缓蚀剂的作用,使点蚀电位正移、诱导期延长、孔蚀率减少。对 18-8 不锈钢,缓蚀效果按下列顺序而递减,$OH^->NO_3^->Ac^->SO_4^{2-}>ClO_4^-$。非侵蚀性阴离子的作用可用竞争吸附学说解释,即在阳极极化电位下,这些阴离子在金属氧化物表面上发生竞争吸附,置换出表面的 Cl^- 而使点蚀受到抑制。

(2)溶液 pH 值。当溶液的 pH 值低于 10 时,对二价金属,如铁、镍、镉、锌和钴等,其点蚀电位与 pH 值几乎无关;当高于此 pH 值时,点蚀电位升高。各类不锈钢的点蚀电位与 pH 值的关系也有类似的情况。在 pH 值高于 10 的碱性溶液中,点蚀电位明显正移,不锈钢点蚀的临界 Cl^- 浓度随 pH 值的提高而增加。强碱性溶液中点蚀电位升高被认为是 OH^- 的钝化能力所致。在弱酸性溶液中,pH 值影响小,如 18-8 不锈钢点蚀电位在 pH 值为 4～9 之间无变化。在强酸性溶液中,金属易发生严重的全面腐蚀,而不是点蚀。对于三价金属,例如铝,发生点蚀的条件及点蚀电位都不受溶液 pH 值的影响,这是由铝离子水解的各步骤缓冲作用所致。

(3)环境温度。温度升高时,氯等侵蚀性离子在不锈钢等金属表面的积聚和化学吸附增加,导致钝态破坏的活性点增多,点蚀电位降低,点蚀密度增加。温度过高(如对 $Cr_{18}Ni_{19}$ 钢,温度高于 200℃)时,点蚀电位又升高,这可能是由于温度升高,参与反应的物质运动速率加快,使蚀孔内反应物的积累减少及氧溶解度下降的缘故。

(4)介质流动性。一般来讲,溶液的流动对抑制点蚀具有一定的有益作用。通常认为介质的流速对点蚀的减缓起双重作用,一方面流速增大有利于溶解氧向金属表面输送,使钝化膜易于形成;另一方面可减少沉积物在金属表面沉积的机会,抑制局部点蚀的发生。流速通常对点蚀电位影响不大,但是对点蚀密度和深度有明显的影响,而流速过高则可能会引起冲击腐蚀。

4.3.5 点蚀的控制措施

控制点蚀的基本措施应从材质、环境、结构、表面处理等方面考虑。

1. 选择材料

钛及其合金在通常环境中具有优异的抗点蚀性能,在其他性能和经济条件许可的情况下应尽可能选用。对于不锈钢材料,适当增加抗点蚀有效的合金元素如 Cr,Mo,N,Si 等,而降低 Mn,S 等有害杂质元素,可以显著提高其抗点蚀性能。对于铝合金,降低那些能生成沉淀相的金属元素如 Si,Fe,Cu 等,以减少局部阴极,或加入 Mn,Mg 等合金元素,能与 Fe,Si 等形成电位较负的活性相,均能起到提高抗点蚀能力的效果。

对钢来说,降低含 S 量和 Cr,Ni,Mo 合金化,可防止点腐蚀。

2. 降低环境的侵蚀性

降低环境中的 Cl^-,Br^- 等侵蚀性阴离子浓度,尤其是避免其局部浓缩,避免氧化性阳离子,降低环境温度,使溶液处于一定速率的流动状态。添加合适的缓蚀剂对于循环体系是十分有效的方法,如对于不锈钢可以选硫酸盐、硝酸盐、钼酸盐、铬酸盐、磷酸盐、碳酸盐等缓蚀剂。需要注意的是,铬酸盐、亚硝酸盐等阳极钝化型缓蚀剂用作控制点蚀时是危险型缓蚀剂,其用量应严格控制,或应与其他缓蚀剂复配。

3. 电化学保护

对于金属设备、装置采用电化学保护措施，将电位降低到保护电位 E_p 以下，使设备金属材料处于稳定的钝化区或阴极保护电位区，这种电化学保护被称为阳极保护，由于其安全性不高，工程上很少使用。

4. 表面处理和改善热处理制度

使用钝化处理和表面镀镍可以提高不锈钢的抗点蚀性能，包覆纯铝可以提高铝合金的抗点蚀性能，在金属表面注入铬、氮离子也能明显改善合金抗点蚀的能力。对于不锈钢，应避免敏化热处理；对于铝合金，应避免在 500℃ 左右退火，以防止过多的阴极性沉积相析出。

4.4 晶 间 腐 蚀

4.4.1 晶间腐蚀现象

晶间腐蚀（Intergranular corrosion）是金属在一定的腐蚀环境中腐蚀择优沿晶界发生和发展的局部腐蚀破坏形式，如图 4-12 所示。发生晶间腐蚀后，在材料表面可观察到晶粒的形态，类似冰糖块状（见图 4-12(a)）。从横截面看，晶界优先被腐蚀，然后腐蚀沿晶界向材料的纵深发展（见图 4-12(b)）。晶间腐蚀从金属材料表面开始，沿着晶界向材料内部发展，腐蚀的结果使晶粒间的结合力降低，以至于材料的强度几乎完全消失，导致构件过早破坏，因此晶间腐蚀是一种危害性较大的局部腐蚀。

晶间腐蚀常在不锈钢、镍基合金、铝基合金及铜合金上发生[12-13]。在结构的焊接接头或经过不合适的热处理后，这些合金在一定的腐蚀环境中也会出现晶间腐蚀。晶间腐蚀对腐蚀介质有一定的选择性，一定材料的晶间腐蚀在特定的腐蚀溶液中才能被检测出来。

(a)   (b)

图 4-12 典型的晶间腐蚀

(a)304 不锈钢在 1.4 mol/L HNO₃+0.8 mol/L HF 溶液室温浸泡 30 h[14]；

(b)铝合金在酸性 NaCl 溶液浸泡 24 h[15]

4.4.2 晶间腐蚀的机理

晶间腐蚀是一种局部的选择性腐蚀，晶界与晶内化学成分差异是内因，腐蚀环境是外因。

在某特定的腐蚀环境中就可以显示这种化学成分的差异,从而产生了晶间腐蚀。

工程合金往往是多晶体或多相合金,晶粒间存在晶界或不同的相之间存在相界,在这些界面上晶体原子排列的规律性受到了破坏,相对理想晶体这些界面则可认为是晶体缺陷,通常称为面缺陷。晶界上原子排列比较混乱,缺陷多,具有一定的界面能,容易产生晶界吸附,杂质或合金元素在晶界偏聚,导致在晶界杂质或合金元素的含量与晶粒内部存在差异。晶界具有高的界面能,合金在热处理或加工成型过程中冷却时,第二相析出物往往优先沿晶界形成,也会导致在晶界合金元素的含量与晶粒内部的不同。这种化学成分的差异导致晶界和晶内电化学性质的差异,在一定的腐蚀介质中晶界成为阳极,优先发生腐蚀。

晶间腐蚀对腐蚀介质具有一定的选择性,只有在某一腐蚀介质中才能显示晶粒和晶界的电化学不均匀性。当在腐蚀介质和金属共同决定的电位条件下,晶界的溶解电流密度远大于晶内的溶解电流密度时,晶界的腐蚀速率远高于晶内的腐蚀速率,便产生了晶间腐蚀,如图 $4-13$ 所示。在给定的电解质溶液中,将阴极极化曲线叠加在晶界和晶内金属的阳极极化曲线上,按照混合电位理论,晶界的腐蚀电流密度 i_a' 大于晶内的腐蚀电流密度 i_a,则产生晶间腐蚀。

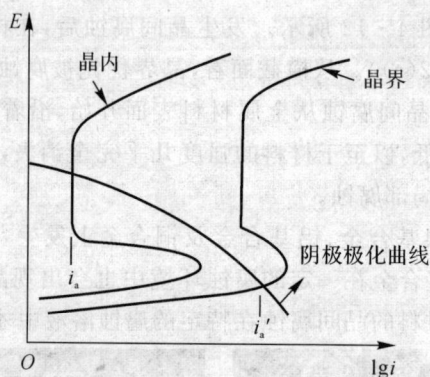

图 $4-13$ 晶粒和晶界腐蚀的极化曲线

4.4.3 奥氏体不锈钢的晶间腐蚀

1. 敏化型

奥氏体不锈钢在 $500\sim800℃$ 受热,过饱和的 C 全部或部分从奥氏体中析出,在奥氏体晶界形成碳化物 $Cr_{23}C_6$,分布于奥氏体晶界,如图 $4-14$ 所示。$Cr_{23}C_6$ 的含 Cr 量远高于基体平均含 Cr 量的 18%,从而使晶界附近贫 Cr,造成晶界和基体电化学性能产生很大的差异(见图 $4-15$),在一定的温度范围呈现晶间腐蚀敏感性,这个温度范围称之为敏化温度,在敏化温度范围内进行热处理通常称为敏化处理。奥氏体不锈钢敏化处理后所产生的晶间腐蚀是由于晶界贫 Cr,因此称为贫 Cr 理论。

奥氏体不锈钢制造的结构,在冷却过程中,特别是大截面的构件因冷却速度慢,在敏化温度范围析出碳化物 $Cr_{23}C_6$,或因热处理工艺的不恰当,在敏化温度范围慢冷析出碳化物 $Cr_{23}C_6$。奥氏体不锈钢结构焊接后,在焊缝也容易因慢冷析出碳化物 $Cr_{23}C_6$。

敏化处理是检验奥氏体不锈钢抗晶间腐蚀能力试验时所采用的热处理,敏化处理可使合金碳化物 $(FeCr)_{23}C_6$ 等较大程度地沿晶界析出,从而使其在腐蚀介质中更快产生晶间腐蚀,达到快速检验晶间腐蚀的目的。在不锈钢耐晶间腐蚀倾向试验方法中规定,当含碳量大于 0.03% 或含有稳定化合金元素的奥氏体不锈钢敏化处理的加热温度为 650℃ 时,锻材、轧材试件保温 2 h 空冷;铸材试样保温 1 h 空冷。

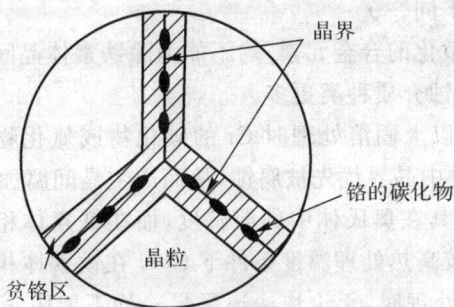

图 4-14 碳化物沿晶界析出示意图

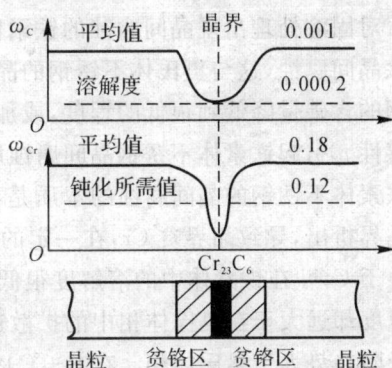

图 4-15 晶界附近的含碳量和含铬量的变化

在不同的腐蚀介质中,评价晶间腐蚀所得到的腐蚀速率是不同的。常用的腐蚀介质有 3 种:C 法所用的腐蚀介质为 10% $H_2C_2O_4$ + 2N H_2SO_4;χ 法所用的腐蚀介质为 65% HNO_3 (沸腾);L 法所用的腐蚀介质为 5% H_2SO_4 + 5% $CuSO_4$。

奥氏体不锈钢敏化型的晶间腐蚀,晶界腐蚀出现在活化-钝化区,往往阴极极化曲线和晶界阳极极化曲线的交点在活化区,晶界具有高的自腐蚀电流密度(见图 4-13)。

防止奥氏体不锈钢的晶间腐蚀,关键是防止碳化物 $Cr_{23}C_6$ 的析出,防止在晶界附近形成贫 Cr 区,其主要方法:①尽可能降低钢中的含碳量,以减少或避免晶界上析出碳化物。钢中含碳量低于 0.02% 时不易产生晶界腐蚀。②加入适当的稳定元素钛或铌,或加入微量的晶界吸附元素硼,控制晶间沉淀和晶界吸附,但对焊接结构的焊缝无作用。③对产生晶间腐蚀的构件,采用固溶处理,或中间处理+固溶处理。在固溶处理加热过程中,晶界析出的 $Cr_{23}C_6$ 溶解,保温后快冷,避免在敏化温度范围内慢冷,防止碳化物的析出。④控制晶粒,合理地细化晶粒。⑤通过工艺改变组织状态使碳化物分布于晶内,例如冷轧。

2. 非敏化型

低碳或超低碳奥氏体不锈钢,在固溶处理后仍然具有强烈的晶间腐蚀现象。由于奥氏体不锈钢的含 C 量很低,不可能析出合金碳化物,晶界合金元素 Cr 贫化理论此时不再适用。

非敏化型奥氏体不锈钢晶间腐蚀的原因是钢中的杂质(P,Si)在晶界偏聚,或 σ 相(FeCr 金属间化合物)在晶界析出。在一定的腐蚀介质中,在晶界产生选择性腐蚀溶解,导致晶间腐蚀。超低碳不锈钢,特别是高铬、含钼钢在 650～850℃ 温度范围内加热或热处理时,易析出 σ 相。18-8 铬镍不锈钢若在产生 σ 相的温度区间长时间加热,冷加工变形后在产生 σ 相的温度范围加热,或钢中添加 Mo,Ti,Nb 等合金元素,都有可能出现 σ 相而诱发晶间腐蚀。当 σ 相析出时,晶间腐蚀只能用 65% HNO_3 方法才能检验出来。在强氧化性介质中,晶间腐蚀发生在过钝化区。

非敏化型奥氏体不锈钢晶间腐蚀与材料的化学成分和腐蚀介质密切相关。一般晶间腐蚀的敏感性随腐蚀介质浓度的增加而增大。当钢中的杂质 P,Si 的总含量超过 500×10^{-6} 时出现晶间腐蚀,小于此值则不会发生。

4.4.4　铁素体不锈钢的晶间腐蚀

对含 Cr 量在 $17\%\sim26\%$ 的 $Cr_{17}\sim Cr_{26}$ 铁素体不锈钢,在 900℃以上固溶处理后存在晶间腐蚀。对固溶处理出现晶间腐蚀的铁素体不锈钢,在 $650\sim850$℃范围内慢冷或中间退火则可以消除晶间腐蚀,这与奥氏体不锈钢的晶间腐蚀不同。

钢的含碳量降低到很低的程度,或加入减小敏化的合金元素,均不能消除铁素体晶间腐蚀的敏感性。引起铁素体不锈钢晶间腐蚀敏感的腐蚀介质种类更多。

铁素体不锈钢的晶间腐蚀的本质是在 900℃以上固溶处理时 Cr 的碳化物或氮化物沿铁素体晶界析出,导致晶界贫 Cr,在一定的腐蚀介质中晶界优先被腐蚀,从而产生晶间腐蚀。

由于 C,N 在铁素体中的溶解度很低,远低于其在奥氏体中的溶解度,而在铁素体相中的扩散速度却远大于在奥氏体相中的扩散速度,在较高热处理温度条件下 C,N 在铁素体相中的晶界吸附趋势大于奥氏体相。在 900℃以上固溶处理时,无论快冷还是慢冷均不能阻止 C,N 化物的析出,只有在很高的冷却速率下才能阻止碳化物或氮化物,避免晶间腐蚀。

Cr 具有体心立方结构,与铁素体的晶体结构相同,在铁素体中的扩散速度高,远高于在奥氏体中的扩散速度,在 $650\sim850$℃范围慢冷或中间退火过程中,铁素体中的 Cr 可充分向晶界扩散,消除在固溶处理时因 C,N 化物析出形成的贫 Cr 区。

在铁素体不锈钢中,加入一定量的 Mo,Ti,Nb 可以抑制 C,N 化物的析出,从而减小或消除晶间腐蚀的敏感性。如对含 Mo 的 Cr_{28} 钢,当 $(C+N)<250\times10^{-6}$ 时,没有晶间腐蚀现象;对 $18Cr-2Mo$ 钢,当 $Ti>20(C+N-0.01)$ 时无晶间腐蚀,或当 $(Ti+Nb)>16(C+N)$ 时无晶间腐蚀(此时,元素符号为各物质的百分含量)。

4.4.5　双相不锈钢的晶间腐蚀

双相不锈钢(Duplex stainless steel)中铁素体和奥氏体相对含量各约为一半,具有奥氏体不锈钢的抗腐蚀性和铁素体的高强度。在同等含碳量下,双相不锈钢的抗腐蚀性能比奥氏体不锈钢好。

当双相不锈钢中 C,N 化物沿铁素体和奥氏体相界析出时,会在界面形成贫 Cr 区,但 Cr 在铁素体中的扩散速度高,贫 Cr 量可尽快从铁素体中得到补充,贫 Cr 的程度可大大减小,晶间腐蚀的敏感性会显著降低。一般认为,双相不锈钢中铁素体的含量在 $10\%\sim20\%$ 范围内,晶间腐蚀的敏感性比较低。

在敏化温度范围进行敏化处理,双相不锈钢也具有一定的晶间腐蚀敏感性,可采用双向动电位活化技术评价,如图 4-16 所示。

在 (30 ± 1)℃ 的 2M H_2SO_4＋0.5M NaCl＋0.01M KSCN 溶液中,从自腐蚀电位 E_{corr} 或低于它的电位开始,以 4 mV/s 扫描速率对试样进行阳极极化,到达钝化区的中部电位约为 250 mV,然后以相同的扫描速率回扫到开始的电位,得到两个极化曲线。正向极化得到的峰值活化电流密度为 I_a,反向得到的峰值再活化的电流密度为 I_r,将 $(I_r/I_a)\times$

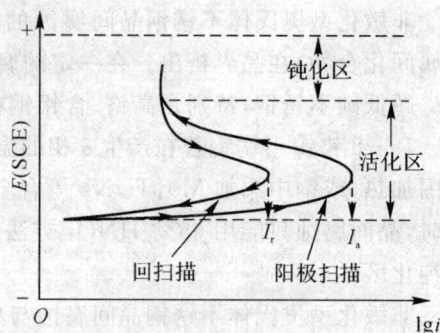

图 4-16　双向动电位活化测量示意图

100 比值作为不锈钢的晶间腐蚀敏感性指标。I_r/I_a 的比值越大,晶间腐蚀的敏感性越大。

一种 SAF2205 双相不锈钢在 725℃,500 h 保温敏化处理后,在铁素体和奥氏体相界及铁素体内析出 σ 相,在 30℃,2M H_2SO_4＋0.5M NaCl＋0.01M KSCN 溶液中双向动电位极化后,在铁素体和奥氏体相界发生了严重的晶间腐蚀,如图 4-17 所示,其 I_r/I_a 值高达 82%[16]。

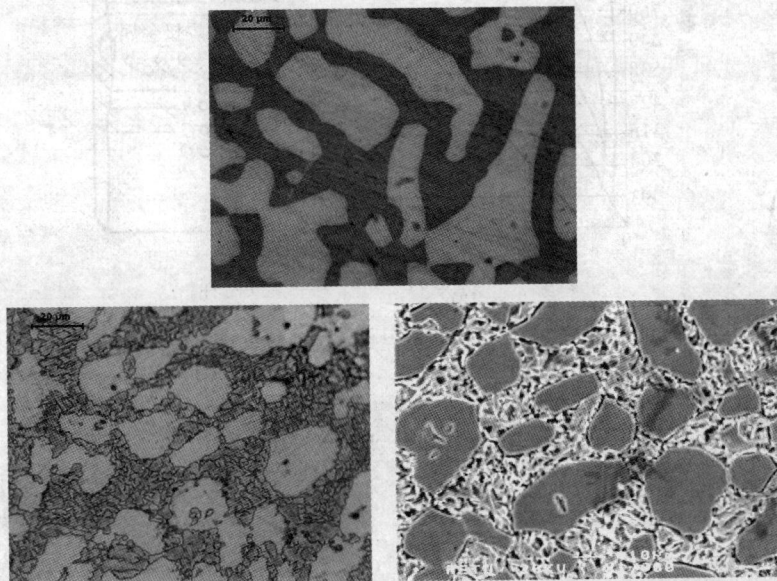

图 4-17 双相不锈钢显微组织和敏化处理后的晶间腐蚀[16]

另外,对于镍基和铝合金也存在晶间腐蚀现象。镍钼合金是由于 μ 相(Ni_3Mo_2)析出,造成晶界贫钼。铝铜合金是由于 $CuAl_2$ 沿晶界析出,造成晶界贫铜。

4.4.6 不锈钢焊缝的晶间腐蚀

对于奥氏体不锈钢焊接结构,存在焊缝腐蚀(Weld decay)。焊缝腐蚀特指经固溶处理的奥氏体不锈钢,焊接后在离焊缝有一定距离的母材上,由于经受了敏化加热,使得热影响区发生的腐蚀现象,如图 4-18 所示。从奥氏体不锈钢焊接时热影响区各部位的温度-时间变化的测试结果可以看出,点 B,点 C 和点 B,C 之间的金属有一段时间处于敏化温度范围之内,从而引起铬的碳化物($CrFe)_{23}C_6$ 析出,导致贫化型晶间腐蚀。

对加有稳定化合金元素 Ti,Nb,且进行稳定化处理的钢,焊接后在邻近焊缝的母材窄带上产生了严重的腐蚀,通常称为刀线腐蚀(Knife-line attack),如图 4-19 所示。

刀线腐蚀与焊接腐蚀相同之处在于均属于晶间腐蚀,同时均与焊接有联系。不同之处是刀线腐蚀发生在紧邻焊缝母材上一条窄带内,形状像刀痕,而焊接腐蚀发生在离焊缝有一定距离的地方。刀线腐蚀与焊缝腐蚀产生的机理有所不同,并且有 Ti,Nb 稳定化元素的不锈钢焊接时,热影响区被快速加热到固相线附近的高温,不仅碳化物 $M_{23}C_6$ 全部溶解,而且钢中的 TiC,NbC 也全部溶解,焊接后快速冷却,使钢失去稳定化效果。随后,若在 500~900℃ 去应力加热处理(二次加热),就会有 $M_{23}C_6$,TiC,NbC 重新沿晶界析出,在强氧化性介质中,晶界沉积的 TiC,NbC 的选择性溶解成为刀线腐蚀的主要原因。

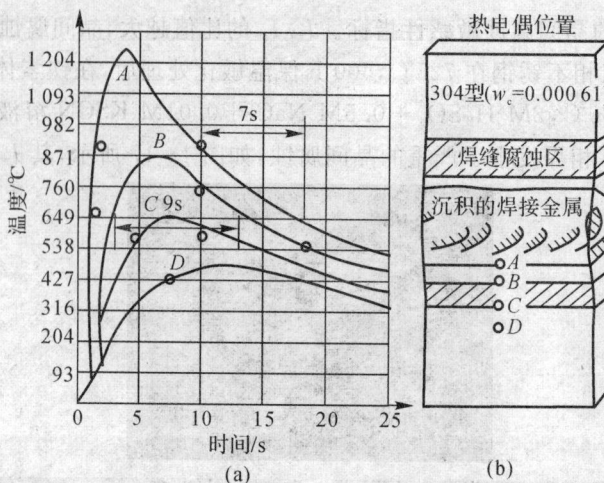

图 4-18　304 不锈钢电弧焊焊缝区的受热与焊缝腐蚀

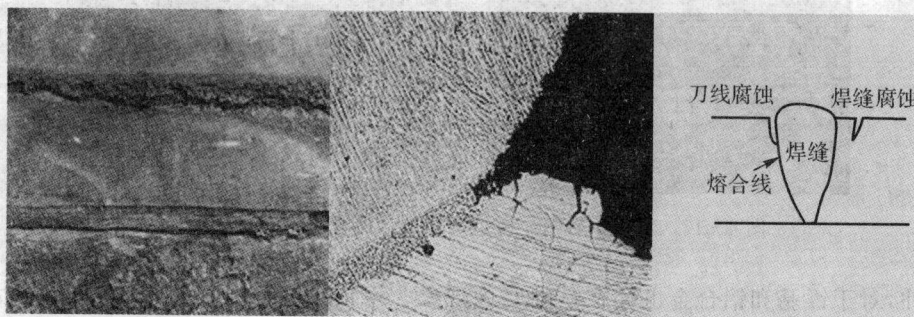

图 4-19　刀线腐蚀示意图

4.4.7　晶间腐蚀敏感性的试验方法

晶间腐蚀敏感性的评价方法包括化学浸蚀法和电化学腐蚀法,通常要根据不同的金属材料和试验目的来选择。对于不锈钢的晶间腐蚀已形成标准,如美国材料试验学会标准 ASTM 262 和 GB4334 1～5。这些标准包括草酸侵蚀法(O 法)、沸腾 65％硝酸法(N 法)、硫酸-硫酸铁法(I 法)、硫酸-硫酸铜法(S 法)、硝酸-氢氟酸法(F 法)等。

无论是化学侵蚀法还是电化学腐蚀法,其原理是一致的,即选用合适的化学浸蚀条件或电化学腐蚀条件,使晶界区以比晶粒更快的腐蚀速率进行腐蚀或促使晶界区沉淀相发生择优腐蚀。如图 4-13 所示为用于不锈钢晶间腐蚀试验的电化学原理图。图中的晶界可看作低 Cr 钢,即晶界贫铬区,而固溶的 18Cr-10Ni 钢模拟不锈钢晶粒本体。不同浸蚀法的腐蚀电位处于极化曲线的不同位置,但具有相对恒定的电位区间。

草酸浸蚀法仅使 $Cr_{23}C_6$ 发生选择性溶解腐蚀,因此不能检验由于 σ 相,TiC 在晶界析出而引起的晶间腐蚀。沸腾的 65％硝酸溶液既可以使在晶界析出的 σ 相和 TiC 腐蚀,也可使贫 Cr 晶界区以远高于正常成分晶粒本体的腐蚀速率进行腐蚀,从而显示晶间腐蚀倾向。沸腾硫酸-硫酸铁法可以使贫铬的晶界区及晶界析出的 σ 相发生选择性溶解而呈现晶间腐蚀。硫酸-硫酸铜法使不锈钢晶粒本体处于钝态,使贫铬区加速溶解而引起严重的晶间腐蚀。硝酸-氢氟酸法则是在保持晶粒一些钝性,而晶界发生强烈腐蚀的基础上建立起来的。目前应用最为广泛的是 N 法和 S 法。

电化学腐蚀法有恒电流阳极电解浸蚀法、恒电位浸蚀法、动电位正－逆扫描的电化学活化法等。例如,恒电位浸蚀法首先根据极化曲线判断易引起晶间腐蚀的电位区间,然后利用恒电位仪将试件在此电位值下进行长时间的恒电位侵蚀,以获得电位与晶间腐蚀的关系,从而评定不锈钢的晶间腐蚀敏感性及研究其机理。

晶间腐蚀试验后,试件的晶间腐蚀敏感性大小的判断根据金相组织改变、试样弯曲后表面开裂状况、试件失重、试件电阻变化、承载强度改变、声频变化等进行,也可以用超声波法、涡流法、声发射法等对试件进行无损检测和评定。

4.5　缝　隙　腐　蚀

4.5.1　缝隙腐蚀现象

工程结构因装配、连接及在服役过程中形成的表面沉积物,不可避免在构件或零件的结合面或工件表面形成缝隙。当缝隙宽度小到一定的程度时,在腐蚀性介质中腐蚀优先沿构件的结合面发生,产生缝隙腐蚀(Crevice corrosion),如图 4－20 所示。

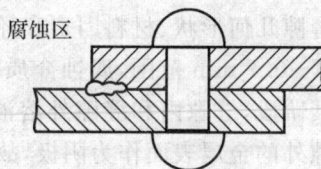

腐蚀区

图 4－20　缝隙腐蚀示意图

造成缝隙腐蚀的狭缝或间隙的宽度必须足以使腐蚀介质进入并滞留其中,因此缝隙腐蚀通常发生在 0.025~0.1 mm 的缝隙中。在那些宽的沟槽或宽的缝隙中,因腐蚀介质畅流而一般不发生缝隙腐蚀损伤。缝隙腐蚀是一种很普遍的局部腐蚀,在许多设备或构件中缝隙往往不可避免地存在,如板材之间的搭接处、法兰连接面、螺母压紧面之间,以及铆钉头、焊缝气孔、焊渣、溅沫、锈层、污垢等与金属的接触面上。

几乎所有的金属在所有的电解质中均会发生缝隙腐蚀,腐蚀溶液中含有 Cl^- 时更容易引起缝隙腐蚀。在缝隙腐蚀过程中往往会形成浓差电池,并具有自催化作用,与点腐蚀的特征相似,但没有固定的电位关系。

4.5.2　缝隙腐蚀的机理

在腐蚀初期,金属整个表面和缝隙内金属表面都与含氧溶液相接触,发生电化学腐蚀。阳极反应为金属的离子化,即 $M \longrightarrow M^{n+} + ne^-$,阴极反应为氧的还原,即 $O_2 + 2H_2O + 4e^- \longrightarrow 4OH^-$。

在腐蚀的发展阶段,缝隙内氧的还原反应使缝隙内溶液中的氧消耗掉,缝隙溶液中的氧只能以扩散方式进入,补充十分困难,最终缝内的氧消耗尽,缝内氧的还原反应不再进行。缝外腐蚀溶液中的氧随时可以得到补充,因此氧还原反应继续进行,导致缝隙内、外形成了氧浓差宏观电池。缺乏氧的区域(缝隙内)电位较低,成为阳极区;氧易到达的区域(缝隙外)电位较高,成为阴极区。同时,缝内金属加速溶解,金属离子 M^{n+} 在缝内不断积累、过剩,从而吸引缝外溶液中负离子(如 Cl^-)迁入缝内,以维持电荷平衡,造成 Cl^- 在缝隙内富集。缝隙内,由于金属离子的浓缩和 Cl^- 的富集,生成可溶性金属氯化物。金属氯化物在水中水解成不溶的金属氢氧化物和游离酸。以二价金属为例,有如此反应:$MCl_2 + H_2O \longrightarrow M(OH)_2 \downarrow + 2H^+Cl^-$。其结果使缝隙内溶液 pH 值下降,可为 2~3,即造成缝隙内溶液酸化。这种酸性和高浓度 Cl^- 进一步促进了缝内金属的阳极溶解。阳极的加速溶解又引起更多的 Cl^- 从缝外向缝内迁入,氯化物的浓度增加,氯化物的水解又使介质酸化。如此循环往复,形成了一个闭塞电池自催化过程,导致缝内金属的溶解不断加剧。

对于具有自钝化特征的不锈钢和铝合金等材料,在含 Cl^- 的中性介质中,其缝隙腐蚀的敏感性比铁、碳钢还要高。其原因除上述腐蚀机理外,还有如下两种可能:一种是闭塞电池自催化效应造成的缝内溶液 pH 值下降,将导致金属由钝态转变为活化状态;另一种是由点蚀源引起的,在这种腐蚀过程中,缝隙内溶液中金属盐(尤其是盐中的 Cl^-)的浓缩,使钝化金属的点蚀电位降低,以至腐蚀电位超过点蚀电位,使缝隙内金属钝化膜遭到破坏,产生点蚀型缝隙腐蚀。钝性金属究竟是发生活化型缝隙腐蚀还是点蚀型缝隙腐蚀,要依具体条件而定。

4.5.3 影响缝隙腐蚀的因素

影响缝隙腐蚀的因素可分为缝隙几何形状、材料因素和环境因素三大类。

只有当缝隙几何宽度在 0.025~0.1 mm 范围,腐蚀介质能进入并滞留在缝隙中时,才会产生缝隙腐蚀。在缝隙腐蚀的发展阶段,缝隙内和缝隙外溶液中因含氧量不同形成宏观电池效应,缝隙内的金属作为阳极,缝隙外的金属表面作为阴极,故缝隙外金属表面积越大,缝隙内金属阳极溶解速度越高。

几乎所有的金属均会发生缝隙腐蚀,不同材料对缝隙腐蚀的敏感性不同。

在腐蚀溶液中,氧的浓度增加,缝隙外阴极还原更容易进行,往往加速缝隙腐蚀。当腐蚀溶液的流速增加时,缝隙外氧还原所消耗的氧可快速得到补充,加速缝隙内金属的腐蚀,但如果缝隙有沉积物形成,溶液流速增加会将沉积物从金属表面冲掉,减轻缝隙腐蚀。环境温度升高,增加阳极反应,加速缝隙腐蚀,在海水中当温度为 80℃时具有最大的腐蚀速率。当腐蚀介质的 pH 值降低时,只要缝隙外的金属仍处于钝化状态,则缝隙腐蚀量增加。溶液中 Cl^- 的含量增加,使得金属的电极电位向负的方向移动,缝隙腐蚀速率增加。

根据缝隙腐蚀产生的条件和机理,可采用以下方法来防止缝隙腐蚀:①结构设计要合理,减少结构的死角,避免缝隙;②改变环境,如降低腐蚀溶液中的含氧量,加入缓蚀剂;③采用阴极保护。

4.5.4 丝状腐蚀

1. 丝状腐蚀现象

丝状腐蚀(Filiform corrosion)是一种特殊形式的缝隙腐蚀,发生在处于一定湿度大气环境中有有机涂层保护的钢、铝、镁、锌等材料表面,腐蚀形态呈细丝状,如图 4-21 所示。由于丝状腐蚀多发生在漆膜与金属基体表面之间的缝隙处,因此,又称为膜下腐蚀。它属于大气腐蚀的一类。丝状腐蚀造成的金属质量损失虽不大,但它损害金属制品的外观,有时发展为晶间腐蚀或点蚀穿孔,甚至引发应力腐蚀破坏。

在透明涂层下的金属表面,丝状腐蚀形成密集的网络花纹,使金属表面上的涂层出现无明显损伤的隆起,失去保护膜的作用。腐蚀细丝在金属上掘出一条可觉察细沟,深度通常为数微米。对于钢,细丝的宽度约为 0.2 mm,而对于铝,其宽度为 0.5~1 mm。腐蚀细丝是由一个活性头部和一个非活性的尾部构成的,对于铁或钢来讲,活性头部呈蓝绿色(是亚铁离子的特征颜色),非活性躯体或尾部为红棕色。丝状腐蚀是由它的头部发展的,丝状腐蚀起源于涂层的缺陷处或结构棱边。腐蚀细丝生长和发展通常按一定的规则进行:一条细丝的头部不会穿过另一细丝的非活性的尾巴(即细丝不发生相互交叉),当一个发展着的头接近一个非活性的尾时,就会发生转折;如果活性头垂直接近一个非活性的尾,它可能变为非活性而中止,或分为两个新细丝而折回,折回角度大约为 45°;当两根细丝的活性头部以锐角相遇时,它们可能结合为一根新细丝;有时还会出现细丝陷入一个圈套而消亡的情况。

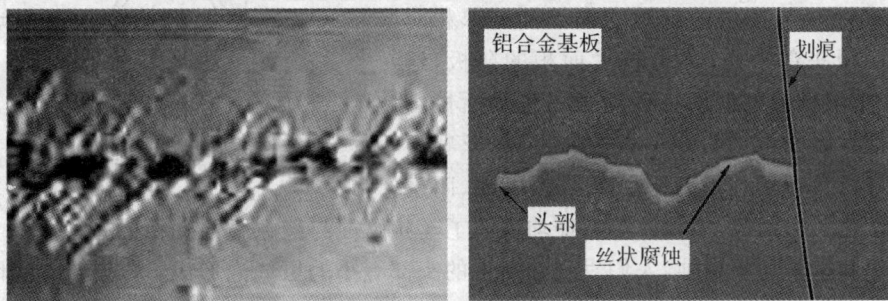

图 4-21　丝状腐蚀示意图

丝状腐蚀的产生,通常要具备如下一些基本条件:①较高的相对湿度。金属发生丝状腐蚀的相对湿度范围为 60%~95%。当相对湿度在 80%~85% 时,通常最易引发丝状腐蚀;如果相对湿度在 60% 以下,则难以发生丝状腐蚀;相对湿度高于 95% 时,丝充分宽化,以致造成涂层鼓泡。②涂层存在缺陷。丝状腐蚀通常起源于涂层的孔隙、机械缺陷、气泡或较薄的边缘处。③有氧气存在。氧气的存在是维持丝状腐蚀阴极反应的必要条件。④合适的温度条件。室温下丝状腐蚀通常就会发生,但温度升高,发展速率会增加。

丝状腐蚀的机理较为复杂。迄今为止,人们对丝状腐蚀发展过程的理解较为清晰,对丝状腐蚀萌生的确切机理仍存在争议,而对细丝间相互作用特性原因的认识尚不够清楚。

引起丝状腐蚀是依靠腐蚀介质的渗透,因此丝状腐蚀往往萌生于漆膜的破坏处、边缘棱角及较大的针孔等缺陷或薄弱环节。在这些部位,大气中的少量腐蚀介质(如氯化钠、硫酸盐的离子和氧、水分等)通过渗透进入表面膜层下,激发丝状腐蚀点的形成(活化源)。在活化源处盐浓度较高,气压低,由此使氧、水等不断地渗入,而氧渗透的不均匀性,导致氧浓差电池形成,氯离子的存在破坏金属表面钝化膜的修复及金属离子的水解与溶液的酸化,进而促进膜下腐蚀的发展。

2. 丝状腐蚀机理

图 4-22 给出了目前较为人们普遍接受的以铁基材料为例的丝状腐蚀发展的示意图。氧浓差电池是丝状腐蚀萌生和发展的重要推动力。

在细丝发展过程中,由于其活性头部溶解有高浓度的 Fe^{2+} ($Fe \longrightarrow Fe^{2+} + 2e^-$),使周围大气中的水借渗透作用而源源不断地渗入;在非活性的尾部,由于锈蚀产物[$Fe_2O_3 \cdot H_2O$ 或

Fe(OH)$_3$]的沉积,Fe^{2+}浓度低,渗透作用使水从该处渗出,即尾部趋于变干。大气中的氧可以从膜的各个方位扩散进入膜下活性头部,但由于侧面和干的尾部扩散较为充分,因此在尾部和头部之间"V"形界面处氧的浓度较高,而头部中心氧的浓度较低,形成了氧浓差电池,头部中心及头的前部为阳极,发生腐蚀,生成 Fe^{2+} 的浓溶液为蓝色流体。在活性头部,还可能由于腐蚀产物的水解使溶液酸化(有报道 pH 值可低到 1),造成闭塞电池自催化加速腐蚀效应。在头部边缘,腐蚀作用使膜/金属的界面结合变弱,丝状腐蚀向前发展。

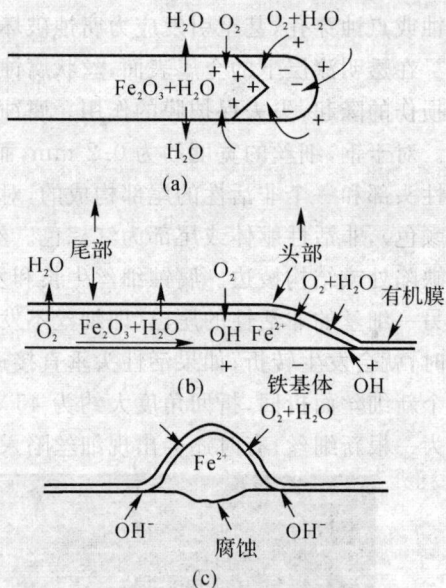

图 4-22　丝状腐蚀机理示意图

另外,"V"形界面后的细丝的躯干和尾部相对于活性的阳极头部来说,称为较大面积的阴极,这种大阴极-小阳极的电偶腐蚀效应也是推动活性细丝头部向前发展的推动力之一。由此可见,丝状腐蚀的发展好像自行延伸的缝隙。氧浓差电池、闭塞电池水解酸化及大阴极-小阳极等特征均表明了丝状腐蚀与缝隙腐蚀的相似性。

对于铝和镁的丝状腐蚀,人们发现在活性的头部有小的氢气泡形成,这是由于头部附近高浓度 H$^-$ 的二次阴极还原的结果($2H^+ + 2e^- \longrightarrow H_2$)。铁基材料丝状腐蚀中未发现氢气泡,可能是析出的 H$_2$ 量太少的缘故。

3.丝状腐蚀的影响因素和控制措施

丝状腐蚀的发生与发展,受环境因素(相对湿度、温度、腐蚀介质等)、涂料、颜料、活化剂、表面处理状态、基体金属的性质等影响。如前所述,大气中的相对湿度是最为重要的影响因素。此外,大气中的 SO$_2$,NaCl,尘埃等起了丝状腐蚀引发剂的作用,如高的 Cl$^-$ 浓度,可以使产生丝状腐蚀所需要的临界相对湿度降低。涂层性质对丝状腐蚀有一定影响作用,如透水率低的涂层,可以阻止或延缓丝状腐蚀的发生。丝状腐蚀迹线倾向于跟随材料表面磨痕和抛光方向发展。热处理和冷加工硬化处理对材料的丝状抗腐蚀有影响,其原因是表层组织结构,尤其是第二相析出粒子及其分布的变化作用。合金成分是影响丝状腐蚀的重要因素之一,如 Cu,Fe,Pb,Mg 或 Zn 含量的增加会降低铝合金的抗丝状腐蚀性能,合金元素对丝状腐蚀的影响也主要是通过第二相粒子的析出与分布,第二相粒子的析出及其不均匀的分布,均会加速丝状腐蚀。

由于丝状腐蚀的机理与氧浓差电池有关,因此降低大气环境的相对湿度是控制丝状腐蚀最为有效的方法。严格控制材料表面的预处理工艺,选用渗透性低的涂料,降低涂层孔隙率等可有效地控制丝状腐蚀。对于铝合金,涂漆前进行阳极氧化处理,对控制丝状腐蚀是十分有效的。

评价表面处理和材料因素等对丝状腐蚀的影响,可依据美国材料试验学会标准 ASTMD2803 进行,主要包括人工涂层缺陷的制备、氯离子的引入和环境温度及湿度的控制。

参 考 文 献

[1]　李君,董超芳,李晓刚,等.Q235-304L 电偶对在 Na$_2$S 溶液中的电偶腐蚀行为研究.中

国腐蚀与防护学报,2006,26(5):308-314.

[2] 张艳成,吴荫顺,张健.带锈铸铁与 304 不锈钢的电偶腐蚀.腐蚀科学与防护技术,2001, 13(2):66-70.

[3] Miller B A,Lee S G. The Effect of graphite-epoxy composites on the galvanic corrosion of aerospace alloys. ADA 035029,1976.

[4] 陆峰,张晓云,汤智慧,等.碳纤维复合材料与铝合金电偶腐蚀行为研究.中国腐蚀与防护学报,2005,25(1):39-43.

[5] 黄桂桥,郁春娟,李兰生.海水中钢的电偶腐蚀研究.中国腐蚀与防护学报,2001,21(1): 46-52.

[6] 杜敏,郭庆锟,周传静.碳钢/Ti 和碳钢/Ti/海军黄铜在海水中电偶腐蚀的研究.中国腐蚀与防护学报,2006,26(5):263-266.

[7] 刘道新.材料的腐蚀与防护.西安:西北工业大学出版社,2006.

[8] Pardo A,Merino M C,Coy A E,et al. Pitting corrosion behaviour of austenitic stainless steel - combining effect of Mn and Mo addition. Corrosion Science,2008,50(6): 1796-1806.

[9] Tomcsányi L,Varga K,Bartik I,et al. Electrochemical study of the pitting corrosion of aluminium and its alloys-II. Study of the interaction of chloride ions with a passive film on aluminium and initiation of pitting corrosion. Electrochimica Acta,1989,34 (6):855-859.

[10] Engelhardt G,Urquidi-Macdonald M,Macdonald D D. Simplified method for estimating corrosion cavity growth rates. Corrosion Science,1997,39(3): 419-441.

[11] Engelhardt G,Macdonald D D. Unification of the deterministic and statistical approaches for predicting localized corrosion damage,I. Theoretical foundation. Corrosion Science, 2004,46(11):2755-2780.

[12] 罗宏,龚敏.奥氏体不锈钢的晶间腐蚀.腐蚀科学与防护技术,2006,18(5):357-359.

[13] 苏景新,张昭,曹发,等.铝合金的晶间腐蚀与剥蚀.中国腐蚀与防护学报,2005,25(3): 187-191.

[14] Hu C,Xia S,Li H,et al. Improving the intergranular corrosion resistance of 304 stainless steel by grain boundary network control. Corrosion Science,2011,53(5): 1880-1886.

[15] Svenningsen G,Lein J E,Bjørgum A,et al. Effect of low copper content and heat treatment on interganular corrosion of model AlMgSi alloy. Corrosion Science,2006, 48(1):226-242.

[16] Arikan M E,Arikan R,Doruk M. Determination of susceptibility to intergranular corrosion of UNS 31803 type duplex stainless steel by electrochemical reactivation method. Turkish Journal of Engineering and Environmental Sciences,2008,32:323 -335.

第5章 典型环境中的腐蚀

金属构件或机器零件都是在一定的环境中服役的,所遇到的环境各异,环境的腐蚀特性也往往随时间而变化,所以金属的腐蚀特征也不同。相当大一部分金属结构或构件在自然环境中工作,这类构件所产生的腐蚀称为自然环境中的腐蚀,包括大气腐蚀、海水腐蚀和土壤腐蚀。还有一部分结构是在各种工业介质中工作的,其所处的环境也往往具有很大的腐蚀性,如化学工业中的酸环境腐蚀和碱环境腐蚀。在石油、石化工业领域,环境更苛刻,金属结构的腐蚀会更复杂,腐蚀问题会变得更突出,会产生严重的二氧化碳、硫化氢腐蚀。

5.1 大 气 腐 蚀

5.1.1 大气环境与大气腐蚀分类

暴露在大气环境中的金属,由大气中的氧和水分等的化学和电化学作用所引起的腐蚀,称为大气腐蚀(Atmospheric corrosion)。据估计,60%的钢铁材料是在大气环境中工作的,因此大气腐蚀随处可见,是一种非常普遍的腐蚀。除了钢铁材料之外,铜、铝、钛合金、塑料及陶瓷材料也会在大气环境中产生腐蚀。

地球上的自然空气,即大气,是由各种气体 N_2,O_2,H_2,Ar,CO_2,H_2O(蒸汽),He 等组成的复杂混合物,其中 H_2O(蒸汽)随地域、季节、时间而变化。在工业污染的地区,CO_2,SO_2 等有害气体的含量更高。

参与大气腐蚀的主要因素是 O_2,H_2O(蒸汽),CO_2 的作用较小。大气中的 O_2 参与电化学过程,与大气中的水蒸气有关。在大气环境中,电解质溶液是由大气中的水汽形成的,O_2 溶解于金属表面的电解质薄层中作为阴极去极化剂。

大气中水汽的含量用相对湿度来表示,即大气中的水蒸气压与相同温度下大气中饱和水蒸气压的比值,通常用百分数表示。当相对湿度小于 100% 时,由于毛细管凝聚、吸附凝聚或化学凝聚的作用,可在金属表面形成很薄的不可见的水膜,同时水膜中溶解一定量的氧,从而形成使金属电化学腐蚀的环境条件。当相对湿度等于或大于 100% 时,水汽直接凝结成水滴降落或凝聚在金属表面形成可见水膜,形成了含氧的电解质溶液。

大气腐蚀按金属表面的潮湿程度可分为三类:干大气腐蚀、潮大气腐蚀和湿大气腐蚀。

当大气环境中水汽含量非常低时,大气非常干燥,在金属表面不会形成液膜,也不会产生电化学腐蚀,主要是干燥大气中的氧与金属发生化学作用形成不可见的保护性氧化膜,将这种腐蚀称为干大气腐蚀。当大气的湿度足够高时,在金属表面形成肉眼看不见的薄层液膜,在液膜下的金属处于电解质溶液中,将发生电化学腐蚀,将这种腐蚀称为潮大气腐蚀,如钢在无雨淋时的生锈现象。当大气的湿度接近 100% 时,在金属表面形成可见的凝结水膜层,水膜层下的金属将发生电化学腐蚀,将这种腐蚀称为湿大气腐蚀,如在雨淋、水沫、雾气等环境中金属发生湿大气腐蚀。

在大气环境中,水汽是产生腐蚀的基本因素,水汽在金属表面凝结形成液膜,电解质的存在和状态直接影响金属在大气中的腐蚀速率,水膜层的厚度与腐蚀速率的关系如图 5-1 所示。

当金属表面的水膜层厚度在 10 nm 范围以内时,腐蚀速率很低,Ⅰ区;当水膜层厚度在 10 nm 至几十微米范围时,随水膜层厚度的增加,大气腐蚀速率显著增加,Ⅱ区;当水膜层厚度在几十微米至 1 mm 范围时,大气腐蚀速率达到最大值,Ⅲ区,而后有所降低;当水膜层厚度在 1 mm 以上时,腐蚀速率基本保持稳定,Ⅳ区。按水膜层厚度可将大气腐蚀划分为 4 个区。

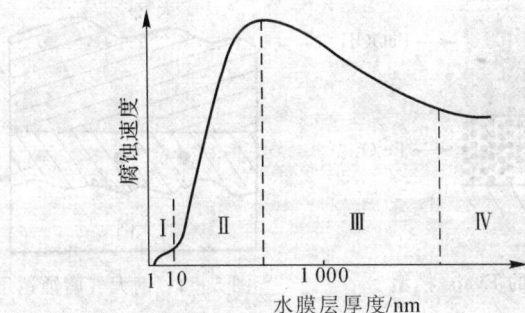

图 5-1　腐蚀速率与水膜层厚度的关系示意图

5.1.2　大气腐蚀的机理

对于大气腐蚀,大气中水汽含量非常低,金属表面不会形成液膜,金属与大气环境中的氧通过化学反应,在金属表面形成氧化膜,属于氧化腐蚀。铝和铝合金、锌在常温的大气环境中能形成致密的氧化膜,具有很好的抗大气腐蚀性能。

当金属表面形成连续的电解质水膜层时,具备产生电化学腐蚀的条件,金属表面发生阳极反应,阴极过程为氧的去极化,$O_2 + 2H_2O + 4e^- \longrightarrow 4OH^-$。即使在城市污染严重的酸性溶液中,水膜层电化学腐蚀主要依靠氧去极化为主,因为氧的扩散在薄液膜条件下比金属全浸状态下更容易。在薄液膜中,阳极反应的金属离子与液膜中的氧离子结合形成氧化物,从而使得金属钝化产生电阻极化,金属离子化过程变得困难,导致阳极极化。在潮大气腐蚀条件下,金属表面形成不可见液膜,阴极过程比较容易进行,因为钝化阳极过程比较困难,所以腐蚀过程主要受阳极过程的控制。在湿大气腐蚀条件下,金属表面形成可见液膜,阴极过程比较容易进行,阳极过程因钝化导致电阻极化,腐蚀过程同样主要受阳极过程的控制。

在锈层形成后,锈层对基体金属的离子化将起强氧化剂的作用,促进金属的腐蚀。以钢铁材料为例,在钢表面形成两层铁的氧化物,外层为 $FeOOH$,内层为 Fe_3O_4,如图 5-2 所示。在钢基体和 Fe_3O_4 界面,发生阳极反应,$Fe \longrightarrow Fe^{2+} + 2e^-$,金属发生腐蚀。在 Fe_3O_4 和 $FeOOH$ 界面,发生阴极反应,$6FeOOH + 2e^- \longrightarrow 2Fe_3O_4 + 2H_2O + 2OH^-$,即锈层内发生的还原反应,则锈层参与了阴极过程。

当外部大气的相对湿度下降时,锈层变得干燥,锈层与底部钢基体局部的腐蚀电池处于开路状态,阳极反应停止,在大气中氧的作用下锈层重新氧化成 Fe^{3+} 氧化物。因此,在干湿交替条件下,带有锈层的钢能加速腐蚀。

一般来说,在大气中长期暴露的钢,其腐蚀速率随暴露时间增加是逐渐减慢的。一是锈层增厚会导致锈层电阻增加和氧的渗入困难,锈层的阴极去极化作用减弱;二是附着良好的锈层将减少活性阳极的面积,增加阳极极化。

综上所述,大气腐蚀的机理比电解质溶液中全浸的腐蚀机理要复杂。在干燥大气环境中,金属以化学腐蚀为主。在潮湿的大气环境中,腐蚀初期是以阴极氧去极化,阳极因钝化产生极化为主,大气腐蚀主要受阳极过程的控制。锈层形成后,锈层对金属起强氧化剂的作用,锈层参与阴极过程,起去极化的作用。

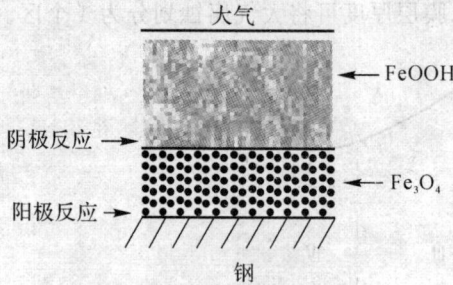

图 5-2 钢大气腐蚀的 Evans 模型

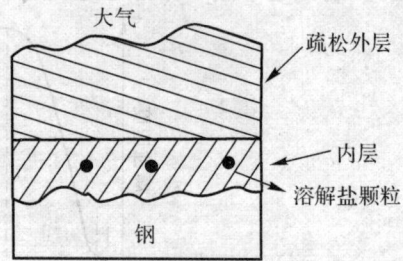

图 5-3 钢大气腐蚀锈层断面示意图

5.1.3 锈层结构和保护性

大气腐蚀在金属表面形成锈层,锈层的组成由于大气腐蚀条件不同比较复杂。如在伦敦工业区碳钢锈层的组成列于表 5-1 中。可见锈层以铁的氧化物 Fe_2O_3 为主,还含有一定量硫酸盐和少量的磷酸盐,Cu,NH_3 等,以及含有大量的无定性物。

表 5-1 伦敦工业区碳钢锈层组成 　　　　　　　　　　　　　（单位:%）

锈层组成	$Fe_2O_3 \cdot 7H_2O$	水分	SO_4^{2-}	Cl^-	SiO_2	PO_4^{3+}	Cu	NH_3	无定形物质
含量	65	6	4	0.002	0.2	0.1	0.3	0.1	余量

一般金属的锈层结构为两层,由外层和内层组成如图 5-3 所示。外层一般为疏松、易剥离的附着层。内层一般结构致密、附着性好,对金属具有一定的保护作用,在工业污染的大气环境中,内层往往存在一定数量的结晶盐,如 $FeSO_4 \cdot 7H_2O$,$FeSO_4 \cdot 4H_2O$,$Fe_2(SO_4)_2$,结晶盐的存在会降低内层的保护性。

碳钢锈层的结晶结构主要由 $\gamma - FeOOH$,$\alpha - FeOOH$ 和 Fe_3O_4 构成,通常还含有约 40% 的无定型物质,其主要结构随环境变化而变化。一般认为钢表面首先形成 $\gamma - FeOOH$(纤铁矿),然后转变为 $\alpha - FeOOH$(针铁矿)和 Fe_3O_4。在含有 SO_2 的工业区,锈层中 Fe_3O_4 含量很少。在含有 Cl^- 的沿海地区,$\gamma - FeOOH$ 的含量比较少,而 Fe_3O_4 含量比较多。在污染轻的森林地带,$\alpha - FeOOH$ 含量多。大气环境的 pH 值低时容易生成 $\gamma - FeOOH$,pH 值高时容易生成 $\alpha - FeOOH$ 和 Fe_3O_4。但是,锈层结构与耐腐蚀性尚没有确定的关系。

一般来说,碳钢锈层的耐腐蚀性差,没有保护性,即碳钢不耐大气腐蚀,但含有某些合金元素的低合金耐候钢锈层具有良好的保护作用。将具有耐大气腐蚀的钢称为耐候钢,其是介于普通钢和不锈钢之间的低合金钢系列,是由普碳钢添加少量铜、镍等耐腐蚀元素而成的,具有优质钢的强韧性和抗疲劳等特性,耐候性为普碳钢的 2~8 倍。其化学成分为(%)C:0.12~0.21,Si:0.2~2.0,Mn:0.7~2.0,S:≤0.036,P:≤0.034,Cu:0.10~0.40,Al:<0.2,其余为 Fe 和微量杂质。耐候钢主要通过 Cu,Mn,Si,Al 等合金化,典型的牌号有 05CuPCrNi,09CuPCrNi,Q235NH 等。

　　钢中加入磷、铜、铬、镍等微量元素后,使钢材表面形成致密和附着性很强的保护膜,阻碍锈蚀往里扩散和发展,保护锈层下面的基体,以减缓其腐蚀速度。

　　抗腐蚀的原因是在锈层和基体之间具有 50~100 μm 厚的非晶态尖晶石型氧化物层,该层氧化物致密、富集了合金元素 Cr,Cu,P,且与基体金属黏附性好,如图 5-4 所示。由于这层致密氧化物膜的存在,阻止了大气中的氧和水分向钢铁基体渗入,减缓了锈蚀向钢铁材料纵深发展,大大提高了钢铁材料的耐大气腐蚀能力。这样,耐候钢就可以减薄使用,裸露使用或简化涂装,从而使得金属制品抗蚀延寿、省工降耗。

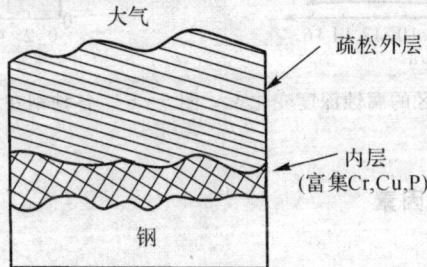

图 5-4　耐候钢锈层组成示意图

5.1.4　大气腐蚀速率

　　大量的统计结果表明[1-2],钢在大气环境中腐蚀深度与大气暴露时间的关系可表示为以下的经验关系:

$$D = At^n \qquad (5-1)$$

式中,D 为腐蚀深度(μm);t 为暴露时间(a);A 为系数;n 为指数。A 值与钢种和环境有关,耐候钢含有合金元素,具有较低的 A 值,污染严重的地区具有较高的 A 值。n 值表征腐蚀的发展趋势,取决于钢种和环境。当 $n>1$ 时,锈层无保护性;当 $n<1$ 时,锈层具有一定的保护性。

　　不同地区的大气环境有一定的差别,钢的腐蚀也存在很大的差异,碳钢在不同地区的腐蚀深度随时间变化关系如图 5-5 所示,不同合金成分的钢抗腐蚀性也有很大的差别,如图 5-6 所示。

　　大气腐蚀一般可分成乡村大气腐蚀、海洋大气腐蚀和工业大气腐蚀。乡村地区的大气比较纯净,海岸附近的大气中含有以 NaCl 为主的海盐粒子,工业地区的大气中则含有 SO_2,H_2S,NH_3,NO_2,等等。一般认为,影响大气腐蚀性的主要环境因素有 3 个:第一个是温度在零度以上时湿度超过临界湿度(80%)的时间,即润湿时间;第二个是 SO_2 的含量;第三个是盐粒子的含量。

　　对式(5-1)求导,则大气腐蚀速率可表示为

$$\frac{\mathrm{d}D}{\mathrm{d}t} = nAt^{n-1} \qquad (5-2)$$

当 $n=1$ 时,钢在大气环境中腐蚀速率为常数,与暴露时间无关。当 $n>1$ 时,大气环境中

腐蚀速率随时间的增加而增加。当 $n < 1$ 时,大气环境中腐蚀速率随时间的增加而降低。因此,通过暴露试验测量大气的腐蚀速率大多情况下与暴露时间有关。

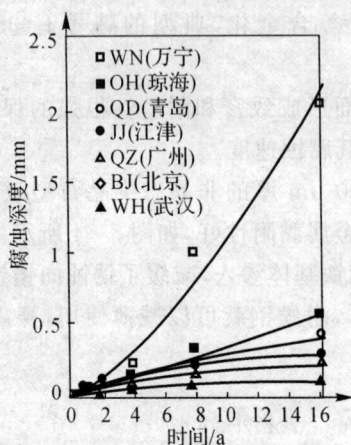

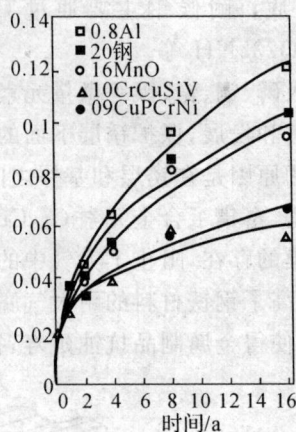

图 5-5　碳钢在不同地区的腐蚀深度变化[1]　　图 5-6　各种钢在北京地区大气腐蚀的规律[1]

5.1.5　影响大气腐蚀的因素

1. 结露

金属表面处在比其温度高的空气中,空气中含有的水蒸气将以液体形式凝结于金属表面的现象,称为结露。结露现象与空气湿度有关,湿度越大,结露越容易,金属表面电解质膜存在的时间越长,金属腐蚀速率也相应增加。

各种金属的大气腐蚀都存在一个腐蚀速率开始急剧增加的湿度范围,将该相对湿度称为临界湿度,如图 5-7 所示。铜和镍在相对湿度 50%～70% 以下,钢铁材料在相对湿度 60% 以下的大气环境中腐蚀量很小,几乎不被腐蚀,其原因是在临界湿度下金属表面不能形成完整、稳定的水膜层。金属在大于临界湿度的大气环境中,由于结露在金属表面能形成完整的水膜,提供电化学腐蚀所需要的环境条件,使得电化学腐蚀过程可以顺利进行。

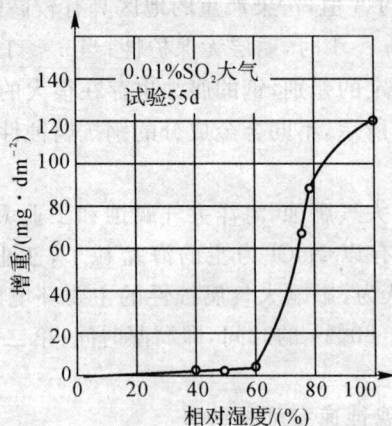

图 5-7　钢增重与相对湿度的关系

当大气相对湿度不太高时,在金属表面可通过毛细管凝聚作用、化学凝聚作用和物理吸附作用在金属表面形成水膜。金属表面的污物、腐蚀产物在金属表面能形成毛细管,使毛细管中液面呈凹形,当环境压力大于液面压力时就达到蒸气饱和状态,大气中的水汽将在毛细管中凝结成液体的现象,称为毛细管凝聚。金属表面存在盐类或易溶性的腐蚀产物,大气中的水汽优先在这些部位通过化学作用凝聚,并形成水膜,铵盐、氯化钠在相对湿度为 70%～80% 就会产生化学凝聚。固体表面原子与水分子由于范德华分子引力作用也会产生物理吸附,能吸附一定的水分子。当相对湿度为 55% 时,铁表面能吸附 15 个水分子层厚的水膜。小于临界湿度,物理吸附的水膜极薄,电化学过程实际很难进行。

2. 温度

一般平均气温增加,大气腐蚀速率加快。气温的急剧变化对大气腐蚀也有一定的影响,夜间温度下降时金属表面温度低于周围大气温度,大气中水蒸气凝结在金属表面上,加快腐蚀。降雨量也有一定的影响,一方面通过水膜增厚及冲刷破坏腐蚀产物保护层,促进腐蚀;另一方面,雨水冲掉金属表面的灰尘、盐粒及锈层中易溶于水的腐蚀性物质,减缓腐蚀。

3. 大气组分

石油、煤燃烧产生 SO_2,严重污染空气,冬天较夏天严重,对大气腐蚀影响比较大。铁在被 SO_2 污染的大气中容易形成易溶的硫酸盐化合物,腐蚀速率与大气中 SO_2 含量关系曲线呈直线上升,如图 5-8 所示。SO_2 促进金属腐蚀的机理:①部分 SO_2 在空气中氧的作用下形成 SO_3,SO_3 溶解于水膜中形成 H_2SO_4,使得水膜溶液呈现酸性,增加了电解质溶液的去极化离子 H^+;②部分 SO_2 吸附在金属表面,溶解于水膜中与阳极反应金属正离子形成硫酸盐如 $FeSO_4$,$FeSO_4$ 进一步氧化并强烈水解生成 H_2SO_4,同样增加了电解质溶液的去极化离子 H^+。SO_2 促进腐蚀的整个过程具有自催化性,其反应式为

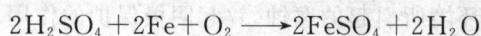

$$Fe + SO_2 + O_2 \longrightarrow FeSO_4$$
$$4FeSO_4 + O_2 + 6H_2O \longrightarrow 4FeOOH + 4H_2SO_4$$
$$2H_2SO_4 + 2Fe + O_2 \longrightarrow 2FeSO_4 + 2H_2O$$

以上的反应过程具有循环性,因而腐蚀过程具有自催化性。在阳极区,铁发生阳极反应 $Fe \longrightarrow Fe^{2+} + 2e^-$,$SO_2$ 溶解于水膜并在水中氧化 $2SO_2 + 2H_2O + O_2 \longrightarrow 2SO_4^{2-} + 4H^+$,阳极溶解的铁离子和硫酸根离子结合 $Fe^{2+} + SO_4^{2-} \longrightarrow FeSO_4$,可溶性的硫酸盐存在于锈层中使其保护能力降低。在阴极区,阴极为氧的还原 $\frac{1}{2}O_2 + H_2O + 2e^- \longrightarrow 2OH^-$,结果阴极区 OH^- 的浓度增加,溶液中阳极溶解的铁离子与氢氧根离子结合生成沉淀 $Fe^{2+} + 2OH^- \longrightarrow Fe(OH)_2 \downarrow$,可减少阳极的浓差极化。一般在 SO_2 污染的大气中的锈层为三层结构(见图 5-9),内层为可溶性的硫酸盐膜,保护性大大降低,大气腐蚀速率提高。

在海洋性气候环境中,海盐颗粒对大气腐蚀具有促进作用。大气中含有 Cl^- 和 $NaCl$ 颗粒,着落在金属表面,它们具有吸湿作用,并使得金属表面液膜电导增大,使得腐蚀变得比较严重,距离海岸越近,钢的腐蚀速率越高,如离海岸 25 m 的钢试样比离 250 m 的腐蚀快 12 倍。

大气中的灰尘或固体微粒杂质也能加速腐蚀。这些灰尘或固体微粒组成比较复杂,大体可分为三类:第一类是尘粒本身具有腐蚀性,在金属表面的液膜中促进腐蚀,如铵盐颗粒;第二类是尘粒本身没有腐蚀性,但能吸附腐蚀性物质、大气中的水汽和污染物 SO_2 促进腐蚀;第三类是尘粒既无腐蚀性也不吸附腐蚀性物质,如砂粒,但能形成缝隙而凝聚水分,并形成氧浓差电池。

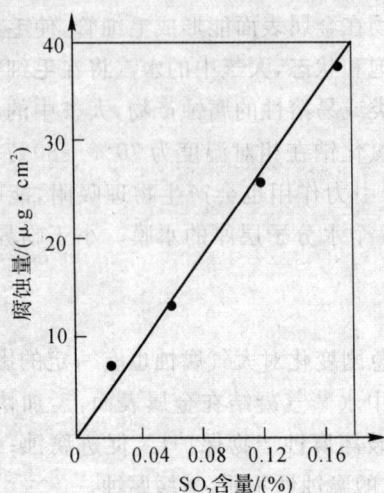

图 5-8　铁腐蚀量与 SO_2 含量的关系

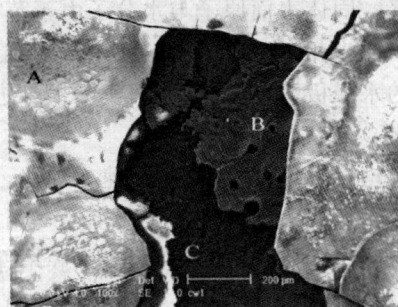

图 5-9　含 SO_2 大气中的锈层结构[3]

5.1.6　防止大气腐蚀的措施

1. 提高材料的耐腐蚀性

一般碳钢不耐大气腐蚀,但在钢中加入合金元素 Cu,P,Nb,稀土元素形成耐候钢,可显著提高钢的抗大气腐蚀性。图 5-10 表明 Cu 的加入对钢在大气中腐蚀的影响。

2. 使用有机、无机涂层或金属镀层

长期暴露在空气中的金属结构可用有机、无机涂料或金属镀层来保护。如在油漆涂料中加入钝化剂(如铬酸盐)或锌粉(起电化学保护作用)可起到很好的防锈效果;结构或管道表面采用镀锌,可有效防止大气环境所引起的腐蚀,锌起阴极保护的作用。

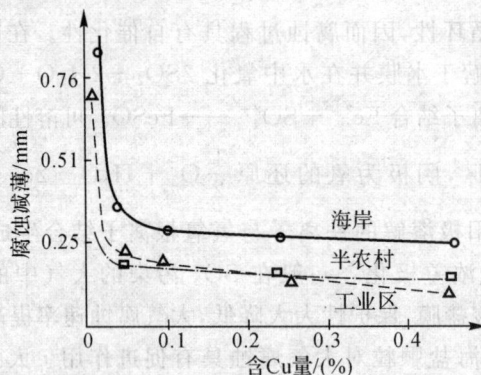

图 5-10　钢中含 Cu 量对大气腐蚀的影响
(15.5a 暴露腐蚀结果)

3. 使用气相缓蚀剂

气相缓蚀剂,如亚硝酸二环己胺、碳酸环己胺等,适于保护钢铁和铝制品,苯丙三氮唑及其衍生物适于钢铁及铜合金。气相缓蚀剂易挥发,可充满包装容器。使用方法分为气相纸法、粉末或片剂法等。

4. 降低大气湿度

对实际的工程构件,控制大气环境是比较困难的。但对临时性防护,可以控制密封金属容器或非金属容器内的相对湿度,如充惰性氮气或抽去空气,以使制件与外围介质隔离。从而避免锈蚀,并使非金属件防霉、防老化。其方法有充氮封存法、吸氧剂法和干燥空气封存法等。

5. 合理设计结构

在结构设计方面,应尽可能地避免缝隙和死角以减少由于结构设计不合理引起的积水,尽量避免形成局部的电化学腐蚀环境。对壳体结构,在不影响结构功能的条件下可设置排水孔。

5.2　海水腐蚀

5.2.1　海水的物理化学性质

海洋占地球表面的 2/3,是极为丰富的自然资源宝库,海洋的开发在所必然,会使用大量的金属结构,这些金属结构必然遭受海水的腐蚀。

海水是一种含有多种盐类的近中性电解质溶液,并溶解一定量的氧。随海洋深度的增加,海水中的溶解氧下降。在海水中,含盐量为 3.2% ~ 3.75%,其中以 NaCl 为主,因而海水的电导率高。

海水的物理化学指标主要有盐度、氯度、电导、pH 值、溶解氧含量和海水的流速等。盐度是指 1 000 g 海水中溶解的固体盐类物质的总克数。氯度是表示 1 000 g 海水中所含氯离子克数。通常先测定海水的氯度 $w(Cl‰)$ 再推算到盐度 $w(S‰)$,两者有如下关系式:

$$w(S‰) = 1.806\ 5w(Cl‰) \tag{5-3}$$

海水的总盐度随地区而变化,一般在相通的海洋中盐度相差不大,但在某些海区和隔离性的内海中,盐度有较大的变化。海水的盐度波动直接影响到海水的电导率,这是影响金属腐蚀速度的因素之一。海水中以 NaCl 为主的盐类,其浓度对钢来讲,刚好是使钢接近于最大腐蚀速度的浓度范围。海水又含大量的 Cl^- 离子,破坏金属钝化。因此,钢在海水中易遭腐蚀。

海水腐蚀是以阴极氧去极化控制为主的腐蚀过程。海水中溶解氧的多少,是影响海水腐蚀的重要因素。海水中含氧量可达 12×10^{-6},海水表面因与大气接触,又有波浪运动,因此含氧量较大。盐度的增加会使溶解氧量降低。随海水深度的增加,含氧量减少,但深度再增加则溶解氧量反而增多,这可能与绿色植物的光合作用有关。

不同的海域温度不同。例如,北冰洋海水温度为 2 ~ 4℃,热带海洋可达 29℃,温热带海水温度随深度而变化,深度增加温度下降。温度的提高会加快腐蚀速度。如铁、铜及其合金通常在炎热环境或季节的海水里腐蚀速度增大。

在平静海水中流速极低、均匀,氧的扩散速度慢,腐蚀速度较低。当流速增大时,因氧扩散加快,使腐蚀加速。对一些在海水中易钝化的金属(如钛、镍合金和高铬不锈钢),有一定流速反而能促进钝化和耐蚀,但很大的流速,因受介质的冲击、摩擦等机械作用影响,会出现冲击腐蚀或空蚀。

海洋生物因素对腐蚀影响很复杂,在大多数情况下是加大腐蚀的,尤其是局部腐蚀。海洋中的叶绿素植物,可使海水的含氧量增加,通过阴极去极化加速腐蚀。海洋生物放出的 CO_2 使周围海水呈酸性,海洋生物死亡、腐烂可产生酸性物质和 H_2S,因而可使腐蚀加速。

此外,有些海洋生物会破坏金属表面的油漆或金属镀层,因而也加速腐蚀。海洋生物在金属表面的堆积,也可形成缝隙而引起缝隙腐蚀。

5.2.2 海水腐蚀的电化学过程

1. 金属在海水中的腐蚀电位

金属在海水中的电极电位是不平衡电位,可称为腐蚀电位或开路电位,与它的标准电位是不同的。

表 5 - 2　金属在充气流动海水中的腐蚀电位(SCE)

金属	电极电位/V	金属	电极电位/V
镁	−1.5	锡	−0.42
锌	−1.03	海军黄铜	−0.40
铝	−0.79	铜	−0.36
镉	−0.70	镍	−0.22
铁	−0.61	银	−0.13
Cr18Ni8(活化态)	−0.53	钛	−0.10
铅	−0.5	Cr18Ni8(钝化态)	−0.08

表 5 - 2 列出了一些金属在充气的流动海水中的腐蚀电位值,相对于饱和甘汞电极。表 5 - 2 中的金属电位是按负值递减的顺序排列的,这样的排列也可称为金属在海水中的电偶序。一种金属与其后面的任何一种金属在海水中直接接触时,将构成宏观腐蚀电池,电位较负的金属将成为腐蚀电池中的阳极而被腐蚀,电位较正的金属将作为腐蚀电池中的阴极而得到保护。例如,当锌与铁在海水中直接接触时,锌被腐蚀,铁得到保护;当铁与铜在海水中直接接触时,铁被加速腐蚀,而铜不发生腐蚀;不同金属直接接触时发生电偶腐蚀。海水中金属的电偶腐蚀除了与两种金属的电位差值有关外,还与腐蚀产物的性质、海水流速、阴阳极面积比等因素有关。

2. 海水腐蚀机理

海水是典型的电解质溶液,金属在海水中将产生电化学腐蚀。当金属处于海水环境中时,会形成腐蚀微电极,钢的阳极反应为 $Fe \longrightarrow Fe^{2+} + 2e^-$,阴极反应为 $\frac{1}{2}O_2 + H_2O + 2e^- \longrightarrow 2OH^-$。由于海水的电导率大,海水腐蚀的电阻性阻滞很小,即不容易产生电阻极化。海水中不仅腐蚀微电池的活性大,而且腐蚀宏观电池的活性也很大。

海水中金属腐蚀行为按腐蚀速率受控制的情况可分为两大类:一类是受阴极过程的控制,主要受氧扩散的控制,当海水中的含氧量增加时会加速碳钢和低合金钢的腐蚀;另一类是受表面钝化膜的控制,如钛及其合金、不锈钢和铝及其合金会形成钝化膜,对腐蚀过程产生明显的阻滞。

3. 海水腐蚀的过程

R. E. Melchers 建立了海水浸泡时腐蚀损伤演化的过程模型[4],如图 5 - 11 所示。钢在海水中长期浸泡的腐蚀过程可分为 5 个阶段,各个阶段腐蚀的控制因素不同,腐蚀产物在各个阶段的作用也不相同。腐蚀速率随时间变化可划分为两个时期：受氧扩散的控制和氧腐蚀去极化的时期，即 0~2 阶段；受海洋微生物控制和厌氧细菌腐蚀时期，即 3~4 阶段。

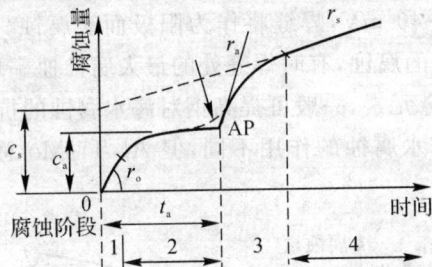

图 5-11　海水腐蚀演化模型

阶段 0，是活化极化控制阶段，是腐蚀刚开始的阶段。当试样浸泡于海水中时，试样表面的氧化膜被破坏，金属表面处于活化极化状态。金属发生腐蚀的量很少，所经历的时间也比较短。阶段 0 受海水流速、金属表面状态等因素的影响。

阶段 1，是动力学控制阶段，又称线性阶段。金属的腐蚀主要受氧传输的控制，即受海水中溶解氧向金属表面的扩散控制。在海水腐蚀过程中，经过 0 阶段的腐蚀后，金属的溶解会在表面形成锈层，这时锈层非常薄且疏松多孔，不会产生明显的电阻极化，腐蚀量与浸泡时间呈正比关系，金属具有恒定的腐蚀速率 r_0。由于锈层没有保护作用，海水中的氧很容易扩散达到金属界面参与阴极还原的去极化。进入到金属界面的氧越多，腐蚀就越快，腐蚀速率就越高。

阶段 2，是氧扩散控制的阶段。随着腐蚀过程的进行，锈层逐渐增厚并且分层，易钝化合金表面形成致密锈层逐渐阻止溶解氧向金属界面的传送，产生明显的阴极极化，腐蚀量与腐蚀时间关系变为非线性的氧扩散控制，表面锈层的不断增厚使腐蚀速率也逐渐降低。这时，锈层也会阻止腐蚀形成的铁离子由腐蚀界面向外的扩散，但这不是腐蚀的控制过程。

阶段 3，是硫酸还原菌（Sulfate Reducing Bacterie，SRB）的生长过程控制阶段，金属腐蚀速率出现转折点。随着金属锈层厚度的增加，海水中氧到达金属界面的量越来越少，腐蚀的量到达了 C_a，理想的瞬时腐蚀速率可达到零。但此时金属界面的环境变成了厌氧环境，海水中的 SRB 迅速在金属界面生长，加速腐蚀，则瞬时腐蚀速率很大。随腐蚀时间的增加，腐蚀逐渐减慢。阶段 3 在海水腐蚀过程中持续时间大约为 1 a。

阶段 4，是 SRB 控制的阶段。当金属表面的厌氧菌生长到一定数量时，SRB 的生长速率变得缓慢，金属的腐蚀速率往往在一个比较稳定的状态，腐蚀速率稳定在 r_s，这个阶段是一个长期的过程。

4. 金属特性和合金元素对海水腐蚀影响

碳钢和低合金钢的海水腐蚀速度主要受氧的扩散速度控制。由于微阴极面积的增加对氧的扩散并无多大影响，所以低合金钢中的含碳量和合金元素的含量对腐蚀速率影响不大。海水流速的增加则可加快碳钢和低合金钢的腐蚀，提高其腐蚀速率，这是因为海水流速的加快使得到达阴极的氧量增加。当碳钢及低合金钢表面的氧化膜未除掉时，由于它性脆易产生裂纹而露出基体金属，因此在海水中暴露的基体金属就与比其面积大得多的氧化膜构成腐蚀电池，两者的电位差有时可达 0.26 V，裂纹中的基体金属将作为阳极而被腐蚀。由于阳极面积很小,腐蚀电流很大,使得腐蚀在小面积上向深处发展,其腐蚀速率比碳钢在平静海水中的腐蚀速率(0.08~0.12 mm/a)要大得多,一般可为 1.5~2 mm/a。金属结构物上的焊缝与邻近的钢板有电位差,其值可为 20~40 mV,焊缝将作为阳极而被腐蚀。由于焊缝面积比邻近钢板的面积小得多,因此受到强烈的腐蚀,有时焊缝处的最大腐蚀速率可为 0.77~1.3 mm/a。

在碳钢的基础上加入合金元素,一般可提高钢对海水腐蚀的抗力,如图 5-12 所示。在不同的阶段,有些合金元素抗海水腐蚀的作用不同,但 Al,Ti,Mo 总是能提高钢对海水腐蚀的抗力。

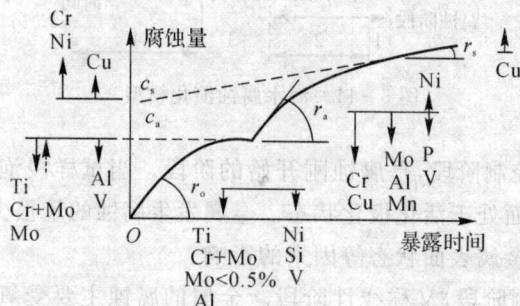

图 5-12 合金元素对钢海水腐蚀的影响

由于海水中含有大量活性极强的氯离子,因此不锈钢在海水中的钝态是不稳定的。不锈钢的钝化膜易被氯离子破坏而发生局部腐蚀。在海水流速较低的情况下,氧的供应不充足,不锈钢的钝性处于不稳定状态,在氯离子作用下不锈钢的局部腐蚀特别是点腐蚀的速率将增加。如果此时有海洋生物附着,形成氧浓差电池,将更加速不锈钢的点腐蚀过程。

当海水流速较高时,氧的供应较为充足,海洋生物受冲刷作用也不易附着,此时不锈钢的钝态比海水流速低时稳定,点腐蚀的速率也小得多。在不锈钢中添加 Mo 可提高其耐点腐蚀的能力。

由于铜的电位较正,热力学稳定性较高,而且不易被海洋生物附着。因此,铜在海水中有较高的耐腐蚀性。例如,纯铜在海水中的腐蚀速率为 0.02~0.07 mm/a,铜及铜合金的海水腐蚀与海水流速、污染程度、合金性质等因素有关。当海水流速大于 1 m/s 时,由于氧去极化作用的加强,铜的腐蚀速率比海水平静时的腐蚀速度要大,但黄铜的腐蚀速度还是很小的,其平均腐蚀速率只有 0.04 mm/a。黄铜的耐蚀性还与其合金成分和金相组织有关,其耐蚀性随铜含量的减少而降低。当金相组织不均匀时还易发生选择性脱锌腐蚀。金相组织不均匀的黄铜在海水中,含铜量不同的金相组织将构成腐蚀微电池。含铜量较多的 α-黄铜,因其电位正而成为阴极,含铜量较少的 β-黄铜,因其电位负而成为阳极被腐蚀,腐蚀下来的铜离子沉淀在黄铜表面形成了附加的阴极,从而又加快了黄铜中锌的溶解。黄铜的脱锌腐蚀是海水冷凝管腐蚀穿孔的主要形式,其腐蚀速率可达 0.2 mm/a。青铜在海水中有较高的耐蚀能力,例如锰青铜可用做船舶的推进起,尤其是磷青铜在海水中非常稳定,平均腐蚀速率仅为 0.03 mm/a。

铝在海水中的耐腐蚀性较好,其耐腐蚀性能的高低与铝的纯度有关。一般来说,铝的纯度越高,耐腐蚀性能越好。铝合金的耐海水腐蚀能力与其合金元素有关。镁可提高铝合金的耐海水腐蚀能力,铜、锌、硅则使铝合金的耐海水腐蚀能力降低。因此,铝镁合金的耐海水腐蚀能力最高,可在无保护层的条件下长期使用。但大部分铝合金如果在没有保护层的条件下使用,在海水中易发生孔蚀、晶间腐蚀和应力腐蚀破裂。

钛及钛合金在所有的金属材料中具有极高的耐海水腐蚀能力。在通常的或被污染的海水中钛及钛合金几乎完全不腐蚀,即使在海水流速达 20 m/s,或 350℃ 高温的情况下,钛及钛合金也不发生腐蚀。而且,钛及钛合金还有很高的耐磨损腐蚀、空泡腐蚀、腐蚀疲劳、应力腐蚀破裂、隙缝腐蚀的能力,是一种理想的海水金属结构材料。

5.2.3 影响海水腐蚀的因素

海水中含盐量增加,海水的电导率增加,但含氧量却下降,在某一含盐量下存在腐蚀速率的最大值。

绝大多数金属在海水中的腐蚀属于氧去极化腐蚀,即吸氧腐蚀,含氧量增加时腐蚀速率增加。海水表面与大气接触,其含氧较多,一般在 12×10^{-6} 以下。海水的深度增加,其含氧量下降。海水中含盐量增加,海水的含氧量也相应下降。

一般海水温度每增加 10℃,金属的腐蚀速率升高 1 倍。

海洋生物对金属的腐蚀也具有明显的影响。当海洋生物附着在金属表面,因其生命活动释放二氧化碳或死亡析出硫化氢,可使金属表面局部呈现酸性,加速腐蚀。

当海水流速增加时,会加速金属的腐蚀。

5.2.4 防止海水腐蚀的措施

(1)合理设计金属结构。设计构件时要考虑到足够的腐蚀余量,这是基于海水中金属以均匀腐蚀为主的考虑。

(2)合理选材。根据需要可采用镀锌钢件,对要求高且重要的结构可采用耐海水腐蚀的专用钢材,如 10CrMoAl。10CrMoAl 材料中,铝能与空气中的氧发生化学反应生成 Al_2O_3,从而形成保护膜,既防腐又耐蚀。10CrMoAl 中的铬、钼在海水中能自动补充氯离子对钢材点腐蚀形成的空隙,形成致密保护层,阻止点腐蚀向纵深发展,进而达到耐腐蚀,延长结构使用寿命的目的。

(3)采用厚浆型重防式涂料。

(4)对重点部件采用耐腐蚀材料包套。

(5)根据电化学腐蚀原理,采用阴极保护,牺牲阳极,阴极保护是常用的防护方法。

5.3 土 壤 腐 蚀

5.3.1 土壤腐蚀特点

金属在土壤环境中所产生的腐蚀,称为土壤腐蚀(Soil corrosion)。各种地下设施、管道、电缆等都要遭受土壤腐蚀威胁,因而土壤腐蚀是最重要的实际腐蚀控制之例,是各种介质中腐蚀过程最复杂的。常见的土壤腐蚀形式有充气不均引起的腐蚀、杂散电流引起的腐蚀和微生物引起的腐蚀。

土壤是具有毛细管多孔性的特殊固体电解质,是由固体、液体和气体组成的三相结构。固体,即土粒,含多种无机矿物质和有机矿物质,组成土壤的土粒大小不等。液体,即存在于土壤中的水分,其中溶解了土壤中的各种盐分。气体是存在于土壤的空气,其中氧气是直接参与腐蚀过程的气体。

土壤具有毛细管多孔性,通常形成胶体体系。在土壤土粒之间,存在大量的毛细管微孔或孔隙,孔隙中充满空气和水。由于水分的存在,土壤成为离子导体,具有电解质溶液的特征。土壤中的孔隙度和含水率又影响土壤的透气性和电导率。

一般来说,土壤介质相对稳定,但又存在不均匀性,往往形成各种浓差电池。从大范围讲,具有不同性质土壤的交替和更换,会使与腐蚀相关的土壤电化学性质发生明显的变化。从小范围讲,各种微结构组成的土粒、气孔、水分存在一定的差别,土壤的结构紧密程度也存在一定的差别。

5.3.2　土壤腐蚀的影响因素

影响土壤腐蚀的因素众多,研究各主要影响因素的作用,及各主要因素间的交互作用是土壤腐蚀研究的重点。

在土壤环境中,土壤腐蚀的阴极过程主要是氧去极化作用,由于氧要透过固体的微孔电解质到达阴极,此过程比较复杂,进行的也比较慢,而且土壤的结构和湿度对氧的传输有很大的影响。

影响土壤腐蚀的因素可以分为三类:第一类是土壤的理化性能,第二类是土壤的组成,第三类是土壤的温度。

土壤的理化性能包括土壤的电阻率、氧化-还原电位、pH 值和土壤密度等。土壤的电阻率是一个综合性因素,反映土壤的导电能力,会明显影响宏观的腐蚀电池效应。氧化-还原电位综合反映土壤氧化还原程度的轻度指标,与土壤中的有机质、pH 值和含氧量(透气性)有关。当氧化-还原电位(E_h)较高时,土壤的氧化剂占主导地位。在 pH 值为 $5.5\sim8.5$ 范围,E_h值越低,土壤中还原剂越占主导地位,也表明微生物的作用越强。

土壤的组成包括土壤含水率、土壤中的盐分和土壤含气量等。土壤中的含水量使土壤介质具有电解质溶液的特性,是造成电化学腐蚀的先决条件。在干燥的土壤中,金属几乎不会发生腐蚀,随土壤含水量的增加,金属在土壤中的腐蚀速率增加,并达到极大值,土壤含水量继续增加腐蚀速率又下降,如图 5-13 所示。

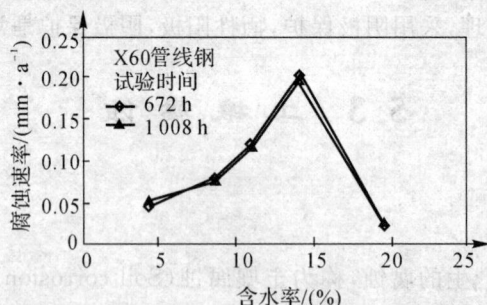

图 5-13　钢腐蚀速率与土壤含水率的关系

大多数土壤的含盐量在 2% 以内,很少超过 5%。随土壤含盐量的增加,土壤的电阻率降低,促进金属的腐蚀,其中 Cl^- 促进腐蚀的作用最强,一方面通过破坏金属表面的钝化膜促进阳极过程,另一方面与阳极溶解的金属正离子形成可溶性腐蚀产物,降低浓差极化。其他阴离子往往会促进钢铁材料的土壤腐蚀,促进土壤腐蚀强度减低的顺序依次为 SO_4^{2-},CO_3^{2-},HCO_3^{2-}。

应该指出,对铅的土壤腐蚀 SO_4^{2-} 却具有抑制的作用。

对钢铁材料的土壤腐蚀,硫离子会与铁离子反应生成硫化铁,主要与土壤中硫酸盐还原菌的生命活动有关。CO_3^{2-} 能与土壤中的 Ca^{2+} 形成 $CaCO_3$,它与土壤中砂粒结合成坚硬的"混凝土"层,使腐蚀产物与金属结合牢固,抑制电化学反应的阳极过程,对腐蚀具有阻碍作用。土壤中的阳离子 K^+,Na^+,Ca^{2+},Mg^{2+},Al^{3+} 等除了起导电作用以外,并不直接参与土壤腐蚀的电化学过程,对土壤腐蚀影响不大。土壤含气率是指单位体积土壤孔隙中气体体积占有的比率,它是一个与土壤容量、含水率和土壤密度相关的指标。氧是土壤腐蚀不可缺少的一个因素,氧存在于土壤的气体中。土壤中氧的来源主要是空气的渗透,土壤的透气性与土壤的孔隙度、松紧度、土粒的结构有密切的关系。由于在土壤中金属的腐蚀主要是氧的去极化,所以土壤中含气量增加会促进腐蚀。

金属在土壤中的腐蚀主要是电化学过程,土壤温度的提高,会加速阴极的扩散过程和电化学反应的离子化过程,从而加速金属的腐蚀。

土壤中存在的微生物也能促进金属的腐蚀。在土壤中,与土壤腐蚀有关的微生物主要是 SRB,它倾向于聚集在钢铁结构的表面,导致金属材料的腐蚀。硫酸盐还原菌主要是促进阴极去极化,土壤中的 SO_4^{2-} 在 SRB 的作用下与 H^+ 反应生成 S^{2-},即 $SO_4^{2-} + 8H^+ + 8e^- \xrightarrow{\text{SRB}} S^{2-} + 4H_2O$,然后 S^{2-} 与钢铁溶解的 Fe^{2+} 生成 FeS,$Fe^{2+} + S^{2-} \longrightarrow FeS$,因此钢铁材料在土壤腐蚀产物中存在 FeS,它是微生物腐蚀的一个佐证。

杂散电流是指土壤介质中存在的一种大小和方向不固定的电流,它所引起的金属腐蚀称为杂散电流腐蚀。杂散电流来源于电气化铁路、有轨电车、无轨电车地下电缆漏电、直流电焊机以及其他电器设备的接地装置。杂散电流可分为直流杂散电流和交流杂散电流。

当管道通过存在直流杂散电流的土壤时,杂散电流会沿管道涂层的裸露点流入管道,然后从其他涂层的裸露点流出管道。电流进入管道的地方带有负电为阴极区,产生析氢反应,造成管道涂层的剥落。杂散电流流出管道的地方带正电,该部位便成为阳极区,产生严重的腐蚀,如图 5-14 所示。

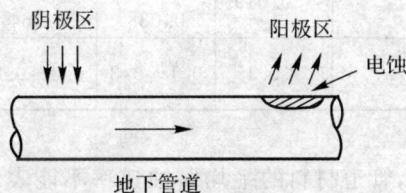

图 5-14　直流杂散电流的腐蚀

直流杂散电流对金属腐蚀的原理与电解的原理相同。交流杂散电流对地下金属结构也具有一定的腐蚀作用,但机理尚不十分清楚。

综上所述,影响土壤腐蚀的因素很多,有些是独立的因素,有些是综合的因素,这些因素往往随地域、气候和时间而变化,且它们之间往往存在交互作用。因此,要弄清这些因素对土壤腐蚀的影响规律是相当困难的。

5.3.3　土壤腐蚀性评价

土壤腐蚀性评价是研究材料土壤腐蚀的主要目标,其目的是对各种材料的土壤腐蚀性做出正确的评价,为地下结构或设施的工程设计、防腐蚀措施的制定、腐蚀剩余寿命预测提供科学、可靠的依据。土壤的腐蚀性既不能从理论上计算,也不能采用简单的方法和仪器测量,它是要通过测量试验材料的腐蚀失重、腐蚀速率和腐蚀的深度来确定,是一项复杂、耗时和需要大量人力和资金投入的工作。

土壤腐蚀性是用来表示土壤腐蚀的严重程度的,通常根据金属土壤腐蚀速率的高低分成不同等级。腐蚀的等级大多采用五等级,如极弱、低、中等、高和极高,也有采用三等级,如低、中等和高。不同的材料划分腐蚀性等级的腐蚀速率也不尽相同。钢质管道在土壤介质中穿孔年限、平均腐蚀速率与腐蚀性的关系列于表5-3中,它可作为埋地管道土壤腐蚀性的评价依据。钢铁材料在土壤中的腐蚀性也可采用由失重法得到的腐蚀速率和最大的孔蚀深度表示如表5-4所示。

表5-3　钢质管道土壤腐蚀性等级

穿孔年限/a	腐蚀速率/(mm·a^{-1})	腐蚀性
1~3	>0.125	强
3~5	0.04~0.125	较强
5~10	0.01~0.04	中
10~25	0.0025~0.01	弱
>25	<0.0025	最弱

表5-4　钢铁材料土壤腐蚀评价标准

腐蚀等级	Ⅰ(优)	Ⅱ(良)	Ⅲ(中)	Ⅳ(可)	Ⅴ(劣)
腐蚀速率/(g·dm^{-2}·a^{-1})	<1	1~3	3~5	5~7	>7
腐蚀速率/(mm·a^{-1})	<0.019	0.019~0.038	0.038~0.064	0.064~0.089	>0.089
最大腐蚀深度/(mm·a^{-1})	<0.1	0.1~0.3	0.3~0.6	0.6~0.9	>0.9

由表5-3和表5-4可见,管道材料的平均腐蚀速率不能表示管道的穿孔年限或最大的腐蚀坑深度,由管道穿孔年限或最大的腐蚀坑深度计算的腐蚀速率远远高于管道材料的平均腐蚀速率,这是因为实际生活中管道在土壤介质中通常都是局部腐蚀。

土壤腐蚀性评价需要大量的现场试验,由腐蚀速率或试样最大腐蚀坑深度确定试验材料的腐蚀性。但是,要判定土壤腐蚀性时,必须进行埋片,等待较长时间后开挖时才能得到腐蚀试验的结果,这样做耗时耗力,在实际工作中运用也极不方便。

在大量试验的基础上,人们已经积累了大量土壤腐蚀数据和实践经验,提出许多根据被试验土壤的理化性能、土壤组成等因素来判断土壤的腐蚀性的方法,使得土壤腐蚀性的评价工作变得比较简单和迅速。

对于土壤的腐蚀性评价,世界各国都有评价标准,国内有国标、行业标准。土壤的腐蚀性评价的方法有单指标法和综合评价法。

单指标法是采用土壤理化性能或土壤组成的一个指标来间接评价土壤的腐蚀性,给出土壤腐蚀的强度等级。

土壤电阻率法是一种普遍采用的、十分简便的方法,在某些地区也比较可靠,但各国的分类范围和等级有一定的差别,如表 5-5 所示。

含水量法通常也作为土壤腐蚀强弱的评定方法,如表 5-6 所示。可见含水量的变化对土壤腐蚀性的影响呈复杂的关系。土壤类型不同,土壤腐蚀性与含水量的对应关系也会有所改变。如表 5-6 所示,当土壤含水率在 12%~25% 范围时,土壤腐蚀性具有最高的腐蚀速率(见图5-13),其腐蚀的等级为极高。

表 5-5　用土壤电阻率评价土壤腐蚀性的标准

腐蚀程度	土壤电阻率/$(\Omega \cdot m)$					
	中国	美国	苏联	日本	法国	英国
低	>50	>50	>100	>60	>30	>100
较低				45~60		50~100
中等	20~50	20~45	20~100	20~45	15~25	23~50
较高		10~20	10~20			
高	<20	7~10	5~10	<20	5~15	9~23
特高		<7.5	<5		<5	<9

表 5-6　土壤含水量与土壤腐蚀性的对应关系

腐蚀等级	极弱	低	中等	高	极高
含水量/(%)	<3	3~7 或 >40	7~10 或 30~40	10~12 或 25~30	12~25

在单指标法中,还有采用土壤交换性酸总量法、pH 值法、土壤含盐量法、氧化还原电位法和钢铁对地电位法等。单指标法的优点是简单,能快速得到土壤腐蚀性的评价结果,但由于土壤腐蚀的复杂性结果通常会出现错误。事实上,没有一个土壤因素可以作为正确评价土壤腐蚀性的标准。

综合评价法是采用多个土壤因素来评价土壤的腐蚀性,国内外已建立了很多多项指标打分法和多指标的关联法。

德国 Backman 打分法[5]选择 12 项土壤理化性能指标,包括土壤类型、土壤电阻率、含水量、pH 值、酸碱度、硫化物、中性盐、硫酸盐、地下积水情况、水平方向土壤均匀状况、垂直方向土壤均匀性、材料/土壤电位,通过给各项理化性能指标进行打分如表 5-7 所示,然后根据分值评出土壤的腐蚀性如表 5-8 所示。

Backman 综合打分法由于考虑因素过多,在土壤腐蚀评价中收集 12 项数据比较困难,其中有些因素测量也不十分方便。另外,土壤理化性质打分的标准也不一定适用于不同土壤。因此,这一方法是一种理想化的评价标准,在我国一些地区并不一定适用。

表 5 - 7　土壤腐蚀等级综合评分标准（DIN 50929）

因素	类型	单位	数值	分数	指数
土壤类型	粘土含量	%	<10	4	Z1
			10～30	2	
			30～50	0	
			50～80	-2	
			>80	-4	
	碳泥土，沼泽土，粘土，腐殖土（有机料）	%	>5	-12	
	有无污染物		有	-12	
			无	0	
	土壤电阻率	Ω·m	>500	4	Z2
			200～500	2	
			50～200	0	
			20～50	-2	
			10～20	-4	
			<10	-6	
	含水量	%	≤20	0	Z3
			>20	-1	
	pH		>9	2	Z4
			5.5～9	0	
			4～5.5	-1	
			<4	-3	
酸碱度	中和酸的量或碱度	mmol/kg	<200	0	Z5
			200～1 000	1	
			>1 000	3	
	中和碱的量或酸度	mmol/kg	<2.5	0	
			2.5～5	-2	
			5～10	-4	
			10～20	-6	
			20～30	-8	
			>30	-10	
	硫化物	mg/kg	<5	0	Z6
			5～10	-3	
			>10	-6	

续 表

因素	类型	单位	数值	分数	指数
中性盐 (水溶性)	$Cl^- + 2(SO_4^{2-})$	mmol/kg	<3 $3\sim10$ $10\sim30$ $30\sim100$ >100	0 -1 -2 -3 -4	Z7
硫酸盐	$(SO_4^{2-}$,盐酸提取物)	mol/kg	<2 $2\sim5$ $5\sim10$ >10	0 -1 -2 -3	Z8
埋设试样处	地下水情况		地下水位以上 地下水位以下 地下水交替处	0 -1 -2	Z9
水平方向土壤	均匀状况	相邻土壤电阻率评分值差$\lvert\Delta Z2\rvert$	<2 $2\sim3$ >3	0 -2 -4	Z10
垂直方向土壤均匀性	直接邻近土壤		同种土壤 异种土壤	0 -6	Z11
	不同土壤电阻率评分值差$\lvert\Delta Z2\rvert$		$2\sim3$ >3	-1 -2	
	材料、土壤电位(相对饱和硫酸铜电极)	V	$-0.5\sim-0.4$ $-0.4\sim-0.3$ >-0.3	-3 -8 -10	Z12

表 5-8　土壤腐蚀评价标准表(DIN 50929)

总负分	基于 B0 值		基于 B1 值	
	腐蚀等级	腐蚀性	局部腐蚀	均匀腐蚀
>0	Ⅰa	不腐蚀	极轻微	非常小
$1\sim4$	Ⅰb	弱腐蚀	轻微	非常小
$5\sim10$	Ⅱ	腐蚀	中等	小
>10	Ⅲ	强腐蚀	极强	中等

注：B0＝Z1＋Z2＋Z3＋Z4＋Z5＋Z6＋Z7＋Z8＋Z9；B1＝B0＋Z10＋Z11＋Z12(以浓差电池为主的自然腐蚀)。

　　美国 ANSI A21.15 土壤腐蚀评价如表 5-9 所示,采用 5 项土壤性质进行综合打分。当该五项评价指数之和大于 10 时,表示土壤对灰口铸铁及球墨铸铁具有强的腐蚀性,需要采用聚乙烯膜进行保护。

表 5-9　ANSI 土壤腐蚀性评价综合打分指数

土壤性质	测量值	评价指数
土壤电阻率/$(\Omega \cdot m)$	<7	10
	$7 \sim 10$	8
	$10 \sim 12$	5
	$12 \sim 15$	2
	$15 \sim 20$	1
	>20	0
pH	$0 \sim 2$	5
	$2 \sim 4$	3
	$4 \sim 6.5$	0
	$6.5 \sim 7.5$	0*
	$7.5 \sim 8.5$	0
	>8.5	3
氧化还原电位/mV	>100	0
	$50 \sim 100$	3.5
	$0 \sim 50$	4
	<0	5
硫化物	存在	3.5
	微量	2
	不存在	0
湿度	终年潮湿（排水性差）	2
	一般潮湿（排水性尚可）	1
	一般干燥（排水性良好）	0

* 当有硫化物，氧化还原电位低时，该分值可取为 3。

　　我国石油、电力、通信部门及生产、设计单位也有土壤腐蚀性的评价标准。这些标准是根据本部门及本地区的特点而制定的，应用时应该慎重。土壤腐蚀影响因素的复杂性，使得比较成熟的处理问题的常规方法无能为力，必须进行新的探索，引入一些新的处理方法。

　　根据数学方法和计算机分析技术建立土壤腐蚀性评价也在不断地发展中。非线性映照和主分量分析两种方法在土壤腐蚀性评价的实际运用中取得了较好的效果[7]。非线性映照法（NLM）需要首先找出影响土壤腐蚀性的所有参数，再筛选几个关键参数，选取训练集样本进行计算，采用非线性映照技术将高维空间分布的样本投影到一个平面坐标，得到 NLM 判别图，根据样本在图中位置远近估计其腐蚀等级上的差异，将未知样本投影到图中，根据其位置则可预测其腐蚀等级的大小。主分量分析（PCA）取高维空间分布样本最大伸展方向作为第一主分量，与第一主分量垂直的第二伸展度为第二主分量，依此类推可得 N 个主分量，每个主分量都是原来特征参数的线性组合。主分量中包含的信息要比原有特征参数更加丰富和集中。只取前几个主分量就足以表达原有数据的主要信息。以前两个主分量为坐标，构成平面图,由图的形状可反映数据的空间分布和分类方面的特征。图 5-15 为某长输管线沿线土壤腐蚀性分类的 PCA 判别图[8]。采用 11 个土壤样本和与之对应的土壤腐蚀速率进行非线性映照,最后选取影响力重大的三个因素,$CaCO_3$ 的质量百分数 x_1、土壤含盐(以 $Cl^- + SO_4^{2-}$ 为代表,mol/m^3) x_2 和土壤的电阻率($\Omega \cdot m$) x_3。由 PCA 的原理,图 5-15 中的第一主分量,即 x 轴,和第三主分量,即 y 轴,分别为

$$x = 4.563\ 1x_1 - 8.397\ 8x_2 + 0.284\ 0x_3 - 33.058\ 6 \qquad (5-4a)$$

$$y = 0.934\ 5x_1 + 6.917\ 1x_2 + 0.800\ 9x_3 - 37.072\ 4 \qquad (5-4b)$$

在图 5-15 中三等级腐蚀性的两条分解线的界面方程按一般数学方法计算得到

$$Z_{1.2} = 6.950x_1 - 4.156x_2 + 1.176x_3 - 96.508 = 0 \qquad (5-5a)$$

$$Z_{2.3} = 5.128x_1 - 0.805\ 1x_2 + 1.062x_3 - 44.495 = 0 \qquad (5-5b)$$

主分量分析方法也不是普遍适用的,该方法的成功与否,很大程度上取决于已知样本的挑选与训练是否合理,综合评价的指标是否能客观地反映土壤腐蚀状况,指标的选定也不完全按主分量的权重进行,也包含人为经验因素。

多项指标的综合评价虽然比单项指标的评价方法考虑的因素更加全面,评价的效果也趋于合理,但在评价指标的选定和评价标准的确定方面尚存在着许多问题,必须结合具体情况考虑,否则将出现误判。

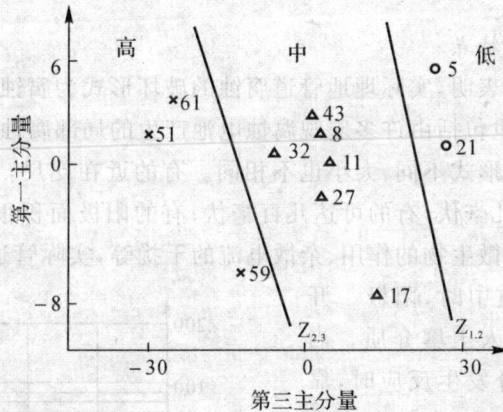

图 5-15 某长输管线沿线土壤腐蚀性[8]

一般土壤的腐蚀评价是针对碳钢进行的,材料不同所得到腐蚀性评价的结果也不尽相同。

5.3.4 土壤腐蚀的电化学过程

在潮湿的土壤中,土壤具有电解质溶液的特性,形成了发生电化学腐蚀的环境条件,因此金属在土壤中的腐蚀属于电化学腐蚀。

金属在土壤环境中的阳极过程是金属的氧化反应,金属变成离子,进入土壤环境,金属被腐蚀。以钢铁构件为例,阳极溶解反应产生二价铁离子,$Fe \longrightarrow Fe^{2+} + 2e^-$,二价铁离子进入土壤电解质中。在稳定的中性和碱性土壤中,二价铁离子与土壤中的 OH^- 之间的次生反应生成绿色的氢氧化亚铁,$Fe^{2+} + OH^- \longrightarrow Fe(OH)_2$。在阳极区有氧存在时,$Fe(OH)_2$ 能被氧化成溶解度很小的氢氧化铁,$4Fe(OH)_2 + O_2 + 2H_2O \longrightarrow 4Fe(OH)_3$,$Fe(OH)_3$ 是不稳定的,它会转变为更稳定的碱式氢氧化铁,$Fe(OH)_3 \longrightarrow FeOOH + H_2O$,或 $Fe_2O_3,2Fe(OH)_3 \longrightarrow$

$Fe_2O_3 \cdot 3H_2O \longrightarrow Fe_2O_3 + 3H_2O$。FeOOH 为赤色产物,有 3 种结晶形态:$\alpha$ - FeOOH,β - FeOOH,γ - FeOOH。$Fe_2O_3 \cdot H_2O$ 是一种黑色的腐蚀产物,在比较干燥的条件下转变为 Fe_2O_3。

当土壤中含有阴离子 HCO_3^-,CO_3^{2-} 和 S^{2-} 时,阳极区的金属阳离子会与这些阴离子反应,生成不溶性的腐蚀产物,如 $Fe^{2+} + CO_3^{2-} \longrightarrow FeCO_3$,$Fe^{2+} + S^{2-} \longrightarrow FeS$。低碳钢在土壤中生成不溶性腐蚀产物与钢的基体结合不牢固,与土壤中的细小土粒黏合在一起,可以形成一种紧密层,有效地阻碍阳极过程,尤其是土壤中含有钙离子时形成碳酸钙。土壤中的气体含有一定量的氧,当发生土壤腐蚀时,阴极过程是氧的还原,在阴极区生成氢氧根离子,$\frac{1}{2}O_2 + H_2O + 2e^- \longrightarrow 2OH^-$。只有在酸性很强的情况下,才有可能在阴极发生氢的还原。

在有些情况下,如土壤中含有硫酸盐还原菌时,硫酸根的还原也可以作为土壤腐蚀的阴极过程,起到了阴极去极化的作用,$SO_4^{2-} + 4H_2O + 8e^- \longrightarrow S^{2-} + 8OH^-$。当金属的高价离子变成低价离子时,也是土壤腐蚀的阴极过程,$Fe^{3+} + e^- \longrightarrow Fe^{2+}$。

大量的实践证明,金属结构或构件在土壤中的腐蚀,阴极过程是主要的控制步骤,而这种过程主要受氧输送所控制。

5.3.5 埋地管道的土壤腐蚀

1. 埋地管道土壤腐蚀特点

大量的管道失效事故表明,实际埋地管道腐蚀的破坏形式为腐蚀穿孔,说明管道在土壤中的腐蚀既包括均匀腐蚀,也包括由许多宏观腐蚀电池产生的局部腐蚀,即从腐蚀坑开始发展到穿孔。这些腐蚀电池存在形式不同,大小也不相同。有的近在咫尺,有的几千米,甚至上十万米;有些腐蚀电位差只有几毫伏,有的可达几百毫伏;有的阳极面积很大,有的阴极面积很大,地下管道的腐蚀还受各类微生物的作用、杂散电流的干扰等,实际管道的腐蚀十分复杂。

当管道埋在土壤介质中时,阳极一开始腐蚀,就有金属离子进入土壤介质。当金属离子与土壤的各组分发生反应时,靠近阳极的土壤环境发生变化,电极电位也随之发生变化,有的部位升高,有些部位降低。管道一部分开始是阳极区,后来可能变为阴极区,开始的阴极区也有可能变为阳极区。随管道腐蚀时间的增加,阳极区的腐蚀速率增加。最后,在分布于整个管道的各种电池中,最大的阳极区损失了足够多的金属,管壁穿透造成泄露。

任何一条管道总存在某一个或多个地方,是发生腐蚀的敏感部位,在多种因素共同作用下,这些地方的腐蚀穿孔率较高,于是泄露首先在这些地方发生。由于管道埋在地下,不能直接观察,管道的其他部位也

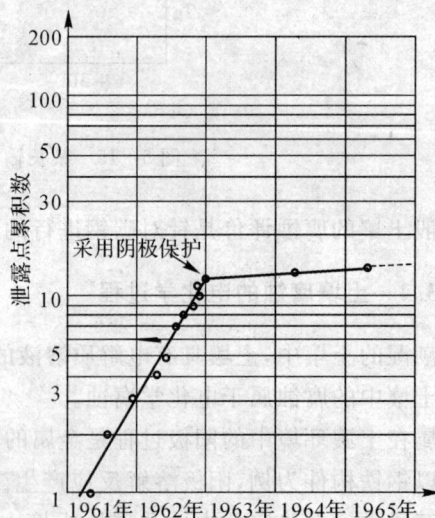

图 5 - 16 某管道泄露点的累积数与时间的关系[9]

存在一定的腐蚀,形成腐蚀坑。随着第一个穿孔的出现,还会发生第二个、第三个等。经验告诉人们,当第一个穿孔出现后,其后的穿孔形成速度越来越快,管道发生泄露点的对数与腐蚀时间呈直线关系,如图 5-16 所示。在半对数坐标上,在没有采用阴极保护时,泄露点的累积数随时间增长比较快,施行阴极保护后,泄露点的累积数随时间增长显著减慢。

2. 管道腐蚀的电化学模型

管道发生腐蚀穿孔,大多数是由宏观腐蚀电池引起的。从理论上讲,管道局部的腐蚀速率 v 表示为微电池的腐蚀速率 v_{mic} 和宏观腐蚀速率 v_{mac} 之和

$$v = v_{mic} + v_{mac} \tag{5-6}$$

微电池的腐蚀速率可由线性极化测量获得,它与极化电阻 $R_p(\Omega \cdot m^2)$ 的关系可用经验关系式表示:

$$v_{mic} = 130/R_p \tag{5-7}$$

对宏观电池,阳极区的腐蚀速率的表示为[9]

$$v_{mac} = \frac{11.6(-E_{corr} + P/S)}{\rho(h + r/\sqrt{2})} \tag{5-8}$$

式中,E_{corr} 为阳极区金属的自腐蚀电位(V);P/S 为管道对地电位(V),硫酸铜电极作为参比电极;ρ 为土壤腐蚀电阻率($\Omega \cdot cm$);h 为管道涂层缺陷部分暴露基体的深度(cm);r 为暴露基体的直径(cm)。当产生宏观腐蚀电池时,$E_{corr} < P/S$。将式(5-7)和式(5-8)代入式(5-6),得到管道阳极区腐蚀速率的表达式为

$$v = \frac{130}{R_p} + \frac{11.6(-E_{corr} + P/S)}{\rho(h + r/\sqrt{2})} \tag{5-9}$$

用式(5-9)计算时,对涂层缺陷的形状系数($h + r/\sqrt{2}$)可取 1.7。只要测出 $R_p(\Omega \cdot m^2)$,ρ,E_{corr},P/S 4 个参数,根据式(5-9)可推算管道的局部腐蚀速率。

3. 管道局部腐蚀损伤动力学

埋地金属结构如管道等的腐蚀损伤是由于管道和具有腐蚀性的土壤环境直接接触的结果。为了保证管道外壁的完整性,管道系统在设计和建造时采用涂层和阴极保护系统。但是,腐蚀所引起的损伤还是不可避免的。这些腐蚀损伤,事实上认为是局部的损伤,随埋地的时间而发展,并导致管道系统的失效。腐蚀是管道破裂的主要原因,平均发生的最短时间为 2 ～ 3 个月,最常见的损伤类型是管道外壁腐蚀。

埋地管道的外腐蚀是由于在金属结构和土壤环境间形成的腐蚀电池,如氧电池,其严重程度取决于土壤的腐蚀性水平。但是,管道在土壤环境中的局部腐蚀损伤的发展速率很低,往往是不可逆电化学反应。管道与土壤界面间质量传输的函数关系是十分复杂的,因为局部腐蚀损伤的形式和速率随环境变化而变化。通常认为,管道的局部腐蚀损伤的典型形态是点腐蚀。

点腐蚀是通过形核和大于临界半径的蚀坑源的生长而形成的。在工程应用中,通常最大腐蚀深度决定了管道的失效时间,因此管道外腐蚀所形成的腐蚀坑的深度 $z(t)$ 可用半经验的关系式表示[10]:

$$z(t) = at^{\beta} \tag{5-10}$$

可见,腐蚀坑的深度是腐蚀时间 t 的幂函数。对式(5-10)两端微分,腐蚀坑生长的瞬时速率可写成

$$v(t) = \frac{\partial z(t)}{\partial t} = \alpha\beta t^{\beta-1} \tag{5-11}$$

式中,α 为比例系数;β 为幂指数。从很多试验结果估算的 α 和 β 值在比较大的范围内变化。

5.3.6 土壤腐蚀的控制

迄今为止,埋设在地下土壤环境的金属结构或构件的土壤腐蚀防护采用防腐涂层、阴极保护等措施。对一些重要的设施,如管道或储罐,往往采用防腐涂层和阴极保护联合防腐措施。

涂覆层可以隔断金属设备与土壤介质的接触,减少裸露金属表面的面积,降低阴极保护的总电流;阴极保护对这些埋地金属设备施加相对地(土壤介质)更负的电位,使金属设备处于不发生腐蚀的电位范围,这种保护涂覆层不可避免存在针孔、长期使用老化引起的开裂、各种机械损伤产生的裸露金属表面的问题。由于涂覆层与这些埋地设备的建设同时实行,以后的检测和维修困难,因此联合防护措施的关键是保证阴极保护的有效性。

5.4 二氧化碳腐蚀

5.4.1 二氧化碳腐蚀及损伤形态

二氧化碳通常状况下是一种无色、无臭、无味、无毒的气体,能溶于水,在 25℃ 溶解度为 0.144g(100g 水)。在标准状况下密度为 1.977 g/L,约是空气的 1.5 倍。二氧化碳虽然无毒,但不能供给动物呼吸,是一种窒息性气体。固体状态的二氧化碳,即俗称"干冰",在 -78.5℃ 和环境大气压下会升华成为气体。二氧化碳是引起温室效应的气体。

二氧化碳气体没有腐蚀性,但二氧化碳溶于水后对钢铁材料具有比较强的腐蚀性,由此引起的材料破坏或结构损伤统称为 CO_2 腐蚀。"CO_2 腐蚀"的概念在 1925 年第一次被 API 采用。1943 年,首次认为在 Texas 油田的气井下油管的腐蚀为 CO_2 腐蚀。CO_2 在水介质中能引起钢铁迅速的全面腐蚀和严重的局部腐蚀,因此 CO_2 腐蚀是由 CO_2 溶解于水溶液使金属发生的电化学腐蚀。

CO_2 腐蚀是世界石油工业中一种常见的腐蚀类型,也是困扰石油工业发展的一个极为突出问题,随着油井含水量的增加其危害愈来愈大。伴随深层含 CO_2 气层的逐渐开发,CO_2 驱油工艺的推广,油田的 CO_2 腐蚀问题越来越突出,成为油田及石油工业一个急需解决的重要课题。

CO_2 腐蚀除产生均匀腐蚀外,在大多数情况下产生局部腐蚀损伤。1940 年提出的 CO_2 腐蚀研究报告认为,CO_2 腐蚀最典型的特征是呈现局部的点蚀、癣状腐蚀和台地腐蚀[11],其中,台地腐蚀是腐蚀过程最严重的一种情况。

均匀腐蚀是 CO_2 腐蚀的基本形式,金属结构如管道内壁表面均匀减薄,腐蚀表面附着比较均匀的腐蚀产物如图 5-17 所示。一般在腐蚀的初期,都要产生均匀腐蚀,均匀腐蚀的速率往往比较低,对金属结构的危害不大。

点腐蚀是 CO_2 环境中局部腐蚀的基本形式,在金属结构表面形成点状的腐蚀坑如图 5-18 所示。发生点蚀时,可以形成孤立的腐蚀坑,也可以形成连片的腐蚀坑,一般在接近静止的 CO_2 环境中产生点腐蚀。在含有 CO_2 的天然气输送过程中,天然气的水分凝结到管道内壁,一般产生点腐蚀。在实验室环境中模拟 CO_2 腐蚀时，基本是以点腐蚀为主要的腐蚀形态。

图 5-17　CO_2 腐蚀的均匀腐蚀形貌　　　图 5-18　CO_2 腐蚀的点腐蚀形貌

　　癣状腐蚀，也可称为雨滴腐蚀，发生在高流速天然气凝析气井中的金属管道。天然气中的水分凝结到管道表面，形成密集、深度大且带有尾巴的腐蚀坑，如图 5-19 所示。当天然气中水分与管道表面接触，水分凝结在管道表面，但由于天然气的流速比较高，凝结在管道表面的水滴变成蝌蚪状，可因蒸发而消失，也可随时形成。在这样的具体环境中，当腐蚀坑形成后，由于受气流的作用和凝结水滴形状的影响，就形成所谓的癣状腐蚀。

　　台地腐蚀，是一种危害大的腐蚀形态，出现在流动性的腐蚀环境中，主要是溶解了 CO_2 的液态环境。台地腐蚀是由腐蚀坑和腐蚀的台地组成的复杂腐蚀形貌，如图 5-20 所示。首先在金属表面形成腐蚀坑，在高速流体的作用下，腐蚀坑四周具有一定保护作用的 $FeCO_3$ 膜被溶液冲掉，腐蚀坑壁处于活化状态，腐蚀优先沿腐蚀坑壁向四周发展，而不向纵深发展，形成所谓的台地形貌。

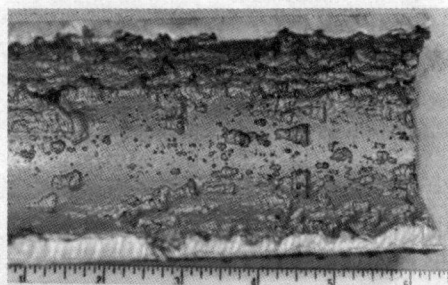

图 5-19　CO_2 腐蚀的癣状腐蚀形貌　　　图 5-20　CO_2 腐蚀的台地腐蚀形貌

　　除了以上常见的 CO_2 腐蚀损伤形态外，当溶液的流速较高或在管道弯头的地方时，就会产生冲刷腐蚀，如图 5-21 所示。焊接管道在焊接热影响区也常常产生严重的局部腐蚀，如图 5-22 所示。

　　低碳钢在 CO_2 中的腐蚀速率有时高达 7 mm/a，厌氧条件下可高达 20 mm/a[12]。CO_2 引发钢铁的全面腐蚀和严重的局部腐蚀，使得管道和设备发生早期腐蚀失效，以后往往会造成巨大的经济损失和严重的社会后果。图 5-23 为 CO_2 腐蚀失效的油管。

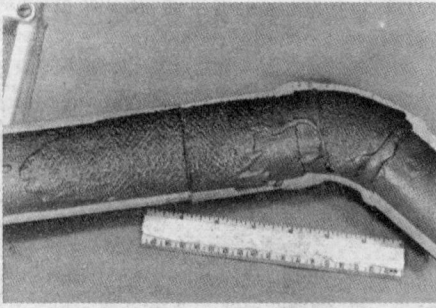

图 5-21　弯管 CO_2 冲刷腐蚀形貌

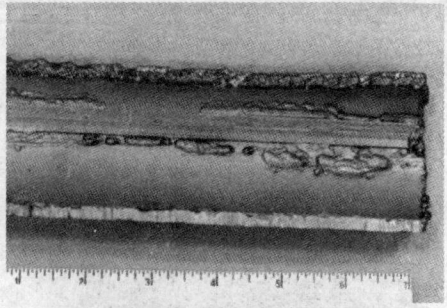

图 5-22　焊接热影响的 CO_2 腐蚀形貌

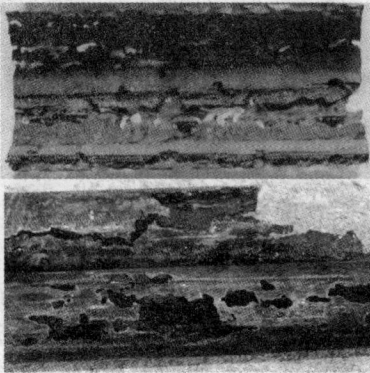

(a)

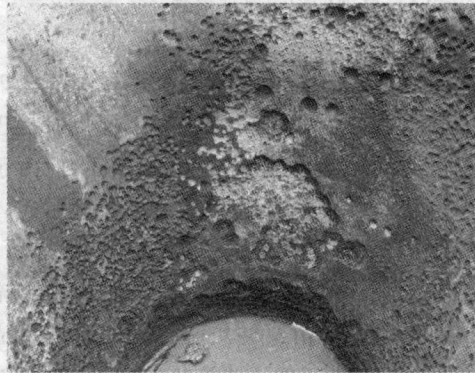

(b)

图 5-23　CO_2 腐蚀损伤

(a)CO_2 腐蚀失效的油管；　(b)管道变径处 CO_2 引起的点腐蚀

5.4.2　二氧化碳腐蚀机理

1.电化学腐蚀机理

二氧化碳腐蚀是气体二氧化碳溶解于水中所产生的电化学腐蚀。首先,环境中的二氧化碳溶解于水中,并水化形成碳酸。然后,碳酸经两步电离,使溶液呈酸性。这个过程存在以下平衡[13]:

$$CO_2(g) \Longrightarrow CO_2(aq)$$
$$CO_2 + H_2O \Longrightarrow H_2CO_3$$
$$H_2CO_3 \Longrightarrow H^+ + HCO_3^-$$
$$HCO_3^- \Longrightarrow H^+ + CO_3^{2-}$$
$$H_2CO_3 + H_2O \Longrightarrow H_3^+O + HCO_3^-$$
$$H_2O \Longrightarrow H^+ + OH^-$$

在含有二氧化碳的腐蚀溶液中,钢铁材料的阳极溶解反应为 $Fe \longrightarrow Fe^{2+} + 2e^-$,二价铁离子进入土壤电解质中。阴极反应为氢的去极化,可以通过以下途径实现:

$$H_2CO_3 + e^- \longrightarrow H(吸附) + HCO_3^-$$
$$H_3^+O + e^- \longrightarrow H(吸附) + H_2O$$

吸附的氢原子聚合以气体逸出：$H+H \longrightarrow H_2 \uparrow$。两种阴极反应的实质都是 CO_2 溶解后形成的 HCO_3^- 电离出 H^+ 的还原过程。总的腐蚀反应为 $CO_2+H_2O+Fe \longrightarrow FeCO_3+H_2$。

由二氧化碳腐蚀的总反应式可知，阳极溶解的铁离子和溶液中碳酸根离子形成 $FeCO_3$，$FeCO_3$ 为规则的块状附着在金属表面，如图 5-24 所示。

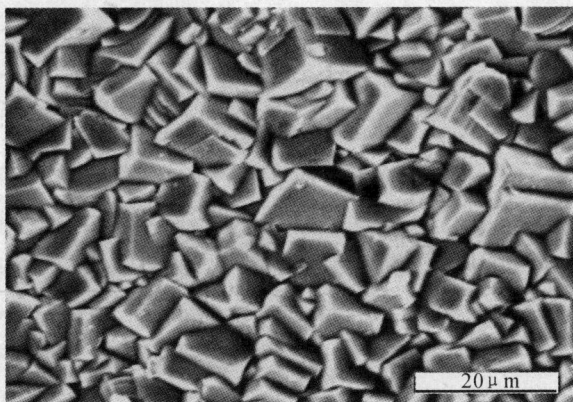

图 5-24　金属表面形成 $FeCO_3$ 离子晶体

当金属表面形成 $FeCO_3$ 腐蚀膜后，这种腐蚀膜没有明显的保护性。在较高温度情况下，由于增大了钢铁表面初始的 Fe^{2+} 离子溶出速率而在钢铁表面生成致密的保护膜，该层膜结晶致密，可以阻止钢铁的进一步腐蚀[14]。同时，在高温 100℃ 环境下，会发生化学腐蚀，腐蚀产物的形成对腐蚀过程具有一定的阻滞作用。

2. 局部腐蚀机理

CO_2 局部腐蚀的典型腐蚀形态包括点蚀、癣状腐蚀、台地腐蚀、流动诱使局部腐蚀等，在 CO_2 腐蚀环境中结构的破坏也往往是由这些局部腐蚀造成。这些腐蚀形态的形成，与 CO_2 腐蚀环境的具体条件有关，也与其起始的腐蚀损伤与点腐蚀有关。

在金属表面大部分区域，腐蚀产物膜和试样表面紧密接触，腐蚀介质难以穿过膜层到达金属表面，金属处于相对钝化态，而在最靠近试样表面的腐蚀产物膜层不完整的缝隙，或局部 pH 值低与高氯离子浓度的地方表面膜产生破坏，腐蚀介质可到达金属表面，这些区域便成为电化学反应的阳极，而其他处于钝化态的金属表面便成为阴极，形成宏观腐蚀电池效应。这种小阳极大阴极腐蚀将使金属在很短时间内形成严重的局部腐蚀区，同时在膜中孔隙处及腐蚀坑底部，腐蚀介质不流通还可引起自催化腐蚀反应而加剧局部腐蚀，导致金属表面点腐蚀（见图 5-25(a)）。

如果点腐蚀在各个方向的生长速度相同，则腐蚀损伤为形状接近半球形的腐蚀坑。如果腐蚀坑的四周处于钝化态，腐蚀坑底处于活化态，则形成细而深的腐蚀坑。

对凝析气井中的金属管道，含 CO_2 天然气中的水分凝结在金属表面，先形成点腐蚀，而受气流和凝结水滴形状的影响，腐蚀在顺流速的方向生长的速率比较高，则形成癣状腐蚀（见图 5-25(b)）。

在流动的液态或气态环境中，当腐蚀坑形成后，腐蚀坑四周的腐蚀速率高于腐蚀坑底的生长速率，则腐蚀坑形成后向四周生长，形成台地腐蚀损伤（见图 5-25(c)）。在流动性腐蚀溶液中,流动的介质可进入腐蚀坑,减轻腐蚀坑内的闭塞电池效应和自催化作用,使腐蚀坑发展速率显著降低。流体对腐蚀坑的机械作用,使腐蚀坑壁的腐蚀产物膜脱落失去保护作用,腐蚀坑壁发展,形成台地,在台地上又可产生腐蚀坑,又会形成新的台地。如果当介质流速很高或在管道的弯头部位,流体对腐蚀坑壁产生很大的机械作用时,则产生冲刷腐蚀(见图 5-21)。

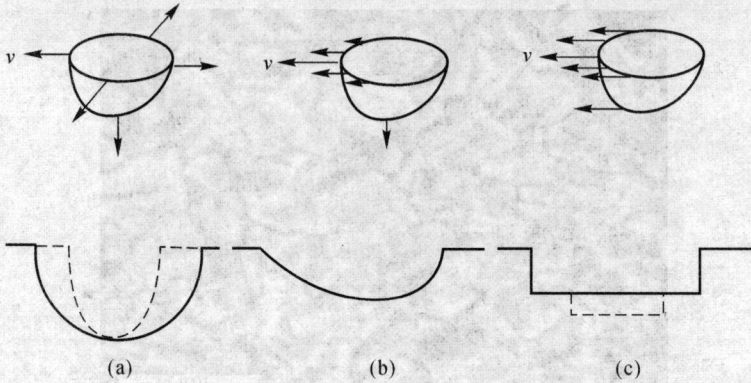

图 5-25 局部腐蚀损伤模型示意图

5.4.3 二氧化碳腐蚀模型

根据二氧化碳腐蚀的电化学机理,控制二氧化碳腐蚀的关键因素是溶解在水中的二氧化碳的含量和二氧化碳水化并电离出氢离子的数量。水中溶解二氧化碳的量由环境的压力或二氧化碳的分压和环境温度决定。溶液中氢离子的数量可用 pH 值表示。

在恒温无氧的二氧化碳饱和溶液中,碳钢的腐蚀速率是由阴极反应析氢动力学所控制的,人们根据实验结果总结了碳钢和低合金钢腐蚀速率的计算公式[15]为

$$\lg R_c = 0.67 \lg P_{CO_2} + C \tag{5-12}$$

式中,R_c 为腐蚀速率(mm/a);P_{CO_2} 为二氧化碳的分压;C 为与温度相关的系数。该式适合于 $P < 0.2$ MPa、温度小于 $60℃$ 的情况。

挪威石油标准化组织(NORSOK,2005)通过数据分析给出了比较完善的三段二氧化碳腐蚀的动力学模型[16]为

$$R_c = \begin{cases} Cf_{CO_2}^{0.62}\left(\dfrac{S}{19}\right)^{0.146+0.032\,4\lg f_{CO_2}}f(\text{pH}), & 20℃ \leqslant T < 150℃ \\ Cf_{CO_2}^{0.36}\left(\dfrac{S}{19}\right)^{0.146+0.032\,4\lg f_{CO_2}}f(\text{pH}), & T=15℃ \\ Cf_{CO_2}^{0.62}f(\text{pH}), & T=5℃ \end{cases} \tag{5-13}$$

式中,$f(\text{pH})$ 为给定温度下溶液 pH 值的影响;S 为直线管道管壁上的剪切应力(Bar)(1 Bar $=10^5$ Pa);f_{CO_2} 为二氧化碳的流量,可表示为

$$f_{CO_2} = \alpha P_{CO_2} \tag{5-14}$$

其中流量系数 α 为

$$\alpha = 10^{P(0.003\,1-1.4T)} \tag{5-15}$$

当 $P > 250$ Bar 时,取 $P = 250$ Bar。

5.4.4 影响二氧化碳腐蚀的因素

1. 环境因素

(1)CO_2 分压的影响。当 CO_2 分压低于 0.021 MPa 时腐蚀可以忽略；当 CO_2 分压为 0.021 MPa 时，通常表示腐蚀将要发生；当 CO_2 分压为 0.021 M~0.21 MPa 时，腐蚀可能发生。图 5-26 给出了在 70℃，3.5%NaCl 溶液中 CO_2 分压与 A_3 钢腐蚀速率的关系。可见，腐蚀速率对数与 CO_2 分压对数呈良好的线性关系。当 CO_2 分压增加时，溶解在水溶液中的 CO_2 增加，溶液中的氢离子浓度增加，加速了氢的阴极去极化，使腐蚀加剧。

(2)温度的影响。当温度低于 60℃ 时，由于不能形成保护性的腐蚀产物膜，腐蚀速率是由 CO_2 水解生成碳酸的速度和 CO_2 扩散至金属表面的速度共同决定的，于是以均匀腐蚀为主。当温度高于 60℃ 时，金属表面有碳酸亚铁生成，腐蚀速率由穿过阻挡层传质过程、垢的渗透率、垢本身固有的溶解度和流速的共同作用决定。由于温度在 60~110℃ 范围时，腐蚀产物厚而松，结晶粗大，不均匀，易破损，所以局部孔蚀严重。而当温度高于 150℃ 时，腐蚀产物细致、紧密、附着力强，于是有一定的保护性，则腐蚀速率下降。

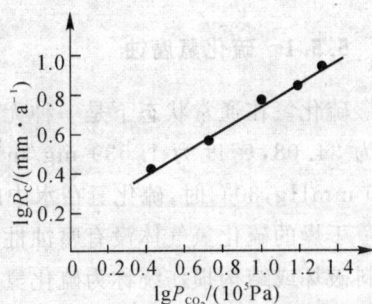

图 5-26 A_3 钢在 70℃，3.5%NaCl 溶液中的腐蚀速率与 CO_2 分压关系[14]

(3)流速的影响。高流速易破坏腐蚀产物膜或妨碍腐蚀产物膜的形成，使钢始终处于裸管初始的腐蚀状态下，于是腐蚀速率高。A. Ikeda 认为流速为 0.32 m/s 是一个转折点。当流速低于它时，腐蚀速率将随着流速的增大而加速，当流速超过这一值时，腐蚀速率完全由电荷传递所控制，于是温度的影响远超过流速的影响。

(4)溶液中 Cl^- 的影响。Cl^- 的存在不仅会破坏钢表面腐蚀产物膜或阻碍产物膜的形成，而且会进一步促进产物膜下面钢的点蚀。Cl^- 含量大于 3×10^4 mg/L 时尤为明显。

2. 腐蚀产物膜的影响

钢被 CO_2 腐蚀最终导致的破坏形式往往受碳酸盐腐蚀产物膜的控制。当钢表面生成的是无保护性的腐蚀产物膜时，产生均匀腐蚀。当钢表面的腐蚀产物膜不完整或被损坏、脱落时，会诱发局部点蚀而导致严重穿孔破坏。当钢表面生成的是完整、致密、附着力强的稳定性腐蚀产物膜时，可降低均匀腐蚀速率。

5.4.5 二氧化碳腐蚀的控制

1. 提高材料的抗腐蚀性，选用耐蚀材料和材料表面改性

一般来说，碳钢在二氧化碳的环境中抗腐蚀性能十分有限。低合金钢对二氧化碳有一定的腐蚀抗力。13Cr,2205 双相不锈钢对二氧化碳腐蚀具有良好的抗力，在国内的一些主要气田得到了应用，但成本剧增。

2. 添加缓蚀剂减弱介质的腐蚀性

加入缓蚀剂是防止二氧化碳腐蚀的有效措施。

3. 电化学保护

电化学保护可在一定的范围内采用。对于管道的内腐蚀，由于结构上的限制，也限制了电

化学保护在管道内腐蚀防护上的应用。

4.改善服役条件

对天然气进行充分的脱水,可防止天然气中水分在管壁上的凝结,从而防止二氧化碳腐蚀。降低工作压力,减少溶液中二氧化碳的含量,可减缓二氧化碳腐蚀。但是,改善服役条件往往是难以实现的。

5.5 硫化氢腐蚀

5.5.1 硫化氢腐蚀

硫化氢在通常状态下是一种无色、具有臭鸡蛋味、有毒的气体,能溶于水。硫化氢的分子量为 34.08,密度为 1.539 mg/m^3。硫化氢在水中的溶解度随着温度的升高而降低。当 760 mmHg,30℃时,硫化氢在水中的饱和浓度大约为 3 580 mg/L。

干燥的硫化氢气体没有腐蚀性,但硫化氢溶解于水可使材料产生严重的腐蚀,由此引起的材料破坏或结构损伤统称为硫化氢腐蚀。

在石油、天然气、煤化工及其他一些工业中广泛存在硫化氢腐蚀问题。硫化氢的存在不仅会造成全面腐蚀和局部腐蚀,而且会导致硫化物应力腐蚀开裂(SSCC)和氢致开裂(HIC)等脆性断裂事故。一旦发生这种事故,往往会造成重大经济损失和灾难性后果,因此研究硫化氢的腐蚀机理、影响因素及防腐措施,无论对防止事故发生,还是对提高经济效益都有十分重要的意义。

5.5.2 硫化氢腐蚀机理

硫化氢溶解于水,产生离解反应,建立以下的平衡反应:

$$H_2S(g) \Longleftrightarrow H_2S(aq)$$

$$H_2S \Longleftrightarrow H^+ + HS^-$$

$$HS^- \Longleftrightarrow H^+ + S^{2-}$$

其中,释放出的氢离子是强的阴极去极化剂,极易在阴极夺取电子,促进阳极铁溶解反应而导致钢铁材料的腐蚀。当环境中硫化氢的分压增加或温度升高时,就会有更多的硫化氢溶解在溶液中,也会解离出更多的氢离子。

现在讨论硫化氢腐蚀的阳极溶解机理。在溶液中 H_2S 首先吸附在铁表面,铁经过一系列阴离子的吸附、脱附、阳极氧化反应(Fe $\longrightarrow$ Fe^{2+} + $2e^-$)、水解等过程生成铁离子或硫化铁[17],即

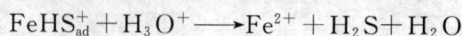

$$Fe + H_2S + H_2O \longrightarrow FeHS_{ad}^- + H_3O^+$$

$$FeHS_{ad}^- \longrightarrow FeHS_{ad}^+ + 2e^-$$

$$FeHS_{ad}^+ + H_3O^+ \longrightarrow Fe^{2+} + H_2S + H_2O$$

$$Fe^{2+} + HS^- \longrightarrow FeS + H^+$$

其中,阳极反应在金属表面形成 FeS。当产生的 FeS 致密并与金属基体结合紧密时,对腐蚀具有一定的减缓作用。当采用 X 射线对腐蚀产物进行物相分析时,鉴别的 FeS 往往不是满足理想化合比的离子化合物,可能得到的是 $Fe_xS(x \leqslant 1)$。

当在金属表面形成致密的腐蚀产物膜时,其可阻止 H_2S 扩散到达金属表面参与电极反应,这时钢在 H_2S 溶液中的腐蚀是受质量传输的控制,如图 5 - 27 所示。在膜形成后腐蚀速率往往会降低,如图 5 - 28 所示,可见钢在硫化氢环境中的腐蚀速率并不高。

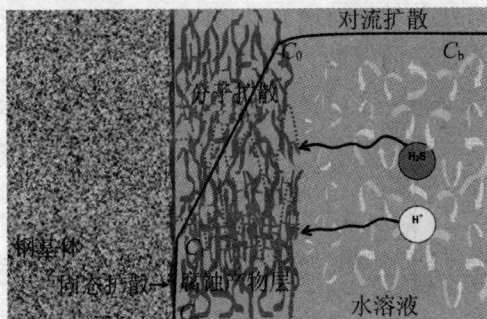

图 5 - 27　硫化氢腐蚀过程示意图

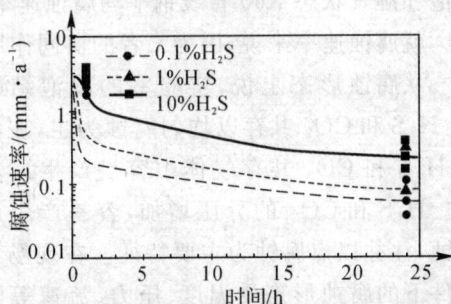

图 5 - 28　X65 钢在 10^5 Pa 下(盐水中)的腐蚀速率

对硫化氢腐蚀的阴极反应,由于溶液中同时存在 HS^-,H^+,S^{2-} 和 H_2S,因此对于哪种离子发生还原反应,存在不同的观点。

第一种观点认为,在 H_2S 环境中只有 H_2S 发生还原反应,该反应同时受到硫化氢扩散步骤控制和电化学极化控制。第二种观点却认为 HS^-,H^+ 和 H_2S 都有可能参与阴极还原反应。第三种观点认为只有氢离子参与阴极反应。而且,还原反应按照两种途径进行,一种是在硫化物外表面上氢离子直接参与阴极反应,$H + H \longrightarrow H_2 \uparrow$;另一种是在 H_2S 的桥梁作用下氢离子间接参与阴极反应,即

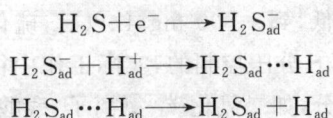

$$H_2S + e^- \longrightarrow H_2S_{ad}^-$$

$$H_2S_{ad}^- + H_{ad}^+ \longrightarrow H_2S_{ad} \cdots H_{ad}$$

$$H_2S_{ad} \cdots H_{ad} \longrightarrow H_2S_{ad} + H_{ad}$$

另外,由于氧、pH 等环境因素的影响,增加了研究阴、阳极腐蚀机理的难度。

最后,讨论硫化氢的氢脆机制。在 H_2S 环境中,人们更关注的是 H_2S 环境和 H_2S 腐蚀引起的材料脆性。

在 H_2S 环境中,由于 HS^- 或其他毒性物质(如氰化物或氢氟酸)的存在,降低了阴极反应由氢原子转化为氢气的速度,因此一部分氢原子扩散进入钢基体内。在氢原子扩散过程中,当遇到氢陷阱(如在晶界或相界上缺陷、位错、三轴拉伸应力区等)时,氢原子就停留在此处,随着扩散到达氢陷阱处的氢原子增多,重新结合为氢气,因此在陷阱处形成很高的氢压力。随着氢陷阱处的压力增加,在氢陷阱边缘处形成应力密度集中区,导致界面之间破裂并形成裂缝。当裂缝边缘应力强度因子超过钢的临界应力强度时,裂缝生长,裂纹的体积增加,裂缝处压力降低,强度也降低。经过一定时间后,随着扩散到达氢陷阱处的氢原子会更多,裂缝压力又会升高,导致新一轮裂纹扩展。

5.5.3　二氧化碳-硫化氢腐蚀

H_2S 和 CO_2 是目前各油气田普遍存在的腐蚀性气体,它们溶于水后所形成的弱酸,对石油、天然气的开采和集输设备具有极强的腐蚀作用,把这种在 H_2S 和 CO_2 共存环境中的腐蚀称为二氧化碳-硫化氢腐蚀。大量的实验室试验与现场工作经验表明,H_2S 和 CO_2 共存时的

腐蚀行为远比它们单独作用时要复杂。

就腐蚀机理来说，H_2S 和 CO_2 共存时的腐蚀机制具有竞争性与协同效应，其腐蚀性比单一介质要严重得多。在 60℃，5%NaCl 溶液中固定 H_2S 和 CO_2 分压比（$P_{H_2S}/P_{CO_2}=1.7$）下，浸泡和湿气状态 X60 管线钢平均腐蚀速率随 H_2S 分压的增加而增加，如图 5-29 所示。

就腐蚀速率来说，因为二者的协同作用存在互相促进的效果。

从腐蚀形态上说，实验室的浸泡结果表明，H_2S 和 CO_2 共存以均匀腐蚀为主，在潮湿的 H_2S 和 CO_2 共存气体中容易产生局部腐蚀。H_2S 和 CO_2 的分压增加，容易产生局部腐蚀，往往以点腐蚀为主要特征。在现场工况条件下的腐蚀形态受温度、压力、流速等因素的影响，基本以局部的腐蚀损伤为主。二氧化碳-硫化氢腐蚀的腐蚀膜层是 $FeCO_3$ 和 FeS 的混合物，二者的相对比例则取决于 H_2S 和 CO_2 的相对分压。当 CO_2 的相对分压增加时，腐蚀产物中 $FeCO_3$ 的相对量增加。

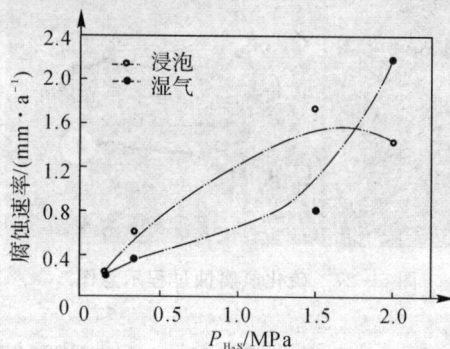

图 5-29　X60 钢腐蚀速率与 H_2S 分压的关系[19]

5.5.4　影响硫化氢腐蚀的因素

1. 硫化氢的浓度

软钢在含有硫化氢的蒸馏水中，当硫化氢含量为 200～400 mg/L 时，腐蚀速率达到最大，而后又随着硫化氢浓度增加而降低，到 1 800 mg/L 以后，硫化氢的浓度对腐蚀速率几乎无影响。溶液中硫化氢的浓度是受 H_2S 分压控制的，实际工作中往往是分析 H_2S 分压的影响的。如果介质中还含有其他腐蚀性组分，如二氧化碳、氯离子、残酸等时，将促使硫化氢对钢材的腐蚀速率大幅度增高。

2. pH 值

硫化氢水溶液的 pH 值将直接影响着钢铁的腐蚀速率。通常表现出在 pH 值为 6 时是一个临界值，当 pH 值小于 6 时，钢的腐蚀速率高，腐蚀液呈黑色、浑浊。

3. 温度

温度对腐蚀的影响较复杂。钢铁在硫化氢水溶液中腐蚀速率通常是随温度升高而增大的。实验表明在 10% 的硫化氢水溶液中，当温度从 55℃ 升到 84℃ 时，腐蚀速率大约增大 20%。但随着温度继续升高，腐蚀速率将下降，在 110～200℃ 之间的腐蚀速率最小。

4. 暴露时间

在硫化氢水溶液中，碳钢和低合金钢的初始腐蚀速率很大，约为 0.7 mm/a，但随着时间的增长，腐蚀速率会逐渐下降，实验表明 2 000 h 后，腐蚀速率趋于平衡，约为 0.01 mm/a。这是由于随着暴露时间的增长，硫化铁腐蚀产物逐渐在钢铁表面上沉积，形成一层具有减缓腐蚀作用的保护膜。

5. 流速

如果流体流速较高或处于湍流状态，由于钢铁表面上硫化铁腐蚀产物膜受到流体的冲刷而被破坏或黏附不牢固，钢铁将一直以初始状态高速腐蚀，从而使设备、管线、构件很快受到腐蚀破坏。为此,要控制流速的上限,以把冲刷腐蚀速率降低到最小。通常规定阀门的气体流速低于 15 m/s。相反,如果气体流速太低,可造成管线、设备底部集液,而发生因水线腐蚀、垢下腐蚀等造成的局部腐蚀破坏。因此,通常规定气体的流速应大于 3 m/s。

6. 氯离子

在酸性油气田水中,带负电荷的氯离子,基于电价平衡,它总是争先吸附到钢铁的表面,因此,氯离子的存在往往会阻碍保护性的硫化铁膜在钢铁表面的形成。氯离子可以通过钢铁表面硫化铁膜的细孔和缺陷渗入其膜内,使膜发生细微开裂,形成孔蚀核。由于氯离子的不断渗入,在闭塞电池的作用下,加速了孔蚀破坏。在酸性天然气气井中与矿化度水接触的油套管腐蚀严重,穿孔速率快,与氯离子的作用有着十分密切的关系。

5.5.5　硫化氢腐蚀控制

1. 采用缓蚀剂防腐

主要是利用缓蚀剂的防腐作用来达到减缓钢材腐蚀的目的。通常情况下,在中性介质中多使用无机缓蚀剂,以钝化型和沉淀型为主;在酸性介质中使用的缓蚀剂大多为有机物,以吸附型为主。但现在的复合缓蚀剂根据需要在用于中性介质的缓蚀剂中也使用有机物,而在用于酸性水介质的缓蚀剂中也添加无机盐类。不同金属的原子外层电子排布、电位序列、化学性质等有所不同,导致它们在不同介质中的吸附和成膜特性也不相同。

2. 阴极保护

凡是与电解质溶液接触而产生腐蚀的设备都可以用阴极保护法来提高其抗腐蚀能力。

3. 使用涂镀层管材

涂镀层油管主要是靠镀层来隔绝油管与腐蚀介质的接触进行防腐的,其防腐效果与涂层或镀层材料及工艺技术水平有关。

4. 合理选材

钢中影响 H_2S 腐蚀的主要化学元素是锰和硫,锰元素在设备焊接过程中,产生马氏体、贝氏体等高强度及低韧性的显微金相组织,表现出极高硬度,这对设备抗 SSCC 极为不利;硫元素则在钢中形成 MnS,FeS 非金属夹杂物,致使局部显微组织疏松,在湿 H_2S 环境下诱发 HIC 或 SOHIC。为提高钢的抗湿 H_2S 性能,法国压力容器标准 CODAP—90 的附录 MA3 中提出以下建议:①减少夹杂物,限制钢中硫含量,使其不超过0.002%,如果能不超过 0.001% 则更好;②限制钢中的氧含量,使其不超过 0.002%;③限制钢中的磷含量,尽量使其不超过0.008%;④限制钢中的镍含量;⑤在满足钢板的力学性能条件下应尽可能降低钢的碳含量。

根据硫化氢分压选择材质。任何钢种均随着 H_2S 分压的升高,临界应力下降。钢强度越高,临界应力越低。据此,在已知 H_2S 分压的条件下,选择临界应力能满足施工要求的钢材。

根据美国腐蚀协会标准选择材质。美国腐蚀协会(NACE)标准 MR-01-95 中规定:防止硫化物应力腐蚀开裂(SSCC)时应采用硬度低于洛氏硬度 HRC22 的普通钢(镍含量小于1%)或者 HRC26 以下的回火处理的铬钼钢。

根据温度选择材质。根据气井的温度可以选择满足测试施工需要的钢材。在低温区应采用硫化物应力腐蚀敏感性低的低强度钢(<HRC22)或者耐硫化物应力腐蚀钢(铬钼系列合金钢);温度越高选材范围越广。在选择管柱材质时,切忌不要按高温区选择一种材质,按低温区又选择另一种材质,应按高、低温区考虑选择同一种材质。

参 考 文 献

[1] 梁彩凤,侯文泰.碳钢、低合金钢 16 年大气暴露腐蚀研究.中国腐蚀与防护报,2005,25 (1):1 - 6.

[2] 丁国清,张波.几种典型钢在西部大气环境中的腐蚀行为及预测研究.腐蚀科学与防护技术,2011,23(1):69 - 74.

[3] 汪川,王振尧,柯伟.Q235 钢在潮湿 SO_2 环境中的初期腐蚀锈层的表征.科学通报, 2008,53(23):2833 - 2838.

[4] Melchers R E. Effect of small compositional changes on marine immersion corrosion of low alloy steels. Corrosion Science, 2004,46:1669 - 1691.

[5] Beackman W V.阴极保护简明手册.赖敬文,译.北京:石油工业出版社,1987.

[6] 美国国家标准,ANSI/AWWA C105/A21.5 - 82.

[7] 宋光铃,曹楚南,林海潮,等.土壤腐蚀性评价方法综述.腐蚀科学与防护技术,1993,5 (4):268 - 276.

[8] 翁永基,李相怡.主分量分析——长输管道沿线土壤腐蚀等级的预测.石油学报,1993,14 (1):117 - 123.

[9] 王光雍,王海江,李兴濂,等.自然环境的腐蚀与防护.北京:化学工业出版社,1997.

[10] Alamilla J L, Espinosa-Medina M A, Sosa E. Modelling steel corrosion damage in soil environment. Corrosion Science, 2009,51:2628 - 2638.

[11] 李春福,王斌,张颖,等.油气田开发中 CO_2 腐蚀研究进展.西南石油学院学报,2004,26 (2):42 - 46.

[12] Videm K, Dugstad A. Effect of flow velocity, pH, Fe^{2+} concentration and steel quality on the CO_2 corrosion of carbon steels. NACE Corrosion,1990.

[13] Schmitt G. Fundamental aspects of CO_2 corrosion. NACE Corrosion,1983.

[14] 郑家燊,吕战鹏.二氧化碳腐蚀机理及影响因素.石油学报,1995,16(3):134 - 139.

[15] De Waard C, Milliams D E. Carbonic acid corrosion of steel. NACE Corrosion, 1975,31(5):177.

[16] Mohyaldin M E, Elkhatib N, Cheismail M. Numerical and experimental investigation of CO_2 Corrosion. NACE Corrosion,2011.

[17] Iofa Z A, Batrakov V V, Cho N B. Influence of anion absorption on the action of inhibitors on the acid corrosion of iron and cobalt. Electrochim Acta,1964(6):1645.

[18] Sun W, Nesic S. A mechanistic model of H_2S corrosion of mild steel. NACE Corrosion, 2007.

[19] 杨建炜,张雷,丁明,等.X60 管线钢在湿气和溶液介质中的 H_2S/CO_2 腐蚀行为.金属学报,2008,44(11):1366 - 1371.

第6章 涂料与涂装

如果在金属材料及其制品表面采用高抗腐蚀性的材料形成覆盖层,即表面防护层(Protective coatings),可以使金属表面与外界的腐蚀介质隔开,从而阻止金属与环境发生作用,达到保护金属免于腐蚀的功效,同时还能取得装饰性的外观。表面防护是防止或减轻基体金属腐蚀应用最普遍的方法,按防护层材料的类型可划分为两类,金属镀层和非金属涂层。

金属镀层是将具有耐蚀性能的金属锌、铝、铬、硅等渗入或电镀到钢制品表层,在其表层或表面形成高抗腐蚀性的金属层或合金层。金属表面镀层按制备方法有扩散渗镀、喷镀、电镀、热浸镀层、金属包覆、真空镀膜、气相沉积和阴极溅射等。近年来离子注入和激光非晶态表面处理等新技术也在迅速发展。

非金属涂层是采用高抗腐蚀性的非金属材料在金属表面形成一层非金属覆盖层,常用于提高制品的耐蚀性和装饰性。非金属涂层可划分为有机涂层和无机涂层两类。有机涂层有涂料(包括油漆)、塑料、橡胶等。无机涂层有搪瓷、玻璃等。

化学转化膜也是非金属涂层的一种,方法是把工件放入特定的化学溶液中通过电解或浸渍处理,使工件的金属表面产生一层镀膜。化学转化膜的主要类型有磷酸盐膜、铬酸盐膜、氧化物膜和阳极氧化膜。

在覆盖层防腐措施中,迄今仍以有机涂层为最有效、最经济和应用最广泛的防腐蚀方法。通常将以防腐蚀为主要功能的涂料称为防腐蚀涂料。相对常规防腐涂料而言,能在相对苛刻腐蚀环境里应用,并能达到比常规防腐涂料更长保护期的一类防腐涂料称为重防腐涂料。防腐蚀涂料涂敷在金属表面,待涂料中的成膜物质固化后,在金属表面形成涂层。在许多场合往往使用有几道涂层,以组成一个整体的涂层系统发挥防腐蚀的功效,包括底漆、中间层和面漆。也有些涂层不是复层系统,而仅仅是单层,如粉末涂料。本章介绍有机涂层及其涂装技术。

6.1 涂 料 系 统

6.1.1 防腐涂料的组成

日常生活中所使用的油漆就是涂料的一种。涂料指涂布于物体表面在一定的条件下能形成薄膜而起保护、装饰或其他特殊功能(绝缘、防锈、防霉、耐热等)的一类液体(或固体)材料。因早期的涂料大多以植物油为主要原料,故又称作油漆。现在合成树脂已大部分或全部取代了植物油,故称为涂料。因此,涂料是复杂的多组分化学混合体。

涂料的性能和防腐蚀保护作用的发挥是各组分间相互作用的最终结果。涂料要经过施工在物件表面形成涂膜,因而涂料的组成中还包含了为完成施工过程和有助于燥成膜过程所需要的组分。

虽然涂料品种繁多,性能各异,但归纳起来涂料主要由四大组成部分,即成膜物质、颜料和固体填料、溶剂和分散介质以及助剂,各组分主要作用列于表 6-1 中。

表 6-1　涂料的基本组成及作用

基本组成	典型品种	主要作用
成膜物质	合成高分子、天然树脂、植物油脂、无机硅酸盐、磷酸盐等	是涂料的基础,黏结其他组分,牢固附着于被涂物表面,形成连续固体涂膜,决定涂料及涂膜的基本特征
颜料及固体填料	钛粉、滑石粉、铁红、锌黄、铝粉、云母等	具有着色、遮盖、装饰作用,并能改善涂膜性能(如防锈、抗渗、耐热、导电、耐磨等),降低成本
溶剂及分散介质	挥发性有机溶剂(如酯,酮类)、水	使涂料分散成黏稠液体,调节涂料的流动性、干燥性和施工性,本身不能成膜,在成膜过程中挥发掉
助剂	固化剂、增塑剂、催干剂、流平剂等	本身不能单独成膜,但改善涂料在制造、储存、施工、使用过程中的性能

注:不含有固体颜料,填料的涂层呈透明状,称为清漆。

6.1.2 成膜物质

成膜物质是组成涂料的基础,它具有黏结涂料中其他组分形成涂膜的功能,对涂料和涂膜的性质起决定性作用。防腐蚀涂料对成膜物的基本要求:①黏合性强,包括与基材及填料,这是涂料能发挥基本保护性能的前提;②成膜固化性能要与涂装工艺相配套;③对腐蚀介质稳定,结构致密,抗渗透性强;④具有一定的溶解、分散性能,以满足涂装工艺对流变性能的要求。

涂料的成膜物质通常是液体,也可以是固体,如粉末涂料。本节讨论的是液体涂料。

可以作为涂料成膜物质使用的物质品种很多,原始涂料的成膜物质是油脂,主要是植物油,到现在仍在应用,如大漆类防腐蚀涂料。植物油在常温、常压下一般为液态,称为油,而动物脂肪在常温、常压下为固态,称为脂,二者合称为油脂。油脂均为混合物,无固定的熔、沸点。油脂主要由脂肪酸(Fatty acid)组成,是一类长链的羧酸,在一端含有一个羧基(—COOH)的长脂肪族碳氢链,直链饱和脂肪酸的通式是 $C_nH_{2n+1}COOH$。现在,合成树脂(Resin)作为涂料成膜物质应用广泛。

树脂是一类以无定形状态存在,由许多相同的、简单的结构单元通过共价键重复连接而成的高分子(可为 $10\sim10^6$)化合物,通常指未经过加工的高分子聚合物。按树脂来源可分为天然树脂和人工合成树脂。对人工合成树脂,按合成方法可分为加聚物和缩聚物。加聚物是指由加成聚合反应制得的聚合物,其链节结构的化学式与单体的分子式相同,如聚乙烯、聚苯乙烯、聚四氟乙烯等。缩聚物是指由缩合聚合反应制得的聚合物,其结构单元的化学式与单体的分子式不同,如酚醛树脂、聚酯树脂、聚酰胺树脂等。树脂按性质可分为热塑性树脂和热固性树脂。热塑性树脂加热后软化、溶化,冷却后固化,再加热再软化,如聚丙烯、聚碳酸酯、尼龙、聚醚醚酮、聚醚砜等。热固性树脂加热后产生化学变化,逐渐硬化成型,再受热也不软化,也不能溶解,如酚醛、环氧、氨基、不饱和聚酯以及硅醚树脂等。

　　涂料的基本特征是由成膜树脂所决定的,而成膜树脂的固有特性则是由它的结构链节所决定的。因此,影响防腐蚀涂料性能的主要因素可归结到成膜树脂的结构。例如,含亚甲基键节的烃系树脂(聚乙烯树脂、聚丙烯树脂等)具有较好的耐化学药品性、耐水性、耐腐蚀性;含酯键链节的树脂易发生皂化反应,故其耐化学腐蚀性较差;含醚键链节的环氧树脂、酚醛树脂等则具有很好的耐腐蚀性能;含酰胺基链节的聚酰胺树脂、尼龙等,也具有较好的耐腐蚀性能;含有机硅链节的有机硅树脂、硅醇树脂则具有很好的耐湿性;含氨基甲酸酯链节的聚氨酯树脂也具有极好的耐腐蚀性能。但值得注意的是,每种树脂都含有多种结构和化学基团,而且各结构和化学基团之间相互影响,同时所遇到的腐蚀介质和所处的腐蚀环境不同,因此当分析成膜树脂结构对防腐蚀涂料性能的影响时,一定要进行具体分析,这样才能取得预期的效果。

　　环氧树脂是常用的成膜物质,其固化后的产物具有一系列独特的性能,突出的黏结力,高的机械性能,耐霉性和热稳定性,在涂料上得到了广泛的应用,但脆性大,不耐日光。环氧树脂是指在结构上含有两个或两个以上的环氧基的树脂,环氧基的分子结构如图 6-1 所示。

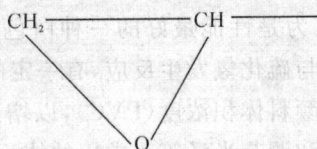

图 6-1　环氧基的分子结构

　　环氧树脂品种很多,分为 5 大类,包括缩水甘油醚类、缩水甘油酯类、缩水甘油胺类、线性脂肪族类、脂环族类。在脂环族类环氧树脂中,以双酚 A 型环氧树脂应用最广泛,占环氧树脂生产量的 90%。双酚 A 型环氧树脂的分子结构是线性结构(见图 6-2)。在聚合物分子量的两端是环氧基,在聚合物大分子链中含有大量的芳香环及仲羟基(—C—OH)。环氧树脂中有两个活性的官能团,环氧基和仲羟基,赋予聚合物的黏结性,并与固化剂反应实现固化,通过仲羟基可对树脂进行改性。芳香环赋予聚合物耐热性和刚性。

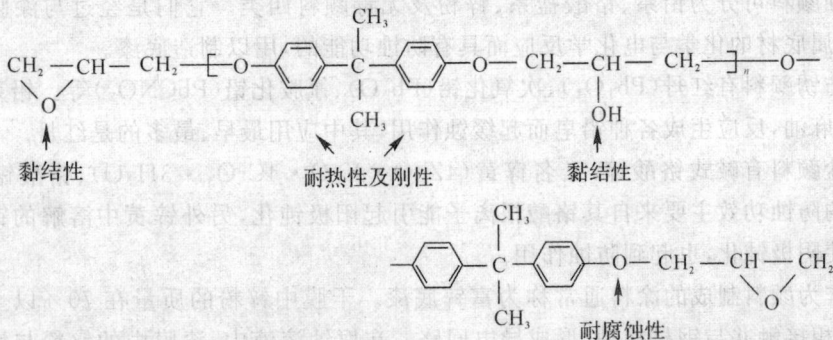

图 6-2　未固化双酚 A 型环氧树脂的分子结构

　　环氧树脂作为成膜物质形成涂层,必须通过固化反应来实现。环氧树脂的固化剂有许多种,可获得不同性质的涂层。例如:①脂肪胺及改性脂肪胺,能在室温固化,黏度低;②多元胺,能在室温固化,毒性低;③酚醛/胺,能迅速固化;④双氰胺,环氧粉末涂料固化剂。

6.1.3 颜料

颜(填)料,简称颜料,是加入到涂料中的微细固体物质,是色漆的重要组成部分,但不能单独成膜也称为次要成膜物质。在涂料生产过程中,通过搅拌、研磨、高速分散等加工过程,使颜料均匀分散在成膜物质及其溶液中,形成色漆。在形成涂膜之后,颜料均匀分散在涂膜中,涂膜的实质是颜料和成膜高聚物的固-固分散复合体。

颜料在涂料中可以显现颜色,赋予涂膜以遮盖力。同时还对涂料的流变性、保护性能、耐候性、耐化学品性、耐热性、机械性能等有影响,还关系到涂料成本的降低。加入功能性颜料,还可赋予涂层某些特定功能,如导电、阻燃等性能。

颜料的品种很多,各具有不同的性能和作用。按在涂料中的用途可分为着色颜料、体积颜料和功能性颜料。

着色颜料的功能是赋予涂料所需要的颜色,常见的有钛白粉、铬黄等。钛白粉学名为二氧化钛(TiO_2),属于惰性颜料,被认为是性能最好的一种白色颜料。铬黄($PbCrO_4$),不溶于水和油,易溶于无机酸和强碱溶液,与硫化氢发生反应,有一定的毒性。

体积颜料常用来调节涂料的颜料体积浓度(PVC),以增强诸如漆膜的机械强度、附着力,提高抗水、气、腐蚀介质渗透能力和调节光泽等。常用的体积颜料有碳酸钙、滑石粉[主要成分是二氧化硅和氧化镁 $Mg_3(Si_4O_{10})(OH)_2$]等。体积颜料一般较廉价,在涂料配方中着色颜料用量决定后,剩余的 PVC 量就以体积颜料充填,故也把体积颜料称为填充料。

功能颜料是具有特征功能的颜料,如防锈蚀颜料、防污颜料、阻燃颜料、导电颜料等。功能颜料价格高昂,故其用量以满足功能要求为度。

纳米填料是近年来发展出来的一种新型填料。由于其独特的物理和化学特性,为提高涂料的性能和涂料工业的发展提供了新的途径。将纳米粒子用于涂料中所得到的一类具有抗辐射、耐老化和剥离强度高或具有某些特殊功能的涂料称为纳米复合涂料。

防锈蚀颜料可分为铅系、铬酸盐、锌粉及无毒颜料四类。它们是经过与漆膜基料的反应,或与金属底材的化学与电化学反应而具有防蚀功能的,用以制造底漆。

铅系防锈颜料有红丹(Pb_3O_4)、次氧化铅(Pb_2O)、氰胺化铅($PbCNO_2$)等。铅系颜料能与基料,如亚麻油,反应生成各种铅皂而起缓蚀作用,其中应用最早、最多的是红丹。

铬酸盐颜料有碱式铬酸锌,又名锌黄($4ZnO \cdot K_2O \cdot 4CrO_3 \cdot 3H_2O$)、铬酸锶($SrCrO_4$)等。锌黄的防蚀功效主要来自其铬酸根离子能引起阳极钝化,另外锌黄中溶解的锌离子沉积在阴极区使阴极钝化,也起到防蚀作用。

锌粉作为颜料制成的涂料通常称为富锌底漆。干膜中锌粉的质量在 70% 以上。在漆膜中,锌粉互相接触并与钢材接触,形成导电回路。在腐蚀溶液中,漆膜中的锌粉与钢材组成腐蚀电池,锌粉发生阳极反应,则钢材作为阴极受到了保护。

无毒颜料有磷酸锌[$Zn_3(PO_4)_2 \cdot 2H_2O$]、磷酸铝[$Zn_3(PO_4)_2$]、钼酸锌[$Zn_3(PO_4)_2$]等。在腐蚀介质中,磷酸锌微溶解可引起阳极极化和阴极极化,具有很好的防蚀效果。

颜料一般是粉状,即微细的固体物质。为了提高涂料防腐蚀效果,在防腐蚀领域也使用片状颜料。片状颜料是形状为片状且尺寸比较大的固体颜料。片状颜料因切断漆膜中的毛细孔,能屏蔽水、氧、离子等透过涂层,结果提高了涂层的防蚀能力。在漆膜中加入 18 μm 的片状铝粉,可显著降低水汽的透过率(见表 6-2)。在三聚氰胺/醇酸烤漆中加入 18 μm 的片状铝粉,当加入的铝粉到 15% PVC 体积浓度时,水汽透过率减少了原来的 80%,如图 6-3 所示。

除了铝粉外,常见的片状颜料还有玻璃鳞片、不锈钢鳞片、云母氧化铁(主要成分 Fe_2O_3)。

表 6-2　清漆膜与含铝粉漆膜水汽透过率[1]

成膜物质	颜料	涂层道数	透过率/$(g \cdot cm^{-2} \cdot a^{-1})$
醇酸树脂	无		1.100
酚醛树脂	无	3	0.957
醇酸树脂	铝粉	3	0.266
酚醛树脂	铝粉	3	0.255

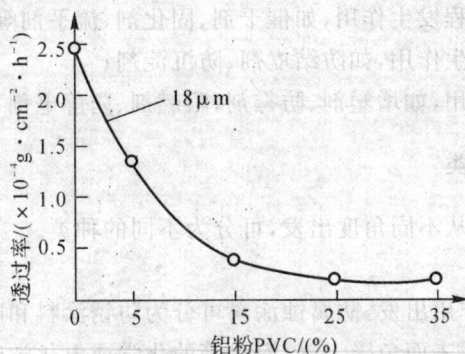

图 6-3　三聚氰胺/醇酸烤漆中铝粉含量与透过率的关系[2]

6.1.4　溶剂和分散介质

溶剂、分散介质是不包括无溶剂涂料在内的各种液态涂料中所含有的重要组分,也称为辅助成膜物质。它使成膜基料溶解(分散)而形成液态涂料,使涂料具有适当的黏度,以满足施工工艺对涂料黏稠度的要求。

溶剂、分散介质是挥发性有机溶剂(如酯,酮类)或水,在成膜过程中要完全挥发掉。这就要求它们不仅对成膜物质有较好的溶解性(分散性)和化学稳定性,还要挥发性大、毒性小、成本低。

溶剂的挥发速度影响涂膜干燥时间及质量,并且溶剂要与转化型成膜物质的固化交联过程相匹配,否则易带来涂膜发白、流挂、针孔等严重影响保护作用的涂膜弊病,因此要选择适中。

常用的溶剂品种有石油溶剂、煤焦溶剂、酯类溶剂、酮类溶剂、醇类溶剂以及其他溶剂。值得注意的是,有机溶剂的挥发会造成资源的浪费及环境污染,因而促进涂料向低污染型方向发展。现已开发出不含有机溶剂的固体粉末涂料、液态无溶剂涂料以及低污染的水分散性(或水溶性)涂料。其中,粉末涂料、无溶剂涂料在重防腐蚀工程中发挥着重要作用。

现在已有 3 种溶剂被美国环保署(EPA)认可为豁免溶剂(Exempt solvent),它们是丙酮、对氯三氟化甲基苯、二聚环戊二烯与亚麻仁油的共聚物,可用来代替一些现用溶剂。

6.1.5　助剂

助剂在涂料中含量很少,但起到显著的作用,也称为涂料的辅助成膜物质。它是现代涂料生产技术的重要组成部分。助剂虽然本身不能单独成膜,但在涂料制造、储存、施工和使用过程中,显出了愈来愈重要的作用。往往某种助剂的添加量只占涂料总量的1%或更少,但却能大大改善涂料的某种性能。因此,合理添加具有特殊功用的助剂,对于提高涂料和涂装的整体效果十分重要。

不同种类的涂料需要使用不同类型的助剂。即使同一种类的涂料由于其使用的目的性能要求不同,而需要使用不同种类的助剂。总之,助剂的使用是根据涂料和涂膜的不同要求而决定的。总的来看,助剂分为4个类型:

(1)对涂料的生产过程发生作用,如消泡剂、润滑剂、分散剂、乳化剂等;

(2)对涂料施工成膜过程发生作用,如催干剂、固化剂、流平剂等;

(3)对涂料储存过程发生作用,如防结皮剂、防沉淀剂;

(4)对涂膜性能发生作用,如增塑剂、防霉剂、阻燃剂、防静电剂、紫外光吸收剂等。

6.1.6　防腐蚀涂料种类

防腐蚀涂料种类繁多,从不同角度出发,可分为不同的种类。

1.保护作用

从涂料对材料的保护作用出发,防腐蚀涂料可分为防锈涂料和防腐涂料。

防锈涂料指可保护金属表面免受大气、海水等的化学或电化学腐蚀的涂料,又可分为物理性和化学性防锈漆两大类。前者靠颜料和漆料的适当配合,形成致密的漆膜以阻止腐蚀性物质的侵入,如铁红、铝粉、石墨防锈漆等;后者靠防锈颜料的化学抑锈作用,如红丹、锌黄防锈漆等。防锈涂料主要用于桥梁、船舶、管道等金属的防锈。

防腐涂料指防止材料受化学介质或腐蚀性介质腐蚀的一类涂料,是油漆涂料中必不可少的。一般分为常规防腐涂料和重防腐涂料。重防腐涂料是比常规防腐涂料具有更长保护期的一类防腐涂料。防腐涂料主要用于环境腐蚀性严重工业领域,如埋地管道、储油罐的内壁、石油分离器等。

2.保护效果

防腐涂料在一般条件下,对金属等起到防腐蚀的作用,保护金属延长使用寿命,涂膜较薄,一般厚度为0.1~0.15 mm。重防腐涂料是能在相对苛刻腐蚀环境里应用,并具有能达到比常规防腐涂料更长保护期的一类防腐涂料,如在化工、大气、海洋环境中保护年限为10~15 a;在酸、碱、溶剂介质中大于或等于5 a。

3.腐蚀环境

从腐蚀环境出发,可分为海洋防腐蚀涂料、大气防腐蚀涂料、地下防腐蚀涂料。

海洋防腐蚀涂料应用与海洋环境,防止海水环境和海洋性大气对金属构件的腐蚀,包括船舶漆、采油平台、港湾设施及海上大桥漆等,其中船舶漆用量最大,历史悠久。

大气防腐蚀涂料应用于大气环境,防止各种大气环境对金属构件、制品的腐蚀,防锈涂料就是大气防腐蚀涂料的一种。

地下防腐蚀涂料应用于地下工程结构或地下设施,防止土壤环境或地下水环境对金属材料的腐蚀。

4. 应用功能性

从涂料应用功能性出发,可分为耐热防腐蚀、耐磨防腐蚀、抗静电防腐蚀涂料。

5. 保护对象

从涂层保护对象出发,可分为管道防腐蚀、船舶防腐蚀、化工设备防腐蚀涂料等。

6. 涂料形态

从涂料形态出发,可分为无溶剂、水性、粉末、溶剂型防腐蚀涂料等。

7. 成膜物类别

从成膜物质类别出发,可将涂料分为有机防腐蚀涂料(热塑性、热固性)和无机防腐蚀涂料。

6.1.7 典型防腐蚀涂料

防腐涂料能在苛刻条件下使用,并具有长效防腐寿命,重防腐涂料在化工、大气和海洋环境里,一般可使用 10 a 或 15 a 以上,即使在酸、碱、盐和溶剂介质里,并在一定温度条件下,也能使用 5 a 以上。

厚膜化是重防腐涂料的重要标志。一般防腐涂料的涂层干膜厚度为 100 μm 或 150 μm 左右,而重防腐涂料干膜厚度则在 200 μm 或 300 μm 以上,还有 500～1 000 μm,甚至高达 2 000 μm。

附着力强,涂层与基体结合力强。涂料组成物中含有羟基($-$OH),金属基体提供正离子,两者能形成化学键结合,在涂料中的偶联剂帮助下,甚至实现共价链的结合。在空间网状结构维系下,涂料组合物中含有的金属、金属氧化物纳米材料和稀土氧化物超微粉体,帮助涂层形成一个致密的界面过渡层,使其综合热力学性质与基体相匹配。

使用高效方便,施工简便。当环境温度为 20℃、相对湿度小于 85% 时,表干 15 min,实干 2 h,可保证高效率施工,可实现涂层优异的抗盐雾、耐老化性能。涂层具有自我修补性,当因外力造成局部划痕时仍可使金属受到保护。涂层不受切割及焊接的影响而产生损伤,带涂层焊接时不影响焊接质量。无机聚合物防腐涂料既可单独使用,也可作为防腐底层涂层与有机漆配套使用。单层的无机聚合物防腐涂料作为底漆时可与环氧系、丙烯酸系、聚氨酯系、氯化橡胶系、沥青系等面漆配套使用,附着力强。

防腐蚀涂料的品种很多,主要有环氧树脂防腐蚀涂料、聚氨酯防腐蚀涂料、橡胶树脂防腐蚀涂料、乙烯树脂防腐蚀涂料、酚醛树脂防腐蚀涂料、呋喃树脂防腐蚀涂料等,其中环氧树脂防腐蚀涂料是防腐蚀涂料中应用最为广泛、数量最多的防腐涂料品种。

1. 环氧树脂防腐蚀涂料

环氧树脂具有突出的黏结力、低收缩率,良好的耐蚀性和抗渗性,在涂料制备中得到广泛应用。把用环氧树脂作为成膜物质制备的一系列起防腐功效的涂料称为环氧树脂防腐蚀涂料。但是,环氧树脂防腐蚀涂料耐候性较差,不抗紫外线,易粉化,不适用于大气防腐的面涂料。

用于涂料的环氧树脂有两类:一类是由双酚 A 和环氧氯丙烷缩聚而成的双酚 A 环氧树脂,另一类是以苯酚和甲醛缩聚而得低分子量酚醛,其再与环氧氯丙烷缩聚而成的酚醛环氧树脂。

环氧树脂按分子量高低可分为液态或固态。液态环氧树脂易溶于芳烃,固态环氧树脂需用芳烃和极性溶剂如醇、酯、醚脂或酮的混合溶液溶解。环氧树脂分子结构中含有强极性的羟基和难水解的醚键,故使涂层对基体附着牢固且耐腐蚀,又因分子链中兼有刚性的芳核及柔性的烃链,故使涂层强韧而耐磨,但也由于极性基团多而亲水性大,应在制涂料配方中注意弥补。

酚醛环氧树脂比双酚环氧树脂的官能度高,芳核密度大,使涂层的耐热性和耐溶剂性提高,且黏度低,反应性高,可制高固体或无溶剂涂料,并能在低温高湿下固化。

环氧树脂防腐蚀涂料往往是双组分涂料,当施工时需要加入固化剂,常用的固化剂为胺加成物或聚酰胺树脂等,如胺类、多异氰酸酯、酚醛和氨基树脂。

沥青作为防腐蚀涂料的重要原料,可制成沥青涂料,应用于储罐罐底的保护。在煤焦油沥青(石油蒸馏提取后的残留物)中加入环氧树脂,可制成环氧煤沥青涂料,在防腐蚀领域获得非常满意的效果,兼具有沥青涂料和环氧涂料的优点。当环氧树脂与煤沥青的比例为 1:1 时耐腐蚀性最好[3],通常涂料组分中环氧树脂的比例为 25%~30%。

以环氧树脂作为成膜物质,加入锌粉制成环氧富锌底漆,在造船工业中常作车间底漆,适用于海洋、工业生产中严重的腐蚀环境,尤其是适用于各种储罐内表面的涂装。

以环氧树脂作为成膜物质,云母氧化铁作为填料制成环氧云母氧化铁涂料,分底漆和中涂漆,是目前各工业部门应用较广泛的重防腐涂料。

环氧涂料中除了大尺寸的鳞片填料外,近年来也采用超细颗粒或纳米尺寸的填料。通常超细颗粒泛指粒度在 0.001~1 μm 的微细固体,是粒度介于微观粒子与宏观微粒之间的新材料。粒度的超细量变会引起物理化学性质的变化。涂料,特别是某些高档涂料中,颜填料粒子的粒度大小和分散性好坏是影响涂料质量的重要因素,颜填料粒子超细化分散后,能够赋予涂料优良的性能以及某些特殊功能。例如,含钛白粉(TiO_2)的涂料,在固含量相同的条件下,加有超细钛白粉的乳胶漆,其遮盖力提高,吸水率也明显降低[4-5]。

常用的环氧防腐涂料的品种为胺固化环氧防腐蚀涂料、聚酰胺固化环氧防腐蚀涂料、环氧沥青防腐蚀涂料、无溶剂环氧防腐蚀涂料和环氧酚醛防腐蚀涂料等。具体配方可查阅相关资料。

2. 聚氨酯防腐蚀涂料

聚氨酯全称为聚氨基甲酸酯,是指分子结构中含有氨基甲酸酯基团(—NHCOO—)的高聚物。氨基甲酸酯键由异氰酸基和羟基反应形成,—NCO+—OH— ⟶ —NHCOO—,分子式为$(C_{10}H_8N_2O_2 \cdot C_6H_{14}O_3)_x$。聚氨酯大分子中除了氨基甲酸酯外,还可含有醚、酯、脲、缩二脲、脲基甲酸酯等基团。

聚氨酯除广泛用作泡沫塑料外,也作为防腐蚀涂料的原料。以氯磺化聚乙烯橡胶作为主要改性剂,通过加入特种添加剂、优质颜填料、助剂等,经先进工艺制备而成双组分重防腐涂料。适用于钢结构设施、煤气管道、化工设施、油罐储槽、桥梁、码头、机柜等的防腐涂装。

聚氨酯涂料品种多样,可适合多种用途。双组分、室温固化的羟基型聚氨酯涂料是聚氨酯防腐涂料的主要品种。聚氨酯涂料具有突出的耐候性和耐油性,具有可调节的优良综合性能,既可形成刚性,也可形成弹性的涂料,还有优良的韧性、耐磨性及低温固化性等性能。聚氨酯涂料配方有广泛的适应性,既可与各种树脂、添加剂复配,改善性能,又有利于配制各种环保型涂料。由于涂料中的异氰酸酯基(—NCO)组分的易挥发性和易反应性,在涂料的加工、运输、储存和施工中应引起充分注意。

常用的聚氨酯防腐蚀涂料的品种为聚酯固化型聚氨酯涂料、聚醚固化型聚氨酯涂料、丙烯酸固化型聚氨酯涂料、环氧固化型聚氨酯涂料、单组分潮气固化型聚氨酯涂料、聚氨酯沥青防腐涂料等,具体配方可查阅相关资料。

3. 聚脲涂料

聚脲是由异氰酸酯组分(简称 A 组分,R—NCO)与氨基化合物组分(简称 R 组分,R'—NH$_2$)反应生成的一种弹性体物质[6],即 R—NCO＋R'—NH$_2$ —→RNHCONHR'。异氰酸酯既可以是芳香族的,也可以是脂肪族的,其中的 A 组分可以是单体、聚合物、异氰酸酯的衍生物、预聚物和半预聚物。预聚物和半预聚物是由端氨基或者端羟基化合物与异氰酸酯反应制得的,其中的 R 组分必须由端氨基树脂和端氨基扩链剂组成,在端氨基树脂中,不得含有任何羟基成分和催化剂,但可以含有便于颜料分散的助剂。

喷涂的聚脲弹性体涂层的主要性能特点如下:

(1)不含催化剂,可以实现所需要的快速固化时间;可在任意曲面、斜面及垂直面上喷涂成型,不产生流挂现象,可在 5 s 左右达到凝胶(一般为 30～50 s),1 min 即可达到步行强度,对水分和湿气不敏感,施工时不受环境温度、湿度的影响,可以在潮湿环境和界面上固化而不影响其性能,在 0℃ 左右施工不影响其实用性。

(2)100％的高固含量,无任何溶剂和影响强度的助剂,无污染,对环境影响小,是真正的不含有机挥发物(Volatile organic content)的绿色产品。

(3)具有非常优异的柔韧性、耐磨性、高黏结性能及本体拉伸强度等物理力学性能。对钢材、铝、混凝土、沥青等底材有着非常良好的黏结强度,自身的耐老化性能也十分突出。

(4)优良的耐高、低温性能,在 −25～150℃ 温度范围内能具有良好的热稳定性能,可以长期使用。

(5)可以根据配方调节,得到从软橡胶到硬质弹性体的不同性能的材料。

(6)可以加入各种颜料制成不同颜色制品;可掺入其他填料如短玻璃丝纤维等对材料进行增强。

(7)采用专用施工设备,施工效率高。聚脲涂料因在酸、碱、盐、油、水以及高寒、地下和海洋等恶劣环境条件下表现出优异的超重防腐性能,加之其先进的施工工艺,使得该材料主要用于石油、石化、油田、化工等行业的化工设备及附属设施,如大型化工储罐、原油罐、酸洗槽、电镀槽、炭化塔、盐水罐、蒸发池、舰船甲板及舱室地面、海上钻井平台、跨海大桥以及各类混凝土储罐。

6.2　粉　末　涂　料

粉末涂料是一种新型的不含溶剂的 100％固体粉末状涂料,具有无溶剂、无污染、可回收、环保、节省能源和资源、减轻劳动强度和涂膜机械强度高等特点,在金属结构、设施的防腐领域得到广泛的应用。

粉末涂料均为高分子聚合物,其中包含很多聚合物树脂类,按物理性质可分为热固性和热塑性两大类。

6.2.1　热固性粉末涂料

热固性粉末涂料是指以热固性树脂作为成膜物质,加入起交联反应的固化剂经加热后能形成不溶的质地坚硬涂层,再加热涂层不会软化,而只能发生分解而失效。由于热固性粉末涂料所采用的树脂为聚合度较低的预聚物,分子量较低,所以涂层的流平性较好,具有较好的装饰性,而且低分子量的预聚物经固化后,能形成网状交联的大分子,因而涂层具有较好防腐性和机械性能。因此,热固性粉末涂料发展尤为迅速。

1. 环氧粉末涂料

环氧粉末涂料由于具有优异黏合力、防腐蚀性、硬度、一定的柔韧性和冲击强度,因此是热固性粉末涂料中首先选用的品种。环氧粉末涂料是由固体环氧树脂、固体固化剂、颜料、填料和其他助剂所组成的。这几种组分对所形成的粉末涂层性能的贡献是互相制约和影响的,一个适宜的配方,实际上是各种组分协调的结果。

常用双酚 A 环氧树脂(环氧 604,601)与胺类、酸酐类、酚醛类固化剂配合使用,得到性能优良的防腐粉末涂料。环氧粉末固化是通过交联固化,属于加成反应,遵循基本的当量反应定律为

$$G_hE = G_lV \qquad\qquad (6-1)$$

式中,G_h 为环氧树脂质量(g);G_l 为固化剂质量(g);E 为环氧树脂的环氧值;V 为固化剂羟值。

2. 聚酯粉末涂料

聚酯粉末涂料与其他类型粉末涂料相比,具有独特性质,表现在耐候性、耐紫外光性能比环氧树脂好。另外,由于聚酯树脂带有极性基团,因此上粉率比环氧树脂高,烘烤过程中不易泛黄,光泽度高,流平性好,漆膜丰满,颜色浅,因此具有很好的装饰性。一般用于电冰箱、洗衣机、吸尘器、仪表外壳、自行车、家具等领域。

3. 丙烯酸树脂粉末涂料

丙烯酸树脂粉末涂料有热塑性和热固性两种。热固性丙烯酸树脂粉末涂料的最大优点是具有优良的耐候性、保色性、耐污染性,金属附着力强,涂膜外观优异,适于用作装饰性涂料。

6.2.2　热塑性粉末涂料

热塑性粉末涂料在喷涂温度下熔融,冷却时凝固成膜。热塑性粉末涂料往往为单体聚合物,不需要加入固化剂。由于加工和喷涂方法简单,粉末涂料只需加热熔化、流平、冷却或萃取凝固成膜即可。大多使用的原料都是市场上常见的聚合物,多数条件下都可满足使用性能的要求。但也存在某些不足,诸如熔融温度高,着色水平低,与金属表面黏着性差等。尽管如此,常用的热塑性粉末涂料仍表现出一些特有的性能,如聚烯烃粉末涂料具有极好的耐溶剂性;聚偏氟乙烯涂料具有突出的耐候性;聚酰胺具有优异的耐磨性;聚氯乙烯具有较好的性价比;热塑性聚酯粉末涂料具有外观漂亮、艺术性高等优点。这些特性使热塑性粉末涂料在涂料市场中占有很大比例。

1. 聚乙烯粉末

聚乙烯粉末涂层具有优良的防腐蚀性能,耐化学药品性及优异的电绝缘性和耐紫外线辐射性。缺点是机械强度不高,对基体的附着力较差。聚乙烯粉末涂层可用于化工池槽、叶轮、

泵、管道内壁、仪表外壳、金属板材、冰箱内网板、汽车零部件等。

2. 聚氯乙烯粉末

聚氯乙烯是工业化大规模生产的最便宜的聚合物之一。它具有极好的耐溶剂性,对水和酸的耐蚀性好,耐冲击,抗盐雾,可防止食品污染和对静电喷涂有高的绝缘强度。聚氯乙烯粉末主要用于涂装金属网板、钢制家具、化工设备等。

3. 尼龙粉末涂料

尼龙(Nylon)又称为聚酰胺,由于分子链上的氯基 N 原子与相邻链段上的氢原子易形成氢键,因此聚酰胺树脂的熔点一般都较高。尼龙具有较高的机械强度、抗冲击性能、硬度、耐磨性和摩擦因数小、低吸尘等优点,可用于特殊要求的部件,如用于水泵叶轮、纺织机械零部件、柴油机的启动活塞零部件、机帆船推进器叶轮、汽车车轮、摩托车支架、农业机械、建筑和运动器材等。另外,由于尼龙的抗盐水和对霉菌、细菌的惰性,很适于制造浸于海水或接触海水的涂层,同时尼龙粉末涂料无毒、无味,不被霉菌侵蚀,不会促使细菌生长,很适于喷涂食品工业的零部件,饮用水管和食品包装等。

4. 氟树脂粉末涂料

含氟聚合物能够制备粉末涂料的种类很多,如聚四氟乙烯、聚三氟氯乙烯、聚偏氟乙烯(PVDF)等。聚四氟乙烯熔点高达 327℃,可以在 $-250 \sim 250$℃ 范围内长期使用。此外,氟树脂粉末涂料还具有优异的耐腐蚀性,甚至在王水中也不腐蚀,优良的介电性能,极低的摩擦因数和自润滑性,因此素有"塑料王"之称。氟树脂粉末涂料大量应用于石油、化工防腐涂层、密封、轴承润滑材料、电子电器材料、船舶下水导轨及不粘锅涂层等。聚三氟氯乙烯价格比聚四氟乙烯便宜,加工温度可以降低,涂层可在 130℃ 以下长期使用,耐碱及耐硫化氢腐蚀的能力优于耐酸搪瓷,耐盐酸、稀硫酸、硫化氢及氯气腐蚀的能力优于不锈钢设备,已大量应用于化工厂、农药厂、制药厂、洗涤剂厂等的防腐设备。聚偏氟乙烯粉末涂料的最大优点是耐候性优异,在室外暴晒有高的耐降解性,并且不吸灰尘,很容易保持原有光泽。

5. 氯化聚醚粉末涂料

氯化聚醚具有优异的化学稳定性,涂膜对多种酸、碱和溶剂有良好的抗蚀、抗溶解性能,化学稳定性仅次于聚四氟乙烯,机械和摩擦性能也很好。氯化聚醚粉末涂料主要应用于化工设备、管道衬里,仪表设备外壳等。其缺点是与金属黏着力较差。经加入添加剂可改善与金属的黏着力。

6.3　涂 层 系 统

6.3.1　防腐蚀涂料应具备的基本条件

作为一种优异的防腐蚀涂料必须具备下列基本条件:

(1)耐腐蚀性能要好。所谓涂料的耐腐蚀性是指其固化涂层对它所接触的腐蚀介质(如水、酸、碱、盐、各种化学药品、废液、空气、水分、化工气体等)在物理性质和化学性质方面都是稳定的,即不被腐蚀介质溶胀、溶解,也不被腐蚀介质所破坏、分解,不和腐蚀介质发生有害的化学反应。

(2)透气性和渗水性要小。钢铁的大气腐蚀需要有水分和氧的作用,否则其腐蚀速度可以忽略不计。涂漆钢板的腐蚀,从本质上讲,是由水和氧以相当大的速度穿透涂膜到达金属界面上造成的。显而易见,一种优异的耐腐蚀涂膜的透气性和渗水性应尽可能得小。为此必须选择透气性小的成膜物质和屏蔽作用大的涂料,并增加涂装道数,使涂层达到一定的厚度。

(3)要求良好的附着力和一定的机械强度。涂膜能否牢固地附着在金属基体上,是其能否发挥防腐蚀作用的关键因素之一。除此之外,固化涂膜还应具有一定的机械强度,以承受在工作条件下的应力。

防腐蚀涂料除了应满足上述三方面的主要要求之外,还应具有良好的电绝缘性、抗温变性、耐湿性,同时经济上也应合算,而且施工方便。

6.3.2 防腐蚀涂层体系

在实际应用中,一种涂层往往不能很好地起到保护金属的作用,或不能同时满足防腐、耐候、美观等使用要求。因此,大多在金属表面涂覆几种涂层,组成一个整体系统共同发挥功效。由于多种涂层的性质不同,所以只要通过合理的组合,就可以同时达到满足防腐、耐候、美观的多重功效。这一涂层体系包括底漆、中间层、面漆,每层按需要分别涂刷一至数次,如图6-4所示。也有的仅是单层结构就同时满足不同的使用要求,如粉末涂料。

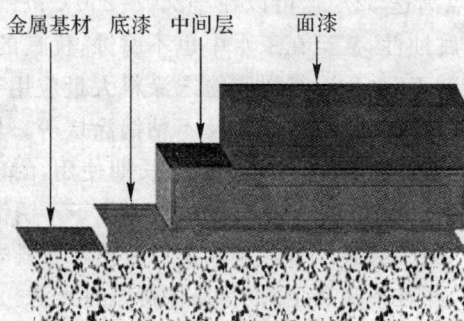

图6-4 涂层系统示意图

1.底漆

底漆直接与金属接触,是整个保护涂层系统的重要基础,主要具有以下特征:①与金属表面要有良好的附着力,因此成膜物分子结构中往往含有极性基团。②底漆黏度应该较低,以便对基材表面有良好的润湿性,且溶剂挥发不可太快,以便有充分时间对焊缝、锈痕等部位渗入。③能阻止锈蚀的生成和发展,因此往往采用含有防锈颜料、抗渗作用的填料。④因为金属腐蚀时氧去极化在阴极区呈碱性,所以底漆的基料应具有耐碱性。⑤一般底漆填料含量较多,除防锈、抗渗功能外,还起到减少涂膜内应力(固化收缩力、热应力)的作用,以及使漆膜表面粗糙,增加与中间层或面漆的结合力。⑥填料体积分数不可大于临界填料体积分数(PVC≤CPVC),但有的涂料为了增大与面漆的结合力,设计涂料时CPVC≤PVC,这就要求面漆的渗入能力很强,面漆固化前要渗入到底漆中,充当底涂的黏合剂,使底面涂成为一体。实际上,从最终的干膜PVC来看(面涂渗入后),仍然是PVC≤CPVC。⑦一般底漆厚度不易过大,因太厚会引起收缩应力,使附着力下降。

2. 中间层

中间层的主要作用是增厚、提高屏蔽作用、缓冲冲击力、平整涂层表面。最重要的一点是中间层要与底、面漆结合良好，才能起到承上启下作用。其与底、面漆的结合，主要是靠中间层所含溶剂将底漆溶胀，两层界面间的物质相互扩散、高分子链相互缠结以及极性基团间相互产生吸引力。

在整个涂层体系中底漆或面漆有时不宜太厚。在重防腐蚀涂料系统中，为提高整个涂层的屏蔽性能，厚度要求较高，因此将中间层涂料制成触变型固体厚膜涂料，用无气喷涂，一次可获得厚膜。

对于一些类似汽车漆的防腐、装饰性涂装体系，中间层可以提供平整表面，保持美观。中间层往往还具有较好的弹性，能缓冲碎石冲击车辆，使涂层不开裂。

3. 面漆

面漆与环境相接触，因此要具有耐环境化学腐蚀性、装饰美观性、标志性、抗紫外线、耐候性等优点。往往面漆的成膜物含量较高，含有紫外线吸收剂，或铝粉、云母氧化铁等阻隔阳光的颜料，以延长涂膜的寿命。有一些耐化学品涂料（如过氯乙烯漆），往往最后一道面漆是不含颜料的清漆，以获得致密的屏蔽膜。

防腐蚀涂层体系一般采用"多层异类"结构，即根据各种树脂的性能特长，选其作为底、中、面漆，而不在乎成膜物质是否属于同一类型。例如，过氯乙烯漆有良好的耐化学介质稳定性，涂层的断裂强度很高，但具有低的金属附着力，而醇酸漆的附着力指标非常高，断裂强度和耐蚀性却远低于过氯乙烯漆，若采用醇酸底漆、过氯乙烯面漆的"多层异类"配套，则涂层具附着力和耐蚀性均好的特点。又如，环氧漆对金属附着力好而耐候性差，丙烯酸/缩二脉聚氨酯漆的耐候性极佳，但价格昂贵，二者底、面配套，可作为装饰性、耐候性极佳的户外钢结构保护涂层，而且涂层成本有所降低。

4. 涂层厚度与涂装道数

防腐蚀涂层的厚度与防腐蚀效果有直接的关系，尤以在严酷腐蚀环境下的重防蚀涂料，必须达到一定的干膜厚度，为此往往需要有多道的涂层，每道涂层不能太厚，以消除涂层可能存在的缺陷。若涂料是氧化干燥型（醇酸、酚醛桐油等），太厚则表层吸氧皱皮而内层不干；若涂料含溶剂，太厚会使溶剂不能充分挥发，少量溶胶残留在涂层中而降低耐蚀性。在多道涂层系统中，其总厚度为每道涂层厚度的总和，道数愈多，整个涂层系统愈厚。一般过氯乙烯或氯磺化聚乙烯涂料等，因其固体含量低，都必须多道涂布才能达到规定的厚度，以确保防蚀功效，即使是用无溶剂（或高固体）涂料勉强一次达到规定的漆膜厚度。因现今漆膜难免有若干缺损，如缩孔、针孔、气泡、丝状尘埃埋在漆膜中，在大面积施工中，无法获得完整无缺的漆膜，在缺损薄弱部位会首先发生腐蚀。多道涂层的优点是各层之间可以互相覆盖缺损部位。因为各道涂层都在同一具体部位发生缺损的概率是极低的，多道涂层保证了整个涂料体系的防蚀功效。

目前在防腐蚀工程上采用的涂层，不论薄厚，极少是单层漆膜的。一般认为，同一厚度的涂层，多道数涂装的，其耐蚀性甚至包括机械性能，优于单层。

但涂层过厚一般会带来较大的内应力，致使涂层在使用过程中，由于外力或温度的变化极易发生开裂。树脂内聚力大，或具有一定的弹性都利于增厚。无机填料、玻璃鳞片的添加起到增强作用，均有利于增加涂膜的内聚力，因此也有利于增厚。

厚浆涂料、高固体分涂料、无溶剂涂料的单层漆膜厚度可为 $100\sim300\ \mu m$，甚至更厚，为一般涂料的 10 余倍,在施工技术和检测方法可靠的情况下,厚浆涂料有节省工时、减少污染的优点。在铁路货车、集装箱、长输油气管道、化工厂混凝土地坪上已成功应用多年。

为了解决多道涂装的工程进度问题,可采取更合理的施工程序,兼取厚浆涂料的优点,比较合理的涂装方案是底漆和面漆采用多道薄涂层,中层漆使用厚涂层。

5.涂膜层间的结合与配套性

多道涂层体系中,各道涂料其组成往往不同,即使组成相同,在一层之内,干燥之后表面与内里往往并不完全相同,因此每层之间必须充分附着,形成密合的整体。由多道漆膜组成的涂层,漆膜间的层间附着力是十分重要的。如果层间附着力不好,在使用过程中,会发生逐层剥落,涂层总厚度减少,耐腐蚀性降低等问题。

层间附着力可以是机械嵌合、漆膜间静电引力、成膜物质分子结构上的极性基团以及彼此间形成的氢键,甚至在个别情况下也可能发生两层间的化学键合(例如上层的异氰酸酯与下层的羟基、胺基反应),但在很大程度上还取决于两层漆膜的成膜物高分子或链节的接触和互相渗透,分子之间的缠结,即所谓的膜与膜的胶黏作用,如高分子物质自动胶合时产生聚结作用,膜间已无界面,就不存在层间附着力的问题。

6.4　涂　装　技　术

涂装是表面科学领域的一个重要分支,广泛服务于国民经济的多个领域。其中,防腐蚀涂装随着我国现代化建设和科学技术的发展在近年来更是得到了迅猛的发展。我国防腐蚀各行各业也从国外引入或建立了现代化水平的涂装行业标准与规范,使国内的防腐蚀涂装技术逐渐走向标准化和现代化。

我国西气东输天然气管道的铺设等大型工程的实施、能源政策的实施、石油天然气的开发以及城镇燃气的发展,都大大促进了管道防腐蚀技术的进步和提高。在管道的防腐层涂装技术方面,在粉末喷涂、3 层 PE(聚乙烯)、3 层 PP(聚丙烯)等管道防腐层的生产技术水平上,我国都基本参照并采用了国际先进标准,建立了高度自动化的生产线,并已走出国门,承接了国外的大量管道工程。这说明我国采用自动化生产线进行管道防腐层的施工技术已达到或与国际水平接轨。

涂料的涂装方法随涂料的性能不同、涂装作业的环境不同而具有不同的涂装技术,而且不同的涂料具有不同的涂装工艺。经过近百年尤其是最近的半个世纪的发展,涂料生产水平已取得突飞猛进的发展,从而也促进了涂装技术的进步和提高。

6.4.1　溶剂型涂料的涂装方法

溶剂型涂料虽然向大气中排放"VOC"有害介质,但仍然是涂装工程中使用最多的涂料。它广泛应用于机械、建筑、石油化工、市政工程等行业,不仅应用于金属结构表面的防腐蚀涂装,也应用于非金属结构,如混凝土构筑物表面的防水、防腐和防护涂装。在防腐蚀涂装行业中占有较大的比例。

溶剂型防腐涂料的涂装是采用一定的设备和工艺过程将涂料均匀地涂布在被涂物表面,以形成防腐蚀涂层的施工过程。常用的涂布方法有刷涂、刮涂、浸涂、淋涂、空气喷涂和高压无气喷涂等。其中,高压无气喷涂是工业涂装中溶剂性涂料最为常用的涂装方法。

1. 刷涂

刷涂是使用最早、最简单和最传统的手工涂装方法,操作方便、灵活,可涂装任何形状的物件。除干性快、流平性较差的涂料外,刷涂可适用于多种涂料,例如油性涂料、合成树脂涂料、水性涂料等。刷涂用于小面积结构物的涂装显得十分经济和方便。对于喷涂无法实施或厚度不好达标的场合,也可以采用刷涂。

刷涂法的优点是可使涂料渗透金属表面的细孔,加强涂膜对金属的附着力。缺点是劳动强度大、工作效率低、涂布外观欠佳,尤其是刷涂快干型涂料时,应采取一次性完成涂刷作业的方式,刷涂工艺的技巧要求更加严格。也就是在一般性手工刷涂作业中所要求的涂布、抹平、修整的 3 个刷涂步骤,转变成一个过程来完成。因此,一些干燥过快、流平性差的涂料要慎用刷涂工艺。

刷涂工艺讲究手握漆刷的方式、力度,漆刷沾漆量的均匀性以及漆刷的运行方式。一般来说,刷涂可分为涂布、抹平、修整 3 个步骤。刷涂涂膜常见的缺陷是流挂、刷痕、气泡、针孔、厚度不均。

产生流挂的原因有可能是漆刷上的带漆量过多的缘故,也可能是漆刷的选择不妥。刷痕的原因有可能是涂料的黏度过高,流平性差或稀释剂挥发过快。产生气泡可能是被涂物表面的预处理不合格,存有油污、水分等污物。涂层表面产生针孔大多是由于涂料中的溶剂挥发所致。涂膜的厚度不均匀则是由于涂料的黏度过高,造成涂料的流平性较差,或者是刷涂技巧欠缺所造成的。

操作者的熟练程度和刷涂技术水准将成为控制刷涂涂膜质量的关键。

刷涂适用于干燥慢的油基漆,如天然树脂、沥青、酚醛、醇酸等涂料。

2. 刮涂

刮涂是使用刮刀进行涂装的方法。刮涂也是一种常用的涂装方法,主要在刮腻子工艺中使用。刮刀可以是木制的、钢制的、牛角的、橡胶的等。目前,由于溶剂性涂料具有溶剂挥发的特性,遭到各国的环保政策的限制,一些高固体成分或无溶剂防腐蚀涂料相继问世,也使得刮涂技术用于黏度较高、高固体含量的液态涂料涂装。

刮涂作业的涂膜常见缺陷是开裂、脱落、翻卷等,其涂膜的厚度也很难均匀。刮涂涂膜开裂是由于一次涂刮的厚度超过涂料允许的厚度。脱落的原因则有多种,或者是底漆未干燥,或者是与底漆不配套,表面有污染,或者是涂料的配比存在一定的问题,总之,应根据涂料的施工规范要求、涂覆表面的状况做具体的分析。

3. 浸涂

浸涂也是一种传统的涂装方法。该方法将被涂物浸没在盛有涂料的槽液中,随即取出,让多余的涂料滴落回槽液中,或采用机械方法将多余的涂料甩落。浸涂所采用的设备简单,机械化程度较高。该法适用于结构复杂的器材或工件的涂装,但不适用于挥发性大的涂料,因为该类涂料浸涂时溶剂损失较大容易造成空气污染。

浸涂的缺点是涂膜的厚度不易均匀,易产生流挂。

烘烤型涂料适合于浸涂作业,例如单组分的环氧树脂涂料、醇酸树脂涂料、沥青和一些白干型涂料等。因为该类涂料的溶剂挥发较慢,在涂料使用期内的性能比较稳定,而且适合于规模化生产。

双组分涂料如双组分环氧树脂涂料、双组分聚氨酯类涂料和快干型涂料都不适合浸涂的作业方式。这是因为双组分涂料存在混合后使用时间的限制,快干型涂料也受到使用期短的局限。

涂料的施工黏度决定浸涂工艺的条件,室温下施工时,涂料的黏度应为 $20\sim30$ s,施工的温度越高,涂料的黏度要求相应减小。因此,涂料的黏度与施工的温度之间存在一定的对应关系,一旦涂料的黏度参数发生变化,就要随时调整工艺条件。否则,会使浸涂的涂膜产生缺陷。

例如,当施工时涂料的黏度过低时,会使涂料的流平性差,易产生流挂等现象。浸涂的最佳工艺条件为 $20\sim30$℃,施工中应保证浸涂槽的一定温度范围,以确保稳定的浸涂工艺条件和涂膜的质量。

浸涂的方式有手工浸涂、离心浸涂和真空浸涂。

浸涂需要有浸涂设备,即浸涂槽,作业方式可连续作业,也可间歇作业。间歇式浸涂槽适用于小批量工件的涂装生产,而连续性浸涂槽适用于大批量工件的连续生产。工件的起吊一般有人工和自动化两种,为防止涂料中的颜料、填料沉淀,造成涂料的分层,还应有搅拌,其他加热、通风等装置也是必需的。

浸涂最合适的涂膜厚度为 $30~\mu m$ 左右,厚度的控制是通过对涂料的黏度控制来实现的。多余的涂料可采用自然滴落和静电方法去除。自然滴落去除余漆是当被浸工件从浸涂槽内开始往上提时,依靠重力使工件表面黏附的多余涂料滴落在槽内,因此被涂工件的起吊应讲究提起的速度和方向,以使多余涂料的滴落均匀一致。静电法去除多余的涂料是采用一种由高压静电发生器所产生的静电场装置,当带有多余涂料的工件进入静电场内时,多余的涂料在静电场力的作用下滴落。一般而言,工件为正极,而将平板或网状电极与高压静电发生器的负极相连。

浸涂涂层的常见缺陷是涂膜不易均匀,还会产生气泡,或表面粗糙,存有流痕。浸涂在化工防腐蚀涂装中常用来涂装化工机械零件。

4. 淋涂

淋涂是使用压力或重力喷嘴,将液态涂料形成液流从喷嘴喷淋至被涂物表面,涂料经过自上而下的流淌将被涂物表面完全覆盖后形成涂膜的涂装工艺工程。

淋涂是从浸涂法改进而形成的涂装方法,都是依靠过量的涂料,经过被涂物的表面而形成膜。只是涂料涂布到被涂物表面的方式不同。淋涂所用设备简单,比较容易实现机械化,操作简便、生产效率高。

淋涂比浸涂的溶剂消耗量大,但一次性投入的涂料量比浸涂少,适用于淋涂的工件一般比浸涂的规模要大,如大型的板材等,但工件本身的形状不能太复杂,且没有凹坑、沟槽等以避免涂料的存留。淋涂的作业方式和浸涂一样可分为间歇式和连续式。最典型的淋涂设备是适合于大批量、连续生产的通过式淋涂设备,主要由室体、涂料槽、溶剂槽、喷淋装置、通风防火装置组成。喷淋装置由喷嘴、喷管、涂料泵组成,喷嘴安装在淋漆区,距离被涂工件 $300\sim400$ mm,喷嘴形状为圆形或扇形,喷管应根据被涂物的形状设计。

淋涂工艺也会产生安全和污染问题。为防止溶剂的挥发和扩散,在喷淋室的进出口应设置有吸入式风幕。风幕的吸入风速应大于溶剂挥发速度。为防止火灾,应有自动灭火装置。

淋涂常见的涂膜缺陷是涂膜不平整或覆盖的不完整,涂膜厚度不均匀或过厚、过薄等。

5. 喷涂

利用压缩空气及喷枪使涂料雾化的涂装施工方法称为喷涂法。其优点是采用喷涂法施工得到的涂层涂膜厚度均匀、表观平整、生产效率高。缺点是材料的损耗远大于刷涂和淋涂等方法,且使用溶剂型涂料时会造成环境的污染。喷涂法适用于各种涂料和各种被涂物,是使用最为广泛的涂装工艺方法。

一套比较完整的空气喷涂装置包括空气压缩机、输气管、空气油水分离器、储气罐、喷枪、涂料罐、喷漆室。

喷枪是空气喷涂的关键设备,其作用是将涂料雾化后均匀地喷涂到工件表面。按涂料的供给方式,空气喷枪可分为吸上式、重力式和压送式 3 种类型,如图 6-5 所示。

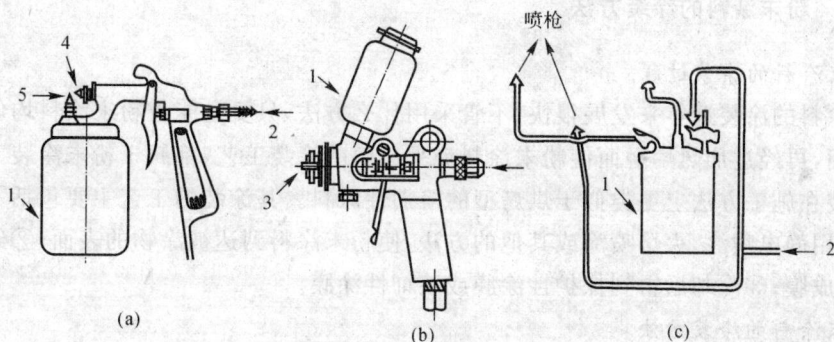

图 6-5 空气喷涂的喷枪
(a)吸上式; (b)重力式; (c)压送式
1—涂料罐; 2—压缩空气进口; 3—喷嘴; 4—空气喷嘴; 5—涂料喷管

吸上式喷枪的涂料罐安装在喷嘴的下方,压缩空气在喷枪喷嘴高速流过,周围产生局部真空,将涂料罐内涂料吸入喷嘴并雾化成漆雾滴,均匀地将涂料喷涂到工件表面(见图6-5(a))。吸上式喷枪是应用最广泛的间歇式喷枪。这种喷枪的喷出量受涂料黏度和密度的影响比较大,涂料罐中的残留漆液会造成一定的损失,但涂料喷出的雾化程度较好。

重力式喷枪的涂料罐安装在喷嘴的斜上方,靠涂料的自重使涂料从涂料罐中流出并在高压空气中雾化,将涂料喷涂到工件表面(见图 6-5(b)),喷枪的结构和吸上式完全相同。重力式喷枪的优点是涂料罐中的漆液能完全喷出,喷出量比吸上式喷枪大,但雾化效果不如吸上式喷枪。当涂装量大时,可将涂料罐换成高位槽,用胶管与喷枪连接以实现连续作业。

压送式喷枪依靠另外设置的增压箱供给涂料(见图 6-5(c)),涂料在压缩空气的作用下被输送到喷枪,喷枪的结构和吸上式相同。压送式喷涂适合生产线涂装和自动喷涂。增大增压箱中的压力可供多个喷枪同时工作,涂装的效率很高。

按涂料与压缩空气的混合方式可分为内部混合式喷枪和外部混合式喷枪两种,其喷嘴的结构如图 6-6 所示。内部混合式喷枪是涂料和空气在喷嘴内部混合喷出。这种喷枪现在很少使用,仅用于一些多色美术漆的小物件涂装。外部混合式喷枪是涂料和空气在喷嘴外部混合并雾化。

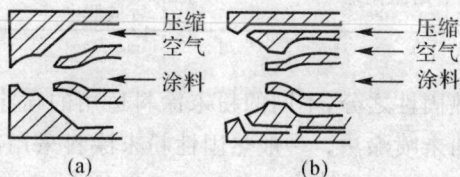

图 6-6 混合方式
(a)内部混合式; (b)外部混合式

无空气喷涂是涂料涂装的一项新工艺,它是为了解决高黏度涂料涂装难,空气喷涂涂料损失大,飞散漆雾污染严重等问题而发展起来的一种涂装工艺。

无空气喷涂是靠密闭容器内的高压泵输送涂料,获得高压的涂料从小孔中喷出时速度很高,随着冲击空气和压力的急剧降低,涂料体积骤然膨胀,溶剂迅速挥发而分散雾化,高速地飞向工件表面。由于它是利用高液压而不是空气流速涂料雾化喷出,因此又叫高压无气喷涂。

6.4.2 粉末涂料的涂装方法

1.粉末涂料的涂装过程

粉末涂料的涂装近年来发展很快,不管采用什么方法,只要是能将粉末涂料均匀涂布于被涂物的表面,再经过加热熔融而使粉末涂料流平成膜的涂装工艺,都属于粉末涂装工艺。粉末涂料的涂装在施工方法上更类似于烘烤型的溶剂性涂料。其涂装的工艺主要包括了以下 3 个过程:①采用静电喷涂、火焰喷涂或其他的方法,使粉末涂料到达被涂物的表面;②经过烘烤流平,或固化成膜;③冷却后得到保护性涂膜或装饰性涂膜。

2.粉末涂料的涂装方法

粉末涂装或称喷涂可以采用多种方法,其主要涂装方法列于表 6 - 3 中。

表 6 - 3　粉末涂料的主要涂装方法

涂装方法	粉末输送方式	粉末附着方式	喷涂原理说明
火焰喷涂法	压缩空气	熔融附着工件预热或者不预热	高速行进的粉末涂料在火焰中通过,呈熔融状态,喷射到工件表面
空气喷涂法	压缩空气	熔融附着工件预热	粉末涂料喷涂在预热至粉末涂料熔融点以上的工件表面
流化床法		工件预热	用气流使粉末涂料在流化床内呈均匀悬浮沸腾状态,迅速将预热的工件移至流化床内,使悬浮的冷粉末粒子均匀黏附在工件表面,将工件移出烘烤成膜
静电喷涂法	压缩空气	静电引力工件预热	用静电喷枪将带有负电的粉末涂料喷涂到预热至粉末涂料熔融温度的工件表面,工件表面带有正电
静电流化床法		静电引力	用气流使粉末涂料呈沸腾状态;特有负电,流化床与工件形成高压电场,并产生电晕,粉末被吸引到带有正电的工件表面后再加热熔融固化
真空吸涂法	真空吸引	熔融附着	利用真空的吸引力,使粉末涂料吸附,熔融后成膜

粉末涂料有热塑性和热固性之分,不同的粉末涂料适用的喷涂方法也不同。在这些喷涂方法中使用最多的是静电粉末喷涂法。一般热固性粉末涂料采用静电喷涂技术,而热塑性粉末涂料可采用静电喷涂和流化床浸涂两种方法。聚乙烯粉末、聚丙烯也都可使用粉末喷涂技术,我国国内也已建成专用于管道内、外壁防腐的自动化流水生产线,例如,石化行业某催化剂

生产厂家已使用聚乙烯粉末喷涂技术生产用于化学工艺管道的内防腐层。事实上喷涂在国外已大量用于饮用水钢质管道的内腐蚀防护层,也用于输送饮用水的铸铁管防腐。其他的一些树脂的粉末涂料,如聚丙烯、聚酯等也可采用粉末静电喷涂技术作业。

为改变聚乙烯粉末在涂装和成膜后的一些固有缺陷,如工程上聚乙烯以及其他聚烯烃具有很难与其他材料进行黏结、着色等问题,对聚乙烯、聚烯烃类粉末等一些热塑性树脂粉末进行了特殊的等离子体处理。等离子处理后的聚乙烯等粉末材料表面状态得到很大改善,既增加了材料的柔韧性,又极大改善了聚乙烯类涂层的黏结性能,甚至能与混凝土类材料黏结等,从而大大拓展了聚乙烯类粉末作为防腐蚀和保护性涂层的应用领域。由于该类材料有无毒等环保特性,一些发达国家(如德国)的环保部门大力支持该项技术的应用和推广,如应用于饮用水管道内防护和饮用水工程领域,以及其他应具备环保特性的汽车内装饰等领域。

火焰喷涂适合现场作业和小批量生产;流化床法的生产规模可大可小,也适合自动化生产;静电喷涂方法很适合于自动化生产线工艺的大规模产品的生产;静电流化床法也适合自动涂装生产线。而且不同的涂装方法对粉末涂料的粒度等也有一定的使用限度规定。表6-4是3种主要粉末涂料涂装方法对粉末涂料的要求。

表6-4　涂装方法对粉末涂料的要求

涂装方法	适用的粉末涂料	标准粒度/μm
火焰喷涂法	热塑性粉末 热固性粉末使用时应后加热,而且易受氧化的树脂不能使用	较粗的粒子较好 100~200
流化床法	热塑性粉末 环氧树脂类的热固性粉末也适用	50~150
静电喷涂方法	所有粉末都可使用,热固性的粉末更适合	<150

3.喷涂工艺条件

粉末涂料的各种涂装方法,均要求被涂装的工件表面在涂装前应进行除油、除锈、磷化、氧化等表面预处理程序,与溶剂型涂料涂装前的要求是一样的。表面预处理的等级和要求与粉末涂料性能和被涂物材质密切相关。表面预处理的作用一方面提高涂膜的防腐性能及延长涂膜的使用寿命,另一方面是增强涂膜与基底材料表面的附着力。

常用粉末涂料的喷涂工艺条件如表6-5所示。

表6-5　常用粉末涂料的喷涂条件

涂料名称	预热温度范围/℃	塑化温度范围/℃
聚乙烯	270~290	220~310
聚氯乙烯	240~280	200~250
聚丙烯	260~370	200~310
酰胺(尼龙)	240~430	200~290
环氧树脂	180~230	150~220

4.火焰喷涂法

火焰喷涂法是粉末涂料通过高温气体火焰时,被熔融后喷涂到被涂物的表面,经流平固化成膜,火焰喷涂法又称熔射喷涂法。火焰喷涂法可用于热塑性粉末涂料的涂装,以及部分热固性粉末的涂装,也用于金属粉末的涂装。

其工作原理为,利用压缩空气使粉末涂料从火焰喷嘴中吹出,并以高速通过喷嘴外围喷出火焰的区域,使粉末涂料呈熔融状态后喷射到被涂物的表面。

火焰喷枪是喷涂施工的主要设备,被涂物或者经过预热,或者直接喷涂。该法可适用于粒子较粗的热塑性粉末涂料(如聚乙烯、聚酰胺等),也适用于现场施工。火焰喷涂的工件一般需要预热,粉末的粒度、火焰的温度、粉末通过火焰的时间及距离等都会影响到涂膜质量。

火焰喷涂一次性喷涂厚度可以为 500 μm 以上,可在 100% 相对湿度和低温环境下施工,常用于化工设备、化工池槽表面的防腐层或内衬层的涂装,并应用于大型结构物、机械设备的涂装与维护,常作为防腐涂层、耐磨涂层使用。也可用于使用静电喷涂或流化床喷涂的大型结构物涂层缺陷的现场修补,如管道、大型储罐内壁的涂装,以及桥梁的涂装和修复。火焰喷涂还可应用于高熔点陶瓷粉末涂料的喷涂,多为手工操作。火焰喷涂的设备简单,价格也便宜。

5.粉末静电喷涂法

涂料的静电喷涂是利用高压静电电晕原理,将喷枪的端部与一负高压静电电极相连,被涂物接地,带有负电荷的粉末涂料粒子在静电作用下,喷涂到被涂物的表面(被涂物表面已被加热),熔融、固化后形成一层均匀致密的涂膜,或者在固化炉中熔融、流平而形成均匀的涂膜。

在相关的国家标准中,粉末静电喷涂的定义为由于一定电场强度的电晕放电及空气动力作用使得粉末涂料粒子荷负电或极化而吸附于荷正电的工件表面的涂装方法。

静电喷涂是静电涂装施工中应用最为广泛的涂装工艺,也是近年来,国际、国内在管道涂装领域应用最多的工艺技术。

粉末静电喷涂的工艺流程为压缩空气→空气净化→供粉器→喷涂(预热的工件)→固化→成品→粉末回收。

涂料在静电喷涂前的表面预处理应包括脱脂、除锈、化学磷化或钝化等手段。其主要流程为被涂物的表面预处理→预热→粉末喷涂→烘干(或固化)→冷却。

对于热塑性粉末涂料只需要流平,而对于热固性粉末涂料还应有固化成膜的工艺过程。粉末的静电喷涂有冷喷涂和热喷涂之分,当被涂装的工件经过表面预处理后,先进行预热再进行静电粉末的喷涂,称之为热喷涂工艺。被涂装的工件在进行表面预处理后,不预热直接进行粉末喷涂的工艺,称之为静电粉末冷喷涂。

静电粉末冷喷涂时,当涂膜的厚度超过 150 μm 时,会由于电离排斥现象使涂膜外观出现麻点。但静电冷喷涂由于不对被涂装的工件预热,而使涂装工艺操作更简便,涂装效率高。

静电粉末热喷涂的一次涂膜厚度可以比较厚(350~400 μm),适用于大多数粉末涂料的静电喷涂作业,所适用的被涂装结构物广泛,甚至可用于铸铁工件的涂装,涂膜没有针孔。

粉末静电热喷涂的涂膜较厚,喷涂过程中的粉末涂料利用率可为 95% 以上,且在喷涂中不会产生溶剂污染,一次涂布便可达到涂膜的设计厚度,涂膜的质量均匀可靠,可用于大规模的自动化生产线的生产。例如在石油天然气行业,采用熔结环氧粉末作为管道内、外的防腐涂层的喷涂涂料,并采用了粉末静电喷涂技术,这在国内外应用都十分广泛。

影响粉末涂料静电喷涂质量的主要因素:①粉末粒度,粉末涂料的粒度大小会影响粉末的流动性和涂膜的厚度,以及涂敷特性;②粉末涂料的电导率,即涂料的体积电阻率,可直接对涂料的施工性能造成影响,当粉末涂料的体积电阻率在 $10^9\Omega\cdot m$ 以下时粉末粒子易脱落,在 $10^{10}\sim10^{14}\Omega\cdot m$ 范围内时的施工性能最为理想;③喷涂距离,因为喷涂距离可直接影响到静电场的电场强度;④喷涂电压,喷涂电压越大,粉末的喷出量越多,涂膜越厚,但并非喷涂电压越高越好,如果太高,也会造成涂膜质量不好,一般应控制在 $60\sim90$ kV。

6. 流化床浸涂法

流化床浸涂法是把预热的被涂工件浸入粉末涂料的流化床中,粉末熔融而被附着到被涂物的表面,经流平或固化成膜的涂装过程。

在流化床涂装中,已涂装粉末涂料后工件加热与否,取决于粉末涂料的种类。各种不同流化床浸涂的工艺过程为被涂装工件→表面预处理→预热→流化床浸涂→加热流平→冷却→成膜。

7. 静电流化床浸涂法

静电流化床浸涂法是把流化床浸涂法和静电粉末喷涂法结合起来的一种涂装方法。粉末静电流化床浸涂法也是通过静电引力,用气流使流化槽内的粉末涂料呈沸腾状态,并带有负电,放入预热到粉末涂料熔点以上温度的带正电被涂工件(工件接地),粉末被吸引到工件表面,熔融固化的涂装方法。

该涂装方法的优点是粉末涂料损失很少,涂装设备的投资低,而且容易实现自动化的作业。其缺点是不适合涂装大型的工件,而且涂装工艺中需要较高的工作电压。因其涂膜涂布均匀,设备简单,所以适用于小型、线状、带状的电子部件涂膜的涂布,如线圈、带电器等,还可用于热塑性和热固性的两种粉末涂料的涂装。其主要涂装设备包括流化床、高压静电器、电晕电极等。

6.4.3　管道涂料与涂装

1. 管道常用的涂料

采用涂层来保护油气输送管道已经有很长的历史,保护管道的材料由最初的沥青和焦油制成品发展到目前的许多高技术产品,这些产品有些适合在管道铺设现场施工,有些则适合在工厂内预制管道。

油气输送管道从起初的外防腐,逐渐发展到采用内防腐。对大口径的天然气输送管道,内防腐除了起防腐的功能外,最主要的作用是减小天然气在输送过程中的阻力,即减阻的功效。虽然防腐涂料品种繁多,但在管道上应用的涂料基本属于重防腐涂料,所应用涂料的品种也十分有限,主要有石油沥青、高分子防腐蚀带、热缩性保护带、煤焦油瓷漆、环氧煤沥青、环氧粉末、多层结构的聚烯烃涂层(2PE,3PE)等。

(1)高分子防腐蚀带。在管道外表面包扎高分子保护带,可以是一层,也可是多层,由涂装要求确定。

管道事先涂一道底漆,湿润管道表面,填平管道表面的凹坑,使保护带与管道表面结合紧密、牢固。高分子保护带的黏结层与底漆配套,保证保护带与钢管表面牢固结合在一起。

高分子保护带内层材料为丁苯橡胶和合成树脂,中间层和外层是高密度的聚乙烯或聚丙烯材料,外层具有良好抗紫外线性能。对焊缝(螺旋焊管和卷管),通常在焊缝包敷黏结剂。

高分子防腐蚀带采用加热施工,第一层,底漆;第二层,黏结层,热塑性弹性体;第三层,高密度的聚乙烯。高分子防腐蚀带用于管道的外防腐。

（2）热缩性保护带。热缩性保护带是一种成卷材料,最高使用温度达 120℃。施工时,热缩性保护带中的黏结剂接触到预热的钢管表面就会熔化并流动,钢管冷却后,热缩性保护带收缩,产生很大的收缩力,黏结剂就会与钢管表面紧紧地咬合在一起。控制好钢管预热温度是黏结剂湿润钢管表面并与其牢固结合的关键。热缩性保护带用于管道的外防腐。

（3）熔融黏结环氧树脂。熔融黏结环氧树脂(FPB)采用固体粉末环氧树脂,在一定的温度下,熔融黏结环氧树脂通过化学反应在钢管表面生成牢固的保护层。在喷涂 FPB 前,钢管要预热去除水分,彻底干燥,然后进行表面处理,达到喷涂 FPB 的要求。有些钢管还要涂第二道,以满足钢管在运输、安装或使用过程中特殊的要求。熔融黏结环氧树脂用于管道的外防腐。

（4）多层结构的聚烯烃涂层。这种涂层在工厂预制管道,然后在现场安装,最后进行补口。多层结构的聚烯烃涂层包括二层结构(2PE)和三层结构(3PE)。

2PE 的内层是黏结层（密封层）,是双层结构的聚烯烃涂层与管道表面牢固结合并保证其防腐蚀性能的关键。外层为热挤压聚烯烃塑料,可为聚乙烯等。

3PE 的涂层系统的第一层为熔融黏结环氧树脂或液体环氧涂料,中间层是共聚物黏结剂,第三层是聚烯烃塑料涂层。这种涂层使钢管的导电性能大大降低。聚乙烯是该防腐层的常用面层材料。若管道的使用温度高,对涂层的机械性能要求高时,使用聚丙烯作为面层材料。

多层结构的聚烯烃涂层用于管道的外防腐。

2.管道涂装方法

石油天然气管道属于大型构件,防腐涂层的涂装往往在工厂预制,采用专用涂装生产线,自动化程度很高。下面介绍常用的熔融黏结环氧树脂和 3PE 的涂层系统涂装原理。

（1）熔融黏结环氧树脂涂装。图 6-7 为熔融黏结环氧树脂涂装原理图。管道先预热,进行表面处理和检验,其次采用燃气或感应加热将管道加热到预定的温度,然后进行环氧粉末的喷涂和涂层的固化,再次对涂层管道进行冷却,最后对成品管道进行电火花检验。

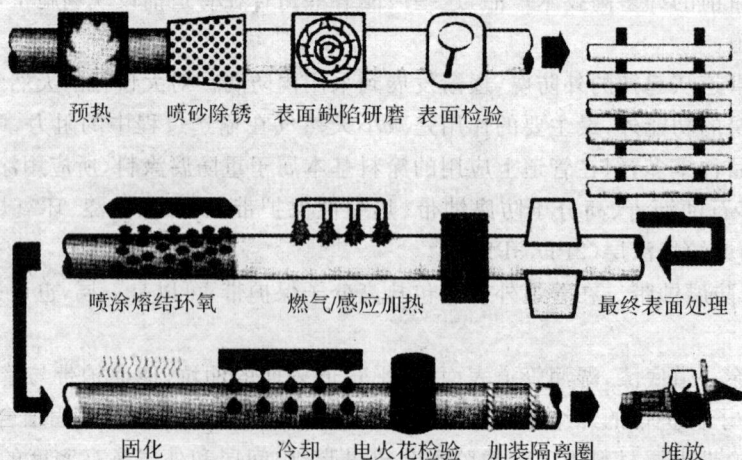

图 6-7　熔融黏结环氧树脂涂装原理图

（2）3PE 涂层系统涂装。图 6-8 为 3PE 涂层系统涂装原理图。第一步管道预热,进行表面处理和检验,第二步将管道加热到预定的温度,进行环氧粉末的喷涂和涂层的固化,完成第一层的喷涂,第三步喷涂共聚物黏结剂,完成中间层,第四步喷涂热挤压聚烯烃塑料,然后对涂层管道进行冷却,最后对成品管道进行电火花检验。

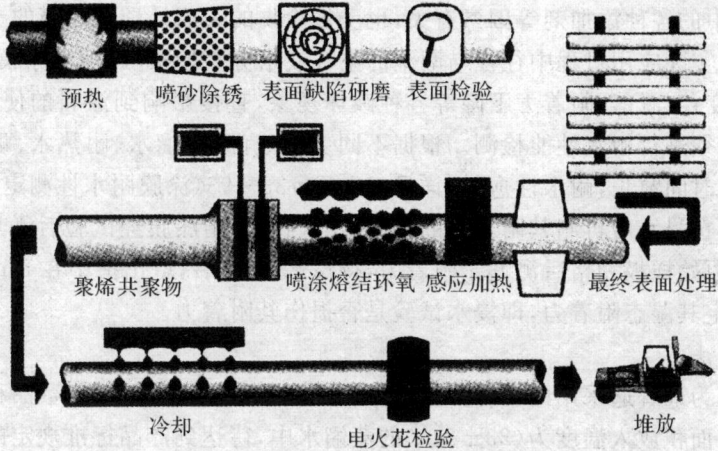

图 6-8　3PE 涂层系统涂装原理图

6.5　涂料防腐性能

6.5.1　涂膜防腐蚀保护性能及测试

涂膜的耐腐蚀保护性主要由涂料的结构和组成决定,但施工的配套、施工条件和质量也对涂膜的这方面性能产生影响。在防腐蚀工程设计和涂料研制,以及相关理论研究中要根据使用要求选用适当的方法对其耐化学和耐腐蚀性能进行检测,尽量模拟实用条件和可能遇到的情况。但由于实验条件与实际的差别,性能的检测结果通常是在规定条件下得到的数据,更多的是比较定性的结论,与千变万化的实际应用情况很难达到吻合。检测方法正在不断丰富和改进,以求适应实际的要求。

涂膜防腐蚀性能的检测通常包括 3 个方面:①对接触化学介质而引起破坏的抵抗性能检测,如耐水性、耐盐水性、耐石油制品性、耐化学品性等;②对大气环境中物质破坏的抵抗性能检测,如耐盐雾性、耐潮湿性、耐污染性、耐化工气体性、耐霉菌性等,进行氙灯(紫外灯)加速老化试验;③对防止介质引起基材发生腐蚀的能力的检测,通常以湿热试验、盐雾试验、水气透过性试验、电化学方法来表示其能力。

浸渍试验一般都用样板进行,但对某些化学品腐蚀性溶液浸渍试验,除样板外也用钢棒,将其下端磨圆无棱角,涂上规定的漆膜,充分干透后浸入规定温度和浓度的腐蚀介质。

测试涂层耐水、耐盐水、耐溶剂、耐酸、耐碱等腐蚀介质的浸泡试验,一般是将试样的一部分浸入介质,一部分留在液面上,液面的漆膜要耐蒸汽的侵蚀,液下部分的漆膜要耐介质的浸渍,尤其是在空气与液体的交界部位,液面的氧气浓度高,试样金属成为阴极而呈碱性,其下面部位的金属样板的氧气浓度低而形成阳极。因此在浸泡试验中,试样漆膜在液面部位最易受碱性破坏而出现腐蚀。

6.5.2　耐水性能

耐水性的好坏对涂膜的保护性能有着决定性的影响,其与树脂中所含的极性基团、颜料中的水溶盐、涂膜中的各种添加剂等因素有关,也受被涂物的表面处理及涂膜的干燥条件等因素所影响。涂料在实际应用过程中往往与潮湿的空气或水分直接接触,随着漆膜的膨胀与透水,就会发生起泡、变色、脱落、附着力下降等各种破坏现象,直接影响到涂料的使用寿命,因此对某些涂料产品必须进行耐水性能检测。根据不同要求,有耐蒸馏水、耐热水、耐冷水的不同检验方法。耐浸泡时间愈长,耐水性愈好,详见 GB/T1733—93《涂膜耐水性测定法》。

有些测试是在浸水后再测其附着力的,称为二次物性,指漆膜经试验后测其是否仍保持原始物性。例如,原始样板划格后测其干附着力,待浸水 24 h 后,取出揩干在 5 min 内用压敏胶带迅速揭起,测定其湿态附着力,即浸水试验是否损伤其附着力。

1. 常温浸水法

常温浸水法为最普遍采用的一种方法,适用于醇酸、氨基漆等绝大多数品种。国标规定将涂漆样板的 2/3 面积放入温度为(23±2)℃的蒸馏水中,待达到产品标准规定的浸泡时间后取出,目测评定是否有起泡、失光、变色等现象,也可用仪器来测定漆膜失光率、附着力的下降程度。该法简便易行,但所用的水质对漆膜耐水性有很大的影响。

2. 浸沸水法

浸沸水法适用于经常与盛有热水器皿接触的物件涂膜。测定时,将涂漆样板的 2/3 面积浸挂在沸腾的蒸馏水中,待达到产品标准规定的时间后取出,以目测检查起泡、生锈、失光、变色等破坏现象。

3. 浸盐水法

耐盐水试验按 GB/T 1763—79(89)《漆膜耐化学试剂性测定法》的甲法和乙法并参考 GB/T 10834—89《船舶漆耐盐水性的测定——盐水和热盐水浸泡法》进行。目前盐水一般采用 3%的氯化钠溶液,测试时将试板 2/3 面积浸入,按产品标准规定的浸泡时间后取出并检查。这种常温浸盐水法国内外基本相同,仅试验温度有所差别。另外,也可采用加温耐盐水法,试验温度为(40±1)℃,以加快试验。

6.5.3　耐酸、碱性

在酸、碱环境中,成膜物的高分子材料可能会发生水解、溶胀等破坏,同时渗透到涂膜/金属界面后对膜下金属的电化学腐蚀产生促进作用,其中有机酸对漆膜的破坏性较强。因此,耐酸、碱性能是涂膜重要的耐蚀性能方面。

涂膜的耐酸性、耐碱性测试方法基本相同,按国家标准 GB/T 1763—79(89)《漆膜耐化学性测定法》中规定用普通低碳钢棒浸涂或刷涂被试涂料,将试棒的 2/3 面积浸入产品标准规定的酸(或碱)中,在(25±1)℃下浸泡。定时观察并检查涂膜状况,按产品标准规定判定结果。为了加速,也可采用搅动的方法使酸(或碱)介质按一定速度流动,同时提高温度,或将试棒在酸、碱介质和在空气中交替进行,因试棒置于空气中时,氧气能更迅速经过湿漆膜而渗透到试棒上,促进漆膜的破坏。GB/T 9274—88《色漆和清漆-耐液体介质的测定》中规定除了使用碳钢棒外,也可使用冷轧钢板等浸泡法测试,温度定为(23±2)℃。另外,还有点滴法、酸熏法。

1. 盐酸点滴法

盐酸点滴法用 10 mL 的 37% 盐酸加 90 mL 水配成稀酸,然后往漆膜上滴 10 滴此稀酸,用表面玻璃覆盖 15 min(18~27℃),取出以清水冲洗后观察。

2. 硝酸熏法

硝酸熏法取一只约 240 mL 的广口瓶,注入 70%HNO₃ 一半容积,将样板的漆膜向下放置于瓶口上 30 min,用水冲干净,经 1 h 恢复后,观察漆膜状况。

6.5.4 耐溶剂性能

现代工业产品经常会接触到各种石油制品(有机溶剂),如汽油、润滑油、变压器油等,而且大多具有挥发特性。不同产品的保护涂膜规定了对不同石油制品的耐溶剂性标准,其中最普遍的是耐汽油性。

耐汽油性的检测是测定涂膜对汽油的抵抗能力,即在规定的条件下进行试验,观察涂膜有无变色、失光、发白、起泡、软化、脱落等现象,以及恢复原状态的难易程度。按照 GB/T 1734—79(89)《漆膜耐汽油性测定法》规定,检验方法分为浸汽油和浇汽油两种,两者均适用于汽油间断并短时间作用于漆膜上的场合。测试时,也是将样板 2/3 面积浸入产品标准规定的汽油中,到时取出并检查,或在样板上浇上一定量的汽油,到规定时间后,于漆膜上放上纱布和砝码,以观察纱布是否黏在漆膜上。规定的测试温度为(25±1)℃。对于汽油经常并长时间作用于漆膜上的场合,最好在沸点的汽油中进行快速试验。

近年来国际上推荐一种甲乙酮来回擦拭法,既能测出涂膜耐有机溶剂能力的强弱,更能判断涂膜的机械强度,对交联型涂料可以考察其交联密度的大致情况。通用的方法是使用一个中空的管状容器,带有一个毡制的尖端,在涂膜上每秒擦拭一个来回,计量擦掉一定厚度的涂层后露出底材所需来回擦拭的次数,例如进行 200 或 300 次来回擦拭,涂膜仍不露底,可表示其结果为 200⁺ 或 300⁺。

涂膜的耐化学品检测常采用点滴法进行(又称污染试验)。按照 GB 9274—88 又分覆盖法和敞开法。将测试液体滴在制好的试验样板涂膜表面上,每滴约 0.1 mL,覆盖法在液滴上覆以表面皿,敞开法则不加覆盖。在规定的温度(23±2)℃,以及规定时间内,保证样板不受干扰。达到产品标准规定时间后,如果是水溶液则用水清洗,如果是非水溶液,则用对涂膜无损害的溶剂彻底冲洗,并立即检查涂膜变化情况。一般是根据变化情况划分等级,通常划分为 11 级,11 级最好,0 级最差。

6.5.5 耐盐雾性能

大气中的盐雾是由悬浮的氯化物微小液滴所组成的弥散系统,它是由于海水的浪花和海浪击岸时泼散成微小水滴经气流输送形成的。一般在沿海或近海地区的大气中都充满着盐雾。沿海盐雾中的氯化钠、氯化镁因吸潮而导电,因此盐雾对于在沿海或近海地区的金属材料及其保护层具有强烈的腐蚀作用。

盐雾试验是将涂漆的样板(或划伤后)斜置于盐雾箱中,经一定时间后观察样板的锈蚀、蔓延和起泡程度,其是一种实验室内的腐蚀测试法。盐雾试验不仅仅是用来评价涂层耐海洋性气候大气腐蚀的加速模拟方法,同时也是涂层防腐蚀性能评价的最为成熟、使用最为广泛的人工加速腐蚀试验。它是一个氯离子、水、水汽、氧气、温度、pH值等多腐蚀因素综合作用的腐蚀评价试验方法。

盐雾试验虽然采用颇多，但由于盐雾试验的控制因素较多，所以它只能表征涂层在一定条件下的耐腐蚀行为。同时，抗盐雾性能和在其他介质中的抗蚀性之间很少有直接关系，因为有种种因素影响着腐蚀过程、反应的化学性质、膜的化学结构及其保护作用，而这些常常随腐蚀环境的改变而发生很大的变化，试验所得结果不能被作为涂层在所有使用它的环境中抗蚀性的直接结果。例如，油性红丹漆在一般大气中（尤其在未充分除锈的钢面上）具有良好的防腐蚀效果，但在盐雾试验中迅速破坏，因为油性基料不耐盐雾引起了阴极部位的皂化。另外，用不同盐雾箱，或在不同时间，结果的重现性也很差。为更好地模拟腐蚀环境，现今已将盐雾与其他环境中腐蚀因素相结合，开展盐雾/光老化等多因素循环加速试验方法的研究。

盐雾试验主要受盐雾浓度、喷雾压力、雾粒度、盐雾沉降量及温度等因素影响，因此当进行涂层耐盐雾性能评价时必须注意试验条件的一致性才有可比性和可靠性。根据盐雾液的性质将盐雾试验分为两种：中性盐雾试验、酸性盐雾试验。

1. 中性盐雾试验

pH值控制在$6.5\sim7.2$是各种盐雾试验法中最广泛采用的。按GB/T 1771—91《色漆和清漆耐中性盐雾性能测定》和ISO 7253—1984，试验条件为盐水浓度$NaCl(50\pm10)$ g/L，pH值为$6.5\sim7.2$，温度为(35 ± 2)℃，连续喷雾。

目前，各国盐雾试验标准中所采用的盐水配方大体上可分为两类：一类是纯的氯化钠盐水，由于浓度过大有时试验箱内相对湿度下降，造成样板表面有盐结晶析出降低了腐蚀强度，以及造成喷嘴经常易堵的毛病，故一般$NaCl$浓度在$3\%\sim5\%$之间。另一类是所谓人造海水，其组成及含量如表$6-6$所示。使用人造海水的目的是想使溶液的成分更接近天然海水，以模拟真实海洋大气的腐蚀条件。从试验结果来看，金属在人造海水中的腐蚀速度不如在纯氯化钠溶液中的快。

表6-6　人造海水组成及含量

组分	NaCl	MgCl$_2$	CaCl$_2$	KCl	H$_2$O
含量/(g·dm^{-3})	27	6	1	1	余量

2. 酸性盐雾试验

为了提高盐雾试验的效果，采用乙酸盐雾试验（ASS），即用乙酸将纯氯化钠溶液的pH值调整至酸性（pH值在$3.1\sim3.3$之间），可参考ISO 3769—1976(E)。更进一步的发展是氯化铜改性的乙酸盐雾试验，即除了用乙酸调节成酸性外，再加入适量的$CuCl_2\cdot2H_2O$。这两种方法的目的是试图克服以往盐雾试验存在的可靠性和重现性不够理想的缺陷，并大大加速腐蚀。

温度与腐蚀速率有密切的关系，温度高时腐蚀加快，但可靠性和重现性下降，目前大多数国家标准中规定的是35℃或40℃。喷雾量及温度的不均匀性都会引起误差。喷雾周期根据不同要求可采用连续喷雾或间歇喷雾（如每小时内，喷雾15 min，停喷45 min），但以连续喷雾的破坏速度最快。

针对试样采用两种方法，一是划痕加速试验，涂装试样中间用钢刀划"×"痕，将涂层划破露出基底金属,然后把样品置于盐雾箱中进行盐雾试验,按照 ASTM D1654 进行,若涂层耐蚀性好,则涂层划痕腐蚀扩展的距离就小,起泡也少,以此来比较涂层性能的相对优劣。另一种是普通的盐雾箱试验(涂装试样不用划痕),按 GB/T 1771—91《色漆和清漆耐中性盐雾性能的测定》(等效于 ISO 7253—1984)进行,试验结果按国标或 ASTM D—1654—79A 标准评定。

盐雾试验设备目前采用较多的是喷嘴式的,让一定压力的空气通过试验箱内的喷嘴把盐水喷成雾状而沉降在试验样板上。采用喷嘴式盐雾箱试验时需注意:①在试验过程中,必须经常检查喷嘴是否堵塞,以保证喷雾的正常进行;②所用的压缩空气必须经空气过滤器除油和空气饱和器加热饱和;③喷雾压力应严格控制,使其在规定值上下很窄的范围内波动,以免影响试验的重现性;④把需要进行相互比较的同一批样板尽量在同一次试验里进行。样板涂漆表面与盐雾沉降方向成 30°角放置。在每次检查后,应交换样板的放置位置,以消除设备内喷雾量及温度的不均匀所引起的误差。

3. 多因素循环盐雾试验

为更好地模拟环境加速腐蚀,现提出盐雾多因素循环试验法,如 ASTM D—2933—74(81),先将样板在盐雾箱中放置 4 h 后,取出样板立即放入温度 37.8℃、相对湿度 100% 的湿热试验箱中 18 h,然后取出直接放入温度为(−23±2)℃的冷冻箱中 2 h,以此为 1 个循环,重复试验至产品规定的要求,一般为 5～35 个循环。

由于海洋大气环境涂层既要抵抗大气中盐雾和水汽等的作用,又要抵抗紫外线的辐射和雨水结露的作用,因此又出现了盐雾/人工加速老化试验,如 ASTM 5894—96,这对于铁的防腐蚀涂层性能有着重要的意义。

6.5.6　耐湿热性

湿热试验是将涂有漆膜的样板或实物置于温度和湿度受控制的密闭试验箱内,一定时间后观察起泡、腐蚀及附着力下降等变化,评定涂膜抵抗湿热水汽(有时包含有凝露)能力的试验。试验的目的是考核涂层对湿热气候的环境适用性和耐蚀能力。

在湿热试验中涂层的耐水性和水汽渗透性比一般常温浸水试验失效要快。湿热试验引起的腐蚀不及盐雾试验剧烈。湿热试验与盐雾试验的主要区别是湿热试验的雾滴中没有盐分而是蒸馏水,虽然盐滴因其导电率高、含氯离子而腐蚀作用剧烈,但对渗透压而言,蒸馏水的活度高,涂层又是半透膜,蒸馏水渗入漆膜的能力比盐液强。当水分透入漆膜,在两层漆膜之间积聚,会降低漆膜层间的附着力而起泡,随后再向纵深发展,到达漆膜与金属底板之间,同时水分与金属底板接触,产生电化学腐蚀作用。另外,漆膜内吸收水分会引起漆膜膨胀而产生内应力,降低漆膜层间的附着力而起泡,漆膜吸水率在蒸馏水中比盐水中高,因此,湿热试验条件对涂膜的破坏力要大得多。

一般在相对湿度较低的情况下,漆膜附着力的变化是不明显的,但随着相对湿度增加到90%,甚至更高,附着力的丧失就会变得很快,除了个别漆膜外,大多数漆膜在干燥后附着力均不能恢复。

在相同的相对湿度下,温度越高,绝对湿度越大,则周围空间水蒸气压力增加,同时温度越高,高分子链的热运动越剧烈,加速形成了分子间的空隙,有利于水分的进入,水汽向漆膜内扩散就越显著。有些湿热试验的条件规定有升温及降温的循环,降温时水汽在漆膜上凝露,增加水汽的透入。

目前推荐的湿热试验有 3 种,各种湿热试验的具体方法略有不同,湿热试验测试条件必须有明确规定。

1. 高温高湿短周期试验

高温高湿短周期试验是一种在高温、高湿条件下加速试验的方法。

2. 温湿交变的周期试验

ASTM D 2247—80《在 100% 相对湿度下涂漆的金属样板试验》的条件是在 100% 相对湿度的样板表面始终存在冷凝水的情况下,温度保持在 $(38\pm1)℃$。由于有低温高湿阶段,使水汽在漆膜表面上凝露,有利于水分渗透到漆膜内部,从而加速了对漆膜的破坏。但也有人认为凝露太多,在漆膜上形成一层水膜,易造成漆膜中的可溶物质过多地被溶解出来,不能客观反映实际湿热情况。

3. 恒温恒湿的试验

GB/T 170419(88)《漆膜耐湿热测定法》,温度为 $(47\pm1)℃$,相对湿度为 $(96\pm2)\%$。ASTM D 1735《有机涂层水雾试验标准方法》,温度为 $(37.8\pm1)℃$,喷雾液为蒸馏水或去离子水。

由于湿热试验中最主要的影响因素是温度和湿度,因此在每次试验中需特别注意对这两个因素的控制。另外在试验中,垂直悬挂的样板之间应保持一定的距离,以不相互重叠碰撞为准,合适的间距为 2～4 cm;样板在各周期检查时还应互换位置,以尽可能地减少因设备内温、湿度的不均匀所造成的试验误差。试验用水应采用蒸馏水或离子交换树脂净化水。对于样板的评定主要观察涂膜有无起泡、生锈和脱落,按其损坏程度进行评级。

6.5.7 抗霉菌性

涂层耐霉菌破坏作用的性能称之为防霉性。涂膜在湿热带地区,由于气候潮湿,涂层很容易被霉菌侵袭。另外,在土壤环境中保护涂层也易受微生物侵扰,特别是使用油性涂料和加有增型剂的涂料,很容易受到霉菌的破坏,以致涂层产生斑点、起泡甚至给某些霉菌充当食料而被吃掉,从而丧失保护的作用。为了防止霉菌的破坏,可以在涂料中加入少量的有机防霉剂或灭菌丹等农药。

霉菌对涂料的破坏作用首先是霉菌在漆膜上的生长引起漆膜表面的斑点、起泡;其次由于霉菌在新陈代谢过程中所产生的有机酸,能引起漆膜表面颜料的溶解及漆基的水解,从而透入底层,导致漆膜破坏并失去保护作用。

一般适于霉菌生长的温度是 15～35℃,最适宜的温度是 25～30℃。当温度低于 0℃ 或高于 40℃ 时,霉菌几乎不生长。适于霉菌生长的相对湿度是 80% 以上,超过 95% 时生长最为旺盛,低于 75% 时霉菌不生长,但并不死亡。因此,最适宜于霉菌生长的气候条件是温度 30℃、相对湿度 95%～100%。各种霉菌在生长过程中除了必要的温度、湿度外,还需供给一定的碳源、氮源及其他微量元素。在实验室内可以配制各种培养基以满足霉菌培育所需要的养分,如蔡氏培养基、无碳培养基、马铃薯培养基、麦芽汁培养基等。

在试验中所需的菌种是随不同地区、不同季节的气候条件变化而有所不同的。各国家和地区的霉菌试验方法标准中规定使用的菌种也不一样。根据我国具体情况及试验要求,可供选择的菌种有黑曲霉、黄曲霉、土曲霉、焦曲霉等。

防霉试验方法一般有悬挂法和培养皿法,对于大件成品的漆膜表面还可采用局部法。悬挂法要求有专门的霉菌试验箱,保持温度 28～30℃,相对湿度 95％～100％的范围,样品表面不允许有大量凝露,以符合零部件或整机的防霉试验。培养皿法则采用一般烘箱或低温烘箱,样品制成 15 mm×40 mm 的小片试样,保持温度 28～30℃,相对湿度由培养皿内的培养基来保持,不用控制。比较来看,悬挂法霉菌生长速度慢,需时较长,不太好观察;培养皿法霉菌生长速度快,好检查,试验条件较为严酷,长霉等级一般比悬挂法要快 2～3 级。

6.5.8　耐候性能

涂膜抵抗大气自然环境对其作用而丧失保护等功能的性能为涂膜的耐候性。涂层在户外,经日晒、雨淋、凝露、寒暑交替、污气侵蚀等因素的反复作用,引起涂膜的物理(内应力、介质渗透)、化学(光氧化降解、水解)变化,且各因素对涂膜老化协同作用,使涂膜逐渐变质、失光、粉化、开裂、剥落,最终失去装饰和保护功能。

在大气环境引起涂层老化的诸因素中,当以日光引起的光氧化最为重要。日光之外的重要破坏因素是雨露,水分透入漆膜内引起肿胀及加速破坏。漆膜中或底板上若含有可溶性盐,引起渗透压增大,使漆膜鼓泡,甚至锈蚀。含溶解氧的露水渗入漆膜会引起膜内氧化及水解,并溶出一部分降解产物。在低湿度下,紫外线对漆膜破坏较慢,在湿态下则失光、粉化大大加速,即户外气候老化试验必要时须采用日光与潮湿共同作用。

耐候性的测试法分为两大类,即户外天然暴晒试验及实验室加速老化试验。

1. 户外天然暴晒试验

户外天然暴晒试验是指在各种气候类型区域里研究大气中各种因素如日光、风、雪、雨露、温度、湿度、氧气、化工气体等对涂层所起的老化破坏作用。

户外暴晒试验的主要因素是试验板的定向角和试验涂膜的地理取向。

我国地域辽阔,气候类型复杂,大气种类可分为乡村大气、工业大气和海洋性大气。根据地区又可分为温带、寒带、干热带、湿热带等类型,GB/T 17957—1995《大气多境腐蚀性分类》对此进行了归类。往往同一个配方的涂料品种,在不同地区使用性能差异很大。较为苛刻的环境是紫外线辐射,强烈的西部高原气候,以及日照时间长的海南海洋性气候。例如,同样的醇酸品种、同样的工艺,在天津、上海、武汉、重庆、广州、海南岛进行暴晒,发现海南岛腐蚀最快,样板破坏最为严重。

暴晒季节影响也很大,快慢顺序是春＞夏＞冬＞秋。

2. 实验室加速老化试验

实验室加速老化试验是基于大量的天然暴露试验的结果,目的在于找出气候因素与漆膜破坏之间的关系及规律,在实验室内人为地创造出所谓人工气候,模拟气候因素光、热、氧、湿气、降雨的条件,并给一定的加速性,使试验周期大大缩短,从几年减至数十至数百小时的试验。

实验室人工加速试验按 GB/T 1865—80(89)《漆膜老化(人工加速)测定法》进行。国际相关标准有日光炭弧灯(ASTM 1822)、氙弧灯(ASTM G26,ISO 105)、荧光老化仪(ASTM G53,G154,ISO 4892)等。

但是,单以人工加速老化指标来评定涂料耐候性是不充分、不可靠的,有时还会与自然老化试验结果不一致。现在以自然暴晒为主,人工加速老化为辅,两者相结合已成为先进国家的较通用的做法和发展趋势。若要真实地反映自然环境腐蚀规律,其关键是加速模拟试验的腐蚀历程要与实际相同。由于人工模仿自然条件的局限性及涂料结构的多样性,所以目前尚不能求出它与自然暴晒试验的比例关系,也不能用人工加速老化试验的结果推断涂层的使用寿命。户外老化试验和人工气候老化试验相关性的研究是环境腐蚀研究的一个重要方向。

6.5.9　涂膜的电化学测试

当环境中的水或电解质溶液渗入到涂层和金属的界面,涂层下金属将发生腐蚀,这种腐蚀在很大程度上是电化学过程。金属涂装后,主要增大了腐蚀原电池阴极和阳极之间的电阻,同时防锈颜料的使用增大了阳极极化值,使腐蚀电化学过程难以进行,达到了防腐蚀目的。另一方面金属涂装后,减少了水和氧的渗入,使电解质离子的渗透难以进行。电解质渗入涂层的量越少,在涂层内越难迁移,则涂层的防腐蚀性能越好。因此,可采用电化学方法研究涂层/金属体系耐蚀性,评定涂层的性能。电化学方法快速、简便,越来越受到重视。

1. 直流电阻法

直流电阻法测定时一般采用下列方法:①涂层与已知电阻及直流电源串联,比较已知电阻和该电阻与涂层串联所造成的电位降,用电路原理求出涂层电阻值;②用适当的参比电极测定涂层金属的电极电位,比较该电位值与已知电阻在两极间串接时的电位值。应注意的是涂层电阻较高的为 $10^6\ \Omega\cdot cm^2$,更高的为 $10^{12}\sim10^{13}\ \Omega\cdot cm^2$。因此,电位测量应使用高输入阻抗电压表与涂层串联,已知电阻的阻值应接近涂层电阻值,否则已知电阻的作用将消失。

2. 电位-时间法

电位-时间法简单易行,它能满足真正无损、可重复性的要求。用电位-时间作预备性的测试是必要的。把电位突然下降对应的时间作为涂层破坏的时间。

实验装置采用双电极系统,一个为涂层试样,另一个为参比电极。测量涂层试样在3.5%氯化钠盐水浸泡过程中电极电位随浸泡时间的变化关系。当电极电位突然下降时,则对应的浸泡时间可表示涂层的抗腐蚀性。当对于不同的涂层或涂层质量不同时,电极电位突然下降时对应浸泡时间越短,表示涂层的抗腐蚀性越差。

3. 交流阻抗技术测量

交流阻抗技术(EIS)是利用小幅度正弦波电压或电流对电极体系进行扰动,同时记录响应信号,由激励与响应信号的幅值比和相位差,再结合等效电路模型来评价腐蚀体系的。EIS可以在很宽的频率范围内对涂层体系进行测量,因而可以在不同的频率段分别得到涂层电容、微孔电阻以及涂层下基底腐蚀反应电阻、双电层电容等。从电容值可以衡量涂层的吸水量,从电阻值可以衡量涂层的防腐蚀性能,由涂层下金属电化学腐蚀电荷传递电阻可以估算金属的腐蚀速度,这样可以对腐蚀发生时涂层下金属界面的变化进行比较直观的研究。

6.5.10　阴极剥离试验

涂膜下金属在电化学腐蚀过程中为阴极呈碱性,这容易使漆膜遭到破坏。在一些大型工程的防腐蚀保护中,采用重防腐蚀涂层与阴极保护联合的措施越来越多,如牺牲阳极及外加电流等,在此保护过程中,有机涂层的缺陷和损伤部位,受超电位和电极反应的作用后产生起泡、剥落等现象。由于涂层与基体的剥离发生在电化学腐蚀电池的阴极,因此将涂层的这种破坏称为阴极剥离,它是与涂层的附着力有关的现象。

涂层和阴极保护联合的防腐蚀体系很有意义的指标是,将被测试的涂层试样放在3%

NaCl 溶液施以 115 V 的电压,经过一段时间后根据涂层剥离面积来评价涂层防腐蚀性能的好坏。一般认为,在剥离试验的过程中,涂层内离子的扩散迁移速率就是控制腐蚀过程的离子的迁移速率,离子传递越多,则腐蚀速率就越高。

参 考 文 献

[1] 虞兆年. 防腐蚀涂料与涂装. 北京:化学工业出版社,1994.

[2] Funke W. Towards environmentally acceptable corrosion protection by organic coatings — problems and realisation. Journal of Coatings Technology,1983,55(705):31 - 38.

[3] Sekine I. Corrosion control by organic coatings. Leidheiser Jr H. ed. NACE,1981:130.

[4] 郭清泉,陈焕钦. 防腐蚀用颜填料发展前景展望. 涂料工业,2003,33(12):35 - 38.

[5] 吴雪梅,林玉珍,刘景军. 超细 TiO_2 改性防腐涂料的研究. 中国腐蚀与防护学报,2004,24(1):33 - 36.

[6] Primeaux D J. Spray polyurea versatile high performance elastomer for the polyurethane industry: Polyurethanes 89:Proceedings of the SPI 32nd Annual Technical/Marketing Conference, San Francisco,1989.

第7章 阴极保护

阴极保护(Cathodic protection)是基于电化学腐蚀原理的一种防腐蚀手段,是对被保护金属施加负电流,即供给电子到被保护金属,通过阴极极化使其电极电位负移至金属氧化还原平衡电位以下,从而抑制金属腐蚀的保护方法。在阴极保护过程中,被保护的金属和另一个阳极金属组成腐蚀电池,被保护金属作为阴极,在其表面发生还原反应,氧化反应集中发生在阳极金属上,从而避免了被保护金属腐蚀,达到保护金属的目的。目前,对管道、储罐等设施的外腐蚀控制普遍采用涂层+阴极保护的联合防腐措施,该方法也用于石油三相分离器、储罐等容器类设备的内防腐。

7.1 阴极保护简介

7.1.1 阴极保护原理

阴极保护始于1823年,英国学者汉弗莱·戴维爵士采用锡、铁和锌对木制船舰的铜护套进行了保护。1890年,美国著名发明家爱迪生根据法拉第原理,提出了强制电流阴极保护的思路。1902年,科恩(K. Cohen)采用爱迪生的思路,成功地将外加电流应用于阴极保护。1906年,德国卡尔鲁赫公务工程师赫伯特·盖波特(Herbert Geppert)建成了第一个管道阴极保护站,并于1908年3月27日获得第一个有关外加电流阴极保护的德国专利。1913年秋在日内瓦召开的金属学研究大会上命名这一方法为"电化学保护"。随后阴极保护得到了大量的工程应用。从20世纪30年代至今,工业发达国家先后对埋地管线采用了阴极保护技术。

目前,国外的阴极保护技术已做到了法律化、标准化,比较重要的有《美国气体管道联邦最低安全标准》、德国的《长输管道运输危险液体的规定》、NACE的《埋地及水下金属管道外腐蚀控制推荐做法》等。国内第一部管道防腐蚀技术标准是SYJ7—84《钢质管道和储罐防腐蚀工程设计规范》。在国务院1989年颁布的《石油、天然气管道管理条例》中明文规定:"埋地管道必须施加阴极保护。"2009年11月,通过了《中华人民共和国石油天然气管道保护法(草案)》,将我国石油天然气管道保护从部门条例上升为国家法律。因此,阴极保护是一种十分重要的防止金属设施和结构腐蚀的措施。

阴极保护是应用电化学腐蚀原理,将被保护金属进行阴极极化,使金属的电极电位降低到抑制阳极反应发生的电极电位范围,从而使被保护金属免于腐蚀。因此,可用电化学腐蚀原理、电极反应、极化图和电位-pH图来解释阴极保护原理。

1. 电化学腐蚀原理

金属在电解质溶液中发生电化学腐蚀,通常是一个微观过程,在金属表面不同的区域同时进行一对氧化还原反应,可以将电化学腐蚀分解为宏观的腐蚀电池。以钢铁材料在酸性溶液中为例,在阳极A上发生氧化反应,$Fe \longrightarrow Fe^{2+} + 2e^-$,在阴极C上发生还原反应,$2H^+ +$

$2e^- \longrightarrow H_2$，腐蚀的总反应式为 $2H^+ + Fe \longrightarrow Fe^{2+} + H_2$，电流从阴极流向阳极，自腐蚀电流密度为 I，如图 7-1(a) 所示。

　　将另一个比铁电极电位更负的金属，如锌，和铁连接在一起，组成一个宏观腐蚀电池，锌为辅助阳极 AA，如图 7-1(b) 所示。由标准电极电位表和电偶序可知，任意两种金属或合金的组合都可构成电化学腐蚀电池，低电位者为电池的阳极，其上主要发生氧化反应；高电位者为阴极，发生还原反应。在锌上发生氧化反应，$Zn \longrightarrow Zn^{2+} + 2e^-$，电子从锌流向铁，在铁上得到电子，铁的电极电位变负，则使得铁发生阴极极化，在铁表面溶液中的氢离子被还原，$2H^+ + 2e^- \longrightarrow H_2$，这个腐蚀电池的总反应式为 $2H^+ + Zn \longrightarrow Zn^{2+} + H_2$。在此过程中辅助阳极锌发生了腐蚀，而铁变为阴极没有发生腐蚀，则锌和铁耦合后，抑制了铁单独在腐蚀溶液中的阳极反应，使铁得到了保护。在阴极保护条件下，腐蚀电流密度为 I'，$I'' = 0$，$I' = I'''$。

　　2. 电极反应

　　如图 7-1 所示的阴极保护的三电极模型可用极化图来解释，如图 7-2 所示。当铁在酸性溶液中发生自腐蚀时，局部阳极和局部阴极通过各自的极化而达到一个共同的混合电位，即金属的自腐蚀电位 E_{corr}。此时，局部的阳极氧化反应速度与局部的阴极还原反应速度相等，即等于金属的自腐蚀电流 i_{corr}。自腐蚀电位和腐蚀电流是局部的阳极极化曲线和阴极极化曲线的交点 (E_{corr}, i_{corr})，即曲线 1 和曲线 2 的交点。当用锌和铁耦合后，根据混合电位理论，局部阳极和局部阴极通过各自的极化也要达到一个共同的混合电位，即曲线 3 和曲线 2 的交点 (E', i')。

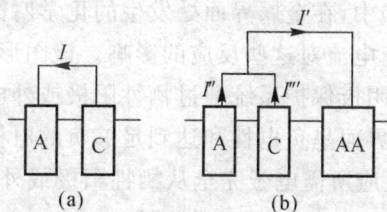

图 7-1　阴极保护的三电极模型
(a) 腐蚀电池；　(b) 阴极保护

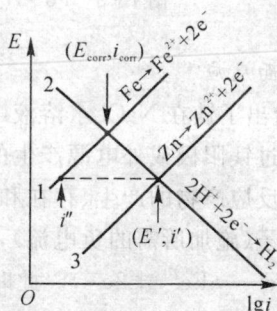

图 7-2　阴极保护时的极化图

　　当阳极的氧化反应速度与阴极的还原反应速度相等时，则得到耦合后锌的腐蚀电流密度 i'，曲线 3 和曲线 2 的交点是耦合锌的自腐蚀参数点。阴极还原反应仍然在铁电极上发生，但抑制了铁的氧化反应。从 E' 电位作水平延长线与铁的阳极极化曲线有一交点，对应电流密度为 i''，其值远小于 i_{corr}，通常可认为其值等于零。耦合后，铁的电极电位由自腐蚀条件的 E_{corr} 降低到有阴极保护时的 E'，锌耦合的结果使铁产生了阴极极化，铁电极的电极电位到达铁不发生腐蚀的电位范围。要完全抑制铁的氧化反应，阴极保护的电流密度 $|i'| \geqslant |i_{corr}|$。

　　3. 电位-pH 图

　　应用电位-pH 图，可以从热力学上说明阴极保护的理论基础，如图 7-3 所示。铁在腐蚀环境中的阳极反应为 $Fe \longrightarrow Fe^{2+} + 2e^-$，如能使该反应逆向进行，则可防止铁的腐蚀。在 25℃ 平衡条件下，铁氧化的能斯特方程可写为

$$E = E^0 + \frac{RT}{2F} \ln a_{Fe^{2+}} = -0.441 + 0.029\,5\lg a_{Fe^{2+}} \tag{7-1}$$

由此可知若要使铁不腐蚀,则铁的电极电位符合以下关系:

$$E < -0.441 + 0.029\,5\lg a_{Fe^{2+}} \tag{7-2}$$

根据热力学计算可获得 $Fe-H_2O$ 腐蚀体系的电位-pH图,在 pH 值为 $6\sim7$ 的中性水中,铁在自然条件下是处于腐蚀状态的,通过外加负电流的阴极极化可使铁的电极电位降低,从腐蚀区进入免蚀区。对于铁,这是一个热力学稳定区,金属腐蚀停止,即获得了阴极保护。

通常为了保证有效的保护,极化电位应该比热力学计算的电位更负,但又不能太负,阴极保护电位往往在一个比较合理的电位范围(见图 7 - 3)。

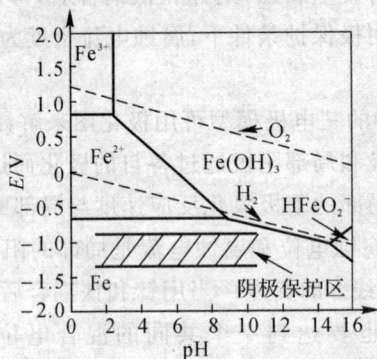

图 7 - 3 $Fe-H_2O$ 系电位-pH图上的阴极保护范围

4.金属界面反应

图 7 - 4 给出了铁在 NaCl 水溶液(或土壤)中,在金属界面处发生的化学腐蚀反应过程,以及保护系统通过镁阳极或外电源产生的外加负电流对这些反应的影响。该图形象地说明了各种反应质点和反应产物的产生、存在和传递。阴极保护系统通过牺牲阳极或外电源,能对金属供给足够的电子(施加所需的负电流),使金属界面呈负电性和达到足够负的电极电位,从而抑制氧化反应($Fe \longrightarrow Fe^{2+} + 2e^-$)。此时还原反应所需电子完全从牺牲阳极或外电源获得。由此实现了阴极保护,停止了金属的腐蚀过程。

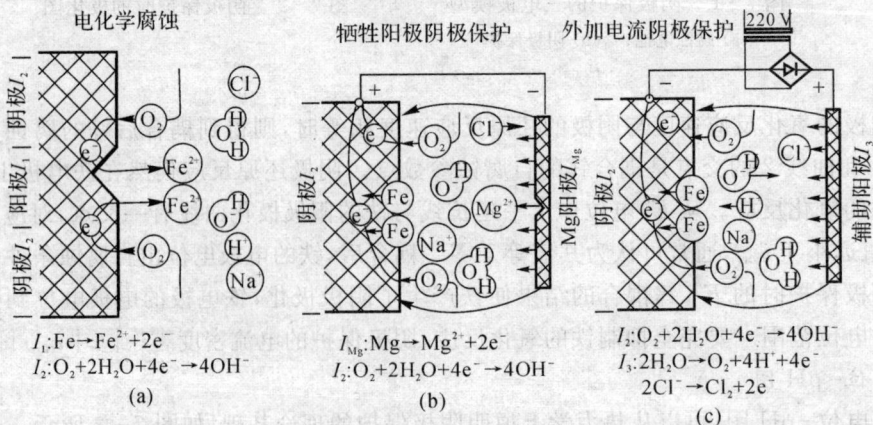

图 7 - 4   铁在 NaCl 水溶液中金属界面处的电化学腐蚀反应过程及阴极保护作用的图解说明

除此之外,也可用如图7-5所示的极化图解清楚地说明阴极保护的工作原理。以外加电流的阴极保护为例,暂不考虑腐蚀电池的回路电阻,则在未通电流保护以前,腐蚀原电池的状态为 C 点表示的状态,即自腐蚀状态,该点对应自腐蚀电位为 E_{corr},自腐蚀电流密度为 i_{corr}。通外加电流后,由电解质流入阴极的电流量增加,阴极发生极化,其电位降低到 E_1,腐蚀的电流密度由 i_{corr} 降低到 i_a(A 点),金属的腐蚀受到了阻滞,但流入阴极电流密度为 i_d(D 点),则需要外部提供阴极电流。i_d 与 i_a 的差值就是由辅助阳极流出的外加电流。

为了使金属构筑物得到完全保护,即没有腐蚀电流从其上流出,就需进一步将阴极极化到使总电位降至等于阳极的平衡电位 E_a^0,金属的腐蚀电流为零,即完全拟制了腐蚀。此时,外加的保护电流密度为 i_p(P 点),此电流为完全拟制金属腐蚀所需的最小电流密度。从图7-5上可以看出,$i_p > i_{corr}$,要达到完全保护外加的保护电流要比原来的腐蚀电流大得多。显然,最小的保护电流密度 i_p 与自腐蚀电流密度 i_{corr} 的差值决定于阴极极化的程度。在实际的阴极保护系统中,保护电流密度往往比最小的保护电流 i_p 还要大。

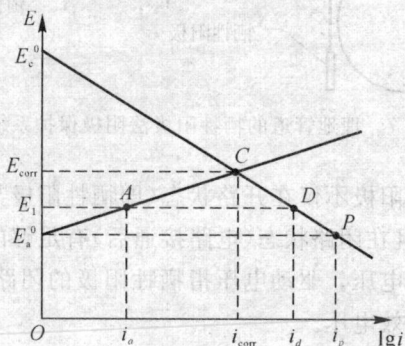

图 7-5 阴极保护的极化图解

7.1.2 阴极保护方法

实现阴极保护的方法通常有牺牲阳极法和强制电流法。另外,在存在外部杂散电流影响的情况下,需要对杂散电流进行排除,排流过程中会在管道上保留有一定的负电位,可使管道得到一定的阴极保护,由此所引起的阴极极化称为排流保护,它是在一定限定条件下的阴极保护方法,并不一定十分有效。

1. 牺牲阳极法

选择一种电极电位比被保护金属更负的活泼金属或合金,把它与被保护金属共同置于电解质环境中并从外部实现电连接,这种活泼金属在所构成的电化学电池中成为阳极而优先腐蚀溶解(为牺牲阳极),释放出的电子(即负电流)使被保护金属阴极极化到所需电位范围,而抑制了被保护金属的腐蚀,这种以牺牲阳极使金属构筑物成为阴极而实现保护的方法称为牺牲阳极法,如图7-6所示。

当牺牲阳极阴极保护时,外导线连接回路中电流从金属流向牺牲阳极。在电解质环境中形成一个电场,电流从牺牲阳极流向金属,该电流称为防蚀电流。

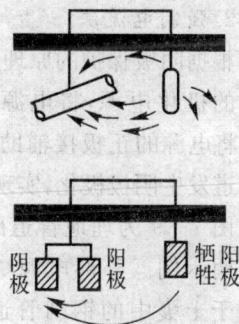

图 7-6 牺牲阳极法阴极
保护原理示意图

如图 7-7 所示为一个简单的牺牲阳极法阳极保护系统示例。钢制管道通过与埋设于同一土壤(电解质)中的牺牲镁阳极保持电连接而得到阴极保护。钢管—金属导线—镁阳极—回填料—土壤—钢管,构成了一个完整的电流回路。在钢管/土壤和镁阳极/土壤的界面处发生了电子导电与离子导电之间的转化,这种转化是通过界面电化学反应来实现的。在钢管/土壤/镁阳极这一电化学池中,镁作为电池阳极,在镁阳极上发生了 $Mg \longrightarrow Mg^{2+} + 2e^-$ 氧化反应,镁原子溶解转变成镁离子进入土壤环境,同时释放出电子,电子通过连接导线传输到钢管使之产生阴极极化,实现阴极保护。

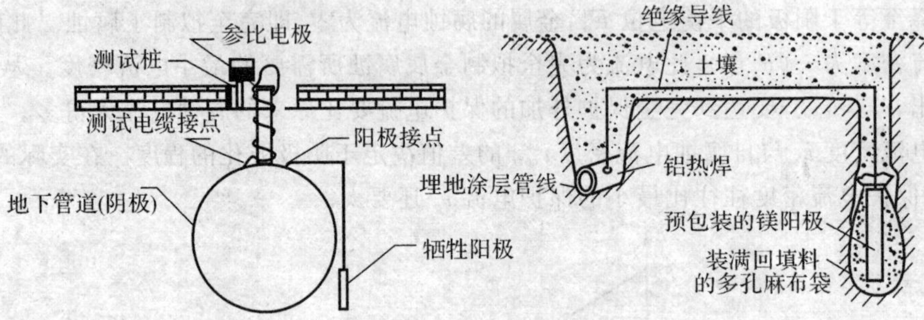

图 7-7　埋地管道的牺牲阳极法阴极保护系统示例

为了达到有效保护,牺牲阳极不仅在开路状态(即牺牲阳极与被保护金属之间的电路未接通)有足够负的开路电位,而且在闭路状态(电路接通后)有足够的闭路电位(即工作电位)。这样,工作时可保持足够的驱动电压。驱动电压指牺牲阳极的闭路电位与金属构筑物阴极极化后的电位两者之差,亦称为有效电压。

牺牲阳极法阴极保护技术的优点:①它不需要任何外部电源,增强了其应用的广泛性;②其用电系统对邻近的结构物可能产生的杂散电流干扰很小,甚至无干扰;③对小型工程而言,这种阴极保护成本很低;④牺牲阳极的输出电流具有一定的自调节能力,保护电流分布均匀,利用率高;⑤施工安装简单,阴极保护系统运行期间的维护管理强度很低,甚至无维护;⑥在低电阻率环境中,运行良好。

牺牲阳极法阴极保护技术的局限性:①由于输出功率小,牺牲阳极系统在较高电阻率环境中应慎用,过高电阻率环境中则不宜使用;②系统保护电流小,可调节范围小;③为了获得好的保护效果,要求被保护结构物表面应涂敷优质防腐蚀涂覆层;④消耗有色金属,阳极质量大,且工作寿命短,但若干年后可更换。

2.强制电流法

根据阴极保护的原理,利用外部的直流电源作阴极保护的极化电源,将电源的负极接管道(被保护构筑物),将电源的正极接辅助阳极,在外加电流的作用下,使管道发生阴极极化,实现阴极保护,如图 7-8 所示。

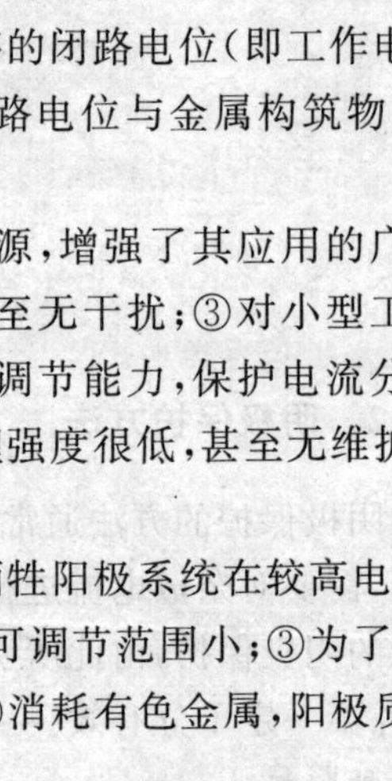

图 7-9 为埋地管道的外加电流法阴极保护系统的简明示例。外部电源(整流器或恒电位仪)通过对埋置于土壤中的钢制管道施加负电流而使钢管获得了阴极保护。整流器(负极)—导线—钢管—土壤—辅助阳极—导线—整流器(正极),构成了一个完整的

图 7-8　强制电流法阴极保护示意图

电流回路。

在钢管/土壤及辅助阳极/土壤界面处发生了电子导电与离子导电之间的转换,这也是通过界面电化学反应来实现的。与牺牲阳极不同,在外加电流法阴极保护中的辅助阳极,并不要求它的自然电极电位比被保护体(钢)更负,实际上这种情况很少。大多数辅助阳极为非消耗性的电极材料,它们往往比钢的电极电位更正,使用寿命更长,而且辅助阳极用量也更少。

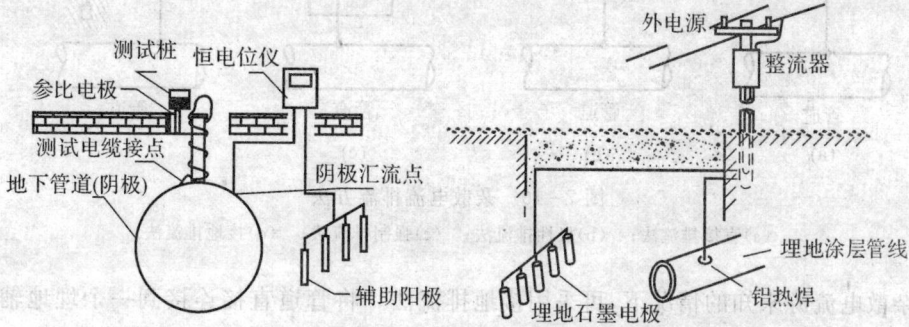

图 7-9　埋地管道的外加电流法阴极保护系统的简明示例[1-2]

外加电流法阴极保护技术的优点:①与牺牲阳极系统不同,外加电流法阴极保护系统可以施加很大的槽压(输出功率大),从而可进行远距离阳极配置,由此可在被保护体上实现更大范围的保护电流供给;②阳极的有效保护半径大,可显著增大保护范围;③大槽压可使外加电流法阴极保护应用在各种环境介质中,包括在高电阻率环境介质中的成功应用(如淡水、混凝土环境);④输出电流和电压可连续调节;⑤这种保护装置的服役寿命长;⑥这种阴极保护方法用于大型工程时的成本很低。

外加电流法阴极保护技术的局限性在于:①由于工作槽压很大,将可能对邻近的金属结构物产生严重的杂散电流干扰;②很大的工作槽压易使高强钢过保护,从而导致氢脆;③工作槽压过大也可能使被保护结构物上的涂覆层产生阴极剥离,当水汽侵入涂覆层并在涂覆层下产生析氢反应时,氢气压积累升高而使涂覆层鼓泡或开裂,从而导致涂覆层剥离;④涂覆层的损伤和剥离将使所需保护电流增大并可能超过阴极保护系统的承受能力;⑤这种保护系统结构复杂,必须要有外部电源,其管理和维护工作量大;⑥由于其有效保护半径大和工作槽压大,使被保护结构物上的电流分布不易均匀;⑦外加电流法阴极保护系统的初次投资较大,对被保护构筑物供应直流电所必需的投资成本要比牺牲阳极法阴极保护高得多。

3.排流保护

当有杂散电流存在时,通过排流可以实现对管道的阴极极化,这时杂散电流就成了阴极保护的电流源。但排流保护是受到杂散电流所限制的,通常是在杂散电流的极性固定和具有一定强度的条件下使用才能达到阴极保护的效果,因此排流保护不一定时刻有效。通常的排流方式有直接排流、极性排流、强制排流和接地排流 4 种,如图 7-10 所示。

直接排流法是将管道与杂散电流源(如电气化铁路等)负极用导线直接连接起来,将杂散电流导入到行走轨道。这种方法适用管道电位高于轨道电位、不会产生逆流的场所。

极性排流法是在排流线路中设置单向导通二极管或逆电压继电器等装置,使杂散电流只能由管道流入行走轨。这种排流装置有效防止了逆流,安装方便,应用比较广泛。

强制排流法是在排流线路中外加直流电流,促进排流的方法。杂散电流通过强制排流器的整流环排放在行走轨上。当无杂散电流时,强制排流器给管道提供一个阴极保护电流,使管道处于阴极保护状态,这种方法排流范围大,但需要外加电源。

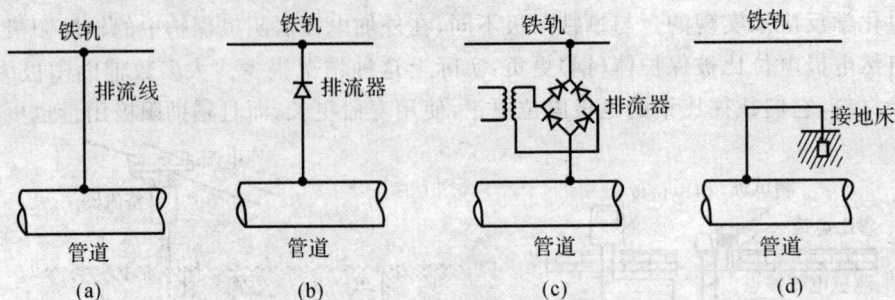

图 7 – 10 杂散电流排流方法

(a)直接排流法; (b)极性排流法; (c)强制排流法; (d)接地排流法

在杂散电流源未知的情况下,可采用接地排流法。将管道直接连接到一个埋地辅助阳极上,使杂散电流从管道排到大地中,接地排流法使用方便,排流的效果不显著,需要接地良好的辅助阳极,还要定期更换辅助阳极。

表 7 – 1 中概括了阴极保护与排流保护的比较。

表 7 – 1 阴极保护与排流保护的比较

方法		优点	缺点
阴极保护	强制电流	1、输出电流,电压连续可调 2、保护范围大 3、不受土壤电阻率的限制 4、工程量越大越经济 5、保护装置寿命长	1、必须要有外部电流 2、对邻近金属构筑物有干扰 3、管理、维护工作量大
	牺牲阳极	1、不需要外部电源 2、对邻近金属构筑物无干扰或较小 3、管理工作量小 4、工程量小时,经济性好 5、保护电流均匀,且自动调节,利用率高	1、高电阻率环境不经济 2、覆盖层差时不适用 3、输出电流有限
排流保护	极性排流	1、利用杂散电流保护管道 2、经济实用 3、方法简单易行,管理量小 4、对杂散电流无引流之忧	1、对其他构筑物有干扰影响 2、电铁停运时,管道得不到保护 3、负电位不易控制
	强制排流	1、保护范围广 2、电压、电流连续可调 3、以轨道代替辅助阳极,结构简单 4、电铁停运时,管道仍有保护 5、不存在阳极干扰	1、对其他构筑物有干扰影响 2、需要外部电源 3、排流点易过保护

7.1.3　阴极保护参数

在阴极保护中,判断金属构筑物是否达到完全保护,需要借助参比电极测量金属的保护电位。为了使金属构筑物各点达到需要的保护电位,需要通过调整恒电位仪的保护电位或保护电流来实现。因此,被保护金属的保护电位和保护电流密度是阴极保护的两大主要参数,正确选择和控制这些参数是决定阴极保护效果的关键。为了直观、定量地比较阴极保护的效果,有时还要引用阴极保护度参数。在实际阴极保护中,人们仅仅把保护电位作为控制参数,也作为评价参数,因为它由自腐蚀电位和保护电流所决定,而且在实践中容易操作和测量。

1. 自腐蚀电位

无论采用牺牲阳极法还是采用强制电流法阴极保护,被保护构筑物的自腐蚀电位都是一个极为重要的参数。它体现了构筑物金属本身在给定腐蚀性环境中的电化学活性,也决定了阴极保护所需电流的大小,同时又是阴极保护准则中重要的参考点。

2. 保护电位

保护电位是指阴极保护时金属停止腐蚀(或腐蚀可忽略)时所需的电极电位值。按 GB/T 10123—2001,保护电位的定义为进入保护电位范围所必须达到的腐蚀电位的临界值[1]。阴极保护电位是阴极保护的关键参数,它反映了阴极极化的程度,也是监视和控制阴极保护效果的重要指标。

为了让腐蚀完全停止,必须使被保护金属极化到它的电位等于其表面上最活泼阳极点的初始电位。实际上,对钢构筑物来说,这一电位就是铁在给定电解质溶液中的腐蚀电位。因此,只要能确定铁的腐蚀电位,就可以知道它的保护电位。铁的腐蚀电位可近似由其平衡电位估算。

在 $Fe-H_2O$ 腐蚀体系中,电位-pH 图给出了铁的平衡状态,图中的临界线可由 Nernst 方程确定,这些临界电位与溶液的 pH 值有关,因此铁的保护电位也与 pH 值有关。必须指出,该 pH 值是指紧靠电极的电解液液层的 pH。在中性介质中,由于阴极反应释放出来的 OH^- 离子的影响,此 pH 值通常处在 $8.3 \sim 9.6$ 之间。

设以平衡金属离子浓度 10^{-3} mol/L 作为金属发生明显腐蚀的界限,则铁的理论保护电位 V(SHE)为

$$pH 值 < 9.0, \quad E = -0.530 \text{ V}$$
$$9.0 < pH 值 < 13.7, \quad E = (-0.085 - 0.059 \text{ 1pH}) \text{ V}$$

当 pH 值在 $8.3 \sim 9.6$ 范围时,由此计算得到铁的保护电位为 $-0.530 \sim -0.651$ V (SHE)。若将氢参比电极改为铜/硫酸铜电极(CSE),则铁的保护电位为在 $-0.846 \sim -0.967$ V(CSE)范围。

上述理论保护电位等于铁在电解质溶液中 Fe^{2+} 离子浓度为 10^{-3} mol/L 的平衡电位。但是,在介质流动的情况下,紧靠被保护金属表面液层的 Fe^{2+} 离子浓度是低于 10^{-3} mol/L 的。因此,铁的实际保护电位要比其理论电位更负。

以上讨论的是为达到完全保护所需要的电位。在实际应用中,为了兼顾保护程度和保护效率,不应片面追求达到完全保护,而是给出一个保护电位范围,允许金属在阴极保护下仍以不大的速度进行均匀腐蚀。例如,钢在海水中的阴极保护电位范围规定在 $-0.80 \sim -0.95$ V (Ag/AgCl)之间,当电位低于保护电位的下限的绝对值时,钢不能得到有效的保护,因此该下

限值称为最小保护电位,其数值与金属的种类、腐蚀介质的组成、浓度及温度等有关。根据实验测定,碳钢在土壤及海水中的最小保护电位为-0.85 V(CSE)左右。表 7-2 列出了英国标准局 1991 年给出的一些金属的最小保护电位值。

表 7-2　英国标准中阴极保护最小电位值[2]　　　　（单位:V）

金属或合金	参比电极			
	铜/饱和硫酸铜（土壤和淡水）	银/氯化银/饱和氯化钾（任何电解质）	银/氯化银/海水	锌/海水
钢通气环境	-0.85	-0.75	-0.8	0.25
铁不通气环境	-0.95	-0.85	-0.9	0.15
铅	-0.6	-0.5	-0.55	0.5
铜合金	$-0.5\sim-0.65$	$-0.4\sim-0.55$	$-0.4\sim-0.6$	0.55
铝正极限	-0.95	-0.85	-0.9	0.15
铝负极限	-1.2	-1.1	-1.15	-0.1

管道通入阴极电流后,当其负电位提高到一定程度时,由于 H^+ 在阴极上的还原,金属(或管道)表面会析出氢气,减弱甚至破坏防腐层的黏结力,不同防腐层的析氢电位不同。沥青防腐层在外加电位低于-1.20 V(CSE)时开始有氢气析出,当电位达到-1.50 V(CSE)时将有大量氢析出。因此,对于沥青防腐层取最大保护电位为-1.20 V(CSE)。若采用其他防腐层,最大保护电位值也应经过实验确定。聚乙烯防腐层的最大保护电位可取-1.50 V(CSE)。

3.保护电流密度

保护电流密度是指被保护结构单位面积上所需的保护电流。在 GB/T 10123—2001 中,保护电流密度的定义为从恒定在保护电位范围内某一电位的电极表面上流入或流出的电流密度[1]。此定义适用于阴极保护和阳极保护,对于阴极保护来说只能是"流入"。保护电流密度与金属性质、介质成分、浓度、温度、表面状态(如管道防腐层状况)、介质的流动、表面阴极沉积物等因素有关。对于土壤环境而言,有时还受季节因素的影响。

因为保护电流密度不是固定不变的数值,所以一般不用它作为阴极保护的控制参数。只有在无法测定保护电位时,才把保护电流密度作为控制参数。例如在油井套管的保护中,电流密度是一个重要参数,可以作为控制参数用。

不同表面状况钢管的最小保护电流密度如表 7-3 所示。从表中可以看出,裸管比有防腐层的管道需要的保护电流密度大得多;土壤电阻率越小,需要的保护电流密度越大。由于在实际工作中很难测定腐蚀电池的阴极、阳极的具体位置和面积大小,故表 7-3 中所列数据都是按与电解质接触的整个被保护金属表面积计算的。类似的试验数据对于较小的金属构筑物,如油罐的罐底、平台的桩等是适用的。对于沿途土壤电阻率和防腐层质量变化较大的长距离管道,则往往偏差较大。故对于管道的阴极保护,常以最小保护电位和最大保护电位作为衡量标准。

表 7 - 3　不同表面状况钢管的最小保护电流密度

管道表面状况	土壤电阻率/$(\Omega \cdot m)$	电流密度/$(mA \cdot m^{-2})$
带有沥青、玻璃布防腐层	$130 \sim 35$	$0.01 \sim 0.1$
	$30 \sim 1.4$	0.16
裸管	<3	$30 \sim 50$
	$3 \sim 10$	$20 \sim 30$
	$10 \sim 50$	$10 \sim 20$
	>50	$5 \sim 10$

4. 阴极保护保护度

按 GB/T 10123—2001 中的定义,保护度是通过防蚀措施使特定结构腐蚀速率减小的百分数[1]。由这一参数可以直观地看出阴极保护的效果,它是通过试样在阴极保护状态下和非保护试样对比得来的。在管道的阴极保护实践中,通常用检查片来测定阴极保护度。

设非保护状态下自然埋设的检查片原始质量为 W_0,试样腐蚀后经清除腐蚀产物后的质量为 W_1,试样的表面积为 S_0,埋设时间为 t,检查腐蚀前、后的质量损失 $G_0 = W_0 - W_1$,称为失重。由失重法计算检查片的腐蚀速率为

$$V_0 = \frac{W_0 - W_1}{S_0 t} = \frac{G_0}{S_0 t} \tag{7-3}$$

同理,在阴极保护状态下试样原始质量为 W'_0,试样清除腐蚀产物后的质量为 W'_1,其表面积为 S_1,埋设时间为 t,此时的质量损失 $G_1 = W'_0 - W'_1$。则检查片的腐蚀速率为

$$V_1 = \frac{W'_0 - W'_1}{S_1 t} = \frac{G_1}{S_1 t} \tag{7-4}$$

阴极保护保护度的计算公式如下:

$$P = \frac{V_0 - V_1}{V_0} \times 100\% = \frac{\dfrac{G_0}{S_0} - \dfrac{G_1}{S_1}}{\dfrac{G_0}{S_1}} \times 100\% \tag{7-5}$$

保护度 P 值越大,表示阴极保护的效果越好。当保护度为 0 时,$V_0 = V_1$,即没有阴极保护的情况;当保护度为 100 时,$V_1 = 0$,达到了完全保护。

当用电流密度表示腐蚀速率时,其保护度又可表示为以下形式,即

$$P = \frac{i_{corr} - i_a}{i_{corr}} \times 100\% = \left(1 - \frac{i_a}{i_{corr}}\right) \times 100\% \tag{7-6}$$

式中,i_{corr} 为未加阴极保护时金属的腐蚀电流密度;i_a 为施加阴极保护时金属的腐蚀电流密度。

最适宜的阴极保护是能达到较高的保护度,同时又可得到较大的保护效率。保护效率可由下式表示,即

$$Z = \frac{P}{\dfrac{i_{appl}}{i_{corr}}} = \frac{i_{corr} - i_a}{i_{appl}} \times 100\% \tag{7-7}$$

式中,i_{appl} 为阴极保护时外加的保护电流密度。当阴极保护情况下的 $i_a = 0$ 时,$i_{appl} = i_{corr}$,保护

效率为 100。

通过式(7-5)~式(7-7)的比较,可以看出保护效率的概念区别于保护度。保护效率是以施加的保护电流密度作为对比量的,而保护度是以金属的腐蚀电流密度或腐蚀速率作为对比量的。

7.1.4 阴极保护准则

自从 1928 年美国 J. 柯恩通过试验发现－0.85 V(CSE)电位能控制电化学腐蚀之后,这一标准经过实践考验,成为公认的最小保护电位。

对于钢铁的阴极保护准则,各国标准的表达方式也不相同,GB/T 21448—2008《埋地钢制管道阴极保护技术规范》中关于阴极保护准则做了如下规定[2]。

1. 一般情况

(1)管道阴极保护电位(即管/地界面极化电位,下同)至少为－850 mV(CSE)或更负。

(2)阴极保护状态下管道的极限保护电位不能比－1 200 mV(CSE)更负。

(3)对高强度钢(最小屈服强度大于 500 MPa)和耐蚀钢,如马氏体不锈钢,双相不锈钢等,极限保护电位则要根据实际析氢电位来确定,其保护电位应比－850 mV(CSE)稍正,但在－650 mV~－750 mV 的电位范围内,管道处于高 pH 值的应力腐蚀(SCC)敏感区,应予注意。

(4)在厌氧菌或 SRB(硫酸盐还原菌)及其他有害菌土壤环境中,管道阴极保护电位应为－950 mV(CSE)或更负。

(5)在土壤电阻率为 100~1 000 Ω·m 的环境中的管道,阴极保护电位宜负于－750 mV(CSE);在土壤电阻率 ρ 大于 1 000 Ω·m 的环境中的管道,阴极保护电位宜负于－650 mV(CSE)。

2. 特殊考虑

当电位准则难以达到时,可采用阴极极化或去极化电位差大于 100 mV 的判据。但是,在高温条件下,SRB 的土壤中存在杂散电流干扰及异种金属材料偶合的管道中不能采用 100 mV 的极化判据。

3. 阴极保护的准则

概括各种阴极保护标准,可给出基本的阴极保护准则[3]:

(1)管地电位－850 mV。达到充分保护的阴极保护电位至少为－850 mV(CSE),保护电位为构筑物相对 CSE 的测量电位。

(2)极化电位－850 mV。达到充分保护的阴极保护极化电位至少为－850 mV(CSE)。极化电位为构筑物/电解质界面上的电位,是构筑物腐蚀电位和阴极极化值之和。

(3)净极化量 100 mV。当达到充分保护时,构筑物与参比电极 CSE 之间的最小阴极极化值为 100 mV。该极化量应该等于极化电位与金属构筑物的自腐蚀电位之差。

以上准则的区别在于保护电位的测量方法不同。对于实际的阴极保护系统,现场直接测量金属构筑物/电解质界面上的电位是比较困难的,这样参比电极和金属构筑物/电解质界面存在 IR 降。如果保护电位测量能充分消除 IR 降,则阴极保护准则(1)和(2)是相同的。净极化量准则还需要测量金属构筑物的自腐蚀电位。

一般阴极保护的准则采用测量保护电位来进行评价,这些准则由于受现场具体条件的影响并不是时刻有效的,在此情况下可采用测量保护度的方法来验证具体条件的保护电位,给出合理的阴极保护电位范围。

7.2 强制电流法阴极保护

7.2.1 强制电流阴极保护设计工艺计算

管道阴极保护范围的制约因素是管道防腐层的电阻和管径,它以最大保护电位和最小保护电位的临界点来划分。最大保护电位指在阴极保护条件下,允许的绝对值最大的负电位值。最小保护电位指金属达到完全保护时所需要的、绝对值最小的负电位值。因此,保护一条管道常常需要设置一个或几个阴极保护站。为了求得保护长度,必须知道管道上通入阴极极化电流后所产生极化电位沿管道的分布,然后求取最大保护电位经过多少千米降低到最小保护电位。

1. 保护长度计算

对于无限长管道,就是只有一个保护站的情况,管道两端无绝缘法兰,自由延伸到无限远处,如图 7-11 所示。强制电流阴极保护的保护长度按下式计算[4-5]

$$L = 2L_0 = \sqrt{\frac{8\Delta V_L}{\pi D i_s R}} \tag{7-8}$$

$$R = \frac{\rho_\tau}{\pi(D-\delta)\delta} \tag{7-9}$$

式中,L 为保护长度(m);L_0 为单侧保护长度(m);ΔV_L 为最大保护电位与最小保护电位之差(V);D 为管道直径(mm);i_s 为保护电流密度(A/m²);R 为单位长度管道纵向电阻(Ω/m);ρ_τ 为钢管电阻率(Ω·mm²/m);δ 为管壁厚度(mm)。

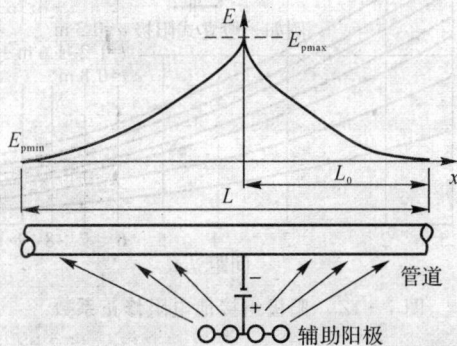

图 7-11 管道阴极保护电位分布示意图

2. 保护电流计算

强制电流阴极保护的电流按下式计算:

$$I = 2I_0 = 2\pi D i_s L \tag{7-10}$$

式中,I 为保护电流(A);I_0 为单侧保护电流(A)。可见,强制阴极保护工艺计算的关键参数是保护电流密度,其值可由经验关系给出或现场试验测量给出。

3. 辅助阳极接地电阻计算

辅助阳极的接地电阻,因地床结构不同而有所区别。各种结构的接地电阻的计算公式可参见有关手册。这里给出 3 种常用埋设方式的阳极接地电阻计算公式。

(1) 单支立式阳极接地电阻按下式计算:

$$R_{V1} = \frac{\rho}{2\pi l} \ln \frac{2l}{d} \sqrt{\frac{4t+3l}{4t+l}} \quad (t \gg d) \tag{7-11}$$

(2) 深埋式阳极接地电阻按下式计算:

$$R_{V2} = \frac{\rho}{2\pi l} \ln \frac{2l}{d} \quad (t \gg l) \tag{7-12}$$

(3) 单水平式阳极接地电阻按下式计算:

$$R_{H} = \frac{\rho}{2\pi l} \ln \frac{l^2}{td} \quad (t \ll l) \tag{7-13}$$

式(7-11) ~ 式(7-13) 中,R_{V1} 为单支立式阳极接地电阻(Ω);R_{V2} 为深埋式阳极接地电阻(Ω);R_H 为单支水平式阳极接地电阻(Ω);l 为阳极长度(含填料)(m);d 为阳极的直径(m);t 为阳极的埋深距离(填料顶部距地表面)(m);ρ 为阳极区的土壤电阻率($\Omega \cdot$ m)。

(4) 组合阳极接地电阻按下式计算:

$$R_{g} = F \frac{R_V}{n} \tag{7-14}$$

式中,R_g 为阳极组总接地电阻(Ω);n 为阳极支数;F 为电阻修正系数(见图 7-12);R_V 为单支阳极接地电阻(Ω)。

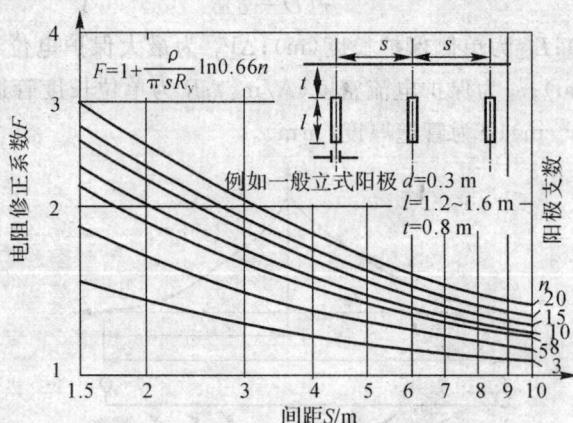

图 7-12 阳极组接地电阻修正系数

4. 阳极质量的计算

阳极的质量应能满足阳极最小设计寿命的需要,通常阳极的工作寿命按下式计算:

$$G = \frac{TgI}{K} \tag{7-15}$$

式中,G 为阳极总质量(kg);g 为阳极消耗率[kg/(A · a)],如表 7-4 所示;T 为阳极设计寿命(a);K 为阳极利用系数,常取 0.7 ~ 0.85。

5. 电源功率的计算

强制电流阴极保护系统的电源设备功率按下列公式计算:

$$P = \frac{IV}{\eta} \quad\quad\quad (7-16)$$

$$V = I(R_g + R_L + R_c) + V_r \quad\quad\quad (7-17)$$

$$R_c = \frac{\sqrt{R_T R}}{2\text{th}(aL)} \quad\quad\quad (7-18)$$

$$a = \sqrt{\frac{R}{R_T}} \quad\quad\quad (7-19)$$

式中,P 为电源功率(W);I 为保护电流(A);V 为电源设备的输出电压(V);η 为电源设备效率,一般取 0.7;R_g 为辅助阳极组接地电阻(Ω);R_c 为阴极(管道)/土壤界面过渡电阻(Ω);R_L 为导线总电阻(Ω);V_r 为辅助阳极地床的反电动势(V),当采用焦炭填充时,取 $V_r = 2V$;a 为管道衰减因数(m^{-1});R_T 为覆盖层过渡电阻率($\Omega \cdot \text{m}$)。

表 7-4 常用辅助阳极的性能

阳极材料	允许电流密度 /($\text{A} \cdot \text{m}^{-2}$)		消耗率 /($\text{kg} \cdot \text{A}^{-1} \cdot \text{a}^{-1}$)	
	土壤	水中	土壤	水中
废钢铁	5.4	5.4	8.0	10.0
废铸铁	5.4	5.4	6.0	6.0
高硅铸铁	32	$32 \sim 43$	< 0.1	0.1
石墨	11	21.5	0.25	0.5
磁性氧化铁	10	400	约 0.1	约 0.1
镀铂钛	400	1 000	6×10^{-6}	6×10^{-6}

6. 阴极保护设计举例

设有一钢质管道 $\Phi 159 \text{ mm} \times 6 \text{ mm}$,长度为 100 km。管道表面有涂层,每平方米绝缘电阻为 10 000 $\Omega \cdot \text{m}$,对应保护电流密度为 0.042 mA/m^2。最大保护电位为 -1.25 V(CSE),最小保护电位为 -0.85 V(CSE),管道的自腐蚀电位为 -0.55 V(CSE)。钢管的电阻率为 0.135 $\Omega \cdot \text{mm}^2/\text{m}$。

第一,计算钢管的电阻为

$$R = \frac{\rho_r}{\pi(D-\delta)\delta} = \frac{0.135}{3.14 \times (159-6) \times 6} = 4.68 \times 10^{-5} \ \Omega/\text{m}$$

第二,计算保护长度为

$$L = \sqrt{\frac{8\Delta V_L}{\pi D i_s R}} = \sqrt{\frac{8 \times (1.25 - 0.85) \times 10^6}{3.14 \times 159 \times 0.042 \times 4.68 \times 10^{-5}}} = 57.1 \times 10^3 \ \text{m} = 57 \ \text{km}$$

则沿途需要的保护站数目为

$$n = \frac{L(\text{管道长}) - L}{L} + 1 = \frac{100 - 57.1}{57.1} + 1 \approx 2$$

第三,计算保护电流。

由于设置 2 个保护站,每个保护站保护的实际管道长度 $L_e = 50$ km,保护电流为

$$I = 2\pi D i_s L_e = 2 \times 3.14 \times 159 \times 0.004\ 2 \times 50 = 4.19 \ \text{A}$$

第四,计算输出电压。

设连接到管道和阳极电缆的总长度为 600 m,采用 $\Phi 1 \text{ mm} \times 35 \text{ mm}$ 的铜芯导线,铜导线

的电阻率为 $0.017\,6\ \Omega \cdot mm^2/m$,则导线电阻为

$$R_L = \frac{\rho L}{S} = \frac{0.017\,6 \times 600}{35} = 0.30\ \Omega$$

取阳极接地电阻 $\qquad\qquad\qquad R_g = 2.5\ \Omega$

管道涂层的电阻 $R_T = \dfrac{\rho(涂层)}{\pi D} = \dfrac{1\,000}{3.14 \times 159/1\,000} = 2 \times 10^4\ \Omega \cdot m$

管道衰减因数 $a = \sqrt{\dfrac{R}{R_T}} = \sqrt{\dfrac{4.68 \times 10^{-5}}{2 \times 10^4}} = 4.85 \times 10^{-5}\ m^{-1}$

管道的接地电阻为

$$R_c = \frac{\sqrt{R_T R}}{2\mathrm{th}(aL)} = \frac{\sqrt{2 \times 10^4 \times 4.68 \times 10^{-5}}}{2\mathrm{th}(4.85 \times 10^{-5} \times 50 \times 1\,000)} = 0.53\ \Omega$$

则忽略反电动势时输出电压为

$$V = I(R_g + R_L + R_c) = 4.19 \times (2.5 + 0.3 + 0.53) = 13.95\ V$$

最后,计算恒电位仪的功率为

$$P = \frac{IV}{\eta} = \frac{4.19 \times 13.95}{0.7} = 58.5\ W$$

7.2.2 强制电流法阴极保护系统的设计

强制电流阴极保护系统的设计应符合阴极保护准则的要求,实现有效的保护,避免对邻近构筑物的干扰,并给系统提供一个经济可靠的设计寿命。

1. 设计原则

(1)对其保护长度,根据工艺计算宜留有 10% 的余量。

(2)辅助阳极的设计寿命应与被保护管道相匹配,不宜小于 20 a。

(3)设计强制电流阴极保护系统时,应注意保护系统与邻近金属构筑物之间的干扰影响,并按国家现行标准《埋地钢质管道直流排流保护技术标准》SY/T 0017 的要求,采取相应的防护措施。

(4)电源的最大输出电压与最大输出电流之比应大于阴极保护回路的总电阻。

2. 应用技术条件

(1)被保护的管道必须具有良好的纵向导电的连续性。对于非焊接连接的管道接头应增设跨接电缆。

(2)被保护的新建管道应具有质量良好的覆盖层。

(3)被保护管道应在下列位置装设绝缘接头或绝缘法兰,并应符合国家现行标准 SY/T 0086《阴极保护管道的电绝缘标准》和 SY/T 0516《绝缘法兰设计技术规定》的要求。

(4)在使用金属套管的位置,管道应与套管电绝缘,套管两端应进行防水密封。套管内宜安装牺牲阳极保护套管内的输送管,因为套管会产生屏蔽效应。

(5)管道必须与支撑的墩台、管柱、管桥、固定墩、支座、管卡或混凝土中的钢筋等电绝缘。然而,若管桥两端装有绝缘装置,已将管桥上管道与埋地管道相绝缘,那么这段管道可以直接敷设在管桥上而不必施加电绝缘。

(6)被保护管道与其他管道、电缆交叉处必须电绝缘,并确保管道交叉处最小间距为 0.3 m。必要时,应在两者之间垫以绝缘板隔开。

对于已建管道,往往需做一些实际参数的测量,如土壤电阻率、干扰的测试、馈电试验、覆盖层电阻测试、纵向导电连续性测试及电绝缘性能测试,根据测得的参数进行设计。而新建管道,有些参数是实测不了的,可按 SYJ0036—2000《埋地钢质管道强制电流阴极保护设计规范》中给出的常规参数进行选取[6]。

(1)自然电位:−0.55 V(CSE,下同)。

(2)最小保护电位:−0.85 V。

(3)最大保护电位:−1.25 V。

(4)覆盖层电阻:

石油沥青、煤焦油瓷漆:10 000 Ω·m²;

塑料覆盖层:50 000 Ω·m²;

环氧粉末:50 000 Ω·m²;

三层复合结构:100 000 Ω·m²;

环氧煤沥青:5 000 Ω·m²。

(5)钢管电阻率:

低碳钢(20#):0.135 Ω·mm²/m;

16Mn 钢:0.224 Ω·m²/m;

高强度钢:0.166 Ω·m²/m。

(6)保护电流密度应根据覆盖层电阻选取:

当在 5 000~10 000Ω·m² 之间时,取 100~50 μA/m²;

当在 10 000~50 000Ω·m² 之间时,取 50~10 μA/m²;

当>50 000 Ω·m² 时,取<10 μA/m²。

有了这些参数,就可以进行设计计算,选定阴极保护站,绘制必要的设计图纸,提出所选设备、材料的技术说明。

通常阴极保护的设计图纸有全线阴极保护系统平面布置图;电源安装图;地床结构及安装图;电缆连接及敷设图;阴极保护站平面图;配电系统图;测试系统组成及分布图。若有干扰时,需要有排流保护设计图,防强电冲击的保护设计图。

3.电源设备

阴极保护电源选用的原则是高可靠性、经济合理、适应当地气候环境条件、长寿命、维护管理简单,可无人值守。

强制电流阴极保护对交流电源的基本要求为能满足长期不间断供电,并应优先使用市电或使用各类站场稳定可靠的交流电源。当电源不可靠时,应装有备用电源或不间断供电专门设备。

电源的类型应根据被保护设备所在地的电力情况,保护系统的管理方法而定。阴极保护首选电源为交流市电,当无交流市电或交流市电不稳定(如农用电)时应选用其他电源,通常可供选择的有太阳能电池、风力发电机、TEG(热电发生器)和 CCVT(密闭循环蒸汽发电机)等直流电源。有 2 个或 2 个以上联合供电方案更加可靠。

强制电流阴极保护电源设备,一般情况下应选用整流器或恒电位仪。当管地电位或回路电阻有经常性较大变化或电网电压变化较大时,应使用恒电位仪。

(1)整流器。阴极保护用整流器时宜采用桥式全波整流电路,其纹波系数应满足单相不大于50％,三相不大于5％的要求,最大温升不得超过70℃。在交流输入端和直流输出端应装有过流、防冲击等保护装置。户外型整流器应能适应当地所处的气候环境,可装在房顶、墙上或电杆上。通常采用油冷式整流器。

(2)恒电位仪。恒电位仪通常应在室内工作。其技术要求如下：

给定电位：－0.500～－3.000 V(连续可调)；

电位控制精度：≤±10 mV；

输入阻抗：≥1 MΩ；

绝缘电阻：＞2 MΩ(电源进线对地)；

抗交流干扰能力：≥12 V(AC)；

耐电压：≥1 500 V(AC)(电源线对机壳)；

满载波纹系数：单相≤5％,三相≤8％；

恒电位仪印刷电路板一般采取防潮、防盐雾、防细菌的三防措施。

4.辅助阳极

(1)阳极地床的结构。辅助阳极的工作性质决定了阳极是处于电解状态的,这就要求在设计辅助阳极地床时,应考虑两个问题,一是阳极材料的消耗,二是阳极气体产物的逸放。前者是材料本身的性能,后者则取决于地床结构。

一般阳极需在焦炭回填料地床中工作。这种结构的作用是等效地增大了阳极体积,降低阳极接地电阻;把阳极/土壤的工作界面转移到填料/土壤界面上,减小阳极损耗,延长阳极寿命;利于阳极产生的气体(O_2,CO,CO_2等)的逸出,防止了"气阻"。图7-13为焦炭对接地电阻变化的作用。

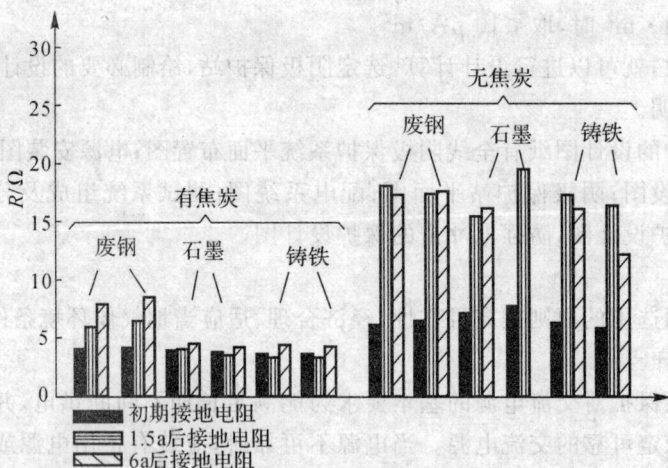

图7-13 焦炭对接地电阻变化的作用

为利于气体的逸出,在焦炭地床的上部还要填放一些粗砂或砾石,有些地方还要用多孔塑料管插至阳极地床中心,一是用于排气,二是必要时可以往里注水。典型的立式和水平式阳极地床结构如图7-14所示。

(2)阳极材料。对于强制电流阴极保护辅助阳极材料的要求为导电性能好;能承受大的电流;化学稳定性好;腐蚀率小;与土壤和水介质接触具有稳定的接触电阻;具有一定的机械强度和易加工性;质量轻,便于运输,施工简单;且价格低,有实用价值。目前常用的辅助阳极有废钢铁阳极、高硅铸铁阳极、石墨阳极、钢铁阳极、柔性阳极、金属氧化物阳极等。

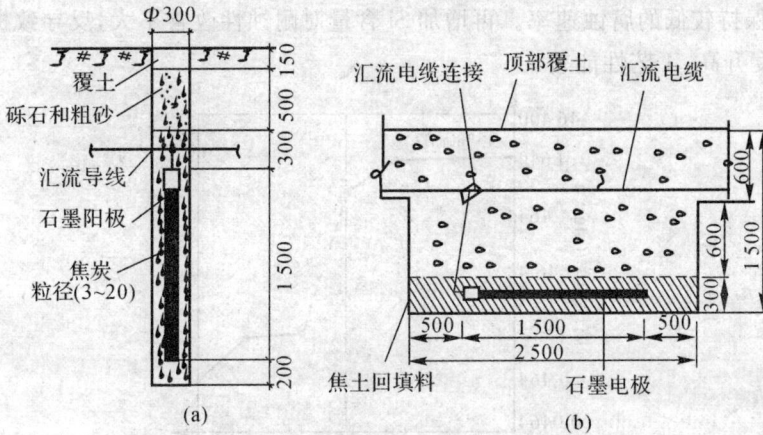

图 7-14　阳极地床结构示意图(图中数据单位为(mm))
(a)立式；(b)水平式

1)废钢铁阳极。废钢铁容易获得,机械加工性能较好,而且工作电流密度范围很宽,在早期的阴极保护系统中应用较多,是辅助阳极中容易得到的材料。它往往是报废的管道、钢轨、钢桩及机器部件等。但是废钢铁的溶解速度很大,在海水中以 $10\ \text{A/m}^2$ 电流密度使用时消耗率达到 $10\ \text{kg/(A·a)}$,使用寿命短。

2)高硅铸铁阳极。高硅铸铁是指含 Si(14％～18％)的铁合金,外加电流阴极保护中用的高硅铸铁辅助阳极 Si 的含量为 14.5％。为提高其耐蚀性,可在合金中加 5％Cr 及 1％Mn,或加 1％～3％Mo。高硅铸铁具有较高的耐蚀性,尤其是耐酸的腐蚀,因为在它的表面能形成含 SiO_2 的保护膜,但高硅铸铁在碱溶液中耐蚀性不好。

高硅铸铁质硬、性脆易碎,不易加工。工作电流为 $10\ \text{A/m}^2$ 的普通高硅铸铁阳极在海水中的消耗率为 $0.2\ \text{kg/(A·a)}$,在土壤或淡水中的消耗率为 $0.5\ \text{kg/(A·a)}$。

表 7-5,表 7-6 分别列出了高硅铸铁阳极的化学成分和规格。

表 7-5　高硅铸铁阳极的化学成分　　　　　　　　(单位:％)

序号	类型	主要化学成分					杂质含量	
		Si	Mn	C	Cr	Fe	P	S
1	普通	14.25～15.25	0.5～0.8	0.80～1.05		余量	≤0.025	≤0.1
2	加铬	14.25～15.25	0.5～0.8	0.8～1.4	4～5	余量	≤0.025	≤0.1

表 7-6　高硅铸铁阳极规格

序号	阳极规格		阳极引出导线规格	
	直径/mm	长度/mm	截面积/mm²	长度/mm
1	50	1 500	10	≥1 500
2	75	1 500	10	≥1 500
3	100	1 500	10	≥1 500

图 7-15 为硅含量对高硅铸铁腐蚀速率的影响。由图可见,含 Si 量不小于 14.5% 又不大于 18% 时,能保持较低的腐蚀速率。再增加 Si 含量对耐蚀性改善不大,反导致机械性能变坏,强度下降,硬度升高,工艺性能差。

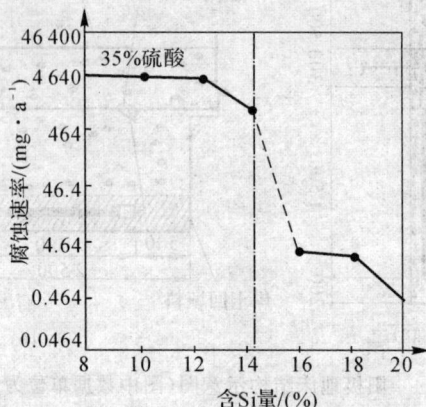

图 7-15 硅含量对高硅铸铁腐蚀速率的影响[7]

3)石墨阳极。石墨阳极是用石油焦和沥青两种材料按一定比例加工焙烧而成的,并经过 2 800℃的石墨化工艺把焦炭和沥青转变成石墨。为了提高石墨阳极的耐腐蚀性能,阳极棒体要经过浸渍工艺处理,即用石蜡或亚麻子油浸渍。浸渍可以降低气孔率,抑制可能引起阳极胀裂或过早失效的表面气体析出或碳的氧化。表 7-7 和表 7-8 列出了常用石墨阳极的性能及规格。

表 7-7 石墨阳极的主要性能

密度/(g·cm^{-3})	电阻率/(Ω·mm^2)	气孔率/(%)	消耗率/(kg·A^{-1}·a^{-1})	允许电流密度/(A·m^{-2})
1.7~2.2	9.5~11.0	25~30	<0.6	5~10

表 7-8 常用石墨阳极规格

序号	阳极规格		阳极引出导线规格		参考质量/kg
	直径/mm	长度/mm	截面/mm^2	长度/mm	
1	75	1 000	16	>1 000	10
2	100	1 450	16	>1 000	23
3	150	1 450	16	>1 000	51

4)磁性氧化铁阳极。磁性氧化铁,即为一种 Fe_3O_4 的矿物,它具有较高的耐蚀性。在 100 A/m^2 电流密度下,磁性氧化铁阳极的消耗率达 1.5 g/(A·a);当 1 000 A/m^2 时,消耗率仍很小,约为 2.5 g/(A·a)。这种阳极可适用于低盐度水、淡水及土壤中,磁性氧化铁脆性大、铸造困难、电阻较大。

5)柔性阳极。柔性阳极将导电性聚合物包覆在铜芯上,作为辅助阳极使用,其外形和塑料电缆差不多,柔性很好,施工起来也类似于电缆敷设,因此是一种很受欢迎的辅助阳极材料。它特别适用于高电阻率、管道覆盖层质量劣化的场合;它可以平行管道敷设,改善了沿线的电流分布。故对于站内管网、几何形状不规则的管道特别有益。目前国内已研制出这类产品,表 7-9 中列出了柔性阳极的性能参数。

表 7-9 柔性阳极的性能参数

土壤中最大工作电流	52 mA/m;82 mA/m(焦炭中)
水中最大工作电流	10 mA/m
最大压力	7 MPa
最大工作温度	65℃
最低施工温度	-18℃

注:不推荐在原油环境中工作。

6)其他阳极。在工程实践中,国外还有一些其他阳极材料,例如铅银合金、钛基金属氧化物线性阳极。其中钛基金属氧化物线性阳极在深井中使用,具有施工方便、寿命长等特点;在储罐罐底布置成网格状的线形金属氧化物阳极,具有电流分布均匀的特点。

(3)阳极地床位置的选择。辅助阳极地床位置(简称阳极区)的选择要考虑以下因素:

1)阳极区距管道的垂直距离。该距离愈大,电位分布愈均匀。但无限拉大距离将会增加阳极引线的电阻,并增加建设投资。按 SYJ0036—2000 推荐,这一距离以 100 m 为宜。

2)土壤电阻率。阳极区尽量选在土壤电阻率低的地方,因为低电阻率可使阳极接地电阻变小,减少电能的消耗。

3)土壤湿度。土壤湿度大有利于阳极工作,防止气阻现象,故在实际中常把阳极区选在河边、沟底等低洼地带。

4)土地的利用。不占或少占耕地。

5)干扰影响。阳极区周围尽量避开金属构筑物。

6)地域规划。不得在近期规划区内建立阳极地床。

7)安装的难易。根据施工机具和地上、地下环境情况确定,以求安装费用最低。

8)生态环境。这是近些年来提出的新问题,以不破坏生态环境为好。

在西部石油工程建设中,遇到一个新的问题,即在近 100 000 m 范围内,土壤电阻率都在 200 Ω·m 以上,地下深层又都是岩层,电阻率也很高。此时常规设计的方法不能满足要求,柔性阳极敷设是可选用的方法之一。

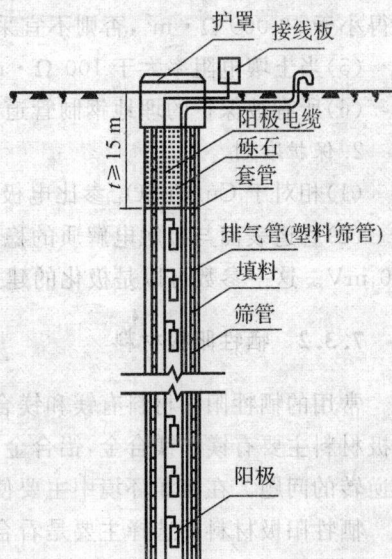

图 7-16 深井阳极的构造示意图

阳极地床通常有两种形式,即浅埋地床和深埋地床。在浅埋地床中又可分为立式和水平式两种(见图 7-14)。当周围设施多或地表层土壤电阻率太高,不宜埋设地床时,就应考虑深井地床。深井地床一般埋深在地下 15～150 m,施工费用较高,典型结构如图 7-16 所示。

7.3 牺牲阳极法阴极保护

7.3.1 牺牲阳极法阴极保护规范

选择一种电极电位比被保护金属更负的活泼金属(合金),把它置于被保护金属所处的电解质环境中,并与被保护金属从外部实现电连接,这种负电位的活泼金属在所构成的电化学电池中作为阳极而优先腐蚀溶解,释放出的电子使被保护金属阴极极化,从而抑制了被保护金属的腐蚀,将这种阴极保护方法称为牺牲阳极阴极保护。

钢质管道通过与埋设于同一土壤中的牺牲阳极(如镁阳极)保持电连接而得到了阴极保护,钢管-金属导线-镁阳极-回填料-土壤-钢管构成了一个完整的电流回路。在这个电池回路中,镁阳极作为阳极,发生氧化反应,管道作为阴极,在管体上土壤环境中的物质发生还原反应,管道的自然腐蚀被阻滞,即管道得到了保护。

《埋地钢质管道牺牲阳极阴极保护设计规范》SY/T0019-97 中作了如下的规定[8]:

1.一般规定

(1)牺牲阳极系统的设计应确保阳极在设计寿命内阴极保护的有效性和可靠性。

(2)牺牲阳极的设计寿命与管道使用年限相匹配,一般为 10～15 a。

(3)临时性牺牲阳极的设计寿命应满足用户要求,一般为 2 a。

(4)被保护的管道应具有质量良好的覆盖层,以增加保护的长度。新建管道的覆盖层电阻不得小于 10 000 $\Omega \cdot m^2$,否则不宜采取牺牲阳极,对于旧管道,应根据具体需要决定。

(5)当土壤电阻率大于 100 $\Omega \cdot m^2$ 时,不宜采用牺牲阳极。

(6)所有被保护的埋地钢制管道应根据需要设置绝缘接头或绝缘法兰。

2.保护准则

(1)相对于 $Cu/CuSO_4$ 参比电极的管道阴极极化的保护电位至少为 -850 mV。

(2)管道表面与接触电解质的稳定 $Cu/CuSO_4$ 参比电极之间的阴极极化电位差值最小为 100 mV。这一参数可以是极化的建立或衰减过程中的数据。

7.3.2 牺牲阳极材料

常用的牺牲阳极材料有镁和镁合金、锌和锌合金及铝合金三类[2]。在土壤环境中常用的阳极材料主要有镁和镁合金,铝合金在土壤环境中也具有成功的案例,但铝合金因钝化存在阳极逆转的问题。在海洋环境中主要使用锌和锌合金,还可以使用铝合金。

牺牲阳极材料的选择主要是看合金的性能及其化学成分,特别是合金元素的含量和杂质的含量。合金的金相组织对阳极性能也有着重要的影响。此外,碳钢也可以作为阳极材料用于某些电位较正金属(如铜合金、不锈钢等)在盐水、海水环境中的牺牲阳极保护。

1.镁基牺牲阳极

镁基牺牲阳极有纯镁,Mg-Mn 系合金和 Mg-Al-Zn-Mn 系合金 3 类,其共同特点是密度小、理论电容量大、电位负、极化率低,对钢铁的驱动电压大(>0.6 V),适用于电阻率较高的土壤和淡水中金属构件的保护。不足的是其电流效率低,通常只有 50% 左右,比锌基合金和铝基合金的电流效率要低得多。它们的性能列在表 7-10 中。

表 7-10　镁合金牺牲阳极的性能[8]

性能		Mg,Mg-Mn	Mg-Al-Zn-Mn
密度/(g·cm^{-3})		1.74	1.77
开路电位/V(SCE)		-1.56	-1.48
对铁的驱动电位/V		-0.75	-0.65
理论发生电量/(A·h·g^{-1})		2.20	2.21
海水中 3 mA/cm^2	电流效率/(%)	50	55
	发生电量/(A·h·g^{-1})	1.10	1.22
	消耗率/(kg·A^{-1}·a^{-1})	8.0	7.2
土壤中 0.03 mA/cm^2	电流效率/(%)	40	50
	发生电量/(A·h·g^{-1})	0.88	1.11
	消耗率/(kg·A^{-1}·a^{-1})	10.0	7.92

注:以土壤介质试验时应采用填包料,厚度为 5~10 mm。

(1)高纯镁。由于镁是比较活泼的金属,绝大多数的杂质都会降低镁合金的耐蚀性。当其含有少量杂质,特别是含有析氢过电位较低的杂质时,会使镁的自溶倾向增大,电流效率降低。镁中的一些杂质元素,如 Fe,Co,Mn 是以单质的形式固溶于镁基体中的,而另一些杂质,如 Al,Zn,Ni,Cu 等元素则易与镁形成金属间化合物,无论哪类杂质元素,它们相对于镁固溶体都呈现出强烈的阴极性,能增大析氢的有效面积,进一步增大镁的腐蚀速度。高纯镁具有电位负、机械加工性好的优点。因其负电位大,故有时又称为高电位镁阳极。它适合于加工成带状阳极,在电阻率较高的土壤和淡水中使用。

(2)Mg-Mn 合金。锰是控制镁中杂质的一种有效的净化元素,如果在纯美中加入锰元素,镁合金的耐蚀性提高,这是因为锰易于发生偏析,使得杂质元素不能产生阴极的有害作用。镁锰合金的强度极限随着温度的升高而显著降低,而延伸率则大大增加。当 Mg-Mn 合金作为牺牲阳极用时,其电流效率的高低取决于 Mg 原料纯度。Mg 原料越纯电流效率越高,电位也越负。镁锰也是高电位阳极,它适合于铸造和挤压两种加工方式,主要用于高电阻率环境中。

(3)Mg-Al-Zn-Mn 合金。Mg-Al-Zn-Mn 合金的基本合金元素为铝和锌。根据铝和锌的含量不同,该合金有若干种类型,常见的有 Mg-3Al-1Zn-Mn,Mg-4Al-1Zn-Mn,Mg-6Al-3Zn-Mn 几种合金。其中性能较好,广泛使用的牺牲阳极是 Mg-6Al-3Zn-Mn 合金。

影响这类阳极电流效率的是含铁量,标准 SY/T0019—97 中要求 Fe 含量小于 0.005%。若用普通的电解镁锭作原料是不合适的,必须要用高纯的蒸馏镁,因此制造的成本较高。

2.锌基牺牲阳极

早在 1824 年人们就已经在海水防腐中使用了锌。锌阳极的使用条件不像镁阳极(不能用于易诱发火花的环境中)和铝阳极(不能用于土壤中)那么苛刻,其使用范围较广,既可用于地下金属设施的保护,也可用于海船及海上金属设施的保护。锌阳极的电流效率高,更为突出的是它具有自调节的特性。目前已经开发的锌基牺牲阳极材料种类很多,主要有纯锌,Zn-Al合金,Zn-Al合金,Zn-Al-Cd合金,Zn-Mg合金等。我国使用的锌基牺牲阳极1965年前基本是纯锌,之后是Zn-Al-Cd合金。表7-11中列出锌及锌合金阳极的电化学性能。

表7-11 锌及锌合金阳极的电化学性能

材料	开路电位 V(SCE)	工作电压 V	理论电流容量 A·h·kg^{-1}	实际电流容量 A·h·kg^{-1}	电流效率 (海水)%
纯锌	−1.03	−0.20	820		≥95
Zn-Al-Cd	−1.05~−1.09	−0.20	820	≥780	≥95
Zn-Al	≥−1.1(CSE)	−0.25	820		≥90(土壤)

(1)纯锌。用纯锌作为牺牲阳极材料时要求锌的纯度高达99.995%,杂质铁的含量低于0.001 4%。杂质元素对锌阳极的腐蚀溶解和性能影响较大,其中以铁、铜、铅的影响最明显。这些杂质不仅会加快锌的自溶解,使锌的电流效率下降,而且还会增大材料的极化率,使阳极电位显著正移。自腐蚀生成的高阻抗腐蚀产物$Zn(OH)_2$覆盖于锌阳极表面,不易脱落,产生阳极钝化。因此,只有有害杂质含量很低的高纯锌($w_{Zn}>99.995\%$,$w_{Fe}<0.001\ 4\%$,$w_{Cu}<0.002\%$,$w_{Pb}<0.003\%$)才能作为牺牲阳极材料。

在实际应用中,往往采用合金化技术在锌中加入一些合金元素(如铝、镉、汞、锰、锡等)以消除铁等有害杂质的影响。与纯锌相比,这些锌合金用作牺牲阳极在技术上是很可行的,在经济上也是有利的。

各国对锌阳极的开发通过两个途径:一是采用未合金化的锌,但需要限制杂质含量,如ASTM B418—73中Ⅱ型阳极,其Fe含量<0.001 4%;二是采用低合金化的合金,同时减少其杂质,如Zn-Al-Cd,Zn-Al合金。

(2)Zn-Al二元锌合金。铝元素是改善锌阳极性能最有效的元素,加入适量的铝以后能明显改善锌阳极的性能。研究认为,当Zn-Al合金阳极的含铝量为0.4%~0.6%时为单相(α相)组织,电流效率高,极化率小,为3.5~5.0 mV/(A·m^{-2}),其性能与纯锌相当。当铝含量超过0.6%时出现第二相(β相),β相会导致电流效率降低和极化电位变正。我国SYJ20—86中规定,适用于土壤中的锌合金阳极为Zn-Al系合金,其化学成分为w_{Al}在0.3%~0.6%之间,$w_{Fe}<0.005\%$,$w_{Pb}<0.006\%$,$w_{Cu}<0.005\%$,$w_{Si}<0.125\%$,余量为Zn。

(3)Zn-Al-Cd三元锌合金。Zn-Al系合金中加入第三组元如镉、锰、硅、汞等形成的三元合金可进一步改善其性能,其中Zn-Al-Cd是目前国内外应用最广的锌合金牺牲阳极,通称为三元锌合金。Zn-Al-Cd溶解性能好,电流效率高,制造容易,价格低廉,因此得到广泛应用。添加元素Al和Cd的作用有使晶粒细化;消除杂质的不利影响。添加0.1%的Al,可与0.003%的Fe形成固溶体。这种固溶体的电位比纯铁负,减弱了锌合金的自腐蚀作用。添加0.3%的Al,形成的腐蚀产物变得疏松并容易脱落。

在锌内添加0.3%的Al和0.06%的Cd,可使锌内Fe和Pb的允许含量分别为0.003%和0.006%,使得阳极生产变得容易。当Fe的含量大于0.005%时,会使阳极表面的均匀溶解受到影响,而且阳极的工作电位正向偏移,阳极效率也明显下降。

目前,这 3 种锌阳极在国内均已商品化,且广泛应用在海水和土壤中。由于锌阳极的驱动电压只有 0.2～0.25 V,所以产生的电流只有镁阳极的 1/3。国内外的文献均对锌阳极在土壤中的应用加以限制,如 GB/T 4950—1985 限制土壤电阻率在 15 Ω·m 以下,SY/T 0019—97 指出在多水的环境下可提高到 30 Ω·m 以下使用,还有不少文献把锌阳极电阻率限制在 10 Ω·m 以下。这主要考虑的是经济性。

3. 铝基牺牲阳极

铝的理论电流容量为 2 980 A·h/kg,是镁的 1.35 倍,是锌的 3.6 倍。铝原料来源广,制造工艺简单,价格低廉,是牺牲阳极品种的后起之秀。但纯铝化学性质活泼,极易钝化,表面易生成一层致密的 Al_2O_3 保护氧化膜使其电位变正,从而限制了它在牺牲阳极中的应用。最近,人们一直在努力研制各种铝合金阳极,以克服与钝化相关的问题。研究表明,铝中添加某些合金元素(如锌、镁、铟、汞、镉、锡、铋、硅等)可以部分取代铝晶格上的铝原子,使这些部位成为铝氧化膜的缺陷,以限制或阻止铝表面形成连续致密的氧化膜,从而促进表面活化溶解。目前使用最广泛的铝合金牺牲阳极材料有 Al-Zn-Hg,Al-Zn-Sn,Al-Zn-In 系合金。表 7-12 列出了它们的化学组成和电化学性能。

表 7-12 铝合金阳极化学成分和电化学性能[9-10]

合金	化学组成/(%)					开路电位 mV(SCE)	电流效率 %
	Zn	Sn	In	Hg	Al		
Al-Zn-Hg	0.45			0.045	余量	−970～−1 040	92-97
Al-Zn-Sn	1.8～8.0	0.07～0.20			余量	−990～−1 090	84～87
Al-Zn-In	0.5～3.0		0.01～0.05		余量	−1 040～−1 140	70～90

铝阳极材料来源丰富,且在海水中有良好的电化学性能,因此在船舶、港口码头、钻井平台等领域应用前景广泛。但在土壤中虽有成功应用的例子,但还是限制应用,主要是因为阳极的腐蚀产物氢氧化铝胶体在土壤中无法疏散,使阳极钝化而失效。即使在海泥中,其性能也不如锌阳极。

在 20 世纪 70 年代,美国 DOW 化学公司研制的 Galvalumm Ⅲ 型 Al-3Zn-0.015In-0.1Si 合金,把铝阳极的应用范围扩展到海泥、热盐水及电阻率较高的淡盐水里,保护海湾和河口的钢构筑物。这种阳极的性能列在表 7-13 中。

表 7-13 Al-3Zn-0.015In-0.1Si 合金的性能[7]

电解质	电位 V(SCE)	电容量 A·h·kg⁻¹	电流效率 %	典型的电流密度 mA·m⁻²
15%NaCl,75℃	−1.06	2 096	70	2 150
盐水淤泥	−1.05	1 580	53	480
低度盐水(200 Ω·m)	−1.03	2 425	82	1 080～2 150
海水	−1.08	2 550	86	1 600～3 200

从国内的实践来看,当土壤电阻率小于 5 Ω·m 时,氯离子含量高的海边滩地,铝阳极还有一定的应用价值。

pH 值对铝的腐蚀速率和电位影响很大。pH 值在 3～9 的范围时,铝溶解并在其表面形成含水氧化物($Al_2O_3 \cdot H_2O$),从而形成高电阻膜引起铝的钝化,电位较高,溶解速度很慢。当 pH 值＞9 时,铝的溶解部分形成铝酸盐,含水氧化物开始溶解,这时铝的溶解速度增加,电位急剧地向负向移动。在实用中,无论海水、淡水还是土壤中 pH 值都很少大于 9,因此铝具有相当的钝化性。

以上介绍的各种牺牲阳极的规格、成分及性能详见 GB/4948—85 及 SY/T0019—97。

4. 其他牺牲阳极

(1)铁基牺牲阳极。铁基阳极的电化学性能测试结果表明,铁基阳极具有较负的开路和闭路电位、较高的实际电容量和电流效率,且腐蚀均匀、产物易脱落,是比较理想的牺牲阳极材料,在保护铜合金、不锈钢等一些工程上已得到应用。如 35 钢作为牺牲阳极材料用于流动海水中紫铜的保护,其效果优于铝基、锌基牺牲阳极材料。研究表明,碳钢在海水中保护不锈钢,其开路电位可达 -0.68 V,当工作电流达 1 mA/cm^2 时,工作电位可稳定在 -0.6 V 左右,保护年限可达 8 a。虽然目前对于铁基牺牲阳极的研究报道较少,但已有的研究结果表明,利用铁基材料作为电位较正金属结构的牺牲阳极保护材料具有很好的应用前景。

(2)复合式阳极。复合式牺牲阳极是阳极家族中的新成员,复合式牺牲阳极是由内外 2 种或 2 种以上不同牺牲阳极材料复合而成的,一般是在传统的锌基或铝基牺牲阳极的外面包覆一薄层镁基牺牲阳极制备而成的,如图 7－17 所示。

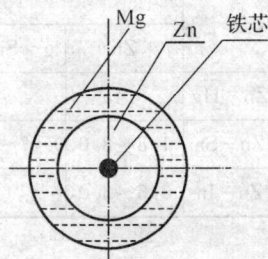

图 7－17 复合阳极剖面图[11]

保护初期由外层镁阳极对被保护结构体进行保护,在不增加阳极数量的情况下,其所提供的电流可满足被保护结构体初期对保护电流的需求。当镁阳极消耗殆尽时,被保护结构体所需的保护电流密度已经很小,内层具备高电流效率的铝阳极或锌阳极开始释放电流,可对被保护结构体实施长期、稳定的保护。

利用镁阳极的高驱动电位来满足管道初始阴极极化大电流的要求,再利用锌阳极的高电流效率来达到延长使用寿命的目的。通过对复合式牺牲阳极埋地运行参数的测试表明,管道保护电位可达 -1.4 V,阳极开路电位在 -1.5 V 以上,是非常理想的镁阳极电位,其应用效果优于镁、锌混合式方法,具有广阔的应用前景。

牺牲阳极从形状上一般为棒状和块状,近年来也采用带状阳极。带状牺牲阳极主要用于高电阻率土壤、淡水中及空间狭窄局部场合,如套管内。它的截面为方形或菱形等形状,中间为铁芯,长度可达几百米。20 世纪 90 年代,我国基本解决了常规铸造阳极的生产技术。高性能连续带状阳极和大型铸造阳极的应用和制造技术也发展很快。其中,北京有色金属研究总院研制的长度为上千米的各种型号的锌阳极带和镁阳极带,已经建立起了一定规模的生产线。

7.3.3 牺牲阳极的设计

1. 阳极种类的选择

牺牲阳极种类的选择主要根据土壤电阻率、土壤含盐类型及被保护管道覆盖层状态来进行。表 7－14 列出了不同电阻率的水和土壤中阳极种类的选择。一般来说,镁阳极适用于各种土壤环境中;锌阳极适用于电阻率低的潮湿环境;而铝阳极还没有统一的认识,国内已有不少实践推荐用于低电阻率、潮湿和氯化物的环境中。

表 7 - 14 牺牲阳极种类的应用选择

水中		土壤中	
阳极种类	电阻率/(Ω·cm)	阳极种类	电阻率/(Ω·m)
铝	<150	带状镁阳极	>100
		镁(−1.7 V)	60~100
锌	<500	镁(−1.5 V 或−1.7 V)	40~60
		镁(−1.5V)	<40
镁	>500	镁(−1.5V)、锌	<15
		锌或 Al - Zn - In - Si	<5(含 Cl⁻)

2. 工艺计算

(1)牺牲阳极接地电阻的计算。单支立式牺牲阳极接地电阻按下式计算:

$$R_H = \frac{\rho}{2\pi l}\left(\ln\frac{2l}{D} + \ln\frac{l}{2t} + \frac{\rho_a}{\rho}\ln\frac{D}{d}\right) \quad (l \gg d, t \gg l/4) \tag{7-20}$$

单支水平式牺牲阳极接地电阻按下式计算:

$$R_v = \frac{\rho}{2\pi l}\left(\ln\frac{2l_a}{D} + \frac{1}{2}\ln\frac{4t+l_a}{4t-l} + \frac{\rho_a}{\rho}\ln\frac{D}{d}\right) \quad (l \gg d, t \gg l/4) \tag{7-21}$$

式(7-20) 和式(7-21)中,R_H 为水平式牺牲阳极接地电阻(Ω);R_v 为立式牺牲阳极接地电阻(Ω);ρ 为土壤电阻率(Ω·m);ρ_a 为填包料电阻率(Ω·m);l 为裸牺牲阳极长度(m);l_a 为阳极填料层长度(m);d 为裸牺牲阳极等效直径$\left[d_g = \frac{C}{\pi}, C \text{ 为周长(m)}\right]$;$D$ 为填料直径(m);t 为牺牲阳极中心至地面的距离(m)。

多支水平式牺牲阳极接地电阻按下式计算:

$$R_{总} = k\frac{R_v}{n} \tag{7-22}$$

式中,$R_{总}$ 为多支组合牺牲阳极总接地电阻(Ω);k 为牺牲阳极电阻修正系数,可查图 7-18;R_v 为单支牺牲阳极接地电阻(Ω);n 为阳极支数。

(2)牺牲阳极输出电流的计算。牺牲阳极输出电流按下式计算:

$$I_a = \frac{(E_c - e_c) - (E_a + e_a)}{R_a + R_c + R_w} = \frac{\Delta E}{R} \tag{7-23}$$

式中,I_a 为牺牲阳极输出电流(A);E_c 为阴极开路电位(V);E_a 为阳极开路电压(V);e_c 为阴极极化电位(V);e_a 为阴极极化电位(V);R_a 为多支组合牺牲阳极接地电阻(Ω);R_c 为阴极过渡电阻(Ω);R_w 为回路导线电阻(Ω);ΔE 为牺牲阳极有效电位差(V);R 为回路总电阻(Ω)。

(3)牺牲阳极支数的计算。所需牺牲阳极支数按下式计算:

$$n = \frac{fI_A}{I_a} \tag{7-24}$$

式中,n 为阳极支数;f 为备用系数,取 2 ~ 3;I_A 为保护电流(A);I_a 为单支牺牲阳极输出电流（A）。

（4）牺牲阳极寿命的计算。牺牲阳极工作寿命按下式计算：

$$T_g = 0.85 \frac{W_g}{\omega_g I} \tag{7-25}$$

式中，T_g 为牺牲阳极工作寿命（a）；W_g 为牺牲阳极组净质量（kg）；ω_g 为牺牲阳极消耗率 [kg/(A·a)]；I 为保护电流（A）。在实际工程中，牺牲阳极的设计寿命可选 10～15 a。

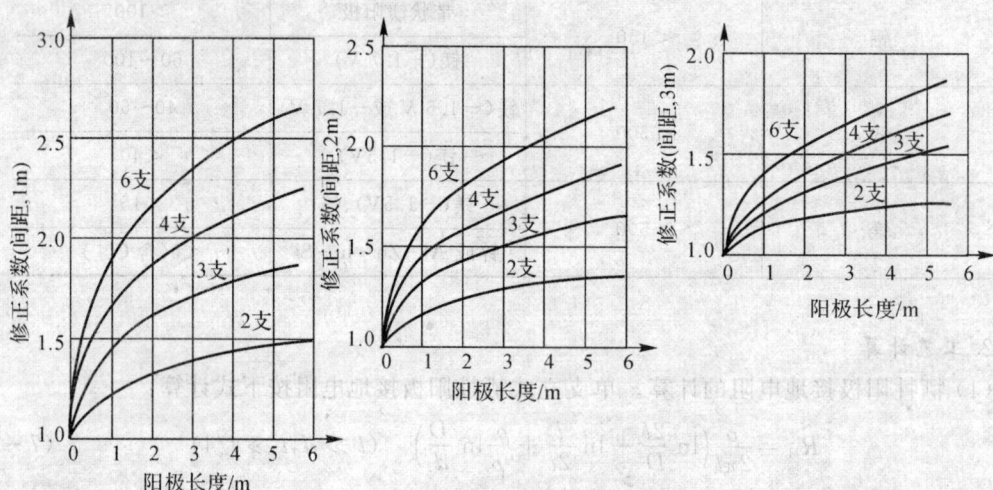

图 7-18　阳极接地电阻修正系数 f

3. 牺牲阳极地床

（1）地床的构造。为保证牺牲阳极在土壤中性能稳定，阳极四周要填充适当的化学填包料。其作用为使阳极与填包料相邻，改善了阳极工作环境；显著降低阳极接地电阻，增大阳极输出电流；填包料的化学成分有利于阳极产物的溶解，不结痂，降低阳极的极化率；维持阳极地床长期湿润；使保护电流均匀分布，延长阳极的使用寿命。

对化学填包料的基本要求是与阳极的界面性好，电阻率低，渗透性好，不易流失，保湿性好。牺牲阳极的填包料主要是由石膏、膨润土、硅藻土及硫酸钠组成的混合物，常规的牺牲阳极填料配方如表 7-15 所示。

表 7-15　牺牲阳极填包料配方

阳极类型	质量分数/（%）			适用土壤电阻率/（Ω·m）
	石膏粉	膨润土	工业硫酸钠	
镁合金牺牲阳极	50	50		≤20
	75	20	5	>20
锌合金牺牲阳极	50	45	5	≤20
	75	20	2	>20

注：所选石膏粉的分子式为 $CaSO_4 \cdot 2H_2O$。

牺牲阳极填包料有袋装和现场钻孔填装两种方法。注意袋装用的袋子必须是天然纤维织品，严禁使用化纤织物。现场钻孔填装效果虽好，但填料用量大，稍不注意容易把土粒带入填料中,影响填包质量。填料的厚度应在各个方向均保持 5~10 cm 为好。

(2)阳极形状。针对不同的保护对象和应用环境,牺牲阳极的几何形状也各不相同,主要有棒状、块(板)形、带状等。

在土壤环境中多用棒状牺牲阳极,阳极多做成梯形截面或 U 形截面。根据阳极接地电阻的计算而知,接地电阻值主要取决于阳极长度,也就决定了阳极输出功率,其截面的大小决定阳极的寿命。

带状阳极主要应用于高电阻率土壤环境中,有时也用于某些特殊场合,如临时性保护、套管内管道的保护、高压干扰的均压栅(环)等。

(3)阳极地床的布置。牺牲阳极在管道上分布宜采用单支或集中成组两种方式,同组阳极宜选用同一批号或开路电位相近的阳极。牺牲阳极埋设有立式和卧式两种,埋设方向有轴向和径向。阳极埋设位置在一般情况下距管道外壁 3~5 m,最小不宜小于 0.3 m,埋设深度以阳极顶部距地面不小于 1 m 为宜。成组埋设时,阳极间距以 2~3 m 为宜。

对于北方地区,牺牲阳极必须埋设在冰冻线以下。在地下水位低于 3m 的干燥地带,牺牲阳极应当加深埋设。在河流中牺牲阳极应尽量埋设在河床的安全部位,以防洪水冲刷和挖泥清淤时损坏。

当布置牺牲阳极时,注意阳极与管道间不应有金属构筑物。作为接地用的锌阳极,其分布应符合有关电力接地技术标准。接地极可采用单支,也可采用二支、三支接成一体使用,所用接地极的数量应满足接地电阻的要求。

图 7-19 是牺牲阳极埋设示意图。

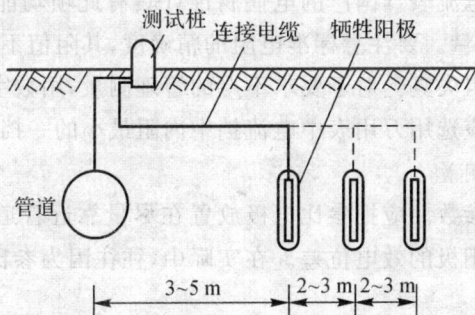

图 7-19 牺牲阳极埋设示意图

7.3.4 牺牲阳极的施工

牺牲阳极的施工除了注意在地床结构中提到的阳极埋深、阳极与管道的相对位置、阳极间距及阳极地床处的地下水位之外,还要注意的有以下几个方面。

1. 经济性

根据施工条件选择经济合理的阳极施工方式,立式阳极宜采用钻孔法施工,卧式阳极宜采用开槽法施工。

2. 阳极表面准备

阳极表面应无氧化皮、无油污、无尘土,施工前应用钢丝刷或砂纸打磨。

3. 电缆焊接

阳极电缆和钢芯可采用铜焊或锡焊连接。焊接后,未剥皮的电缆端应与钢芯用尼龙绳捆扎结实,阳极焊接端和底端两个面应采用环氧树脂绝缘,以减轻阳极的端部效应。

4. 填包料的施工

通常使用的填料有 3 种,即煤焦油焦炭、煅烧的石油焦和天然及人造的石墨渣。冶金焦炭渣也是常选填料之一。回填用的焦炭渣对组分要求是灰分低于 10%,碳质含量高于 85%,颗粒度为 3～15 mm。

一般填包料可在室内准备,按质量调配好之后,根据用量干调、湿调均可。湿调的阳极装袋后应在当天埋入地下。不管干调还是湿调均要保证填包料的用量足够,并保证回填密实。

阳极就位后,先回填部分细土,可向阳极坑中浇一定量的水,然后再加回填土。

5. 电缆的施工

阳极电缆可以直接和管道连接,也可通过测试桩中接线盒连接。电缆和管道采用铝热焊接方式连接。连接处应采用和管道防腐层相融的材料进行防腐绝缘。电缆要留有一定的余量,以适应回填松土的下沉。

7.3.5 牺牲阳极的测试与管理

1. 输出电流的测量

由于阳极的输出电流很小,多为 mA 级,因此对其测量方法一般要求较严。其仪器内阻愈小愈好,通常采用"零阻电流表"(国产的电偶腐蚀计具有此项功能)来测量。若没有零阻电流表,可用标准电阻法来测量。要注意标准电阻的精确度,其阻值不宜选得太大(一般 0.01 Ω 较合适),以免造成回路电阻失真。对于要求不严的管理测量,用数字万用表来测其电流,监视阳极运行状况即可。注意应选用万用表中电流挡中内阻最小的一挡。

2. 阳极有效电位差的测量

这是牺牲阳极的专用参数。应把参比电极放置在尽量靠近管道和阳极的两个位置,测得的闭路电位之差就可视为阳极的效电位差。在实际中,往往因为参比电极无法靠近测试对象,所以测得的数值意义不大。

3. 管道电位的测量

注意参比电极应尽量靠近管道。当评价保护效果时,参比电极应置于两组阳极中间部位的管道上方。

由于牺牲阳极连接后无法测量管道的自然电位,应在测试桩处埋设一片与管道相同材质的辅助试片,供作测量自然腐蚀电位用。

4. 套管内管道保护电位的测量

若在套管内装有带状阳极,要测量套管内管道的保护电位,参比电极应放置在套管内,并和电解质接触。此项测试在实际中较困难,一般只限于分析问题时用。

5. 牺牲阳极的管理

一般说来,牺牲阳极的管理很简单,只要一年或半年测量一次保护电位便可。若可能,可在回路中串入一个可调电阻,以控制阳极初期较大的输出电流。这样不但可以充分利用阳极电流,还可以延长阳极的使用寿命。这样的调试,一年只需进行一次。

7.3.6 牺牲阳极的特殊应用

1. 作接地极用

由于牺牲阳极的工作可以起到接地、防蚀两个功能,因此在实践中可以用牺牲阳极来代替过去惯用的铜或钢接地极。这样做有两个好处:不影响构筑物的本身阴极保护;若无阴极保护,不会因为接地而引起构筑物的电偶腐蚀。以接地为主要功能的阳极从材料上和形状上都不同于防蚀用的牺牲阳极。

2. 作参比电极用

对于一些无法接近的构筑物的某些部位(如储罐底板外壁中心)的监测及恒电位仪的基准信号、无人遥测装置,都要求有一个能长期埋地的稳定电位的参比电极。由于带有填包料的锌和镁牺牲阳极,它们极化小、电位稳定、寿命长,正好满足了要求。土壤中常用的锌参比电极的结构和尺寸如图 7-20 所示。相对 $Cu/CuSO_4$ 电极-0.85 V 电位的锌参比电极电位值为+0.25 V。

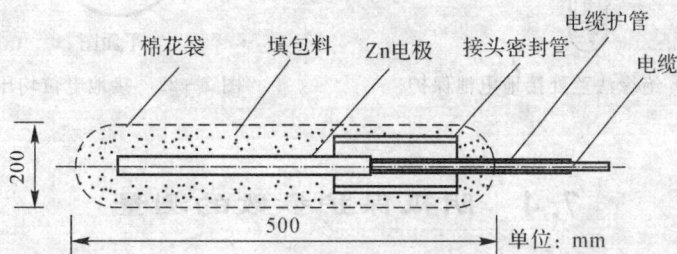

图 7-20 埋地型锌参比电极

3. 防干扰的接地电池

在交流干扰影响范围内及雷电多发区,为了防止强电冲击引起的破坏,需要在绝缘接头两侧或电力接地体与管道之间装设由牺牲阳极构成的接地电池。它由两支或四支牺牲阳极(多用锌阳极)用塑料垫块隔开并成双地捆绑在一起,共同装在填满导电性填包料的袋子里,如同牺牲阳极各引出一根导线接至相邻的两个牺牲阳极。一旦有强电冲击,强大的电流将通过填料的低电阻,传到另一侧而不损坏被保护构筑物。典型的接地电池如图 7-21 所示。

4. 防交流干扰

防交流干扰是接地功能之一。应用领域不同,所起作用也就不一样。当强电线路与输油、气管道平行接近时,管道上必然感应产生危及管道和人身安全的次生电压。为消除或减轻这一干扰危险,通常可采用接地排流。当采用牺牲阳极接地排流时,可起到排流和保护双重功能。例如,一条与宝成电气铁路平行的成品油管道($\Phi159$ mm×6 mm,长 3.7 km),两者平行间距为 40~120 m,最高感应电压达 53 V。当采用牺牲阳极接地时,降至 27 V(因阳极绝缘法兰支数少,当地电阻率又大,使得接地电阻偏大,加上阳极组间隔大,因而排流效果不太理想)。国外有一实例:在 8 km 与高压线平行的管道,感应电压高达 36.5 V;按 250 m 间隔埋设镁阳极排流,排流后感应电压降至 4.5 V,管道本身还处于阴极保护之中。

对于操作人员可能触及的管道附件(如阀门等),可在地面下安装镁带环或锌带环,用等电位原理来确保人身安全。如图 7-22 所示为接地电位均压环示意图。

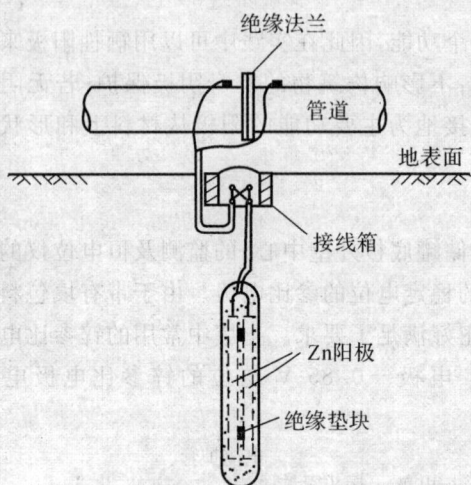

图 7-21　绝缘法兰处接地电池保护

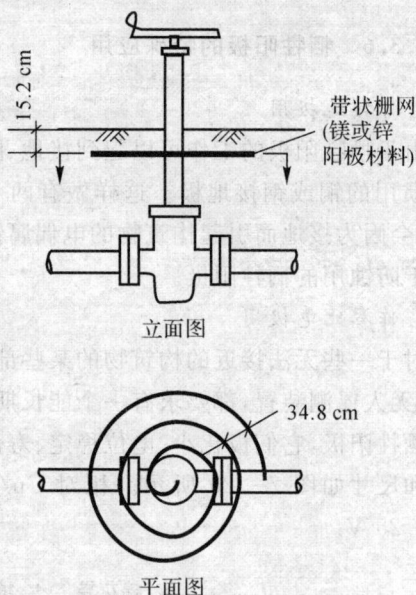

图 7-22　接地电位均压环示意图

7.4　阴极保护参数的测量

7.4.1　测量仪表

阴极保护测量主要是应用电子仪器测量电参数,如保护电位、保护电流、接地电阻等的。其中所用的大多数测量仪表校验规程和阴极保护参数测量方法已纳入国家标准;少数尚未纳入国家标准的,也已习用成俗,得到普遍的应用。

GB/T 21246—2007《埋地钢制管道阴极保护参数测量方法》中对测量仪表、参比电极、测量要求等做了如下规定:

1.测量仪表的要求

测量仪表必须具有满足测试要求的显示速度、准确度和量程,同时应具有携带方便、供电方便、适应现场测量环境的特点。对所用的测量仪表必须按国家现行标准的有关规定进行校验。为了提高测量的准确度,宜优先选用数字式仪表。

2.电压、电流仪表

直流电压表选用原则如下:

(1)数字式电压表的输入阻抗应不小于10 MΩ;指针式电压表的内阻应不小于100 kΩ/V。

(2)电压表的分辨率应满足被测电压值的精度要求,至少应具有三位有效数字。

(3)数字式电压表的准确度应不低于0.5级;指针式电压表的准确度应不低于2.5级。

(4)测量受交流干扰的管道的管地电位时,应选用对工频干扰电压具有足够滤除能力的直流电压表,确保直流电位的显示值中叠加的交流干扰电压值不超过5 mV,或选用指针式电压表。

直流电流表选用原则:

(1)电流表的内阻应小于被测电流回路总电阻的 5%。

(2)电流表的分辨率应满足被测电流值的精度要求,至少应具有两位有效数,当只有两位有效数时,首位必须大于 1。

(3)电流表的准确度应不低于 2.5 级。

3. 参比电极

当进行管地电位测量时,通常情况下,应采用铜-饱和硫酸铜电极(CSE)作为参比电极。其制作材料和使用必须满足下列要求:

(1)铜电极采用紫铜丝或棒(纯度不小于 99.7%)。

(2)硫酸铜为化学纯,用蒸馏水或纯净水配制饱和硫酸铜溶液。

(3)渗透膜采用渗透率高的微孔材料,外壳应使用绝缘材料。

(4)流过硫酸铜电极的允许电流密度不大于 5 $\mu A/cm^2$。

硫酸铜电极相对于标准氢电极的电位为+320 mV(20℃),其电极电位误差应不大于 5 mV。

对不宜使用硫酸铜电极的环境,可采用高纯锌参比电极(纯度小于 99.995%)替代,相对硫酸铜电极的-850 mV 电位可换算为(25℃)75%石膏、20%膨润土、50%硫酸钠回填料包覆的高纯锌参比电极的 250 mV。

7.4.2　强制电流阴极保护参数

1. 管/地电位

(1)地表参比法。将参比电极放置在垂直管道(或管顶)的地表面上,通过电压表测量管道与参比电极间的电位。当管地电位测量中采用直流数字式电压表时,应将电压表的负接线柱(COM)与硫酸铜电极连接,正接线柱(V)与管道连接,管地电位测量接线如图 7-23 所示。仪表指示的是管道相对于参比电极的电位,正常情况下显示为负值。

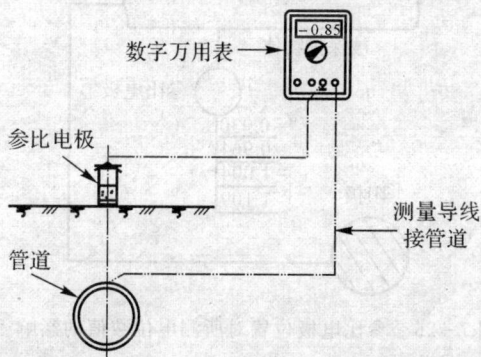

图 7-23　管地电位测量接线图

(2)近参比法。近参比法一般用于防腐层质量差的管道阴极保护电位和牺牲阳极闭路电位测试。将参比电极尽量靠近管道表面(参比电极距管壁为 3~5 cm),其测量阴极保护电位,如图 7-24 所示。这种方法可减小测试过程中的 IR 降,但需要现场开挖,测试工作量大。

(3)远参比法。远参比法主要用于在牺牲阳极埋设点附近的管段,测量管道对远方大地的电位,用于计算该点的负偏移电位值。此法和前两种类似,只是将硫酸铜电极朝远离牺牲阳极的方向逐次安放在地表上,第一个安放点距离管道测试点不小于 20 m,以后逐次移动 5 m。

将数字万用表调至适宜的量程上,读取数据,做好电位值和极性记录,当相邻安放点测试的管地电位相差小于 2.5 mV 时,参比电极不再往远方移动。取最远处的管地电位值作为该测试点的管道对远方大地的电位值。远参比法的测量接线如图 7-25 所示。

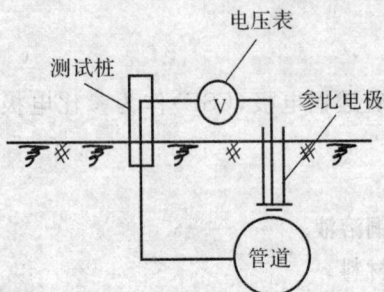

图 7-24 管/地电位-近参比

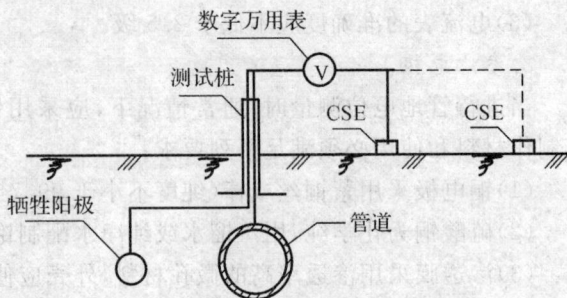

图 7-25 远参比法测量接线图

(4)电位测量中的 IR 降。所谓 IR 降,指由于电流的流动在参比电极与金属管道之间电解质内产生的电压降。由 IR 降造成的电位比实际上的阴极电位更负。IR 降有两个决定因素:一是电流 I,二是电阻 R。IR 降随参比电极和构筑物之间距离加大而增加,随介质电阻率增加而增大,随极化电流增加而上升。当参比电极从阳极朝电流方向移动时,即向被保护管道移动时,测得的管道相对于参比电极的电位更正,离阳极越近,测得的电位值越负,如图 7-26 所示。

在管/地电位测量中,IR 降引起的测量误差,应予以消除。IR 降是由参数 I 和 R 共同作用的,通常在几十毫伏到几百毫伏之间。消除管地电位测量时 IR 降的干扰,修正其引起的偏差对提高电位测量的准确性有很大的意义。下面对常用的测量方法作简要介绍。

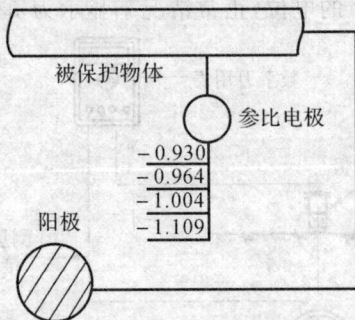

图 7-26 参比电极位置对所测电位数值的影响[12]

1)瞬间断电法。瞬间断电法是最为普通的方法,美国标准重点推荐该方法,其原理是在所有保护电流同步中断的瞬间在地面测取电位读数。断电意味着 I=0,此时由于没有电流通过,IR 降为零。断电之后,管/地电位中的 IR 降立即降落下来,然后慢慢衰减。前面这一电位瞬间急落便是 IR 降成分。有关"瞬间"概念的数量级,取决于浓差极化的程度和可能产生扩散的速率。一般在沙质透气性土壤中为 μs 级或更小。

从图 7-27 中可以形象地看出阴极保护准则概念中的几个基数,V_{on} 为通电保护电位,含有 IR 降;V_{off} 为断电后保护电位开始衰减的电位,不含 IR 降,这是阴极保护准则中确定极化电位 -0.85 V 的位置。以 V_{off} 作为极化电位,它相对于自腐蚀电位的差,便是阴极保护极化值

100 mV 准则的实质。

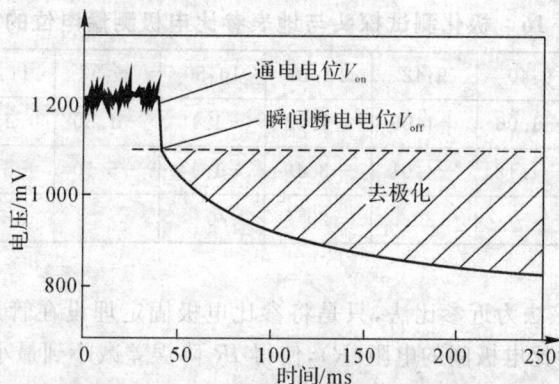

图 7-27 断电后保护电位衰减曲线

瞬间断电法要求管道上所有相连的接地保护、牺牲阳极均断开,管道上多个阴极保护装置也要断开,在测试点处不应有杂散电流的干扰,测量中应使用响应速度极快的自动记录仪,如 PM97 型万用示波表。该测量方法的缺陷是某些时候不便于断开阴极保护电流及其他电连接,而且该方法无法消除由杂散电流和二次电流导致的非欧姆压降。

2)试片断电法。管道断电法固然能消除 IR 降影响,但由于条件所限和不同环境因素的存在,使得对该法的使用受到限制,为此推出了试片断电法。在测试点处埋设一裸试片,其材质、埋设状态要和管道相同,试片和管道通过电缆连接,这样就模拟了一个覆盖层的缺陷,由管道提供保护电流进行极化,如图 7-28 所示。测量时,只需断开试片和管道的连接电缆,就可测得试片断电电位,由试片电位代表管道电位从而避免了切断管道主保护电流及其他电连接的麻烦。当年用试片断电法测试时,杂散电流的影响极小可忽略不计,而且不存在断电后的极化差异的宏观电池作用。

本方法对工程应用较为实际,使用中应对测试桩的功能加以补充,并设置埋设试片及长寿命参比电极,以供测试。应注意试片的极化时间要足够长。

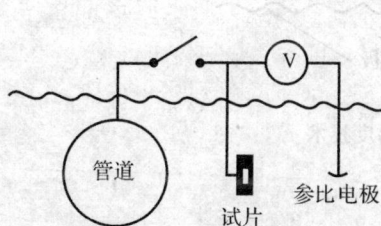

图 7-28 试片断电法

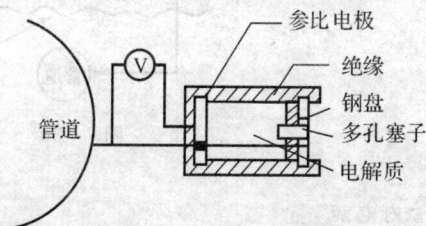

图 7-29 极化探头法

3)极化探头法。极化探头法类似试片断电法,其把辅助试片和参比电极预先组装在一起构成探头,如图 7-29 所示。探头由钢盘、参比电极和电解质组成,外部用绝缘体隔离,只留一个多孔塞子作为测量通路。这样的结构可避免外界电流的干扰,使参比电极和钢盘用的压降最小。钢盘用和管道相同的材质做成,并用导线与管道相连。

极化探头法适用于杂散电流干扰区域管段或无法同步瞬间中断保护电流的管道。用探头测得的电位平滑可靠,不含干扰成分。表 7-16 是东北某管道排流工程中使用的极化测试探头与地表参比电极测量电位的比较。

表 7－16　极化测试探头与地表参比电极测量电位的比较

时间	9:35	9:40	9:42	10:46	10:50	10:57	11:08	11:09	11:32
探头电位/V	－1.06	－1.06	－1.66	－1.63	－1.16	－1.80	－1.72	－1.89	－1.99
地表电位/V	－1.06	－1.12	－4.01	－3.49	－1.14	－5.50	－5.06	－6.8	－7.7
排流/A	0		30	20	0		5	50	40

4) 原位参比法。该法为近参比法，只是将参比电极固定埋设在管道的最近处，最大限度地降低了被测表面与参比电极间的电阻(R)，使得 IR 降误差减小到最小。该方法主要应用于长距离管道，克服了地表参比法由于位置差异可能造成的误差，提高了数据的可比性。不过，对于高电阻、大电流状态，且参比电极位置又没对准覆盖层缺陷时，IR 降误差仍然存在，这是因为 IR 降主要产生在靠近被测表面几个毫米的位置上。

5) 土壤电压梯度技术。如图 7－30 所示，在地表面放置两支参比电极，同步测出管道顶端的电位 V_m 和两支参比电极横向之间的电压梯度 V_L。当电压梯度 V_L 为零时就没有电流，便可确定为断电电位。

电压梯度 V_L 正比于流入或流出管道的电流。当电流变化时，改变了常规管道和参比电极间的电位，也同时改变了电压梯度 V_L，而极化电位此时改变很小。若 $V_L = IR_1$，$V_m = IR_2 + E_P$，可通过下列公式确定极化电位：

$$V_L/R_1 = (V_m - E_P)/R_2 \qquad (7-27)$$

式中，R_1 为管道与 1# 参比电极间土壤的电阻(Ω)；R_2 为管道与 2# 参比电极间土壤的电阻(Ω)；E_P 为管道极化电位(V)；V_L 为两参比电极间的电位(V)；V_m 为管道与管顶参比电极间的电位(V)。

以此作出 V_m 对 V_L 的曲线，将曲线延伸到 $V_L = 0$ 时，则 $V_m = E_P$，便得到了极化电位。

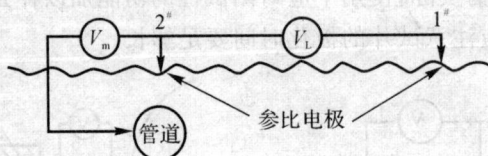

图 7－30　土壤电压梯度技术

2. 管内电流

(1) 管段电压降法。适用于具有良好外防腐层的管道，当被测管段无分支管道、无接地极，又已知管径、壁厚、管材电阻率时，可使用电压降法测管内电流，测量接线如图 7－31 所示。测量埋地管道 a,b 两点间的电压降 V_{ab}，则 ab 段管内电流按下式计算：

$$I = \frac{V_{ab}\pi(D-\delta)\delta}{\rho L_{ab}} \qquad (7-28)$$

式中，I 为流过 ab 段的管内电流(A)；V_{ab} 为 ab 间的电位差(V)；ρ 为管材电阻率($\Omega \cdot mm^2/m$)；L_{ab} 为 ab 间的管道长度(m)；δ 为管道壁厚(mm)；D 为管道外径(mm)。

根据管径大小和管内电流强度大致范围决定 ab 管段的距离。在阴极保护设计中常把 L_{ab}

取 30 m。注意测量管段 *ab* 之间不得有法兰接头、接地或支线接头。电压表的量程和精度应满足测量要求。

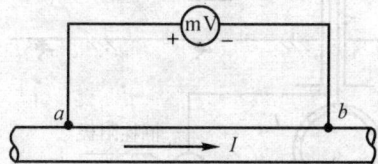

图 7-31　电压降法测管内电流图　　　　7-32　用补偿法测管内电流

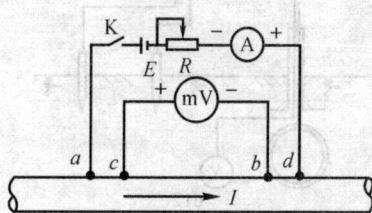

（2）补偿法。补偿法也称零阻电阻法，如图 7-32 所示。当管内有电流（I_1）流动时，用蓄电池和可调电阻器给管道加一个反向的电流（I_2），调节可调电阻值，使电压表的指示为零，读取电流表中的电流值（I_2），此时 $I_1 = I_2$。

（3）四极法。目前设计的电流测试桩有 4 条引线，一般 2 条为一组（间隔 100 mm），如图 7-32 所示的 *ab* 和 *cd*；两组间距为 30 m，如 *bc*，对于大口径、厚壁管，这一距离要大些。

测量时，先按补偿法测量并计算出 *bc* 两点的电阻 $R = V/I$，然后再按电压降法测量 *bc* 两点的电压降，用欧姆定律换算成电流 $I = V/R$。因此此法是上述两种方法的结合，其特点是省略了电压降法中电阻值的计算，但因计算中 ρ 和 L 取值不准确会影响测量的精度。

7.4.3　牺牲阳极参数测试

1. 接地电阻

接地电阻指电流经过接地体进入大地并向周围扩散时所遇到的电阻。大地具有一定的电阻率，如果有电流流过时，则大地各处就具有不同的电位。电流经接地体注入大地后，它以电流场的形式向四处扩散，离接地点愈远，半球形的散流面积愈大，地中的电流密度就愈小，因此可认为在较远处（15～20 m 以外），单位扩散距离的电阻及地中电流密度已接近零，该处电位已为零电位。牺牲阳极的接地电阻是关系到阳极输出电流的一项主要参数，也是检验阳极项目时的必测参数。测量常用仪表是 ZC—8 型接地电阻测试仪，其接线如图 7-33 所示。将 $P_1 C_1$ 用铜片短路，通过引线接至被测阳极，P_2 接地棒距阳极 20 m，C_2 接地棒距阳极 40 m，按 ZC—8 接地电阻仪操作步骤测其阻值。

注意事项，C_2，P_2 布线应垂直阳极轴线，也可顺着阳极轴线布设。这时应注意 P_1，P_2 间尽量没有阳极或其他金属构筑物。测试前，牺牲阳极应与被保护系统断开。

2. 闭路电位

闭路电位是牺牲阳极专用参数，它是阳极开路电位和极化电位之差。它的测试并无特殊要求，只是将参比电极尽量靠近阳极体，采用近参比法测试。在牺牲阳极保护技术中，将阳极闭路电位和管道的闭路电位之差称为驱动电位，是判断牺牲阳极性能的一项重要参数。驱动电位越大，阳极输出也越大。

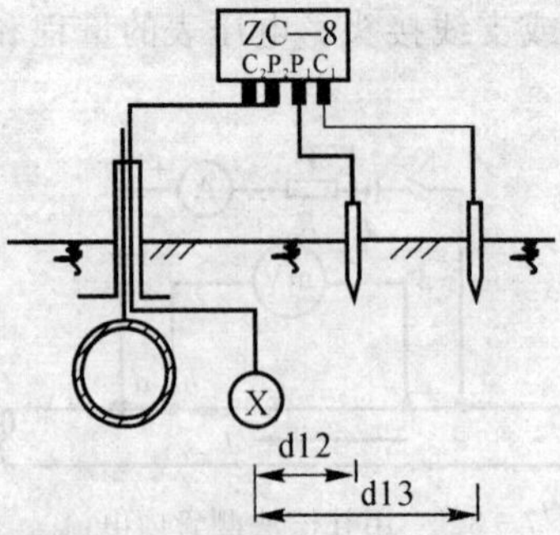

图 7-33 接地电阻的测量图 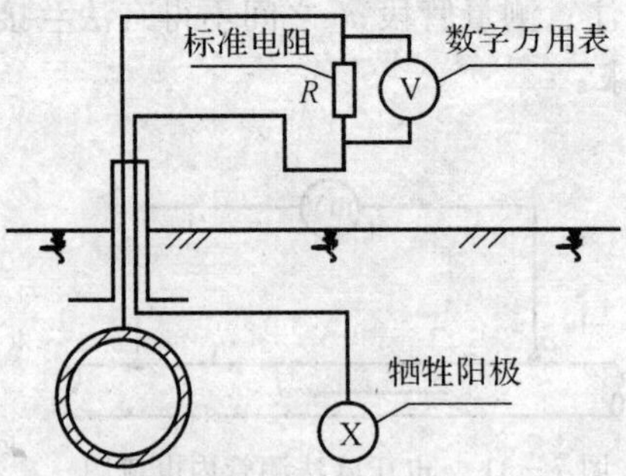   7-34 牺牲阳极输出电流的测量——标准电阻法

3.阳极输出电流

(1)标准电阻法。如图 7-34 所示,在管道和阳极回路中串入一个标准电阻 R,阻值为 0.1 Ω或 0.01 Ω,精度在 0.02 级。使用高阻抗电压表,如数字万用表的电压挡,测量标准电阻 R 两端的电压降 V,用 $I=V/R$ 式计算出电流。

(2)双电流表法。如图 7-35 所示,采用两块同型号数字万用表,将其中之一接入回路,测出电流为 I_1。然后将第二块表按第一块表的相同量程串入回路,这时两块电流表的读数为 I'_2 和 I''_2,取其平均值为 I_2,则阳极输出电流为 $I=I_1I_2/(2I_2-I_1)$。

牺牲阳极的电流测量是监视阳极性能的一项重要参数,在管道测试中要求并不严格。有时可采用万用表中内阻最小的电流挡直接测取,测出的电流值略小于实际值,因为回路串入了表的内阻。牺牲阳极电流参数的测量应注意测试过程中不要造成回路的断路,否则测得的电流不准确。

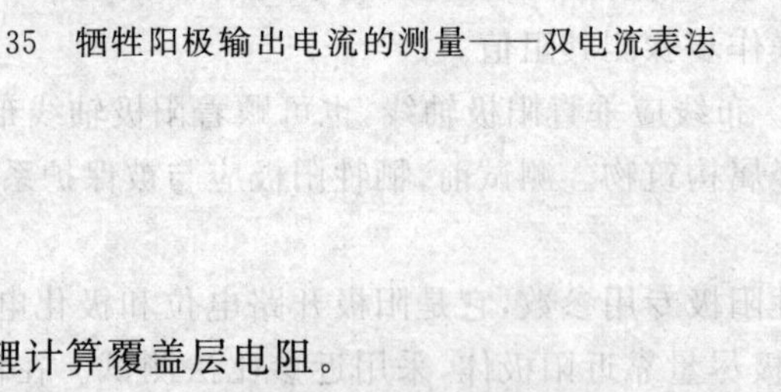

图 7-35 牺牲阳极输出电流的测量——双电流表法

7.4.4 管道绝缘参数

1.覆盖层电阻

以下用"馈电法"测量原理计算覆盖层电阻。

(1)馈电法(即临时阴极站法)。在被测管段两端有绝缘接头的前提条件下,所送电流均用于整个管段上,造成电位上升,以上升电位变化值除以所施加的电流便可得到该管段的电阻,用此电阻值乘以管段的表面积便可得到覆盖层电阻。

(2)管内电流法。如图 7-36 所示,对管道送电,测出 A,B 两点的电流并同步测量 A,B 两点的电位差,每改变一个电流便会有一个电位差,按馈电法的原理进行计算。此法的精度取决于 A,B 两点电流测量的结果,它适用于各种直线段管道的在线测量。通常管道设计中每

5～8 km 便设计一支电流测试桩。

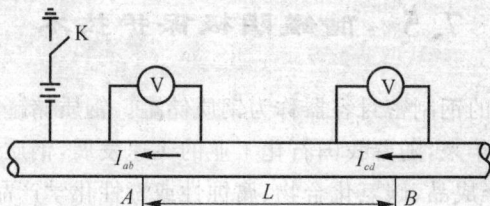

图 7 - 36 管内电流测试原理图

数据处理可按下式：

$$R = 0.5(\Delta V_A + \Delta V_B)/(\Delta I_A - \Delta I_B) \tag{7-29}$$

$$R_P = RS = R\pi DL_{AB} \tag{7-30}$$

式中，R 为 AB 段泄露电阻（Ω）；ΔV_A 为 A 点电位变化（V）；ΔV_B 为 B 点电位变化（V）；R_P 为 AB 段覆盖层电阻（$\Omega \cdot m^2$）；S 为 AB 段管道外表面积（m^2）；ΔI_A 为 A 点电流变化值（A）；ΔI_B 为 B 点电流变化值（A）。

  2.绝缘接头性能测试

  （1）电位法。如图 7 - 37 所示，在绝缘接头的一侧用馈电法送直流电，测试另一侧的电位变化。一般要求，测试点 b 的电位值 V_b 应为 -1.5 V。在测试点 a 测量电位值 V_a，如果馈电前后 V_a 变化值很小，则说明绝缘性能良好。若 V_a 值变化很大，则说明绝缘性能不好。

  （2）漏电率测试。按 GB/T 21246—2007，在绝缘接头处设有测试接线，用于测试接头的漏电率 η，如图 7 - 38 所示。

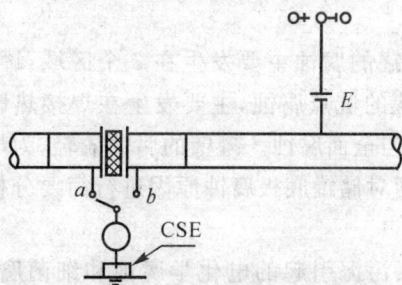

图 7 - 37 绝缘接头电位检测法图

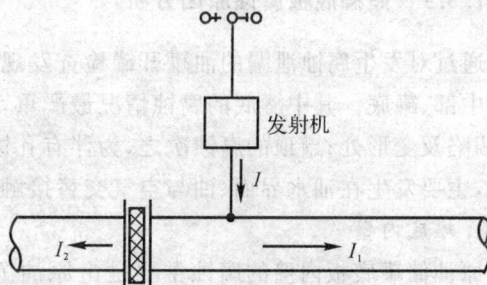

图 7 - 38 绝缘接头的漏电率测试接线原理

漏电率测试的步骤[13]：

1）断开保护侧阴极保护电源；

2）用管道电流测绘系统（PCM）发射机在保护一侧接近绝缘接头处向管道输入电流 I；

3）在保护一侧电流输入点外侧，用 PCM 接收机测量并记录该侧管道电流 I_1；

4）在非保护侧用 PCM 接收机测量并记录该侧管道电流 I_2。

然后用下式计算绝缘接头漏电率：

$$\eta = \frac{I_2}{I_1 + I_2} \times 100\% \tag{7-31}$$

式中，I_1 为接收机测量的绝缘接头保护侧管内电流（A）；I_2 为接收机测量的绝缘接头非保护侧管内电流（A）。

7.5 储罐阴极保护技术

用于储存液体或气体的钢制密封容器称为钢质储罐。钢质储罐是石油开采、储运、加工过程中重要的基础设施。近年来,随着我国石化工业的飞速发展,钢质储罐数量迅速增加。这些储罐长期用来储存原油、半成品、碳氢化合物、腐蚀性或毒性化学产品。在存放过程中,上述产品中含有的水分、盐分、硫化物及高酸值化合物沉积于罐底,使罐底发生电化学腐蚀而穿孔泄漏,其安全问题受到广泛重视。

钢质储罐通常是通过防腐覆盖层来进行防腐的。在工程实际中,由于各种因素的影响,防腐覆盖层难以达到完整无损,常在覆盖层漏敷或损伤处发生腐蚀,尤其在储罐底板的腐蚀极为严重,使得防腐覆盖层的抗腐蚀年限很难与油罐的设计使用年限相一致,每隔 3~5 a 就得进行储罐抽空、清洗、检查、修理、重涂。这不仅要停工停产,造成经济损失,而且维修费用高,也易污染环境。

随着储罐向大型化、长寿命方向发展和环境保护日益受到重视,迫切需要找出一种既经济有效又可满足环保要求的长寿命防腐方法。国外工业发达国家对石化工业储罐的防腐工作相当重视,证实了阴极保护对储罐罐底防腐是经济有效的。阴极保护技术应用于油罐的外底板和内壁已经很普遍,它可弥补涂层的不足,使涂层缺陷处钢板受到阴极极化,阻滞了储罐材料的腐蚀。同时,良好的涂层也可减小保护电流,减小了电力的消耗。因此,阴极保护和覆盖层配合应用,可取得储罐防护的最佳效果。

7.5.1 储罐底板腐蚀原因分析

通过对发生腐蚀泄漏的油罐开罐检查发现,原油储罐的腐蚀主要发生在 3 个区域:罐顶、罐壁中部、罐底。其中罐底的腐蚀情况最严重,为溃疡状的坑点腐蚀,主要发生在焊接热影响区、凹陷及变形处;罐顶的腐蚀次之,为伴有孔蚀的不均匀全面腐蚀。罐壁的腐蚀较轻,为均匀点蚀,主要发生在油水界面、油与空气交替接触处。下面对储罐底板腐蚀原因进行简要分析。

1. 罐底内壁

原油储罐底板内壁的腐蚀主要是由原油沉积污水、污泥引起的电化学腐蚀和细菌腐蚀。沉积水来源于冷凝水、压舱水、雨水和采油回注水等,少则 200~300 mm,多则可达 800 mm。由于沉积水中具有较高的盐含量(Cl^-,HCO_3^{2-},SO_4^{2-},S^{2-},Na^+,Ca^{2+} 和 Mg^{2+} 等)和一定的温度(40~70℃),因此腐蚀性较高。罐底原油沉积污水的 pH 值通常在 7 以上,基本呈中性,在此范围 H^+ 对腐蚀速率影响不大,主要的阴极去极化剂为水中的溶解氧和硫酸盐还原菌作用下的 SO_4^{2-}。罐底沉积水中 Cl^- 质量浓度通常是几个或几十个 g/L。Cl^- 半径小,对金属吸附能力和穿透力强,能够破坏钢铁表面的氧化膜,形成可溶氯化物,加速腐蚀,同时形成点蚀源,点蚀孔内产生自催化酸化作用而不断发展加深。

2. 罐底外壁

储罐底板外壁的腐蚀属于土壤腐蚀,主要由以下几种原因引起:地基与钢质底板之间可能存在孔隙或缝隙,雨水、地下水和潮湿大气渗入缝隙并与罐底接触;在透气程度不同的区域之间形成氧浓差电池,而且往往是大阴极小阳极的模式,局部腐蚀速率高;在缝隙内还有可能形成缝隙腐蚀的自催化效应,大多数罐底外壁的腐蚀失效都源于这种情况。此外,位于电气化铁路的大型电气设备以及其他管网的阴极保护系统附近的油罐,其底板可能因杂散电流发生腐蚀;铜等异种金属接地极与罐底板接触也会造成电偶腐蚀;土壤中存在硫酸盐还原菌、近海地区罐底砂层或水分中含有大量 Cl^-、施工质量不合格(如焊缝不合格、罐底基础不均匀等)都是造成罐底外壁腐蚀的因素。

7.5.2 罐底阴极保护技术

GB 50393—2008 中指出,原油储罐底板内表面应采用牺牲阳极法;根据具体情况储罐底板外表面可采用强制电流法阴极保护措施,或采用牺牲阳极法[14]。

1. 罐底内壁

储罐底板内壁通常采用绝缘涂层加铝牺牲阳极进行联合保护。由于石油储罐内油气环境复杂,从安全性考虑不宜使用外加电流阴极保护。镁合金阳极驱动电位过大易产生电火花,锌合金阳极在温度高于 54℃ 的情况下可能发生极性逆转,故储罐内腐蚀的防护应采用铝合金牺牲阳极。这种牺牲阳极易于安装,当其消耗为初始质量的 85% 时,可在清罐时进行更换。

牺牲阳极保护的设计过程:①确定保护电流密度和被保护面积,计算出总电流;②计算单支阳极的输出电流,确定所需阳极支数和保护年限;③设计合理的阳极分布。

2. 罐底外壁

在小罐径、低土壤电阻率情况下,从经济上考虑宜采用牺牲阳极保护。但是,对大型储罐,储罐底板外壁更多采用外加电流的阴极保护。

对于新建大型储罐,可采用网状阳极系统或柔性阳极系统,如图 7-39 所示。

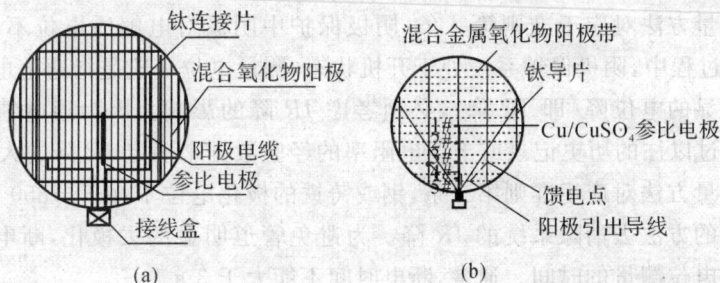

图 7-39 网状阳极系统平面布置示意图

网状阳极可以预铺设在储罐砂层基础中,主要优点是保护电流流失很少,基本不会对其他非保护构筑物产生杂散电流干扰,电流分布均匀。网状阳极材料多采用混合金属氧化物(MMO)。柔性阳极排流量大,并可根据现场情况截成任意长度或拧接在一起。

对于在役储罐,无法铺设网状阳极或柔性阳极,需要在储罐附近钻取阳极井埋设辅助阳极,其形式有罐周浅埋阳极地床、垂直深井阳极地床或罐底斜井阳极地床。浅埋阳极易于施工和维护,但占地大,易产生电流屏蔽,罐底中心往往欠保护。垂直深井阳极系统占地小,可以对一定区域内复杂的罐区、管网及其他金属构筑物进行保护,但其保护

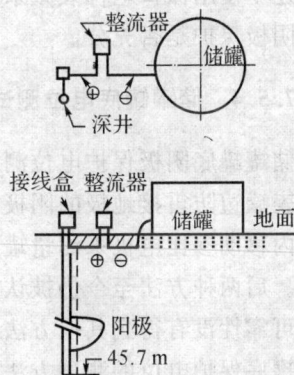

图 7-40 深井阳极埋设示意图

电流流向不确定、不均匀,易产生杂散电流干扰,如图 7 - 40 所示。斜井阳极可在一定程度上减小电流不定向及流失,但仍不能保证保护电流均匀分部。因受罐底基础情况限制,这几种阳极铺设方式各有优缺点,应根据实际情况选择或组合使用。

外加电流保护系统的设计过程:①确定保护电流密度和被保护面积,计算出总电流;②确定辅助阳极规格、形式和需要量,根据土壤电阻率计算阳极接地电阻;③计算选取电源设备的规格;④考虑参比电极、接地极、绝缘装置、均压排流装置、电缆和连接件、防爆接线盒、测试桩等阴极保护设施的设置。

7.5.3 储罐阴极保护准则

储罐阴极保护准则按中国石油行业标准 SYJ0036—200 和 GB50393—2008 中的规定执行[6,14]:

1)在通电情况下,测定底板保护电位为 -850 mV(CSE) 或者更负;

2)底板表面与土壤接触的参比电极之间测得阴极极化电位不得大于 100 mV;

3)当土壤中含有硫酸盐还原菌,且硫酸根含量大于 0.5% 时,通电保护电位应达到 -950 mV(CSE);

4)最大保护电位的限制应根据覆盖层环境确定,以不损坏覆盖层的黏结力为准,一般可取 -1.5 V(CSE)。

关于这些准则中保护电位参数的详细测量,在 NACE 标准 TM0497—97《埋地或浸泡金属管道系统的阴极保护准则相关的测量技术》中做了如下描述:

1)第一种测量方法对应于准则第一条,阴极保护中阴极对电解质电位不小于 -850 mV(CSE)。在测量过程中,阴极保护系统处于开机状态,测量电位一般是指通电电位。如果通电电位中包含有明显的电位降(即 IR 降),必须考虑 IR 降的影响。因为通电情况下无法测量 IR 降,所以可通过以往的历史记录或土壤电阻率的经验数据来确定 IR 降的大小。

2)第二种测量方法对应于准则第二条,钢或铸铁的极化电位不小于 -850 mV(CSE)。这种方法是用断电的方法去消除系统的 IR 降。为避免管道明显的去极化,断电时间必须限定在仅够作出准确电位测量的时间。通常,断电时间不能大于 3 s。

3)第三种测量方法对应于准则第三条,保护金属的阴极极化量不小于 100 mV。该方法还描述了使用保护电位衰减来测量极化电位,通过极化电位和自腐蚀电位的对比来判断测试点的阴极保护是否充分。

7.5.4 储罐罐底电位测试

储罐罐底阴极保护电位测量多是测量罐边电位,测试点多选择在储罐接地极,其测量结果多代表罐边防雷接地极的阴极保护电位。此外,还可采用在罐底埋入多孔硬质聚乙烯管,通过在管内移动参比电极来测量罐底电位分布,或在罐底埋设长效参比电极来直接测量罐底保护电位。后两种方法至今仍被认为是最能客观反映罐底电位真实情况的测量方法,但其测量结果的可靠性没有得到其他方法的验证。

罐底保护电位的测试方法有普通测量法、断电测量法和极化试片法,参比电极为饱和硫酸铜电极。

普通测量法是将一个长颈塑料杯安装在储罐底板测试孔内,导电盐桥穿过沥青砂层,用来模拟目前常用的多孔 PVC 管测量法,如图 7-41 所示。断电法可采用 APM—1 智能电位测量仪来控制储罐底板和接地体极化电流的通断,利用长颈塑料杯测量断电时的罐底电位分布。极化试片法通过测量安装在储罐底板测试孔内极化探头上试片的电位来反映罐底电位分布,如图 7-42 所示。采用极化试片法可以避免沥青砂层的 IR 降和接地体电位对罐底电位分布的影响。

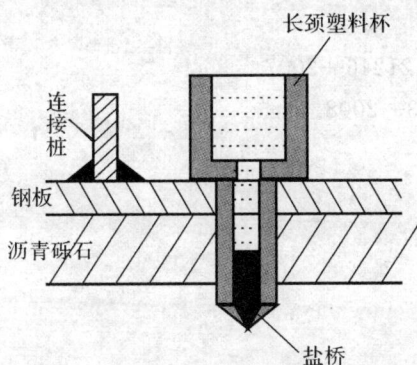

图 7-41　普通测量法　　　　　　　　图 7-42　极化试片法

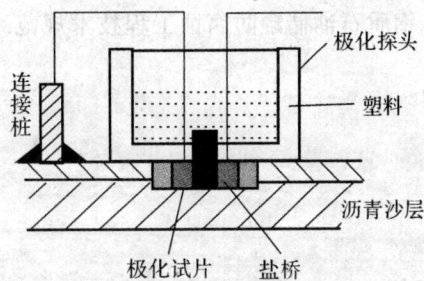

对于新建储罐,可在罐底砂垫层埋设长效参比电极来检测电位分布。已建储罐底板安装参比电极比较困难,中心部位电位无法检测。国外采用罐基础水平、角向钻孔技术在已建储罐底板下安装参比电极测试孔,但该电位测量技术实施很困难,已建大型储罐的阴极保护效果只能根据推测判定。

储罐阴极保护技术存在的问题是,阳极位置、土壤介质等因素将使储罐底板产生保护电位差,这种电位差达到一定程度可能造成储罐底板部分位置欠保护。大型储罐底板电位分布是不均匀的,边缘电位最高(绝对值),其余各处随该点到罐边缘距离增加而逐渐衰减,其衰减程度与储罐直径、该点到罐边缘距离、土壤电阻率以及阳极的位置和埋深有关。由于阴极保护电位检测方法存在一定的局限性,所以发展储罐阴极保护电位分布的数学模型,根据罐边缘电位测量数据来评价已建储罐阴极保护效果具有重要的意义。

参 考 文 献

[1]　金属和合金的腐蚀基本术语和定义.GB/T 10123—2001.
[2]　胡士信.阴极保护工程手册.北京:化学工业出版社,1999.
[3]　Peabody A W.管线腐蚀控制.吴建华,许立坤,译.北京:化学工业出版社,2004.
[4]　吴荫顺,郑家燊.电化学保护和缓蚀剂应用技术.北京:化学工业出版社,2006.
[5]　埋地钢质管道阴极保护技术规范.GB/T 21448—2008.
[6]　埋地钢质管道强制电流阴极保护设计规范.SYJ0036—2000.
[7]　俞蓉蓉,蔡志章.地下金属管道的腐蚀与防护.北京:石油工业出版社,2008.
[8]　埋地钢质管道牺牲阳极阴极保护设计规范.SY/T0019—97.
[9]　万冰华,费敬银,王少鹏,等.牺牲阳极材料的研究、应用及展望.材料导报,2010,24(10):88-93.

[10] 宋日海,郭忠诚,樊爱民,等.牺牲阳极材料的研究现状.腐蚀科学与防护技术,2004,16(1):24-28.

[11] 侯德龙,敖宏,何德山,等.阴极保护技术与牺牲阳极材料的进展.中国稀土学报,2002,20(20):18-20.

[12] 王芷芳,朱安纲.埋地钢质管道阴极保护电位测量中的 IR 降及其修正.腐蚀与防护,2003,24(3):110-118.

[13] 埋地钢质管道阴极保护参数测量方法.GB/T 21246—2007.

[14] 钢质石油储罐防腐蚀工程技术规范.GB 50393—2008.

第8章 缓　蚀　剂

缓蚀剂(Corrosion inhibitor)是一种通过少量添加能明显降低腐蚀介质的腐蚀性,阻止或减缓金属腐蚀的化学物质,也可称为腐蚀抑制剂。缓蚀剂可用于中性介质(锅炉用水、循环冷却水)、酸性介质(除锅垢的盐酸,电镀前镀件除锈用的酸浸溶液)和气体介质(气相缓蚀剂)中。在各种金属腐蚀控制方法中,使用缓蚀剂是工艺简便、成本低廉、适用性强的一种方法,已广泛应用于石油和天然气的开采炼制、机械、化工、能源等行业。与其他金属防护方法相比,缓蚀剂有不改变金属构件或制品的性能和外观、用量少、使用方便等特点,但缓蚀剂必须在封闭或半封闭的腐蚀体系中使用。本章介绍缓蚀剂的类型、原理和作用等。

8.1　缓蚀剂简介

8.1.1　缓蚀剂的定义

ASTM G15—76 标准将缓蚀剂定义为:"缓蚀剂是一种以适当的浓度和形式存在于环境(介质)中,即可阻止或减缓腐蚀的化学物质或复合物。"它的用量很小($0.1\%\sim1\%$),但效果显著,这种保护金属的方法称缓蚀剂保护。其主要用于中性介质(锅炉用水、循环冷却水)、酸性介质(除锅垢的盐酸,电镀前镀件除锈用的酸浸溶液)和气体介质(气相缓蚀剂)。

8.1.2　缓蚀剂的分类

缓蚀剂种类繁多,缓蚀机理复杂,目前还没有一种既能把各类缓蚀剂合理分类,又能反映缓蚀剂的组成、结构和缓蚀机理之间内在联系的完善方法。通常认为缓蚀剂可分为以下几类。

1. 按照化学组成分类

按照对物质化学组成的划分,缓蚀剂可分为无机缓蚀剂和有机缓蚀剂两类。无机缓蚀剂包括硝酸盐、亚硝酸盐、磷酸盐、多磷酸盐、铬酸盐、重铬酸盐、钼酸盐、硅酸盐、钨酸盐、碳酸盐、硼酸盐、砷酸盐、硫酸盐以及硫化物等。有机缓蚀剂包括胺盐、咪唑啉类、醛类、羧酸盐类、季铵盐类、苯甲酸盐、杂环化合物、有机磷化合物、硫脲、亚砜、有机硫类、炔醇类、葡萄糖酸盐、松香胺衍生物类以及吡唑酮衍生物等。

2. 按照电化学机理分类

根据缓蚀剂对金属电化学腐蚀过程的影响,可将缓蚀剂分为阳极型缓蚀剂、阴极型缓蚀剂和混合型缓蚀剂 3 类。

(1)阳极型缓蚀剂。阳极型缓蚀剂又称阳极抑制型缓蚀剂,例如铬酸盐、重铬酸盐、亚硝酸盐、磷酸盐、硅酸盐以及苯甲酸盐等。阳极型缓蚀剂能增加阳极极化,从而使腐蚀电位正移,腐蚀电流减小,如图 8-1(a)所示。通常是阳极型缓蚀剂的阴离子移向阳极表面使金属钝化。对于非氧化型缓蚀剂(如苯甲酸钠),只有在介质中有溶解氧存在时才能起到缓蚀作用,抑制金属的腐蚀。阳极型缓蚀剂在中性介质中应用广泛,但是如果用量不足,缓蚀剂不能充分覆盖阳极表面时,由于暴露在介质中的阳极表面积远小于阴极表面积,就会形成小阳极大阴极结构的腐蚀电池,反而会加剧金属孔蚀。因而,阳极型缓蚀剂也被称为"危险的缓蚀剂"。但苯甲酸钠除外,即使其用量不足也只会引起一般腐蚀。

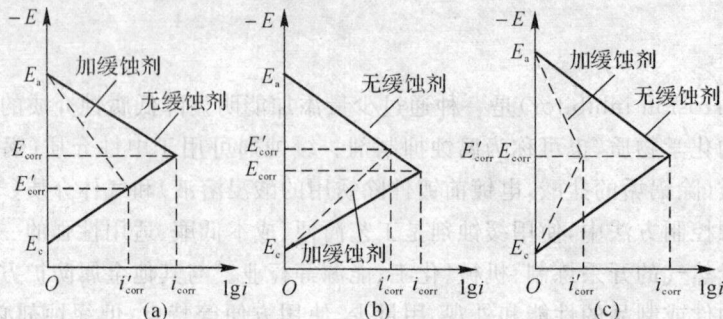

图 8-1 添加缓蚀剂前、后腐蚀电位和腐蚀电流密度的变化

(2)阴极型缓蚀剂。阴极型缓蚀剂又称阴极抑制型缓蚀剂,例如聚磷酸盐、硫酸锌、酸式碳酸钙、砷离子、锑离子等。阴极型缓蚀剂在介质中使金属腐蚀电位负移,从而增大酸溶液中氢析出的过电位,减小腐蚀电流密度,如图 8-1(b)所示。通常是阴极型缓蚀剂的阳离子移向阴极表面,并形成化学的或电化学的沉淀保护膜,随着厚度的增加,阴极释放电子的反应被阻挡,从而抑制金属腐蚀。这类缓蚀剂当用量不足时不会加速腐蚀,故又称为"安全的缓蚀剂"。

(3)混合型缓蚀剂。混合型缓蚀剂又称混合抑制缓蚀剂,例如某些含氮、含硫和既含氮又含硫的有机化合物,以及生物碱和琼脂等。混合型缓蚀剂对阴极过程和阳极过程同时起到抑制作用,虽然腐蚀电位变化不大,但腐蚀电流密度却降低很多,如图 8-1(c)所示。这类型缓蚀剂又可细分为 3 类:①含氮有机化合物,如胺类、咪唑林类、季铵盐类和有机胺的亚硝酸盐类等;②含硫有机化合物,如硫醇、硫醚、亚砜、环状含硫化合物等;③含氮、硫、氧的有机化合物,如硫脲及其衍生物、炔醇化合物、羧盐酸类等。

3.按照缓蚀剂在金属表面形成保护膜的机理特征分类

根据缓蚀剂在金属表面形成保护膜的性质,可以将缓蚀剂分为氧化膜型、沉淀膜型和吸附膜型缓蚀剂 3 类,如图 8-2 所示。

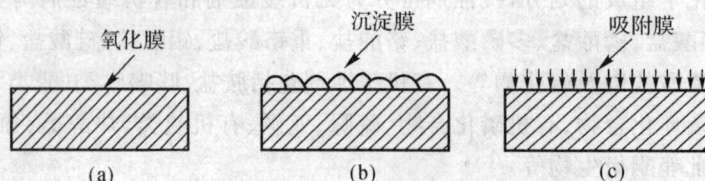

图 8-2 3 类缓蚀剂保护膜示意图
(a)氧化膜型保护膜; (b)沉淀膜型保护膜; (c)吸附膜型保护膜

(1)氧化膜型缓蚀剂。氧化膜型缓蚀剂包括铬酸盐、重铬酸盐、亚硝酸盐、正磷酸盐等。由于具有钝化作用,因此这类缓蚀剂也称"钝化剂"。

对于本身是氧化剂或以介质中的溶解氧作为氧化剂的氧化膜型缓蚀剂,它们会使金属表面形成一层极薄致密的氧化膜,造成金属离子化的过程受阻,从而减缓金属腐蚀。例如在介质中,氧化膜型缓蚀剂可以使铁的表面氧化成 $\gamma - Fe_2O_3$ 保护膜,从而抑制铁的腐蚀。然而,不是所有氧化性化合物都可以用作氧化膜型缓蚀剂,如高锰酸钾、锰酸钾都是强氧化剂,但它们不能使金属钝化,反而会促进金属腐蚀,需要特别注意。

本身不具有氧化性的氧化膜型缓蚀剂,其作用机理是使金属表面发生特征吸附,影响电化学腐蚀的阳极过程,使活化-钝化性金属的腐蚀电位进入钝化区,从而使金属处于钝化状态,表面形成一层钝化膜。一般来说,氧化膜型缓蚀剂对可钝化金属(铁族过渡性金属)具有较好的保护作用,而对于不钝化金属(如铜、锌等)则没有多大效果。在可溶解氧化膜的酸介质中也起不到作用。

氧化膜型缓蚀剂又可以进一步细分为阳极抑制型和阴极去极化型两类。它们会在金属表面反应形成一层致密的、附着性好的氧化膜,起到缓蚀作用。当氧化膜达到一定厚度之后,氧化反应的速度减慢,保护膜的生长基本停止。因此,过量的氧化膜型缓蚀剂不会使保护膜不断增厚而导致垢层化或铁磷化;但是,用量不足则会加速腐蚀,使用中需要特别注意。

(2)沉淀膜型缓蚀剂。沉淀膜型缓蚀剂包括聚磷酸盐、碳酸氢钙、硫酸锌等,它们与介质中的有关离子反应,并在金属表面生成具有缓蚀作用的沉淀膜。沉淀膜可以由缓蚀剂之间相互作用生成,也可由缓蚀剂和腐蚀介质中的金属离子作用生成。大多数情况下,沉淀膜在阴极区形成并覆盖于阴极表面,将金属和腐蚀介质隔开,抑制金属电化学腐蚀的阴极过程。有时沉淀膜由缓蚀剂分子上的反应基团和腐蚀过程中生成的金属离子相互作用而形成,覆盖金属的全部表面,同时抑制金属电化学腐蚀的阳极和阴极过程。例如在中性含氧水中,硫酸锌对钢铁具有缓蚀作用,是锌离子与阴极反应生成的氢氧根离子发生反应,生成难溶的氢氧化锌沉淀膜,阴极反应为 $O_2 + 2H_2O + 4e^- \longrightarrow 4OH^-$,阳极反应为 $Zn \longrightarrow Zn^{2+} + 2e^-$,沉淀反应为 $Zn^{2+} + 2OH^- \longrightarrow Zn(OH)_2$。氢氧化锌沉淀膜覆盖于金属的阳极表面,抑制了阳极过程,起到了缓蚀作用。

沉淀膜的厚度一般比氧化膜的厚度大,约为几十至一百纳米,但其致密性较差,与金属的附着性也比氧化膜差,因此缓蚀效果比氧化膜要差一些。另外,当介质中存在缓蚀剂组分和相应的共沉淀离子时,沉淀膜的厚度不断增加,有可能会引起结垢现象,使沉淀膜垢层化。因此,沉淀膜型缓蚀剂通常需要与去垢剂同时使用才会起到较好的缓蚀作用。

(3)吸附膜型缓蚀剂。吸附膜型缓蚀剂能强烈吸附在金属表面形成吸附层,改变金属的表面性质,从而阻滞金属腐蚀。根据吸附原理不同,可以分为物理吸附模型和化学吸附膜型缓蚀剂两类。物理吸附是缓蚀剂离子与金属的表面电荷产生静电吸引力和范德华力所引起的,这种吸附快而可逆。化学吸附则是中性缓蚀剂分子与金属形成了配位键引起的,它比物理吸附强而不可逆,但吸附速度较慢。物理吸附类包括胺类、硫醇、硫脲等;化学吸附类包括吡啶衍生物、喹啉衍生物、苯胺衍生物、季铵盐、炔醇类、环状亚胺等。

吸附膜型缓蚀剂分子一般由极性基团和非极性基团组成。极性基团是亲水性的,可以吸附于金属表面的活性点或整个表面,在金属表面形成吸附层。非极性基团是疏水或亲油的,位于离开金属的方向,通过憎水基起隔离作用,把金属表面和腐蚀介质隔开。通过吸附一方面使金属表面的能量状态趋于稳定,增加腐蚀反应的活化能,减慢腐蚀速率;另一方面,疏水性保护膜阻碍了与腐蚀反应有关的电荷或物质转移,从而使腐蚀速率减小。为了形成致密的吸附膜,金属表面必须洁净,因此在酸性介质中往往更多地使用这类缓蚀剂。

4. 根据其他方法分类

按照缓蚀剂改变金属表面状态的情况不同,将缓蚀剂分为相间型缓蚀剂(Inter-phase inhibitor)和界面型缓蚀剂(Inter-face inhibitor)两类。相间型缓蚀剂又称成膜型缓蚀剂,在金属表面形成三维的新相,主要应用于中性溶液;界面型缓蚀剂也称吸附型缓蚀剂,吸附的缓蚀剂分子形成二维的膜,多用于酸性溶液。

按照缓蚀剂的物理状态,可分为油溶性缓蚀剂、气相缓蚀剂、水溶性缓蚀剂三类。

按照使用介质不同,可分为酸性缓蚀剂、中性缓蚀剂、碱性缓蚀剂、油溶性缓蚀剂、气相缓蚀剂。

按照用途不同将缓蚀剂分为酸洗(钢铁酸洗、锅炉酸洗等)缓蚀剂、油气井酸化缓蚀剂、石油化工工艺缓蚀剂、油田注水缓蚀剂、油田集输管线缓蚀剂、锅炉缓蚀剂、工业冷却水缓蚀剂、钢铁轧制液缓蚀剂、切削冷却乳化液缓蚀剂、钢筋混凝土缓蚀剂、防锈油缓蚀剂等。

按照被保护金属种类的不同,可分为黑色金属缓蚀剂和有色金属缓蚀剂。

根据缓蚀剂对生态环境的影响,可将缓蚀剂分为环境友好和环境有害的缓蚀剂。

8.1.3 缓蚀作用和缓蚀效率

在腐蚀介质中,通过添加缓蚀剂能大大降低金属腐蚀速率或防止金属锈蚀的现象,称为缓蚀作用。通常用缓蚀效率 η 或抑制系数 r 来表征缓蚀剂对金属的缓蚀作用大小。缓蚀剂的缓蚀效率就是有缓蚀剂存在时腐蚀速率的下降值,与未加缓蚀剂时腐蚀速率的百分比,可用公式表示为

$$\eta = \frac{v_0 - v}{v_0} \times 100\% = \left(1 - \frac{v}{v_0}\right) \times 100\% \tag{8-1}$$

式中,η 为缓蚀效率;v_0 和 v 分别为未加入缓蚀剂时和加入缓蚀剂后金属的腐蚀速率。抑制系数 r 可表示为

$$r = \frac{v_0}{v} = \frac{1}{1-\eta} \tag{8-2}$$

可见,缓蚀效率越大,抑制系数越大,缓蚀剂对金属的缓蚀作用越大,保护效果越显著。

8.2 缓蚀剂的缓蚀作用原理

根据腐蚀电化学原理,任何电化学腐蚀过程都是由金属的阳极溶解过程和去极化剂接受电子的阴极过程组成的。缓蚀剂的加入会使腐蚀电池的阳极过程或阴极过程受阻滞,或者同时使阳极和阴极过程受阻,从而起到缓蚀作用。

8.2.1 无机缓蚀剂的缓蚀作用原理

无机缓蚀剂的种类相对于有机缓蚀剂少,而且在比较高的浓度时才能有效地工作,多用于中性介质体系。最常用的无机缓蚀剂有亚硝酸盐、磷酸盐、聚磷酸盐、碳酸盐、硅酸盐、硼酸盐、铬酸盐等。无机缓蚀剂主要影响金属的阳极过程和钝化状态,使金属的腐蚀受到抑制。无机缓蚀剂在金属表面形成的保护膜以氧化膜(钝化膜)和沉淀膜为主。根据缓蚀剂对电极过程的抑制情况,无机缓蚀剂可分为阳极型、阴极型和混合型三类。

1. 阳极型缓蚀剂缓蚀作用原理

通常,把阳极型缓蚀剂和阴极去极化型缓蚀剂都归为阳极型缓蚀剂。这二者的界限很难区分,而且同一种缓蚀剂可能同时有两种缓蚀作用机理,即使是同一种缓蚀剂,也可能由于金属材料或者腐蚀介质的不同而具有不同的缓蚀作用机理。

(1)阳极型缓蚀剂缓蚀作用原理。其作用原理为当在腐蚀介质中加入阳极型缓蚀剂时,钝化剂将使金属表面发生氧化(钝化),形成一层致密的氧化膜(钝化膜),提高金属在腐蚀介质中的稳定性,从而抑制金属的阳极溶解腐蚀。

图 8-3 是阳极型钝化剂的作用原理图。图中曲线 a 是金属的阳极极化曲线,曲线 k 是对应的阴极极化曲线。这两条曲线的交点 M 表示金属的腐蚀状态,即在该腐蚀介质中,金属是处于腐蚀电位 E_{corr},以腐蚀电流密度 i_{corr} 的溶解速率被腐蚀。在介质中加入阳极型钝化剂后,金属的阴极极化曲线几乎不变,阳极极化曲线变化显著,由曲线 a 变为曲线 b。这是由于金属表面吸附了氧化性离子或溶液中的氧,或者因金属表面的氧化作用而形成钝化膜,使金属的离子化过程受阻而引起的。比较曲线 a 和 b 可以看出,金属的稳定钝化电位 E_{pp} 向负方向移动,破坏钝化膜的过钝化电位 E_b 向正方向移动,即钝化区变宽,同时相应的临界钝化电流和维钝电流密度变小。可见,阳极型缓蚀剂的加入使金属表面发生钝化,两条极化曲线的交点由活化区的点 M 转变为处于钝化区的点 N,即腐蚀发生在钝化区,腐蚀电流密度 i'_{corr} 等于维钝电流密度,金属的腐蚀速率明显降低。

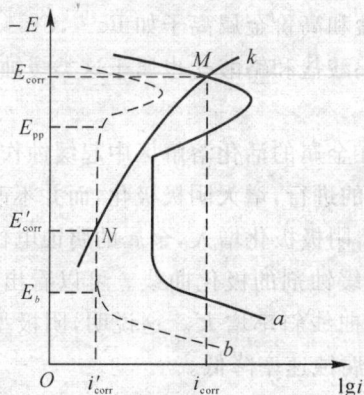

图 8-3　阳极型钝化剂的作用原理图

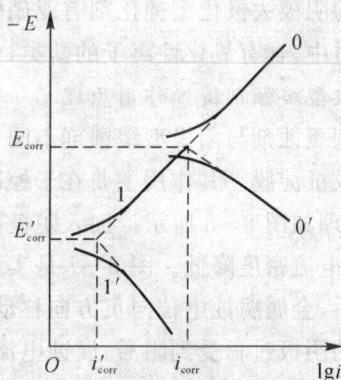

图 8-4　实测阳极缓蚀剂的极化曲线
$0,0'$—未加缓蚀剂;　$1,1'$—添加缓蚀剂

通常,在腐蚀介质中加入阳极型缓蚀剂后,金属并不出现钝态,而是如图 8-4 所示的状态,金属的腐蚀电位向正方向移动,阳极极化曲线的塔菲尔斜率增大。这说明金属离子要克服更大的势垒才能从金属表面转入溶液中,金属的腐蚀速率显著降低。

阳极型缓蚀剂包括重铬酸盐、磷酸盐、硼酸盐等无机缓蚀剂。

(2)阴极去极化型钝化剂成膜理论。其作用原理是当中性的含氧水溶液中加入阴极去极化型钝化剂时,钝化剂促进了阴极反应,使金属处于钝态,从而降低了金属的阳极溶解电流,使其腐蚀速率明显降低。

阴极去极化型钝化剂的作用原理如图 8-5 所示。在加入阴极去极化型钝化剂后,阳极极化曲线几乎不变,而阴极极化曲线变化较大,由曲线 k 变为 k'。阴极极化曲线是表示还原反应

特性的,这类缓蚀剂能使阴极极化曲线斜率变小,即离子更容易被还原,腐蚀电位向正方向
移动。

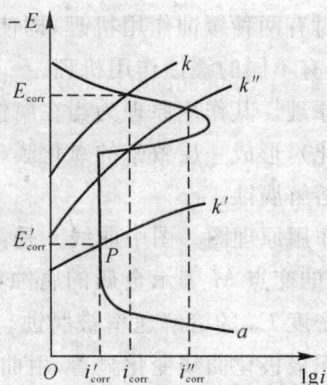

图 8-5　阴极去极化型钝化剂的作用原理图

　　腐蚀电位正移的结果使得阴极极化曲线 k' 与阳极极化曲线 a 在钝化区相交于点 P,金属
处于钝态。但是,当阴极去极化型钝化剂的用量不足时,阴极极化曲线则由 k 变为 k'',它与阳
极极化曲线 a 在活化区相交,使金属的腐蚀电流密度由 i_{corr} 增加到 i''_{corr},导致金属腐蚀加速,使
用时应充分注意。

　　常见的阴极去极化型钝化剂有亚硝酸盐、硝酸盐和高价金属离子如 Fe^{3+},Cu^{2+} 等。此外,
在酸性介质中,含有氧化性离子的盐类,如钼酸盐、钨酸盐和铬酸盐也属于这类缓蚀剂。

　　2.阴极型缓蚀剂缓蚀作用原理

　　阴极型缓蚀剂与阳极型缓蚀剂不同,它主要是在金属的活化溶解区中起缓蚀作用,在金属
表面多形成沉淀膜。其作用主要在于控制阴极过程的进行,增大阴极极化,而并不改变阳极面
积,作用原理如图 8-6 所示。加入阴极型缓蚀剂后,阴极极化增大,金属的腐蚀电位向负方向
移动,腐蚀电流密度降低。图 8-7 是实测的阴极型缓蚀剂的极化曲线。可以看出,加入阴极
型缓蚀剂后,金属腐蚀电位向负方向移动,阴极极化曲线斜率增大。这说明,阴极型缓蚀剂使
金属腐蚀的阴极过程受到阻滞,腐蚀电流密度减小,腐蚀速率降低。

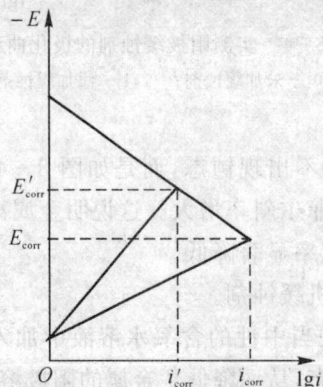

图 8-6　阴极型缓蚀剂作用原理图

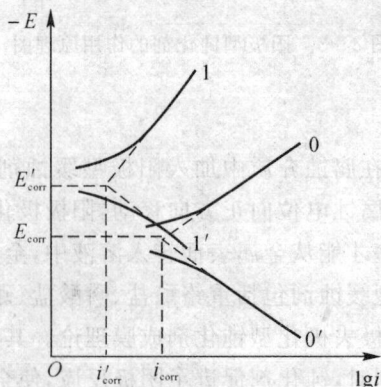

图 8-7　实测阴极缓蚀剂的极化曲线

0,0'—未加缓蚀剂；1,1'—添加缓蚀剂

在中性介质中,腐蚀过程的阴极反应主要是氧去极化反应: $O_2 + 2H_2O + 2e^- \longrightarrow H_2O_2 + 2OH^-$, $H_2O_2 + 2e^- \longrightarrow 2OH^-$ 或者 $O_2 + 2H_2O + 4e^- \longrightarrow 4OH^-$。反应生成的 OH^- 与缓蚀剂作用生成氢氧化物沉淀,在金属表面的阴极区形成多孔性的较致密沉淀膜。该沉淀膜会阻碍氧的扩散,使氧的去极化作用受阻,腐蚀速率降低。

属于这类缓蚀剂的有:①Ca,Mg,Zn,Mn 和 Ni 的盐等化合物。这些缓蚀剂能在中性介质中与氧去极化反应新生成的 OH^- 作用,在金属表面的阴极区形成沉淀膜,抑制氧的去极化作用,从而减小金属的腐蚀速率。②As,Sb,Bi 和 Hg 等的金属盐。在酸性介质中,它们常以As,Sb,Bi 的形式析出在阴极上,使阴极析氢过电位增大,氢离子还原反应受阻,从而对金属起到缓蚀作用。③除氧剂 Na_2SO_3 和 N_2H_4。在中性介质中,这些缓蚀剂与氧发生化合,消耗溶液中的氧,从而抑制氧去极化反应。

3.混合型缓蚀剂缓蚀作用原理

混合型缓蚀剂的作用原理是它们能同时阻滞阳极反应和阴极反应,从而起到缓蚀作用,其作用原理如图 8-8 所示。可以看出,缓蚀剂的加入对体系的自腐蚀电位几乎没有影响,但腐蚀电流密度变化较大。图 8-9 是实测混合型缓蚀剂的极化曲线图。不难发现,加入缓蚀剂后,金属的腐蚀电位变化不大,但阴、阳极极化曲线的斜率都出现增大,使得腐蚀电流密度显著降低。

属于这类缓蚀剂的有铝酸钠、硅酸盐等。

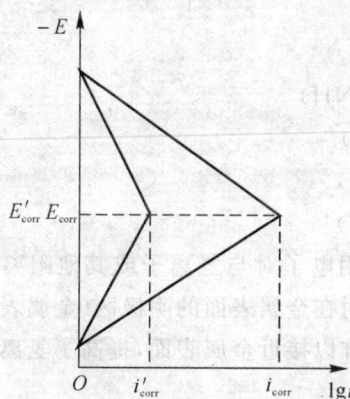

图 8-8 混合型缓蚀剂作用原理图

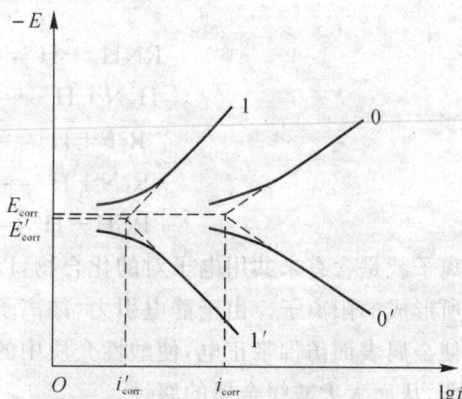

图 8-9 实测混合型缓蚀剂的极化曲线

0,0′—未加缓蚀剂; 1,1′—添加缓蚀剂

8.2.2 有机缓蚀剂的缓蚀作用原理

有机缓蚀剂具有在金属表面进行吸附的特性,因此又称为吸附型缓蚀剂,它在金属表面以形成吸附膜为主,有时也形成钝化膜和沉淀膜。

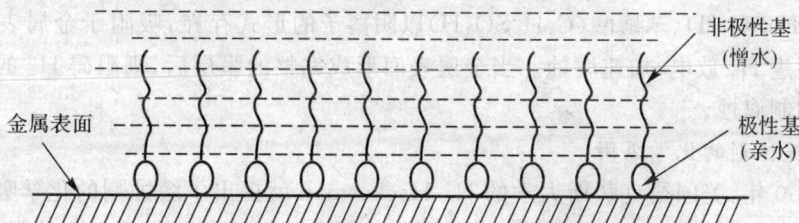

图 8-10 有机缓蚀剂分子吸附在金属表面示意图

有机缓蚀剂是由两部分组成的：一部分是由电负性较大的 N,S,P 和 O 等原子为中心组成的极性基团（亲水基），极性基团容易被金属表面吸附，从而改变金属在介质中的双电层结构，提高金属离子化过程中的活化能；另一部分是以 C,H 等原子组成的疏水的（或亲油的）非极性基团（例如烷基、烯基）。当有机缓蚀剂加入到介质中时，缓蚀剂分子带极性基团的一端被金属表面所吸附，而非极性基团端则远离金属表面作定向排列，形成疏水层（见图 8－10）。该疏水层使得腐蚀介质被缓蚀剂的分子排挤出来，将腐蚀介质与金属表面隔离开，阻碍与腐蚀反应有关的电荷或物质转移，从而使金属的腐蚀速度明显降低。

对于有机缓蚀剂来说，其极性基团在金属表面的吸附方式主要有物理吸附、化学吸附、络合作用和 π 键吸附等。下面就其理论模型等进行介绍。

1.有机缓蚀剂的物理吸附

由静电引力和范德华力引起的吸附称为缓蚀剂的物理吸附。物理吸附的吸附作用力小，作用热小，吸附较快，但容易脱附，即吸附具有可逆性，受温度影响小，对金属无选择性。物理吸附可以是单分子层吸附，也可以是多分子层吸附。

Sieverts 和 Kuhn 最先提出了有机缓蚀剂极性基团的物理吸附作用。Mann 进行了详细的研究后指出，在酸性介质中，烷基胺（RNH_2）、吡啶（C_5H_5N）、三烷基磷（R_3P）和硫醇（RSH）等的中心原子都有未共用的电子对，因此它们能与酸液中的氢离子形成鎓离子（Onium ions）。例如：

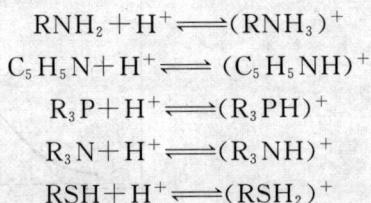

$$RNH_2＋H^+ \Longleftrightarrow (RNH_3)^+$$
$$C_5H_5N＋H^+ \Longleftrightarrow (C_5H_5NH)^+$$
$$R_3P＋H^+ \Longleftrightarrow (R_3PH)^+$$
$$R_3N＋H^+ \Longleftrightarrow (R_3NH)^+$$
$$RSH＋H^+ \Longleftrightarrow (RSH_2)^+$$

鎓离子就是含有未共用电子对的化合物，以其未共用电子对与氢离子或其他阳离子形成配价键所形成的阳离子。由于静电引力，鎓离子会被吸附在金属表面的阴极区（金属表面带负电荷），使金属表面仿佛带正电，使酸性介质中的氢离子难以接近金属表面，提高了氢离子放电的活化能，从而大大减缓金属的腐蚀。

对阳离子缓蚀剂的物理吸附来说，除上面介绍的鎓离子外，阴离子基团也有较大的影响。这些阴离子吸附于带正电荷的金属表面，使金属表面部分区域带负电荷，从而有利于阳离子的物理吸附。这种添加阴离子而使缓蚀效果提高的现象称为"阴离子效应"，也称"缓蚀剂协同作用效应"。一般来说，阴离子对阳离子缓蚀剂的缓蚀效果的影响大小为 $I^->Br^->Cl^->SO_4^{2-}>ClO_4^-$。

有时候，有机缓蚀剂的阴离子也能发生物理吸附。例如溶液中，烷基碘酸（RSO_3H）、烷基苯磺酸（$RC_6H_4SO_3H$）、苯磺酸（$C_6H_5SO_3H$）以阴离子的形式存在，吸附于金属表面带正电荷的阴极区，促进 H^+ 放电，加速腐蚀。当金属表面形成完整的膜层后，则阻碍 H^+ 的放电以及物质的扩散，抑制腐蚀。

2.有机缓蚀剂的化学吸附

早在 1950 年，美国德克萨斯大学的 N. Hackerman 就提出了缓蚀剂的化学吸附理论。他指出，化学吸附的作用力大，吸附热高，吸附进行较缓慢，但脱附较难，受温度的影响大，对金属的吸附有选择性，而且只能形成单分子吸附层等。

(1)供电子型缓蚀剂的化学吸附。大多数有机缓蚀剂是以配价键的形式吸附在金属表面的,这种吸附与金属的结构和缓蚀剂分子中极性基团的电子结构有关。有机缓蚀剂分子极性基团的中心原子都有未共用的电子对,当金属中存在空的 d 轨道时,这些独对电子就有可能与 d 轨道形成配价键,从而使缓蚀剂吸附在金属表面上。以有机胺为例:

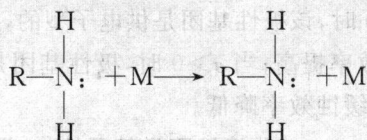

$$
\begin{array}{ccc}
\quad H & & \quad H \\
\ \, | & & \ \, | \\
R-N: \ +M & \longrightarrow & R-N: \ +M \\
\ \, | & & \ \, | \\
\quad H & & \quad H
\end{array}
$$

这种由缓蚀剂中心原子的电子对与金属形成配价键的吸附称为化学吸附,这类缓蚀剂称为供电子型缓蚀剂或电子给予体缓蚀剂。苯环和双键上的 π 电子的作用和独对电子相同,因此也属于此类缓蚀剂。

供电子型缓蚀剂极性基团中心原子的电子云密度越大,供电子的能力就越强,越有利于金属化学吸附的进行。因此,对于有机缓蚀剂的化学吸附,不仅要考虑极性基团中心原子的供电子能力,也要注意缓蚀剂的分子结构以及取代基种类的影响。例如,对于盐酸中的铁来说,下列几组胺的缓蚀效果不同。

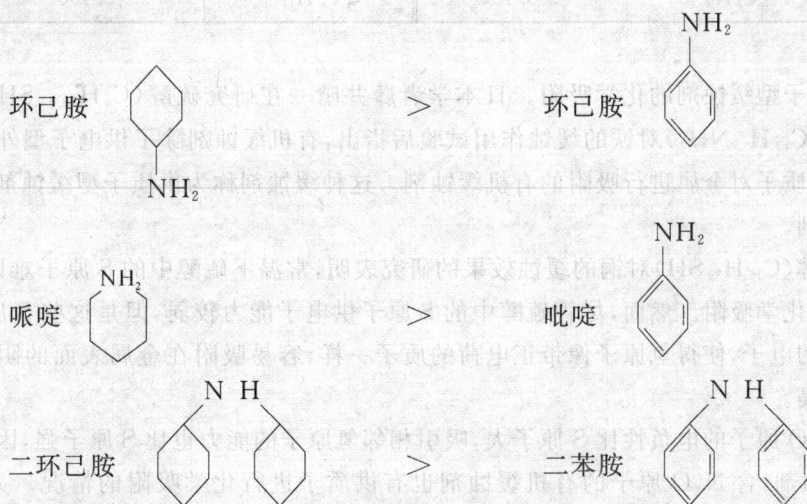

环己胺   >   环己胺（NH₂）

哌啶   >   吡啶（NH₂）

二环己胺（N H）   >   二苯胺（N H）

这三组胺的分子大小和碱性基本相同,但是芳香胺的缓蚀效果比脂肪胺差。这是由于芳香胺 N 原子的独对电子受其苯环 π 电子共振的影响,电子云密度降低,使其对金属的化学吸附能力降低,从而导致缓蚀作用减弱。这种现象称为缓蚀剂的共振效应,它反映了 π 电子对缓蚀剂极性基团中心原子的孤对电子的影响。除了苯环,双键或者三键的 π 电子都有共振效应。

缓蚀剂极性基团中心原子的供电子能力也受到与其相关联的非极性基团的影响。如果非极性基团是斥电子的,可使电子偏向极性基团,从而提高中心原子的供电子能力,促进缓蚀剂的化学吸附,增强缓蚀作用;如果非极性基团是吸电子的,则会使电子偏移中心原子,降低中心原子的供电子能力,导致缓蚀作用的减弱。非极性基团的这种影响称为诱导效应。一般用 σ^* 表示非极性基团诱导效应的大小,称为极性取代基常数,即 Taft 常数。表 8-1 中列出了一些极性取代基团的 σ^* 常数。当中心原子上同时有几个取代基团时,可用 $\Sigma\sigma^*$ 来表示这些取代基团的共同作用。以苯胺 $C_6H_5NH_2$ 为例,其 $\Sigma\sigma^* = 0.600\sigma^*_{(C_6H_5)} + 2 \times 0.490\sigma^*_{(H)} = 1.580$。$\sigma^*$ 或 $\Sigma\sigma^*$ 的数值越小,说明非极性基团的斥电子能力越强,因此极性基团中心原子的电子云密度越大,缓蚀剂的化学吸附越强,缓蚀效果越好。

　　此外,对于含有多个双键的共轭体系的缓蚀剂(例如苯胺),当中心原子 N 原子上的氢被取代基团置换后,由于双键的 π 电子可以自由移动,π 电子的共振效应和取代基团的诱导效应往往同时存在。因此,通常用 Hammett 常数 σ 表示这两种效应的共同影响,描述共轭体系极性基团的电子云密度。当 $\sigma < 0$ 时,该极性基团是供电子型的,中心原子的电子云密度增大,对金属容易进行化学吸附,缓蚀效率提高;当 $\sigma > 0$ 时,极性基团是吸电子型的,中心原子的电子云密度减小,不利于化学吸附,缓蚀效率降低。

表 8-1　一些极性取代基团的 σ^* 常数[1]

取代基团	σ^*	取代基团	σ^*
H	0.490	$(C_4H_9)_2$	-0.210
CH_3	0	$(C_4H_9)_3$	-0.300
C_2H_5	-0.100	C_6H_5	$+0.600$
C_3H_7	-0.115	$C_6H_5CH_2$	$+0.215$
C_4H_9	-0.130	C_6H_{11}	-0.150

　　(2)供质子型缓蚀剂的化学吸附。日本学者藤井晴一在研究硫醇($C_nH_{2n+1}SH$)对铜以及十二烷基胺($C_{12}H_{25}NH_2$)对铁的缓蚀作用试验后指出,有机缓蚀剂除了供电子型外,还有供质子型,即提供质子对金属进行吸附的有机缓蚀剂。这种缓蚀剂称为供质子型缓蚀剂,又称质子给予型缓蚀剂。

　　十六硫醇($C_{16}H_{33}SH$)对铜的缓蚀效果的研究表明,常温下硫醇中的 S 原子难以向金属提供电子,实现化学吸附。然而,尽管硫醇中的 S 原子供电子能力较弱,但是这些 S 原子能吸引相邻氢原子的电子,使得氢原子像带正电荷的质子一样,容易吸附在金属表面的阴极区,促进缓蚀效率提高。

　　由于 N,O 原子的电负性比 S 原子大,吸引相邻氢原子的能力也比 S 原子强,因此,除了含S 原子的缓蚀剂,含 N,O 原子的有机缓蚀剂也有供质子进行化学吸附的情况。人们研究证实,伯胺对金属的吸附以质子吸附为主,但是也存在供电子吸附。仲胺和叔胺则以供电子吸附为主,尤其是在它们引入斥电子取代基团后。此外,含氧的醇类,一些含氮、硫的环状化合物也都是供质子型有机缓蚀剂。这些缓蚀剂对铜及其合金的缓蚀作用特别显著。

　　3.有机缓蚀剂的络合作用

　　在含缓蚀剂的介质中,金属表面吸附着缓蚀剂分子,金属的吸附与金属离子的络合作用有很多相似之处。具有络合能力的极性基团中心原子都含有带孤对电子的ⅤA 和ⅥA 族元素。极性基团包括碱性极性基团和酸性极性基团,如氨基(—NH_2)、亚氨基、叔氨基或杂环氮化合物、羰基及醇基等都属于碱性极性基团;羧基、磺酸基、膦酸基及三键等属于酸性极性基团。这些极性基团的中心原子与过渡族金属空的 d 轨道形成配价键,组成络合物。对于酸性配位基,质子游离化后将带负电,这样它与中心的正离子发生静电吸附作用而增强了络合能力。对于水溶剂,金属离子都是水化的,水化金属离子可以看作是一种弱的络合作用,因此有机缓蚀剂分子必须排除金属表面的配位水分子,才能与金属结合作用。

4.有机缓蚀剂的 π 键吸附

对于含有双键和三键结构的有机缓蚀剂来说,由于双键和三键的 π 电子类似独对电子,可以提供电子,因此它们也能与金属空的 d 轨道结合形成配价键,吸附于金属表面,如图 8-11 所示。这类化合物的吸附作用较强,缓蚀作用显著。

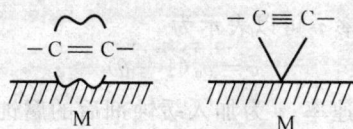

$$-C = C-\qquad\qquad -C \equiv C-$$

$$M\qquad\qquad\qquad M$$

图 8-11 π 键吸附示意图

荒牧国次研究认为,除了考虑 π 键吸附,双键化合物的缓蚀性能也受到取代基团的影响。如果取代基团极性较弱,且离双键位置较远,则这类化合物对金属的吸附只是由双键的 π 电子起作用;如果取代基团极性较强,且离双键较近,则极性基团中心原子的孤对电子就与双键的 π 电子形成共轭体系,由于 π 电子的共振,可能形成如下结构:

$$CH_2 = CH—CH_2X: \xrightleftharpoons{\text{共振}} CH_2 \cdots CH \cdots CH_2 \cdots X$$

其中,X 基为—SH,—NH$_2$,—I,—Br。

这种共振的结果就形成一种大的 π 键,以平面吸附的形式促进了缓蚀剂在金属表面的吸附,提高了缓蚀剂的作用效率。丙烯酸和丙烯酸酯由于共振的缘故也会形成大 π 键,平面吸附在金属表面上,其缓蚀效率比丙胺、丙酸高。

此外,有研究指出,有效炔醇类的三键必须在碳链的顶端,羟基的位置必须与三键相邻(α位),否则炔醇的缓蚀效果较差,甚至无缓蚀作用。炔醇类的缓蚀剂性能与三键的位置、羟基的数目和位置,以及分子量大小有关。

(1)取代基的数目和取代基大小的影响。以丙炔醇化合物为例,甲基取代氢后,缓蚀性能顺序如下:

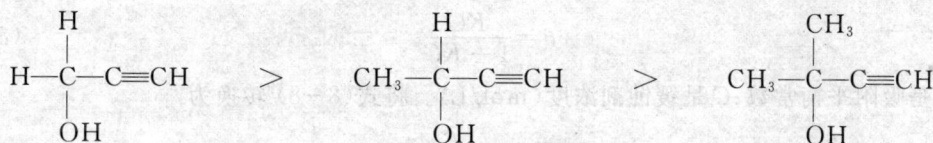

可见,α 碳原子的一个氢被甲基取代后,缓蚀性能低于丙炔醇;α 碳原子的两个氢被甲基取代后,缓蚀性能更差。

(2)三键末端含有一个乙炔氢时,炔醇的缓蚀性能最好:

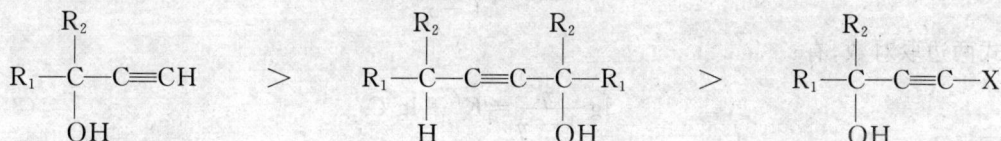

式中,X 表示卤素原子。

(3)羟基连接在靠近三键的碳原子上时,缓蚀作用效果最好:

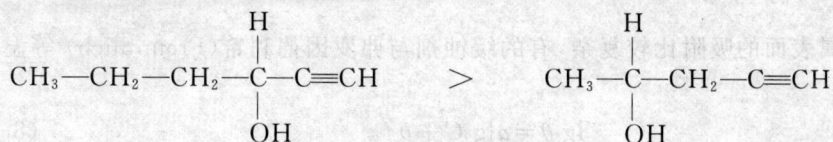

5.有机缓蚀剂在金属表面的吸附规律

为了研究有机缓蚀剂在金属表面的吸附规律,人们提出了覆盖度的概念,并定义为吸附于金属表面的活性点占全部活性点的分数。如果金属表面被缓蚀剂分子吸附后,被缓蚀剂分子覆盖的表面部分 θ 对介质可以起到阻碍作用,而裸露的表面部分 $(1-\theta)$ 将受到介质的腐蚀。这样,加入缓蚀剂后的金属溶解速率 v 可以表示为

$$v = v_0(1-\theta) \tag{8-3}$$

式中,v_0 为未加缓蚀剂时的腐蚀速率;v 为加入缓蚀剂后的腐蚀速率。引入缓蚀剂的抑制系数 r 为

$$r = \frac{v_0}{v} = \frac{1}{1-\theta} \tag{8-4}$$

则有

$$\theta = 1 - \frac{v}{v_0} \tag{8-5}$$

已知缓蚀效率公式为

$$\eta = \frac{v_0 - v}{v_0} \times 100\% \tag{8-6}$$

或

$$\eta = 1 - \frac{v}{v_0} = \theta \tag{8-7}$$

因此,测得缓蚀剂的缓蚀效率 η 后,便可知道金属表面被缓蚀剂吸附的覆盖度 θ。覆盖度 θ 也可以用微分电容的电化学方法求得。

缓蚀剂在金属表面上的吸附,除了与金属、缓蚀剂的性质有关外,还与介质温度、流动状态、缓蚀剂浓度等因素有关。在一定温度下,金属对于缓蚀剂的吸附可以用经典的朗格缪尔(Langmuir)吸附等温式表示

$$\theta = \frac{KC}{1 + KC} \tag{8-8}$$

式中,K 是吸附平衡常数;C 是缓蚀剂浓度(mol/L)。将式(8-8)转换为

$$KC = \frac{\theta}{1-\theta} \tag{8-9}$$

或

$$KC = \frac{\eta}{1-\eta} \tag{8-10}$$

等式两边取对数,有

$$\lg \frac{\eta}{1-\eta} = K' + \lg C \tag{8-11}$$

其表明 $\lg \dfrac{\eta}{1-\eta}$ 与 $\lg C$ 为线性关系。很多有机缓蚀剂在一定浓度范围内,都服从朗格缪尔吸附等温关系。

缓蚀剂在金属表面的吸附比较复杂,有的缓蚀剂与弗罗因德利希(Freundlich)等温方程式相适应,即

$$\lg \theta = a \lg C + b \tag{8-12}$$

式中, a,b 为常数。

有些有机缓蚀剂则与简化的特姆金(Temkin)等温方程式相符,即

$$\theta = \frac{1}{k}\lg C + k' \tag{8-13}$$

这种形式的吸附等温线往往适用于中等覆盖度($0.2 \leqslant \theta \leqslant 0.8$)的情况。

如果考虑到相邻吸附粒子间的作用,就可以用弗鲁姆金等温方程表示,可简化为

$$\frac{\theta}{1-\theta}\exp(f\theta) = kC \tag{8-14}$$

式中, f,k 为常数。

可以看出,从试验中测得缓蚀剂的缓蚀效率 η 与缓蚀剂浓度 C 的关系,有助于分析缓蚀剂的吸附类型。结合表面微观分析方法,可以深入研究缓蚀剂在金属表面吸附成膜的机理。

6. 有机缓蚀剂非极性基团的屏蔽效应

有机缓蚀剂分子由极性基团与非极性基团组成,为使尽可能少的缓蚀剂物质充分发挥缓蚀作用,缓蚀剂分子极性基团与非极性基团之间,应有适当的"两性均衡",即缓蚀剂分子的极性基团能牢固吸附在金属表面上,非极性基团能有效覆盖整个金属表面。如图 8 - 10 所示,非极性基团在金属表面形成一层疏水的保护膜,阻碍金属离子向外扩散和腐蚀介质或水到达金属表面发生反应。这种缓蚀剂的非极性基团在金属表面形成疏水层起防止腐蚀介质侵入的作用,称为非极性基团的屏蔽效应。

对于相同的极性基团,因非极性基团(烷基)的碳链长短和结构的不同,缓蚀剂的缓蚀性能也有很大差别。具有直链基的缓蚀剂,直链越长,缓蚀效果越好。但是若直链太长,则水溶性较差,使用时需添加适当的表面活性剂或助溶剂以提高其在水中的分散性能。

非极性基团的屏蔽效应也因吸附方式的不同而不同。当缓蚀剂分子极性基团是物理吸附时,非极性基团是相对于金属表面取任意角度排列;极性基团是化学吸附时,由于极性基团中心原子是以一定角度与金属形成配位键,非极性基团就不能像物理吸附时自由倾斜着。但是,无论是物理吸附还是化学吸附,非极性基团都是随着极性基团吸附绕着键轴旋转的。因此,缓蚀剂分子的屏蔽面积是与非极性基团的链长密切相关的。

对于非极性基团两端有极性基团的缓蚀剂,如多次甲基二胺 $NH_2(CH_2)_nNH_2$(n 为 2~12),其在 6 mol/L HCl 溶液中对铁的缓蚀效果随着碳原子数目的增加而增强。分析认为,当 n 为 3~8 时,缓蚀剂分子在金属表面为平面吸附;当 n 为 9~12 时,中间非极性基团弯曲吸附在金属表面,有效覆盖面积增大,促使缓蚀性能提高。

当非极性基团上存在支链时,往往会阻碍极性基团的化学吸附,致使缓蚀剂的缓蚀性能下降,这种现象称为非极性基团的立体障碍作用。但是,当支链的存在并没有影响极性基团的化学吸附,反而增加了屏蔽面积时,缓蚀剂的缓蚀效果不因支链的存在而降低。因此,要具体分析非极性基团的立体障碍作用,不能认为所有的立体障碍都会对缓蚀作用产生明显影响。

8.2.3 缓蚀剂的协同效应

缓蚀剂协同作用效应就是一种缓蚀剂的性能由于其他物质或缓蚀剂的加入而得到改善和提高的现象。也就是说,当两种以上缓蚀物质组成的复合缓蚀剂存在于腐蚀介质中时,其缓蚀作用显著增强。缓蚀剂的协同作用大于缓蚀剂的加和作用,这种缓蚀性能的提高是各类缓蚀

剂相互促进的结果。当然,也有缓蚀剂一起使用时其缓蚀效果比缓蚀剂单独使用时差的情况,这种现象称为"缓蚀剂的拮抗效应",也称"缓蚀剂的负协同作用效应"。因此,当研究和开发使用缓蚀剂产品时,要充分利用缓蚀剂的协同作用效应,选取协同作用效应较好的组分相互配合,以达到最佳的缓蚀效果。

R. J. Tedeschi 提出用势差比(PR)方法来研究复合缓蚀剂中各单组分对复合组分缓蚀作用的相对增强程度或者势差度。例如,有一种由组分 A 和 B 构成的复合缓蚀剂,A,B 在腐蚀介质中单独使用时的浓度与它们在混合物中的浓度相同。在相同的实验条件下,将复合缓蚀剂与其组分作了对照,结果如下:

研究对象:二元复合缓蚀剂 A+B;

腐蚀速率:$v[g/(m^2 \cdot h)]$;

势差比:PR

已知 $v_{A+B}=0.001, v_A=0.01, v_B=0.1$,有

$$PR_A = \frac{v_A}{v_{A+B}} \tag{8-15}$$

$$PR_B = \frac{v_B}{v_{A+B}} \tag{8-16}$$

则

$$PR_A = \frac{0.01}{0.001} = 10 \tag{8-17}$$

$$PR_B = \frac{0.1}{0.001} = 100 \tag{8-18}$$

A 或者 B 的势差比是它们各自单独使用时的腐蚀速率与复合缓蚀剂的腐蚀速率之比。组分 A 与 B 混合后,复合缓蚀剂的缓蚀性能增强,比各组分单独使用时的腐蚀速率分别降低了 10 倍和 100 倍,即缓蚀性能提高了 10 倍和 100 倍。这就是用势差比方法研究复合缓蚀剂各组分之间相互影响的协同作用效应得出的结果。

苏联学者 Туманов Т. А. 等研究了缓蚀剂卡特平、聚甲醛和乌洛托品复配时的协同作用情况,结果如表 8-2 所示。从表中可以看出,卡特平在温度低于 60℃ 的盐酸溶液中,对钢有较好的缓蚀效果。当温度为 80℃ 时,在浓度为 30% 的盐酸溶液中,卡特平的缓蚀效果显著降低,在与乌洛托品复配使用后,腐蚀速率明显减小,由 745.8 $g/(m^2 \cdot h)$ 降低至 15.24 $g/(m^2 \cdot h)$。可见,卡特平与乌洛托品之间具有很好的协同作用效应。

Iofa 研究硫酸溶液中四丁基铵离子和 I^- 对铁的缓蚀作用试验后发现,四丁基铵离子在硫酸溶液中对铁的缓蚀作用较差。加入 I^- 后,I^- 在金属表面的特性吸附改变了金属表面双电层结构,使金属表面的电荷带负电,有利于四丁基铵阳离子的吸附,从而大大提高了缓蚀效率。这就是无机缓蚀剂与有机缓蚀剂协同作用的结果。能产生有机阳离子的缓蚀剂,如吡啶、喹啉、苯胺衍生物和硫脲及其衍生物等,它们与卤素离子复合使用时,由于协同作用效应使其缓蚀效果显著提高。一些阴离子如 SCN^-,HS^- 和有机阴离子等与季铵阳离子复配也表现出良好的协同效应。

聂世凯等利用协同作用原理成功研制了兰-5 硝酸缓蚀剂。兰-5 组分为苯胺、乌洛托品和硫氰化钾。硫氰化钾在硝酸溶液中的稳定性,及苯胺在硝酸中能和 HNO_2 反应生成重氮化合物,可消除 HNO_2 的自动催化作用。苯胺与乌洛托品在酸中可以相互反应形成缩合物。3

种化合物协同作用最佳的配比为 0.1KSC＋0.3 乌洛托品＋0.2 苯胺。兰－5 的使用温度在 60℃以内,硝酸浓度为 7％,更高的温度或硝酸浓度都会明显降低其缓蚀性能。

表 8－2　不同温度下卡特平、聚甲醛和乌洛托品复配时的腐蚀速率[1]

盐酸浓度/(％)	缓蚀剂浓度/(g·L^{-1})	腐蚀速率/(g·m^{-2}·h^{-1})			
		20℃	40℃	60℃	80℃
10	—	13.27	47.09	286.25	871.27
	卡特平 5	0.09	0.20	0.88	7.55
	聚甲醛 5	0.14	1.15	16.35	99.71
	乌洛托品 5	0.09	1.02	4.25	15.16
	卡特平 2.5 聚甲醛 2.5	0.07	0.20	0.61	4.88
	卡特平 2.5 乌洛托品 2.5	0.08	0.19	0.65	2.96
20	—	29.56	84.05	466.22	1 848.93
	卡特平 5	0.16	1.65	9.68	63.16
	聚甲醛 5	0.17	17.86	68.90	497.21
	乌洛托品 5	0.16	3.19	15.40	105.88
	卡特平 2.5 乌洛托品 2.5	0.11	0.22	1.38	9.31
30	—	83.02	196.92	910.71	2 934.90
	卡特平 5	5.88	25.21	39.22	745.80
	聚甲醛 5	8.41	19.77	110.20	638.56
	乌洛托品 5	1.19	8.42	39.51	190.54
	卡特平 2.5 乌洛托品 2.5	0.25	0.79	2.74	15.24

华中理工大学在研制 7701 复合缓蚀剂的工作中也成功利用了缓蚀剂的协同作用效应,使 7701 缓蚀剂可以在 150～180℃的浓盐酸(20％～28％)溶液中应用。例如,N80 油管钢试片在 90℃,$w_{HCl}＝28％$ 和 $w_{HAc}＝2％$ 溶液中进行腐蚀试验,未加入缓蚀剂时钢片的腐蚀速率为 $1.01×10^4$ g/(m^2·h),加入 1.5％ 7701 复合缓蚀剂后其腐蚀速率降至 6.01 g/(m^2·h),缓蚀效率在 99.9％以上。这种优异的缓蚀性能在于 7701 的有机阳离子与卤素离子等的协同作用,在金属表面形成了多层致密的吸附膜,因而耐酸腐蚀性能好。

协同作用效应与两种粒子在金属电极表面联合吸附的行为密切相关。Hackerman 等人研究了铁在含有有机胺和卤素离子的酸溶液中的腐蚀行为,指出两种粒子的联合吸附有重叠吸附和交错吸附两种方式。如果两种粒子与金属都有形成配位键的能力,则按重叠吸附的可能性较大。显然,按交错方式吸附不仅吸附键强度大,而且吸附粒子之间存在横向引力,因而吸附层致密且稳定性好。电极电位、离子浓度对吸附方式有一定的影响,一定条件下两种吸附方式可能发生转化。

缓蚀剂间的协同作用机理十分复杂,到目前还没有一种统一的理论对协同作用进行解释。只是在各自的研究工作及大量的试验中,提出各种机理对缓蚀剂的协同作用现象进行了解释。如有人从零电荷电位 E_0 来分析协同作用,金属相对于溶液带正电,加入 I^- 后会使金属表面的正电荷减少甚至变为荷负电,加入有机阳离子缓蚀剂后,有利于缓蚀剂在金属表面的吸附,提高了缓蚀效率。也有人认为缓蚀剂分子在金属表面生成化合物,其偶极定向排列使负端指向溶液,有利于吸附有机缓蚀剂阳离子。还有人提出无机阴离子或有机阴离子的吸附,就好像在金属原子与有机阳离子间建立联系的桥梁一样,使后者更易被吸附,故缓蚀效率提高。以上是从离子吸附来分析的。还有人提出分子机理的假设,认为这些有机阳离子只存在于溶液中,当它们在金属表面放电时,就得到有机物的分子,这些分子通过中心原子的孤对电子对金属进行化学吸附。因此他们认为,协同效应是未离子化的缓蚀剂分子与吸附在金属表面的卤素离子之间形成共价键的缘故。

8.3 缓蚀剂的选用原则

8.3.1 腐蚀介质

不同的腐蚀介质应选用不同的缓蚀剂,以达到期望的缓蚀效果。一般来说,中性水介质的腐蚀大多数都是由溶解氧引起的,采用的缓蚀剂多为无机物,以氧化膜型和沉淀膜型为主;在酸性水介质中,腐蚀电池的阴极过程主要是氢去极化过程,使用的缓蚀剂则多为有机物,以吸附膜型为主;在碱性水介质中,大多数金属会生成氢氧化物沉淀膜或钝化膜,因而腐蚀不严重。但是铝和锌在碱性介质中却腐蚀严重。在碱性不太强的水溶液中对铝较为有效的缓蚀剂是螯合剂、琼胶、硅酸盐等沉淀膜型缓蚀剂,而吸附膜型缓蚀剂则不太有效。对于石油与水共存的介质,应该从水与油两方面来选用缓蚀剂。水中与上述情况相同,而油中应采用油溶性的吸附膜型缓蚀剂(有机物),或采用性质介于油溶性和水溶性之间的乳化型缓蚀剂。在大气中则应采用在常温下具有一定蒸汽压的挥发型缓蚀剂。

当在腐蚀介质中使用缓蚀剂时,必须考虑缓蚀剂在介质中的溶解度问题。石油工业中用的缓蚀剂应在油相中有一定的溶解度;对于气相缓蚀剂,则是要求其有一定的挥发度。溶解度太低将影响缓蚀剂在介质中的运输,使缓蚀剂不能有效到达金属的表面,即使缓蚀剂的吸附性很好,也不能充分发挥缓蚀作用。

介质的温度、流动速度等因素都会影响缓蚀剂的功效。

随着介质温度升高,大多数有机及无机缓蚀剂的吸附作用减弱,导致缓蚀效率显著降低,金属腐蚀加剧。也有一些用于中性水溶液中的无机缓蚀剂,其缓蚀效率几乎不随温度变化。然而,对于有些缓蚀剂来说,温度升高会促使其化学吸附于金属表面,或者形成类似氧化物膜的钝化层,从而提高缓蚀效率。当介质温度较高时,这种缓蚀剂最具有实用价值。

在大多数情况下,提高介质的流速会造成缓蚀效率降低,甚至加速腐蚀,使缓蚀剂变成腐蚀的激发剂。但是,当缓蚀剂由于扩散不良影响缓蚀效果时,增加介质流速反而会促进缓蚀剂比较容易到达金属表面,从而起到较好的缓蚀作用。

8.3.2　被保护金属种类

适宜采用缓蚀剂保护的金属是铁、铜、铝、锌、镁、钛、锡等金属及其合金和镀层。不同金属的电子排布、化学性质等可能差异较大,它们在不同介质中的腐蚀性质也不同。因此,当选择缓蚀剂时,要考虑金属的腐蚀性质,例如,对于难钝化的金属,采用氧化型缓蚀剂起不到缓蚀效果。同时,如果被保护系统是由多种金属构成的,那么单一的缓蚀剂可能无法满足使用要求,此时需要考虑多种缓蚀剂配合使用的问题。

8.3.3　缓蚀剂的用量

对于大多数有机及无机缓蚀剂来说,在酸性及浓度不大的中性介质中,金属的腐蚀速率随缓蚀剂用量的增加而降低,只要能产生有效的缓蚀作用,缓蚀剂的用量愈少愈好。一般来说,在某一浓度下,缓蚀剂的缓蚀效果最好,浓度过高或过低都会使缓蚀效率降低。但是,缓蚀剂用量不足也可能会加速金属的腐蚀,需要特别注意。

8.3.4　缓蚀剂的复配

由于金属腐蚀情况的复杂性,采用单一的缓蚀物质效果不够好,因此缓蚀剂很少是采用单种缓蚀物质的。当选用协同作用效应好的多种缓蚀剂复配使用时,总的缓蚀效率比各缓蚀剂单独使用时缓蚀效果的加和还要好许多。产生协同效应的机理随所选用物质的性质而异,目前许多内容还不太清楚,这也是当前为提高缓蚀效率需要研究的重点课题。

缓蚀剂在使用时,除了考虑抑制腐蚀的目标外,还应该考虑工业体系运转的总体效果。例如,油田注水井环形空间水除了能引起注水井油套管金属的腐蚀外,还存在结垢、硫酸盐还原菌繁殖加深腐蚀等问题。因此,对注水井环形空间水的处理,除了加入缓蚀剂外,还应加入阻垢剂和杀菌剂,如中原油田的 HK—1 环空保护液。

8.3.5　药剂的配伍

在油田油井和油气集输系统中,缓蚀剂与破乳剂等药剂同时使用,而在整个水处理系统中,缓蚀剂与阻垢剂、杀菌剂和净水剂等多种药剂也几乎同时加投使用,因此,应当特别注意各药剂之间的配伍问题。例如,水处理系统使用的药剂能与水互溶;药剂不会出现沉淀或者发生"盐析"现象;各类药剂之间能够互溶,不产生沉淀和降效等不利影响。

此外,为了充分发挥各类药剂的效果,应定期清洗系统,清洗设备表面的沉积物和污垢,使缓蚀剂与腐蚀点充分接触,以达到好的缓蚀效果。

8.3.6　缓蚀剂对环境的影响

应当尽可能采用环保的、低毒的缓蚀剂,而且废水排放时应考虑毒性消除处理的问题。许多高效的缓蚀剂都带有毒性,导致其使用范围受到限制。例如,铬酸盐在中性水溶液中是高效的氧化膜型缓蚀剂,较少的用量即可达到很好的缓蚀效果,能对钢铁以及大多数其他金属进行有效的保护。但是,由于 6 价的铬会在人体和动物体内积累,对人体健康造成危害,因此在许多场合需要改用其他缓蚀剂代替铬酸盐。另外,有些缓蚀剂(如亚硝酸盐)会助长细菌和藻类的大量生长,使用时需要添加杀菌灭藻剂。总之,现代缓蚀剂的研制和应用都必须特别注意环境保护问题,环境友好的缓蚀剂是其未来的发展方向。

8.4 缓蚀剂性能的测试与评定

缓蚀剂性能的测试方法实际上就是金属腐蚀速率的测量方法,即测量不同条件下,腐蚀介质中加入缓蚀剂前、后金属的腐蚀速率,对比后确定缓蚀效率和最佳使用条件。腐蚀速率可用通用单位表示,如每平方米金属表面积每小时的腐蚀质量 $g/(m^2 \cdot h)$、一年内金属表面的腐蚀深度(mm/a)等。

缓蚀剂性能的测试方法可分为静态试验和动态试验两类。动态试验又可分为实验室动态试验和现场动态试验。静态试验时,金属试样和介质处于静止状态。油气田主要采用的有密闭法和开式法,实验设备与操作都较为简单,但所得测试结果与实际应用出入较大,因此主要用于缓蚀剂的初步筛选和评定。在动态试验中,实验室动态试验占有很重要的地位。这是因为,缓蚀剂的筛选和评定工作量较大,只能在实验室模拟现场条件下进行,而且试验方法力求迅速。而由于实验室并不能完全模拟生产现场的介质条件等情况,因此实验室的模拟结果还需要在生产实践中进行验证,从而得出最终结论。

8.4.1 失重法

失重法目前应用最广泛,它通过称量金属试样在浸入腐蚀介质一定时间后的失质量来确定金属试样在该条件下的腐蚀速率,从而评定缓蚀剂的缓蚀性能。该方法的缺点是得到的是金属试样在一定时间内的平均失质量,因此只对全面腐蚀有效,而对于局部严重腐蚀的金属则不能反映腐蚀的实际情况。

采用失重法时,试样表面在腐蚀结束后通常会附有一层腐蚀产物或其他附着物,称重前必须要将其清除。在清除表面附着物前,需要仔细观察试样表面的颜色、腐蚀产物的附着状况、致密程度以及分布情况等,并做详细记录。必要时还需拍照及收集腐蚀产物样品进行化学分析或微观分析。在清除腐蚀产物后,要仔细观察试样表面有无坑蚀、开裂等局部腐蚀现象,并根据实验要求考虑是否进行材料力学性能的研究。

腐蚀产物的清除通常有物理(机械)法、化学法和和电化学法 3 种方法:①物理(机械)方法,试样从腐蚀介质中取出后,先在水中冲洗,然后用橡皮、毛刷等不损伤金属基体的工具刷洗,除去绝大部分厚而疏松的腐蚀产物。有些不容易去除的,也可用超声波方法除去。②化学方法,利用化学药剂与金属表面的附着物发生化学反应,溶解除去腐蚀产物和其他附着物,但不损伤金属基体。③电化学方法,将试样作为阴极浸泡在适当的电解质溶液中,加入辅助阳极,在较大的电流密度下进行电解,利用试样表面产生氢气气泡的物理作用,将腐蚀产物和附着物从金属表面剥离。

必须指出,用化学方法或者电化学方法清洗时,需要空白试样进行对比试验。如果空白试样的失重比由于腐蚀引起的平均失重高出 10% 以上,则这种清洗液对试样的腐蚀较重,不宜采用,需要更换其他清洗液。在化学或电化学清洗之后,必须立即用水清洗,除去黏附在试样上的清洗液,用无水乙醇脱水,放入干燥器中 5~10 h,然后称重,进行失重以及腐蚀速率和缓蚀效率的计算。

下面着重介绍石油工业的油气井酸化缓蚀剂缓蚀效率的静态失重法。

1. 试验条件和技术要求

(1) 试验条件。试验温度为 60℃,90℃,120℃,150℃,180℃;试验压力为常压(60℃和90℃)和 30MPa(120℃,150℃和 180℃在高压釜内进行);试片为 N80 油管钢,J-55 油管钢或其他油管钢;试验酸液为 15%～28%HCl 溶液,土壤溶液由 3%～6%HF 和 6%～12%HCl 组成,酸液浓度误差不超过±0.2%;酸液用量为每平方厘米试片表面积,盐酸或土壤溶液为 15 mL;试验时间为 4 h,若现场施工条件要求,可延长试验时间。

(2) 试验技术要求。盐酸溶液用玻璃容器,土壤溶液使用聚四氟乙烯容器。试验次数,一般要做 3 个平行试验,必要时重复平行试验以保证实验数据的准确可靠。

2. 试片的加工和清洗

(1) 试片加工。用油管钢经过铣、磨、钻等机加工制得,试片表面清洁度应达到 Δ_7 要求,应避免敲打及热处理。试片形状为长方形,尺寸为 50 mm×10 mm×3 mm,公差要求为±0.2 mm。

(2) 试片的清洗和称重。先用石油醚清洗试片在加工中残留的油脂,然后用无水乙醇清洗水汽或杂质,洗涤应用镊子夹持进行,然后用冷风吹干,储存于干燥器中,30min 后在分析天平上进行称量,把称好的试片再放进干燥器中保存待用。实验做完后,取出试片进行清洗除去试片上的腐蚀产物和附着物,在分析天平上称量,计算出腐蚀的质量损失。

3. 试验结果评价

(1) 试片表面状况的描述。对于试片腐蚀后表面是否光亮均匀,是否有斑蚀、点蚀、氢鼓泡等现象,进行详细记录,对腐蚀严重的试片,注意拍照并保留试片。

(2) 试验溶液的描述。实验前、后都应观察酸液是否透明清亮,是否有分层、乳化、混浊、沉淀等现象,并记入试验结果报告中。

(3) 腐蚀速率和缓蚀效率计算。

(4) 试验结果报告。试验结果报告包含酸液浓度、配方和用量,缓蚀剂名称和用量;试验温度、压力、时间;试片材质、名称和化学组成;试片质量损失;试片表面腐蚀现象;腐蚀速率和缓蚀效率等内容。

8.4.2 电化学法

电化学法是一种间接方法,测量时先对电极进行"阴极"和"阳极"极化,根据极化曲线推算出腐蚀电流密度 i_{corr},再换算出腐蚀速率。下面主要介绍极化曲线法和线性极化法在缓蚀剂性能测试和评定中的应用。

1. 极化曲线法

利用电化学测量技术测得以金属电极自腐蚀电位为起点的完整极化曲线,如图 8-12 所示。

极化曲线可分为 3 个区:线性区——AB 段;弱极化区——BC 段;塔菲尔区——CD 段。在 $E-\lg i$ 图上将塔菲尔区的 CD 段外推,使其与自腐蚀电位 E_{corr} 的水平线相交于 O′点。该点所对应电流密度即为金属的自腐蚀电流密度 i_{corr}。根据法拉第定律,即可将电流密度 i_{corr} 换算为腐蚀速率。

对于阳极极化曲线不易测准的中性水溶液体系,通常是用阴极极化曲线的塔菲尔直线外推与 E_{corr} 的水平线相交来求得 i_{corr} 的。这种利用极化曲线的塔菲尔直线外推求得腐蚀速率的方法称为极化曲线法或者塔菲尔直线外推法。

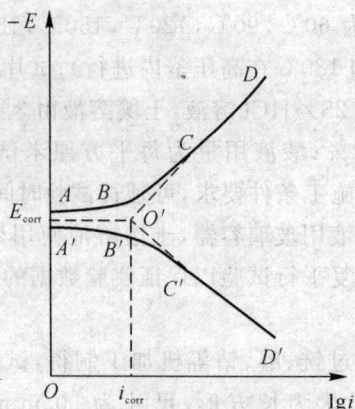

图 8 - 12　外加电流的活化极化曲线

极化曲线法只适用于活化控制的腐蚀体系,如金属在酸中的析氢反应腐蚀。对于浓差极化较大的体系、电阻较大的溶液以及在强烈极化时金属表面发生钝化或溶解的情况则不适用。利用极化曲线法评定缓蚀剂是基于缓蚀剂会抑制腐蚀电极反应,降低腐蚀速率,从而改变受抑制的电极反应的极化曲线走向,如图 8 - 13 所示。在缓蚀剂加入后,阴、阳极理想极化曲线的交点由 S_0 移动到 S,腐蚀电流密度则由 i_0 移动到 i,腐蚀电流密度明显减小,说明缓蚀剂起到了显著的缓蚀作用。根据缓蚀剂对电极反应的抑制机理不同,即极化曲线走向的不同,可以将缓蚀剂分为阴极、阳极和混合抑制型缓蚀剂。

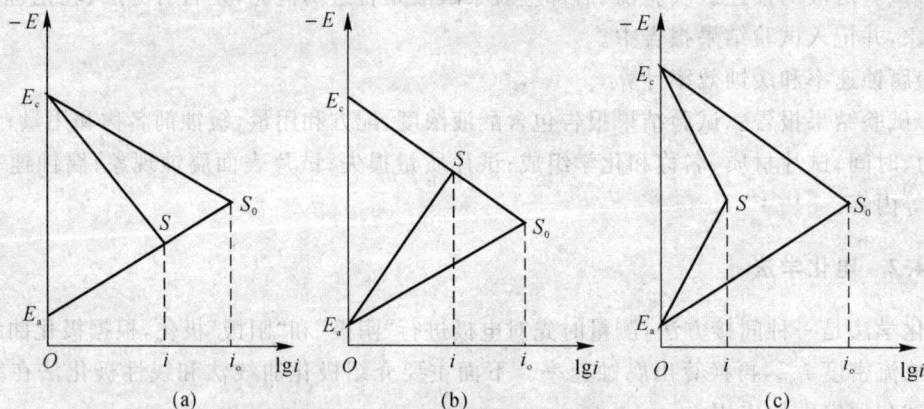

图 8 - 13　缓蚀剂阻滞电极反应过程的极化曲线

(a)缓蚀剂阻滞阴极过程(阳极型)；　(b)缓蚀剂阻滞阳极过程(阴极型)；　(c)缓蚀剂阻滞阴、阳极过程(混合型)

根据极化曲线法得到腐蚀电流密度后,缓蚀剂的缓蚀效率 η 可通过下式获得:

$$\eta = \frac{v_0 - v}{v_0} \times 100\% = \frac{i_0 - i}{i_0} \times 100\% \qquad (8-19)$$

式中,i_0 和 i 分别是缓蚀剂加入前、后金属的自腐蚀电流密度。

极化曲线测量所用的仪器、药品和试验装置主要有恒电位仪、饱和甘汞电极、铂电极、金属电极、恒温水浴槽、盐桥、电解池、酸溶液(盐酸、硫酸、氢氟酸等)、缓蚀剂、盐酸和硫酸用玻璃烧杯或烧瓶、氢氟酸用塑料容器以及其他试件、夹具和预处理品。恒电位法的极化曲线测量操作步骤如下：

(1)将准备好的待测电极(面积尺寸一定)，经细砂纸打磨、石油醚脱脂、水洗、无水乙醇脱水、吹干后安装到夹具上，置于电解池中。

(2)接好电路，装好仪器。按恒电位仪的操作规程进行操作。恒电位仪的"电流测量"置于最大量程，预热、调零。测定待测电极的自腐蚀电位，调节给定电位等于自腐蚀电位，然后把"电流测量"置于适当的量程，再把"电源开关"置于"极化"，进行极化测量，即从电极的自腐蚀电位开始，由小到大增加极化电位。电位调节幅度可由 10 mV,20 mV,30 mV 逐渐增加到200 mV 左右。每调节一次电位值在 1～2 min 后读取电流值。以电位值为纵坐标，电流密度值(电流值除以电极面积值)对数为横坐标绘制极化曲线。

2.线性极化法

线性极化法是快速测定金属在腐蚀介质中腐蚀速率的一种电化学方法。其优点是快速、灵敏检测金属在介质中的腐蚀速率。它适用于任何电介质溶液所构成的腐蚀体系，由于它极化电流很小，因此不至于损坏电极表面状态，用一个电极可以多次连续测量，可测不同缓蚀剂品种，并且适用于现场监控。

线性极化的原理是金属电极在腐蚀介质中，施加一外加电流对电极进行极化，使金属(工作)电极的电位在自腐蚀电位附近变化(±10 mV)，此时，施加的电位 ΔE 对应产生 Δi 电流，ΔE 对 Δi 为线性关系。根据斯特恩(Stern)和盖里(Geary)的理论推导，对于活化极化控制的腐蚀体系，极化电阻率与自腐蚀电流密度之间存在如下关系：

$$R_P = \frac{\Delta E}{\Delta i} = \frac{b_a b_c}{2.303(b_a + b_c)} \frac{1}{i_{corr}} \qquad (8-20)$$

式中，ΔE 为极化电位(V)；Δi 为极化电流密度(A/cm^2)；R_P 为极化电阻率(Ω·cm^2)；i_{corr} 为自腐蚀电流密度(A/cm^2)；b_a,b_c 分别为常用阳、阴极塔菲尔常数(V)。

式(8-20)还包括了腐蚀体系的两种极限情况：

(1)当局部阳极反应受活化控制，而局部阴极反应受氧化剂的扩散控制时(如氧的扩散控制)，$b_c \to \infty$，式(8-20)可简化为

$$R_P = \frac{\Delta E}{\Delta i} = \frac{b_a}{2.3 i_{corr}} \qquad (8-21)$$

(2)当局部阴极反应受活化控制，而局部阳极反应受钝化控制时(如不锈钢在饱和氧的介质中)，$b_a \to \infty$，式(8-20)可简化为

$$R_P = \frac{\Delta E}{\Delta i} = \frac{b_c}{2.3 i_{corr}} \qquad (8-22)$$

对于一定的腐蚀体系，如果 b_a,b_c 为常数，则 $B = \frac{b_a b_c}{2.303(b_a + b_c)}$ 也为常数，因此 R_p 值可描述为

$$R_P = \frac{\Delta E}{\Delta i} = \frac{B}{i_{corr}} \qquad (8-23)$$

式中的 B 值是仅与 b_a,b_c 有关的常数。显然，极化电阻率 R_p 与自腐蚀电流密度 i_{corr} 成反比。根据法拉第定律可以直接将 i_{corr} 换算为腐蚀速率，因此，评选缓蚀剂缓蚀性能或筛选耐蚀金属材料和评价防锈材料时，只要分别测量 R_p 值，就可以相对比较它们的缓蚀、防锈和耐蚀性能，从而选出性能好的缓蚀剂、防锈材料和耐蚀金属材料。现在市面上出售的线性极化金属腐蚀测

试仪正是以此原理为基础研发的。用线性极化腐蚀测试仪测量的极化电阻，再乘以工作电极的表面积，就得到极化电阻率 R_p，从而估算出腐蚀速率值的大致范围。确定 B 值的方法有几种，可用一般常用的极化曲线法和质量损失法；有的可以在文献资料上查到；有的可以根据腐蚀体系的电化学特性和规律，在有限数据范围内选用适当的数值。

8.5　缓蚀剂在石油工业中的应用

石油工业是应用缓蚀剂最多的生产部门。从石油的钻探、开发、集输到炼制，经常需要使用缓蚀剂。油气田进行酸化必须应用高温酸化缓蚀剂；对于开发高含硫的油气田，由于硫化氢气体对钻杆设备和油套管的严重腐蚀，必须使用抗硫化氢腐蚀的缓蚀剂；油田含油污水处理回注等也要使用缓蚀剂进行防腐处理。

H_2S 化学腐蚀可引起多种类型的腐蚀，如氢脆和硫化物应力腐蚀破裂等。渗入钢材的氢会使强度或硬度较高的钢材晶格变形，致使钢材韧性变差，甚至引起内部微裂纹，这些都会使钢材变脆，即为氢脆。硫化物应力腐蚀破裂，就是在拉应力或残余张应力加速下，钢材氢脆微裂纹扩展直至材料破裂的过程。干燥的 H_2S 对金属材料没有腐蚀破坏作用，只有溶解在水中的 H_2S 才具有腐蚀性。H_2S 一旦溶于水，便立即电离，使水的 pH 值下降，呈酸性。不同 H_2S 浓度下生成的腐蚀产物性质不同，浓度为 5.0 mg/L 时形成的腐蚀产物为 FeS 和 FeS_2，FeS 比较致密，对金属有一定的保护作用；浓度为 5.0～20 mg/L 时形成的腐蚀产物是 Fe_9S_8，Fe_9S_8 较为疏松，无保护作用。

二氧化碳腐蚀是非含硫油气田的主要腐蚀介质。当没有电介质(水)存在时，二氧化碳不发生腐蚀；当有水出现时，二氧化碳溶于水生成碳酸，碳酸使水的 pH 下降，水中 H^+ 离子的含量增多，氢离子是强去极化剂，极易夺取电子而还原，促进阳极溶解而对钢产生氢去极化腐蚀。在含 CO_2 的油气环境中，钢铁表面在腐蚀初期可视为裸露表面，随后将被碳酸盐腐蚀产物膜所覆盖。因此，水溶液对钢铁的腐蚀，除了受氢阴极去极化反应速率的控制，还与腐蚀产物是否在钢表面成膜，膜的结构和稳定性有着十分重要的关系。钢材受 CO_2 腐蚀而生成的腐蚀产物是易溶的，在金属表面不易形成保护膜。CO_2 腐蚀受温度的影响很大，当温度升高时，碳酸的电离度增大，从而大大促进腐蚀。

油井产出水通常矿化度较高，并且含有较高浓度的 SO_4^{2-}，Cl^-，HCO_3^- 等离子。带负电荷的 Cl^- 会优先吸附在钢铁表面，其存在往往会阻碍保护性硫化铁膜的形成。由于 Cl^- 的离子半径较小，具有较强的穿透能力，它会通过钢铁表面硫化物膜的细孔和缺陷渗入膜内，形成孔蚀核。Cl^- 的继续渗入会加速孔内铁的溶解，造成油管穿孔，抽油杆断脱。SO_4^{2-} 容易与 Ca^{2+}，Mg^{2+} 等其他离子反应产生沉淀，形成垢下腐蚀。垢的存在能形成电化学腐蚀，垢下的局部区域为腐蚀的阳极区，如果阴阳极面积比足够大，就会形成大阴极、小阳极的电偶腐蚀，大大加快腐蚀速率。另外，油井产出水中通常含有硫酸盐还原菌(SRB)、腐生菌(TGB)和铁细菌等细菌。其中主要是 SRB 导致了钢材的腐蚀。其腐蚀机理为 SRB 的存在促使 SO_4^{2-} 还原为 S^{2-}，同时 SRB 的产物生成 S^{2-}，加速电化学腐蚀，并有铁的硫化物(Fe_9S_8，FeS)生成。

8.5.1　油井酸化缓蚀剂

油井酸化工艺又称酸处理工艺，是指借助于酸化压裂设备把盐酸、土酸(氢氟酸与盐酸混合液)或其他酸溶液注入地层,通过酸液对岩石的溶蚀作用,扩大油层岩石的渗透通道,溶解渗流通道中的堵塞物或造成人工裂缝,使油气通道畅通,以达到增产油气目的的作业[2]。下面重点介绍几种常用的酸化缓蚀剂。

1. 7461 - 102 缓蚀剂

7461 - 102 缓蚀剂是由煤焦油吡啶釜渣、工业酒精和匀染剂 102 制成的。匀染剂 102 是一种非离子型表面活性剂,学名为聚氧乙烯脂肪醇醚,分子式为 $RO(CH_2CH_2O)_nH$,其中 n 为 $25\sim30$,R 为 $C_{12}H_{25}\sim C_{18}H_{37}$。

7461 - 102 的缓蚀作用主要是由于发生阴极控制所引起的,并且随 7461 - 102 浓度的增加,阴极控制过程越显著。7461 - 102 缓蚀剂在油田中使用的防腐蚀效果较甲醛、若丁好;加入乌洛托品后缓蚀效果显著提高;和乌洛托品、碘化亚铜复配后缓蚀效果进一步提高,可用于深井和超深井酸化施工。

2. 7701 酸化缓蚀剂

7701 酸化缓蚀剂由 4 -甲基吡啶釜残、氯化苄、工业酒精和匀染剂 102 制成,是一种含有多种烷基吡啶和喹啉类的苄基季胺盐物质。4 -甲基吡啶釜残是制药厂废料,含有各种烷基吡啶和喹啉类物质。釜残与氯化苄反应生成苄基季胺盐。匀染剂 102 和工业酒精起着乳化增溶、分散稳定和溶剂的作用,有利于缓蚀性能提高。

7701 酸化缓蚀剂在盐酸和土酸溶液中,对钢铁具有较好的缓蚀作用,对 Fe^{3+} 和 H_2S 有较强的抑制作用。与乌洛托品或甲醛、碘化物复配,缓蚀效果进一步提高,是优良的高温酸化缓蚀剂,在我国深井、超深井酸化施工中广泛使用。对其按照石油专业评价酸化缓蚀剂的方法(标准)进行试验的结果如表 8 - 3 所示,试片是 N80 油管钢。

表 8 - 3　7701 缓蚀剂的缓蚀实验[1]

腐蚀介质 %	缓蚀剂浓度 %	试验温度 ℃	试验压力 MPa	试验时间 h	腐蚀速率 $g \cdot m^{-2} \cdot h^{-1}$	试片状况
15%HCl+2%HAc	空白	60	0.1	2	633	腐蚀严重
	7701　1.0	60	0.1	4	0.64	很光亮
	7701　1.0	80	0.1	4	2.98	很光亮
	7701　1.0	90	0.1	4	9.88	光亮
28%HCl+2%HAc	乌洛托品 0.5 7701(复合) 1.5	90	0.1	4	6.01	光亮
	7701(复合) 3.0	120	15	4	21.37	较光亮
	7701(复合) 3.5	150	15	4	60.30	较光亮
2%HCl+2%HAc	7701(复合) 3.5	180	15	4	56.01	较光亮

3. CT1 - 2 酸化缓蚀剂

CT1 - 2 是由四川石油管理局天然气研究所研究的一种性能较好的高温浓盐酸酸化缓蚀剂,由环己酮、苯胺、甲醛、丙炔醇和甲酰胺等制成。在浓度为 28% 的盐酸溶液中,在 150℃ 温度下对 N80 油管钢有较好的缓蚀作用,抗硫化氢腐蚀性能好。已在我国四川、胜利、长庆、新疆等油田深井酸化施工中使用,获得较好效果。

4. 炔醇类化合物

炔醇类化合物,尤其是丙炔醇和己炔醇,在高温酸液中对钢铁有较好的缓蚀作用。工业应用较多的是丙炔醇,其在 90℃盐酸溶液(28%浓度)中对钢铁的缓蚀效果比其他有机缓蚀剂好,在较高温度下(100～150℃)仍具有一定缓蚀作用。与有机胺化合物复配后缓蚀效果更好,工业上通常将其和含氮的有机化合物复配使用。

8.5.2 采油、采气生产用缓蚀剂

1. 气井缓蚀剂

含硫气田,特别是高含硫气田的腐蚀防护是开发天然气中一项十分重要的工作。由于采出的天然气含有大量硫化氢、二氧化碳、卤水等浸蚀性物质,严重腐蚀井口采气设备和井下油管、套管等,所以造成闸门丝杆断裂,油管、套管穿孔断裂,集输管线爆破等事故。因此,国内外都十分重视硫化氢引起的腐蚀问题,较好的办法是定期向油气井投加抗硫化氢腐蚀的缓蚀剂。

我国四川省石油管理局天然气研究所在研究和应用气井缓蚀剂抗硫化氢腐蚀工作方面取得了较好的成绩。早在 20 世纪 70 年代,他们就研制出了 1901 缓蚀剂,用于含硫天然气井及天然气集输管道防腐。1901 是以制造雷米砜的下脚料即 4-甲基吡啶釜残为原料,经减压蒸馏切取的残压为 10 毫米汞柱、温度为 60～186℃的馏分,为黄绿色液体,具有强烈的吡啶臭味,溶于醇类,不溶于水,相对密度 0.957,主要成分为二甲基吡啶及甲基吡啶。由于 1901 有恶臭,污染环境,加注条件恶劣,因此天然气研究所随后开发了 CT2-1,CT2-2,CT2-3 等系列产品。CT2-1 缓蚀剂是高效油溶性液态缓蚀剂,对 H_2S,CO_2 等酸性气体造成的均匀腐蚀、局部腐蚀均有显著的缓蚀作用,抗硫化氢腐蚀性能优于 1901 以及美国引进的产品 A162。CT2-1,1901 和 A162 缓蚀剂对 DZ_2 钢在 40℃,3 d 条件下的抗硫化氢腐蚀效果如表 8-4 所示。可以看出,CT2-1 的液相缓蚀效果较好,1901 的气相缓蚀效果较好,A162 则较差。

表 8-4 CT2-1 和 1901 缓蚀剂的抗硫化氢腐蚀效果[3]

缓蚀剂	浓度/(mg·L^{-1})	腐蚀相	腐蚀速率/(mm·a^{-1})	缓蚀率/(%)
CT2-1	0	液	0.1672	0
	500	液	0.0158	97.6
	2 000	液	0.006 6	99.0
1901	500	液	0.0317	95.3
A162	500	液	0.0502	92.5
CT2-1	0	气	1.856 5	0
	500	气	0.671 9	63.8
	3 000	气	0.019 8	98.9
1901	20 000	气	0.000 5	99.97
A162	500	气	1.345 1	27.5
	3 000	气	0.051 5	97.2

此外,针对含硫气井进入生产开发后期,产水量增大,对生产井的液面以下部位和气液界面造成腐蚀这一情况,天然气研究所研制出了 CT2-4,CT2-14 水溶性抗硫化氢腐蚀缓蚀剂。CT2-4 是液体缓蚀剂,其产品性能指标如表 8-5 所示[4]。CT2-14 是棒状缓蚀剂,其物化性能如表 8-6 所示[5]。这两种缓蚀剂都具有较好的抗硫化氢腐蚀性能,其缓蚀性能试验结果如表 8-7 所示。试验条件为 H_2S 含量($1\,000\pm50$) mg/L,质量分数 5% 的 NaCl 盐水溶液,周期 72 h,试片材质为 SM80,温度为(40 ± 2)℃。

表 8-5 CT2-4 缓蚀剂的性能指标[4]

项目	指标	项目	指标
外观	棕红色液体	密度/(g·cm⁻³)(20℃)	1.025～1.030
气味	微胺味	凝固点/℃(≤)	-10
pH	7～8	溶解性	溶于水

表 8-6 CT2-14 缓蚀剂的性能指标[5]

项目	指标	项目	指标
外观	棕红色圆柱体	密度/(g·cm⁻³)(20℃)	1.10～1.60
尺寸 长/mm	250～750	软化点/℃(≥)	65
直径/mm	36	溶解性	溶于盐水

表 8-7 CT2-4 与 CT2-14 的缓蚀性能评价[5]

缓蚀剂	缓蚀剂浓度/(mg·L⁻¹)	腐蚀速率/(mm·a⁻¹)	缓蚀率/(%)	试片表面状况
空白	0	0.923 6		均匀腐蚀
CT2-14	25	0.044 8	95.14	光亮
	50	0.031 7	96.57	光亮
CT2-4	25	0.036 3	96.07	光亮
	50	0.046 2	95.00	光亮

国产抗硫化氢腐蚀的气井缓蚀剂还有咪唑啉,酰胺类,取代硫脲,粗喹啉,兰 4-A,1074,氧化松香胺,聚环氧乙烷基胺等。部分常用国产抗硫化氢腐蚀缓蚀剂如表 8-8 所示。

表 8 - 8　部分常用国产抗硫化氢腐蚀缓蚀剂[6]

缓蚀剂	主要组分
7019	蓖麻油酸、有机胺和冰醋酸的缩合物
兰 4 - A	油酸、苯胺、乌洛托品缩聚物
1011	聚氯乙烯、N-油酸乙二胺
1014	环氧丙烷与 N-油酸乙二胺加成物
1017	多氧烷基咪唑啉的油酸盐
7251(G - A)	氯化 4-甲吡啶季铵盐同系物的混合物

2. 油井缓蚀剂

随着油田开发时间的延长,综合含水率不断增加。油井采出的油水中含 H_2S,CO_2 溶解氧、有机酸、硫酸盐还原菌,以及水的矿化度较高,对油井油管、套管和原油集输系统造成腐蚀。不少油田发现油井油管、套管腐蚀穿孔、变形和断裂,原油集输系统管线穿孔现象日益严重,直接影响了油田的正常生产。国外 20 世纪 70 年代就开展了油井缓蚀剂保护的研究工作,添加缓蚀剂不仅可以保护油管、套管及井下设备,还可以防止集油管线和设备的腐蚀,是一项低成本、容易实施、见效快的措施。国外较好的油井缓蚀剂主要类型有丙炔醇类、有机胺类、咪唑林类和季胺盐类等。中原油田应用的 ZSY92—1 油井缓蚀剂是以合成的炔氧甲基胺盐和炔氧甲基季胺盐复配而成,为水溶油分散吸附成膜型的缓蚀剂。该缓蚀剂能在高盐浓度和二氧化碳饱和条件下,对 N80 钢和 A3 钢的腐蚀进行有效控制,当缓蚀剂浓度在 60～70 mg/L 时,缓蚀率为 80%～90%。在 90℃ 浓度为 28% 的盐酸中,缓蚀剂浓度为 0.2% 时,腐蚀速率仅为 5 g/(m^2 · h),缓蚀率大于 99%[6]。随着大庆油田开采不断深入,进入高含水开发期后,油井设备腐蚀问题日益严重,给油田的开采带来了巨大的经济损失。为此,研究者们采用有机酸(油酸、脂肪酸)与有机多胺反应缩合形成咪唑啉环,得到了咪唑啉缓蚀剂[7]。在该反应过程中有机多胺中的氮原子上的氢先被羧酸中的羧基取代,发生酰基化反应,然后再脱去一分子水缩合成环。咪唑啉缓蚀剂在大庆油田 3 个具有代表性的油田区块的缓蚀作用效果如表 8 - 9所示。

表 8 - 9　咪唑啉缓蚀剂的缓蚀作用效果[7]

现场环境	腐蚀介质	腐蚀环境温度/℃	测试时间/h	药剂浓度/(mg · L^{-1})	缓蚀率/(%)
英 51 区块	英 51-11-斜 5 井采出液	90	24	100	92.14
新站区块	60-74 井采出液	70	24	100	96.14
头台区块	J67-82 井采出液	70	24	100	93.14

8.5.3　输油管道缓蚀剂

当原油含水较高时,由于油水比重差较大,端点加破乳剂,油水两相容易分离,所集输管线内的底表面被水润湿,游离水集中在管线底部,水中的溶解氧、二氧化碳、硫化物及细菌等参与腐蚀的物质直接与金属表面接触,导致管线有水的底部出现腐蚀。输油管道的腐蚀主要可以分为微电池腐蚀、耗氧腐蚀、二氧化硫腐蚀、H_2S-H_2O 型腐蚀、二氧化碳腐蚀、细菌腐蚀及原油沉积水腐蚀。

针对彩南－石西－克拉玛依油田集输管线的腐蚀主要是硫化物,尤其是硫化氢引起的这一现状,研究者们开发出了 XYH－1 缓蚀剂[8]。XYH－1 缓蚀剂主剂为有机胺类物质,在分子结构中具有可吸附在金属表面的亲水基团和遮蔽金属表面的疏水基团。亲水基团定向吸附在金属表面而疏水基团则阻碍水及其他腐蚀介质向金属表面扩展,从而产生屏蔽作用,减缓金属腐蚀。XYH－1 缓蚀剂适用于高浓度硫化氢及氯离子的腐蚀环境;可用于水介质、油介质及油－水两相介质。如果金属表面已有腐蚀产物或被垢沉积物覆盖,则需加入一定量的表面活性剂作为增效剂,帮助缓蚀剂形成满意的吸附膜。XYH－1 缓蚀剂在模拟油田集输管线腐蚀环境中的动态腐蚀实验结果如表 8－10 所示。试验中采用石西油田的油、水样品作为腐蚀介质,实验时间为 72 h。

表 8－10 XYH－1 缓蚀剂的动态腐蚀实验结果[8]

缓蚀剂	药剂加量/(mg·L^{-1})	H_2S 浓度/(mg·L^{-1})	缓蚀率/(%)	试验介质	腐蚀现象
XYH－1	50	1 000	93.4	油相	均匀腐蚀
XYH－1	50	500	99.3	油相	均匀腐蚀
XYH－1	50	300	95.6	油相	均匀腐蚀
XYH－1	50	1 000	82.1	水相	点蚀
XYH－1	50	500	82.1	水相	均匀腐蚀
XYH－1	50	300	57.5	水相	均匀腐蚀

目前,缓蚀剂技术正向着低毒环保的植物型方向发展。试验表明,植酸(IP_6)适用于输油管线和油气井缓蚀,具有沉降不易被介质带走的特点,能有效抑制采出水造成的集输管线腐蚀[9]。植酸(Phytic acid)是肌醇六磷酸脂,即环己六醇六磷醋,是一种淡黄色或淡褐色的浆状液体。植酸是一种少见的金属多齿螯合剂,对 Fe^{3+},Cu^{2+},Zn^{2+} 等有着特别强的螯合能力。其结构中具有能同金属配合的 24 个氧原子、12 个羟基和 6 个磷酸基,6 个磷酸基只有一个处在 a 位,其他 5 个均在 e 位上,其中有 4 个磷酸基处于同一平面上。植酸易溶于水,在水溶液中易电离出氢离子,电离后其带负电荷,当金属与其接触时,易失去电子,带正电荷。并且每个磷酸基中的氧原子都可以作为配位原子和金属离子进行螯合,故其极易与金属表面带正电荷的金属离子结合,形成多个螯合环,在金属表面发生化学吸附,同金属络合形成极稳定的络合物,即使是在强酸性环境中。植酸在金属表面同金属络合时,易在金属表层形成一层坚固致密的单分子保护膜,从而有效阻止 O_2 等进入到金属表面,抑制金属的氧化腐蚀。表 8－11 给出了植酸作为缓蚀剂及其与表面活性剂十二烷基苯磺酸钠(DBSAS)、聚乙二醇辛基苯基醚(OP)复配后,在原油(由抚顺石油二厂储油库提供)和 3.5%NaCl 溶液介质中对 16 锰钢的缓蚀效果。可以看出,植酸作为输油管线缓蚀剂效果较好,且与 DBSAS 和 OP 以 4:1:1 的比例复配后效果更加优异,缓蚀率可为 96% 以上。

表 8－11　植酸缓蚀剂缓蚀效果[9]

缓蚀剂	试样编号	试样面积 $10^{-4}\,m^2$	试片失重 g	平均腐蚀速率 $g \cdot m^{-2} \cdot h^{-1}$	缓蚀率 %
空白	A	35.12	0.012 09		
	B	34.77	0.012 74	0.435	
	C	38.74	0.012 89		
IP$_6$	A	45.48	0.002 00		
	B	38.98	0.001 96	0.058	86.7
	C	41.14	0.001 84		
IP$_6$：DBSAS：OP(4：1：1)	A	35.46	0.000 6		
	B	35.12	0.000 8	0.016 4	96.2
	C	36.57	0.000 7		

8.5.4　炼油厂用缓蚀剂

原油加工过程中的腐蚀因素主要有 HCl，H_2S，CO_2 和有机酸等，它们与水共存时可形成各种复杂的腐蚀系统，如 $H_2O - HCl - H_2S$ 和 $H_2O - HCl - CO_2$ 等。由于石油加工过程中腐蚀因素复杂，腐蚀破坏形式多，因此很难找到一种理想的耐蚀材料来满足全部的防腐蚀要求，而采用缓蚀剂则是一种行之有效的方法。目前，炼油厂使用的缓蚀剂主要包含以下几类[10]。

1. 亚硝酸钠缓蚀剂

亚硝酸钠是目前广泛采用的一种水溶性缓蚀剂。亚硝酸钠水溶液可显著地抑制黑色金属的腐蚀，在蒸馏水中添加 0.005% 即有防锈效果，甚至当周围介质中含有 0.05% 氯化钠存在时，只要将亚硝酸钠的浓度增加到 0.03% 时即可抑制钢铁的锈蚀。但是当亚硝酸钠的浓度过低时，有可能加速腐蚀，使用时要十分注意。另外，亚硝酸钠具有毒性，长期接触使用，会对皮肤有过敏作用，进入体内毒性较大，有间接致癌的危害。

2. 铬酸盐和重铬酸盐缓蚀剂

铬酸盐和重铬酸盐是有色金属通用的水溶性缓蚀剂，对黑色金属也有良好的缓蚀性能。铬酸盐外观呈橘红色结晶状，水溶液对皮肤有一定刺激性，进入体内毒性较大，实际使用时应尽量避免手直接接触，使用受到一些限制。配制防锈水一般使用浓度为 0.5%～3%，如果水中含有氯化物或硫酸盐，则浓度要加大。重铬酸盐本身是一种强氧化剂，它既可使金属缓蚀，也会与其他缓蚀剂组分起反应，使缓蚀剂溶液不稳定，因此在选择复合添加剂时要注意。

3. 有机磷酸盐类缓蚀剂

有机磷酸盐类缓蚀剂通过磷原子进行吸附，可以在高 Ca^{2+} 和 CO_3^{2-} 含量以及较高 pH 值的水中抑制垢的形成和金属腐蚀。近年来，我国已研究出一些主要的有机磷酸盐类缓蚀阻垢剂，并在一些油田的注水系统中得到成功应用。这些缓蚀剂与低分子的聚丙烯酸以及聚磷酸盐等复配使用时会产生协同效应，从而提高缓蚀效率。但是这类缓蚀剂用作油田的缓蚀阻垢水处理剂时，容易产生含磷化合物引起水源富营养化，导致赤潮危害和湖泊藻类大量繁殖及水质恶化，因此其在工业方面的应用也越来越受到限制。

4. 咪唑啉类缓蚀剂

咪唑啉类缓蚀剂是含有长碳链的有机含氮化合物。分子中含有非极性的烃基和极性氨基，亲油性长链烃基使油溶性增强，易溶于油中。极性氨基氮原子上有未成键的孤对电子，可与金属形成配位键，在金属表面形成化学吸附；非极性的长链烃基处于垂直于金属表面的"林立"状，形成覆盖金属表面的吸附保护膜，从而起到缓蚀作用。但是由于咪唑啉类缓蚀剂的分子量小，与金属表面的吸附作用不强，在高温、强酸、强碱条件下易分解。

目前，我国用于炼油厂的缓蚀剂有 4502，1017，7019，兰 4 - A，尼凡丁 - 18 等，如表 8 - 12 所示。

表 8 - 12　部分国产炼油厂用缓蚀剂[6]

缓蚀剂	主要组分	备注
兰 4 - A	油酸、苯胺、乌洛托品缩聚物	抗氧化能力低
4501	$[R'{-}N{=}]\cdot Cl$（吡啶环，R 取代） R′为 $C_{12}\sim C_{20}$ 烷基，R 为 $C_3\sim C_4$ 烷基	兼有清洗、破乳作用
4502	$[R'{-}N{=}]\cdot Cl$（吡啶环，R 取代） R′为软蜡烷基，C 原子数为 16	兼有清垢作用，臭味少
1011	$C_{17}H_{33}CONHC_2H_4{-}N\begin{smallmatrix}(C_2H_4O)_m\cdot H\\(C_2H_4O)_n\cdot H\end{smallmatrix}$	油溶性稍差
1012,1014	环氧丙烷与 N-油酰乙二胺加成物	油溶性好
1017	多氧烷基咪唑啉油酸盐	油溶性好，相变部处缓蚀率高
尼凡丁 - 18	聚氧乙烯十八烷胺、异丙醇	对液相部分缓蚀率较高
7201	合成脂肪酸酰胺	乳化性少，主要原料成本低
7019	蓖麻油酸、有机胺和冰醋酸的缩合物	相变部位缓蚀率高
仿 Nalco - 165AC	咪唑啉酰胺、咪唑啉胺、咪唑啉、二酰胺、单酰胺	用于工艺循环冷却系统

8.5.5　油田污水缓蚀剂

油田含油污水矿化度高，含有溶解氧、二氧化碳、硫化物及细菌等，对油田污水处理及回注污水等注水系统的钢管线及设施存在腐蚀现象。目前，油田污水缓蚀的主要技术路线为将开放式系统改为闭式系统，将注水中的含氧量降低至 $0.02\sim0.05$ mg/L，从而使油田污水的腐蚀类型从主要是氧腐蚀转化为弱酸性的腐蚀（主要是 H_2S 和 CO_2 等的腐蚀），然后再使用有机缓蚀剂进行防腐蚀。油田污水使用的有机缓蚀剂主要类型有季胺盐类、咪唑啉类、脂肪胺类、酰胺衍生物类、吡啶衍生物类、胺类和非离子表面活性剂复合物等。其中效果较好的是季胺盐类和咪唑啉类,它们通常还具有较好的分散性,可以防止沉淀物对地层的堵塞。

中原油田开发以来,含水率不断上升,总矿化度高,氯离子大于 8×10^4 mg/L,且含有一定量的 CO_2,造成油井、集油管线和地面设备的严重腐蚀。为此,研究者们选用了合适的有机腈、有机酸和多乙烯多胺为主要原料,在催化剂存在下制得一种咪唑啉缓蚀剂产品 IM,并进行复配研究后得到新型咪唑啉缓蚀剂 IMC-石大 1 号[11]。这种油溶性咪唑啉缓蚀剂在中原油田污水腐蚀介质中的具有较好的缓蚀效果,试验结果如表 8-13 所示。在试验中,污水腐蚀介质测试温度为 (50 ± 1)℃,实验材料为 Q235 钢片,测试时间为 7 d。

表 8-13　IMC-石大 1 号缓蚀剂在中原油田污水介质中的缓蚀效果[11]

实验批号	缓蚀剂浓度 mg·L^{-1}	失重 g	腐蚀速率 g·m^{-2}·h^{-1}	平均腐蚀速率 g·m^{-2}·h^{-1}	平均缓蚀率 %
1	25	5.10	1.44×10^{-3}	7.600×10^{-4}	95.18
		1.40	3.95×10^{-4}		
		1.60	4.52×10^{-4}		
2	30	2.00	5.66×10^{-4}	4.050×10^{-4}	97.43
		1.10	3.11×10^{-4}		
		1.20	3.39×10^{-4}		
空白		41.90	2.38×10^{-2}	1.577×10^{-2}	
		37.30	1.05×10^{-2}		
		45.60	1.29×10^{-2}		

8.5.6　缓蚀剂的未来发展方向

进入 21 世纪,可持续发展战略已成为世界各国的共识,要实现人与自然的和谐发展,必须节约资源,减少因腐蚀造成的资源浪费。随着环境保护和安全意识的加强,研究和开发出对环境不构成破坏作用的无公害无毒的环境友好缓蚀剂,是缓蚀剂未来的研究方向。作为环境友好的绿色缓蚀剂,它应有以下特点:不仅要求其最终的产品对环境无毒、无害,而且在缓蚀剂的合成制备及使用过程中也应该尽量减少对环境的影响并降低生产成本,其中包括合成原料的选择、工艺条件的优化以及使用过程中采用复配技术提高缓蚀效率。因此,在今后缓蚀剂的研究中需要[12-13]:

(1)积极探索从天然植物、海产动植物中,提取、分离、加工新型缓蚀剂的有效成分并进行化学改性,提高缓蚀剂性能。

(2)利用医药、食品、农副产品、工业副产物进行分离,提取缓蚀剂组分,并进行复配或改性处理研制缓蚀剂,变废为宝,实现资源充分利用。

(3)运用量子化学理论和分子设计等先进科学技术合成高效多功能环境友好型的高分子型有机缓蚀剂;加强人工合成多功能基的低毒或无毒的有机高分子型缓蚀剂的研究工作,研究开发脂肪酸、氨基酸、葡萄糖酸、叶酸、抗坏血酸、丹宁酸、山梨酸、肉桂醛及其衍生物等含氮、氧化合物的环境友好有机缓蚀剂。

（4）对原料易得、价格低廉、环境友好的缓蚀剂之间进行复配筛选；借助现代大型分析仪器和科学理论，从分子和原子水平上研究复配缓蚀剂各组分间，以及缓蚀剂分子在金属表面上的行为及其作用机理，更好地指导缓蚀剂之间的复配协同工作。

（5）注意开发有机缓蚀剂与无机缓蚀剂间协同作用效应研究，研制出性能更好的复合缓蚀剂。油田功能化学药品用得越多，药品间的复配越难。因此，应加强研究无毒无污染的高效、多功能油田用缓蚀剂，而且要多利用炼油副产品作为原料，提取缓蚀剂组分，并进行复配或改性处理研制缓蚀剂，实现资源的充分利用，降低成本，节约资源。

（6）加强水、气共存的高温高压腐蚀环境中，缓蚀剂在金属表面的吸附及其对腐蚀电化学行为的影响研究，及在含固体颗粒时的冲蚀/腐蚀机理、规律及模型的基础研究。随着开采技术的发展，油气井越来越深，这种超深井井底的温度和压力很高，从理论上讲有些物质已达到超临界状态。处于超临界状态的物质的很多性质发生了变化，因此其腐蚀行为不同于常态，对超临界状态下 CO_2 腐蚀行为的初步研究证明了这一点。国内外关于超临界下油气井设备腐蚀及缓蚀剂控制的研究几乎为空白，开展相关研究意义重大。

（7）开展局部腐蚀缓蚀剂、混凝土钢筋缓蚀剂和油/水/气、气/液/固多相系统缓蚀剂的研究工作，开发高温（200℃以上）酸化缓蚀剂及炼油厂工艺缓蚀剂，满足工业生产发展的需要。

（8）研究苛刻环境和复杂要求下具有优良综合性能、可与其他防护手段联合使用、无污染的缓蚀剂。

参 考 文 献

[1] 李金桂，郑家燊. 表面工程技术和缓蚀剂. 北京：中国石化出版社，2007.

[2] 郑家燊. 缓蚀剂的研究现状及应用. 腐蚀与防护，1997,18(3):36-40.

[3] 沈长寿. CT2-1 缓蚀剂及应用. 石油与天然气化工，1997,26(1):59-60.

[4] 黄红兵，杨仲熙. CT2-4 水溶性油气井缓蚀剂的合成与应用研究. 石油与天然气化工，1996,25(4):231-235.

[5] 黄红兵，刘友家，艾天敬. 水溶性棒状缓蚀剂 CT2-14 的研究与应用. 石油与天然气化工，2000,29(4):91-94.

[6] 《油气田腐蚀与防护技术手册》编委会. 油气田腐蚀与防护技术手册（上册）. 北京：石油工业出版社，1999.

[7] 高文宇. 油井缓蚀剂研究与开发. 黑龙江：东北石油大学硕士学位论文，2007.

[8] 陈军. XYH-1 油田缓蚀剂的研究开发. 新疆石油学院学报，2001,13(2):49-52.

[9] 徐群杰，齐航，周小晶，等. 新型绿色缓蚀剂植酸的研究进展. 腐蚀与防护，2009,30(2):75-77.

[10] 王慧，李东胜. 缓蚀剂在石油化工领域的应用现状. 广州化工，2006,34(3):25-26.

[11] 王大喜，王明俊，王琦龙，等. IMC-石大1号新型咪唑啉缓蚀剂的合成和应用研究. 腐蚀与防护，2000,21(3):102-103.

[12] 任呈强，周计明，刘道新，等. 油田缓蚀剂研究现状与发展趋势. 精细石油化工进展，2002,3(10):33-37.

[13] 郑家燊，黄魁元. 缓蚀剂科技发展历程的回顾与展望. 材料保护，2000,33(5):11-15.

第9章 材料的腐蚀性与评价

材料的腐蚀性(Corrosivity，Corrodiblity)通常指材料在一定腐蚀性环境中的腐蚀程度，可采用一定试验周期内材料的失重(或增重)、腐蚀深度或腐蚀速率等指标来表示，也可以按腐蚀等级来表示。与材料腐蚀性相反的一个概念是材料的抗腐蚀性或材料的耐腐蚀性，是指材料在给定腐蚀环境中抵抗腐蚀的能力。材料在给定腐蚀环境中的腐蚀失重(或增重)越小、腐蚀速率越低，则材料的抗腐蚀性越高。

材料的腐蚀倾向由其热力学稳定性决定，热力学上不稳定的材料在腐蚀性环境中发生腐蚀是自发的。然而，腐蚀造成的破坏状况和程度大小则取决于腐蚀的动力学。对工程材料来说，绝大多数是多相合金，合金中的合金元素和相组成不仅影响合金腐蚀的热力学，而且影响合金腐蚀的动力学。同时，合金的热力学和动力学也受腐蚀介质和腐蚀进程等因素的影响，在不同的腐蚀介质中同一材料的腐蚀行为可能截然不同，材料成分或显微组织的微小差异会显著影响最终的腐蚀速率。为了定量地评定材料的耐蚀性和腐蚀程度的大小，需要科学的方法。腐蚀的类型不同，所采用的评定方法也不尽相同。

9.1 材料腐蚀性的评定方法

9.1.1 均匀腐蚀程度的评定方法

对于全面腐蚀情况下的均匀腐蚀，通常采用失重法、深度法和电流密度法来表征腐蚀的平均程度或腐蚀性。

1. 质量法

质量法(确切地讲应为质量法)灵敏、有效、用途广泛，是最基本的定量评定方法之一。质量法是根据腐蚀前、后的质量变化(增加或减少)来表示腐蚀的平均速率。若腐蚀产物全部牢固地附着于试样表面，或虽有脱落但易于全部收集，则常用增重法来表示，通常适用于材料在高温腐蚀环境下的情况。与此相反，如果腐蚀产物完全脱落或局部脱落，则往往采用失重法，通常适用于电解质溶液中腐蚀的情况。

在一定的腐蚀周期，平均腐蚀速度(单位时间、单位面积的质量变化)可表示为

$$v_w = \frac{\Delta W}{St} = \frac{|W - W_0|}{St} \tag{9-1}$$

式中，v_w 为以质量表示的腐蚀速率$[g/(cm^2 \cdot h)]$；$\Delta W = |W - W_0|$ 为试样腐蚀前质量 W_0 和腐蚀后质量 W 的变化量(g)；S 为试样腐蚀前的表面积(cm^2)；t 为试样腐蚀的时间(h)。

习惯上，通常将平均的腐蚀速率转换为每年的腐蚀深度(mm/a)，则式(9-1)可写成如下形式：

$$v_d = 8.76 \times 10^4 v_w / \rho = 8.76 \times 10^4 \frac{\Delta W}{\rho St} = 8.76 \times 10^4 \frac{|W - W_0|}{\rho St} \tag{9-2}$$

式中，v_d 为以深度表示的腐蚀速率（mm/a），ρ 为材料的密度（g/cm³）。

应该指出式（9-1）和式（9-2）计算的腐蚀速度，是假定整个试验周期内腐蚀始终以恒定的速率进行，而实际中常常并非如此。如果在腐蚀后，试样表面出现明显的点腐蚀，还需要进行腐蚀形态分析，即统计单位面积上点腐蚀的数量和点腐蚀的深度，尤其是测量最大点腐蚀的深度，由腐蚀周期计算得到最大的点腐蚀速率。

腐蚀过程中腐蚀速率往往是随腐蚀的时间而变化，这对腐蚀的研究和腐蚀速率的对比尤其重要。腐蚀试验的周期太长，既没有必要也不经济；腐蚀周期过短，腐蚀过程尚未达到稳态，所得到的数据分散也不可靠。因此，必须恰当地确定试验周期。

一般来说，腐蚀速率越高，腐蚀的周期应该越短。如果腐蚀速率是中等的，可以粗略用下式估算腐蚀试验的周期 T(h)：

$$T = \frac{50}{v_d} \tag{9-3}$$

因此，当对比腐蚀性时，应该特别注意腐蚀试验的周期是否相同。

在实验室进行腐蚀试验时，全浸试验是常用的方法。全浸试验是在整个试验周期内研究材料的试样一直浸泡在腐蚀溶液中，到达规定的试验周期后取出试样，再进行称重和分析。

下面以 GB 10124 为例说明实验室腐蚀试验的要求和步骤。

(1)试样。试样的形状和尺寸由被试材料的原始条件及所使用的试验容器而定，应尽量采用单位质量表面积大的、侧面与总面积之比值小的试样。一般情况下，与轧制或锻造方向垂直的面积不得大于试样总面积的一半。每个试样表面积不应小于 10 cm²。推荐两种形状的试样，它们的规格为板状试样，外形尺寸 $l \times b \times h$ 为 50 mm×25 mm×(2～5) mm；圆形试样，外形尺寸 Φ30 mm×(2～5) mm。一次试验应该有 3 个平行试样。如果试样需要悬挂，允许在试样上钻孔，但孔径不应大于 4 mm。

为了提高试验结果的均一性，可用砂纸研磨或其他机械方法去掉原始金属表面层。试样最终的表面使用符合 GB 2477 规定的 120 号粒度的水砂纸进行研磨，在同一张砂纸（布）上只能磨同一种材料的试样。但检验原始金属表面对腐蚀速率影响的试验试样不在此列。

经过最终研磨处理的试样应及时用水等充分去油并洗涤，然后用丙酮、酒精等不含氯离子的试剂脱脂洗净，迅速干燥后储存于干燥器内，放置到室温后再测量试样暴露的表面积并称重。

试样表面积的计算应精确到 1%。称重时应使用精度不小于±0.5 mg 的分析天平。

(2)试验装置。全浸试验的主要试验装置是容器。容器的材质应使用对腐蚀介质呈惰性的材料，常用的有玻璃、塑料、陶瓷等。在沸腾和高温条件下试验时，可使用带有锥形磨口并配有冷却效果良好的回流冷凝器烧瓶，推荐使用 GB 4334.6 和 GB 4334.8 中所示的容器。室温下试验时可采用适当密闭的容器。

根据不同的温度要求，选择能使试验溶液保持在规定温度范围的温度保持系统，如恒温热浴锅。

试样支持系统应能把试样支持于试验溶液中间，支持系统的材质应对腐蚀溶液和试样呈惰性，它与试样的接触面积应尽可能小。一般情况下采用玻璃支架或挂钩，也可用塑料、陶瓷及化学纤维等材质的支持系统。

试验期间，试验溶液如需搅动或持续流动与补充，则必须根据实际情况设计和添置相应的装置,以达到试验的要求。

(3)试验溶液。试验溶液的来源和成分视试验目的而定,一般有天然的和人工的两种。海水、工业废水及生产过程中的介质一般归入自然介质。当使用这一类溶液时,需要测定其主要成分和理化参数,如 pH 值、溶解气体量等。

试验溶液的用量为每平方厘米试样的表面积不少于 20 mL。试验溶液的温度控制精度应在 ±1℃ 以内。室温试验时,应在报告上写明试验期间实际温度的上下限和平均温度值。溶液如要充气时,应避免气流直接喷洒在试样上。这一操作须在试样放入前适当时间开始,并在整个试验期间持续进行。如需排除溶解氧,可用惰性气体(如氮气)充气除氧。

(4)试验时间。试验时间是指试样浸入溶液并到达规定的温度时开始,直到试样取出时为止的整个时间,也称为试验周期。试验时间的确定要依据腐蚀速率的大小以及试验材料在试验溶液中能否形成钝化膜。一般情况下,长时间试验的结果较准确,但发生严重腐蚀的材料则不需要很长的试验时间。对能形成钝化膜的材料,需要延长试验时间,从而得到较为接近实际的结果。

最常用的试验周期是 48~168 h。具体选择时可参阅表 9-1。

表 9-1 腐蚀试验时间和溶液更换

估算或预测的腐蚀速率/(mm·a^{-1})	试验时间/h	更换溶液与否
>1.0	24~72	不更换
0.1~1.0	78~168	不更换
0.01~0.1	168~336	约 7d 更换 1 次
<0.01	336~720	约 7d 更换 1 次

注:预测试验时间为 24 h,溶液量为 20 mL/cm²。

当试验期间需要更换溶液时,操作要迅速,试样应该保持原样,并从再次到达规定温度开始累积计算试验时间。

(5)试验条件和步骤。将试验材料加工成规定的形状和尺寸。试样经打磨、烘干、测量尺寸和称重。取适量溶液置于已充分洗涤过的试验容器中。将试样全部浸入溶液中,也可以先将试样置于容器内再倒入溶液。溶液需要除气或充气时,试样必须在通气至少半小时后(视溶液量而定)再放置到溶液中去。每组试验至少取 3 个平行试样,试验期间应经常观察试样和溶液的变化情况,并作记录。达到预定时间后取出试样,先用水冲洗,然后用毛刷、橡皮器具等擦去腐蚀产物,也可用超声波等方法进行清洗,如腐蚀产物不易去除时,可用化学或电解法进行清除,但需要采用空白试样校正腐蚀试样的称重。然后,称重。最后,计算腐蚀速率。

(6)撰写试验报告。

腐蚀试验时可以采用全浸泡试验和周期浸泡试验。周期浸泡试验是将试样在多种腐蚀介质中按设定的时间间隔交替浸泡,直到达到规定的腐蚀试验时间。最简单的周期浸泡试验是干湿周浸试验。如在一定的腐蚀试验周期内,在腐蚀溶液中全浸试验 10 min,然后将实验取出在大气环境中干燥 50 min,如此循环,直到规定的试验周期。周期浸泡试验往往被认为是一种加速腐蚀试验的方法。

在硫化氢和二氧化碳腐蚀溶液中进行腐蚀试验时,为了提高硫化氢和二氧化碳在电解质溶液的含量和模拟实际的腐蚀过程,往往采用高温、高压试验,所采用的试验设备为高温高压反应釜。

除了在实验室进行模拟的腐蚀试验外,通常也采用在现场环境中的腐蚀试验,试样是放置在实际的腐蚀介质中的,所得到的结果十分接近实际的腐蚀情况,因此也可以作为腐蚀监测的一种方法。

在现场土壤环境中的腐蚀试验,腐蚀试样或试片是埋设在土壤中的,因此这种腐蚀试验方法被称为埋片试验。在工业装置中直接进行腐蚀试验,由于试片是悬挂在装置中的,因此这种腐蚀试验方法被称为挂片试样。

大多数的工业装置不是随时都可以实现挂片腐蚀试验的,如油气输送的管道、油气处理的分离器等,往往需要在生产装置上设置旁路或固定的挂片机构,图 9-1 为典型的管道腐蚀挂片装置。在管道上焊接一个挂片孔管,通过专用的取、挂片枪将挂片支架安装在管道内,可通过调整支架的长度将挂片放置在管道内固定的位置。试片安装在挂片支架上,并应用塑料垫片与支架绝缘。

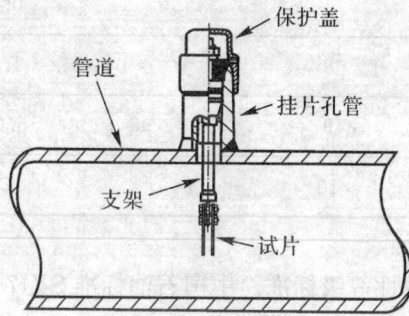

图 9-1　现场腐蚀试验挂片的装置示意图

2. 深度法

从工程应用角度上看,影响结构或设备腐蚀寿命和安全的重要指标是腐蚀后构件的有效截面尺寸。因此,用深度法表征腐蚀程度更具实际意义,特别是衡量不同密度材料的腐蚀程度。直接测量腐蚀前、后或腐蚀过程中某两个时刻试样的厚度,就可以得到腐蚀的深度,由腐蚀的时间可计算腐蚀的速率,得到每年的腐蚀深度。可选择具有足够精度的工具或仪器直接测量试片厚度变化,也可以采用无损测厚的方法,如涡流法、超声法、射线照相法和电阻法等,破坏法则以金相剖面法最为实用。

以深度表示的腐蚀速率也可以由质量法计算得到,见式(9-2)。对于高温氧化,腐蚀试样往往发生增厚,则式(9-2)中的 ρ 应为腐蚀产物的密度,但实际中腐蚀产物密度的准确值往往难以确定,因而式(9-2)一般仅用于失厚情况,即电解质溶液中的电化学腐蚀。

根据深度法表征的腐蚀速率大小,可以将材料的耐蚀性分为不同的等级,表 9-2 给出了10 级标准分类法。该分类方法对有些工程应用背影显得过细,因此还有低于 10 级的其他分类法。例如 3 级分类法规定,腐蚀速度小于 0.1 mm/a 为耐蚀(1 级),腐蚀速度为 0.1～1.0 mm/a 是可用(2 级),腐蚀速度大于 1.0 mm/a 为不可用(3 级)。不管对材料的腐蚀性按几级分类,所得的结果仅仅具有相对性和参考性,科学地评定腐蚀等级还必须考虑具体的材料-环境所组成的腐蚀体系。材料和环境不同,腐蚀分类有可能不同,因此在评价材料的腐蚀性等级时应该合理地选择评价标准。

表 9-2　均匀腐蚀的 10 级标准

腐蚀性分类	耐蚀性等级	腐蚀速度/(mm·a^{-1})
Ⅰ 完全耐蚀	1	<0.001
Ⅱ 很耐蚀	2	0.001～0.005
	3	0.005～0.01
Ⅲ 耐蚀	4	0.01～0.05
	5	0.05～0.1
Ⅳ 尚耐蚀	6	0.1～0.5
	7	0.5～1.0
Ⅴ 欠耐蚀	8	1.0～5.0
	9	5.0～10.0
Ⅵ 不耐蚀	10	>10.0

下面介绍 2 种常用的腐蚀性等级标准。中国石油标准 SYJ7-84《钢质管道及储罐腐蚀工程设计规范》给出了钢质管道腐蚀性评价[1]，外腐蚀采用土壤电阻率来分级(见表 6-1)，而水溶液中管道和储罐的腐蚀性等级按腐蚀速率的大小来分级，为 3 级分类(见表 9-3)。美国石油学会 NACE RP 0775—99 采用平均腐蚀速率和最大点腐蚀速率来划分碳钢在油田腐蚀溶液中的腐蚀性等级[2]，采用四级分类也列于表 9-3 中。可见，不同的腐蚀性等级划分标准，存在一定的差别。

表 9-3　碳钢腐蚀性等级

腐蚀等级	NACE RP 0775—99		SYJ7—84
	平均腐蚀速率/(mm·a^{-1})	最大点腐蚀速率/(mm·a^{-1})	平均腐蚀速率/(mm·a^{-1})
低	<0.025	<0.13	<0.1
中	0.025～0.12	0.13～0.2	0.1～0.2
高	0.13～0.25	0.21～0.38	>0.2
严重	>0.25	>0.38	

3. 电解法

对低腐蚀速率的腐蚀体系，为了加速腐蚀试验过程，缩短试验时间，往往可采用电解法，或称为阳极极化法。这种试验所得到的腐蚀速率和实际的腐蚀过程可能没有直接的对应性,但在对比试验和研究腐蚀因素的影响方面是快速而有效的方法。

电解腐蚀试验时,可采用三电极系统(见图 3-20)或二电极系统(不要参比电极),将研究的金属作为阳极,辅助电极一般为惰性材料,如铂、石墨电极。在阳极极化过程中,可以控制电解池的槽压(二电极系统),也可以采用参比电极控制极化电位(三电极系统)。在一定的槽压或极化电位下,极化给定的周期,记录极化过程中的极化电流或电流密度。极化试验后,也可以测量金属的腐蚀深度表征腐蚀性。

电解过程中金属发生电化学腐蚀,是由阳极溶解引起的,因而电化学腐蚀的速率可以用阳极反应的电流密度来表征。设通过阳极的电流强度为 I,电解通电时间为 t,则时间 t 内通过电极的电量为 It,相应溶解掉金属的质量 Δm 为

$$\Delta m = MIt/nF \tag{9-4}$$

式中,M 为金属的原子量(g/mol);n 为金属阳离子的价数;F 为法拉第常数,$1F = 96\,500C = 26.8\,A \cdot h$,即阳极每溶解 1 g 当量的金属,通过的电量为 1c 法拉第,计为 $1F$。

设阳极暴露面积 S,腐蚀电流密度为 $i_c = I/S$,则以深度法表征的腐蚀速度与腐蚀电流密度的关系为

$$v_d = \Delta m/\rho St = MI/nF\rho S = 3.27 \times 10^{-3} Mi_c/n\rho \tag{9-5}$$

式中,电流密度 i_c 的单位取 $\mu A/cm^2$。例如,钢铁材料电解时的电流密度为 $i_c = 10\,\mu A/cm^2$,$M=56$,$n=2$,$\rho=7.8\,g/cm^3$,计算的腐蚀速率为 $v_d = 0.117\,mm/a$。

电解腐蚀后,也可以通过精确测量试样的腐蚀深度校对由腐蚀电流密度计算的腐蚀速率。由于在电解腐蚀过程中,腐蚀溶液和试样的表面状态将发生变化,实际测量的腐蚀电流密度是变化的,故计算的腐蚀速率和由测量腐蚀深度得到的腐蚀速率往往存在一定的差异。

电解法作为一种加速腐蚀试验的方法,所得的腐蚀速率在一定的条件下和长期腐蚀试验具有对应性。

4. 电化学试验方法

电化学试验是根据电化学腐蚀原理,通过对金属试样的极化(阳极极化部分相当于电解)测量极化电位和极化电流密度的对应关系,由此关系得到金属发生腐蚀的自腐蚀电流密度,然后由法拉第定律将腐蚀电流密度转换成腐蚀速率。电化学试验方法是一种快速的腐蚀评价方法,由于测试时采用的是新鲜的金属表面,测量结果和实际长期腐蚀试验结果往往没有对应性,也可以采用已经腐蚀的试样进行测试,其有可能和长期的腐蚀试验结果有某种对应关系。

常用的电化学极化试验方法有两种,一种是线性极化法,另一种是极化曲线法。极化试验通常采用三电极系统,在专用的极化测量系统(主要仪器为恒电位仪,现在称为电化学工作站,可实现多种电化学测试)上进行,如图 9-2 所示,它们的理论基础在第 3 章已作了详细的介绍,下面介绍主要的测试程序和解析方法。

电化学测试时,将研究金属加工成矩形或圆形截面试样,试样的测试表面面积多采用 1 cm²。试样经焊线、封装,使试样的非工作面与腐蚀介质绝缘。然后,将试样的工作面经 100~1 000 号砂纸逐级打磨,制备成待测电化学试样。最后,在电化学测试系统上按要求进行试验。

运用线性极化技术或极化阻力技术可以快速测定腐蚀体系的瞬时腐蚀速度。根据

式(3-27),首先需测量自腐蚀电位 E_{corr} 附近线性极化曲线的斜率 $\left(\dfrac{\Delta E}{\Delta I}\right)_{\Delta E \to 0}$ 或 $E - I$ 极化曲线

在 E_{corr} 处的斜率 $\left(\dfrac{dE}{dI}\right)_{E_{corr}}$,此即极化阻力 R_p 测量。R_p 的测量方式,可采用直流恒电流或恒电位测量法。在 E_{corr} 附近进行阴极或阳极极化,一般用恒电位仪或经典电路装置进行逐点测量。然后作图确定极化阻力。由于 ΔE 较小,故极化电流一般也较小,应选用有足够精度的测量仪表。恒电位或恒电流极化都是对电极双电层进行充电的过程,应在充电达到稳态时测读数据,再计算极化阻力 R_p。另外,也可采用小幅度交流方波信号作为极化源,即所谓一点法测量,是商品化线性极化测试仪的基础。此法测试简便,电极表面状态影响小,E_{corr} 漂移的干扰影响也小。

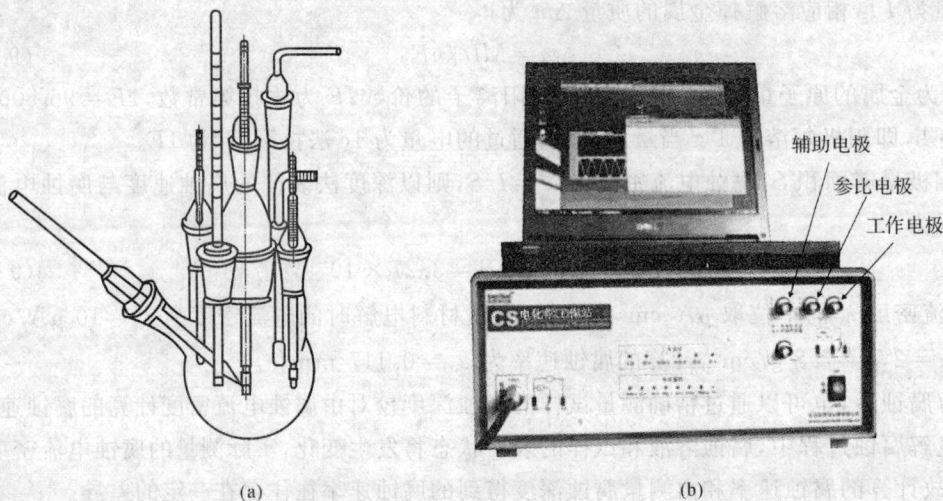

图 9-2 电化学极化测量系统

线性极化技术必须已知塔菲尔常数 b_a 和 b_c 或总常数 B,才能计算得到 i_{corr},进而计算腐蚀速度。确定 B 常数的方法很多,最基本的方法是测量阳极和阴极的 $E - \lg i$ 极化曲线,直接从强极化区测定 b_a 和 b_c 值,也可对极化曲线进行解析计算得到 b_a 和 b_c 值。除此之外,常用挂片失重校正直接测定的 B 值,无需具体测定 b_a 和 b_c 值,只需在同一试验周期内对研究电极测定不同时刻的 R_p 值及最终作一次失重测定,即可求得总常数 B 值。具体步骤为由不同时刻测定的 R_p 值,利用图解积分法或电子计算机数值积分法求出该试验周期 t 的积分平均值 $\overline{R_p}$;根据失重数据求出腐蚀速率,由法拉第定律换算得相应的自腐蚀电流密度 i_{corr} 值;由线性极化方程式 $B = i_{corr} \overline{R_p}$ 可计算得到 B 值。

此外,还可根据电极过程动力学的基本理论计算 b_a 和 b_c 值,也可根据前人确定的 B 值数据表选值,甚至根据腐蚀体系已知的阳极和阴极反应估计选值。

动态极化曲线法是电化学腐蚀测试的主要手段,测量得到极化电位与体系净电流密度之间的关系,即电极动力学方程所表示的关系。从原理上,可以采用塔菲尔外推法求得所有的电化学腐蚀参数,但由于在强极化过程中腐蚀溶液和试样表面的变化影响电化学的测试结果。所以,近年来主要采用弱极化区的数据通过复杂解析得到电化学腐蚀的参数。此处仅简单介绍迭代最小二乘法技术[3] 和多项式解[4]。

当研究电极的自腐蚀电位相距两个局部反应的平衡电位甚远时,描述一个活化极化控制的电极腐蚀行为符合动力学基本方程式(3-24),将其改写如下:

$$i_1 = \frac{1}{2.3R_p} \frac{1}{\frac{1}{b_a} + \frac{1}{b_c}} \left[\exp\left(\frac{2.3\Delta E_1}{b_a}\right) - \exp\left(\frac{-2.3\Delta E_1}{b_c}\right) \right] \tag{9-6}$$

式中,i_1 是在 ΔE_1 点测定的极化电流密度。采用数学变换,令

$$\begin{aligned} p_1 = 2.3\Delta E_1, \quad u = 1/b_a, \quad u = w + x \\ A_0 = 1/2.3R_p, \quad v = 1/b_c, \quad v = w - x \end{aligned} \tag{9-7}$$

经过线性变换,代入双曲正弦函数,可得

$$i_1 = A_0 \exp(xp_1) \frac{\mathrm{sh}(wp_1)}{w} \tag{9-8}$$

式(9-8)为一超越方程,可采用迭代法求解。设初值为 w_0,则 $w = w_0 + z$,z 为误差,代入式(9-8),且两边取对数则有

$$\ln i_1 = \ln A_0 + xp_1 + \ln\left\{ \frac{\mathrm{sh}\left[(w_0 + z)p_1\right]}{w_0 + z} \right\} \tag{9-9}$$

将式(9-9)右端第三项按泰勒级数展开,略去高次项,整理后可得

$$\ln\left[\frac{i_1 w_0}{\mathrm{sh}(w_0 p_1)} \right] = \ln A_0 + xp_1 + \left[\frac{w_0 p_1}{\mathrm{th}(w_0 p_1)} - 1 \right] \frac{z}{w_0} \tag{9-10}$$

在给定初值 w_0 的条件下,式(9-10)为 $\ln A_0$,x 和 z 的线性函数,可用最小二乘法借助电子计算机迭代运算求解。为此,令

$$\left. \begin{aligned} Y &= \ln A_0 \\ K_1 &= \ln\left[\frac{i_1 w_0}{\mathrm{sh}(w_0 p_1)} \right] \\ Q_1 &= \left[\frac{w_0 p_1}{\mathrm{th}(w_0 p_1)} - 1 \right] \frac{1}{w_0} \end{aligned} \right\} \tag{9-11}$$

代入式(9-10),可得

$$K_1 = Y + p_1 x + Q_1 z \tag{9-12}$$

对线性方程式(9-12)可通过最小二乘法解出 Y,z 和 x。若解出的误差 z 仍大于规定的误差值,可重新设定初值为 $w = w_0 + z$,继续运算解出新的误差 z 和 Y 及 x。若这种迭代计算是收敛的,则可重复迭代计算,直至计算出 A_0,x 和 w 的变化足够小(此时 z 小于规定的误差值),由此即可计算出 R_p,b_a,b_c 和 i_{corr} 值,即

$$\left. \begin{aligned} b_a &= \frac{1}{w+x} \quad b_c = \frac{1}{w-x} \\ R_p &= \frac{1}{2.3A_0} \quad i_k = \frac{A_0}{2w} \end{aligned} \right\} \tag{9-13}$$

按照上述迭代的最小二乘法技术编制程序,很容易通过电子计算机由试验测定极化数据计算出金属的自腐蚀电流密度,从而得到其腐蚀速率。

另一解析方法是多项式法[4]。将电极过程动力学改写为

$$i(\Delta E) = i_{corr}[\exp(\alpha\Delta E) - \exp(-\beta\Delta E)] \tag{9-14}$$

首先,计算当 $\Delta E = 0$ 时的 3 个导数:

$$\left.\begin{array}{l} i'(0) = i_{\text{corr}}(\alpha + \beta) \\ i''(0) = i_{\text{corr}}(\alpha^2 - \beta^2) \\ i'''(0) = i_{\text{corr}}(\alpha^3 + \beta^3) \end{array}\right\} \qquad (9-15)$$

根据数学上的恒等式,$\alpha^3 + \beta^3 = (\alpha^2 + \beta^2 - \alpha\beta)(\alpha + \beta)$,并令 $A = i''(0)/i'(0)$,$B = i'''(0)/i'(0)$,可将式(9-15)写成

$$\left.\begin{array}{l} \alpha - \beta = A \\ \alpha^2 - \beta^2 - \alpha\beta = B \end{array}\right\} \qquad (9-16)$$

然后解方程组,求得

$$\alpha^2 - A\alpha + A^2 - B = 0 \qquad (9-17)$$

式(9-17)为二次方程式,其解为

$$\alpha = \frac{A + \sqrt{4B - 3A^2}}{2} \qquad (9-18)$$

则有

$$\beta = \frac{-A + \sqrt{4B - 3A^2}}{2} \qquad (9-19)$$

$$\alpha + \beta = \sqrt{4B - 3A^2} \qquad (9-20)$$

腐蚀电流密度为

$$i_{\text{corr}} = \frac{i'(0)}{\sqrt{4B - 3A^2}} \qquad (9-21)$$

由极化曲线解析得到自腐蚀电流密度 i_{corr},可由式(3-26)或式(9-5)得到以深度表示的腐蚀速率。

图9-3为J55油井套管钢在以 CO_2 饱和的高矿化度溶液中的极化曲线。腐蚀溶液的矿化度分别为407.997,287.146,124.846,62.423 和12.485 g/L。在 $-1.2 \sim -0.1$ V 范围内以扫描速率为 0.2 mV/s 测量得到极化曲线,然后采用拟合分析得到腐蚀的电化学参数,拟合的结果列于表9-5中。可见,测量得到的自腐蚀电位随溶液矿化度的升高而正移,解析得到的自腐蚀电流密度随矿化度的升高呈现峰值现象,阳极塔菲尔常数随矿化度的升高略有升,阴极塔菲尔常数明显减低。

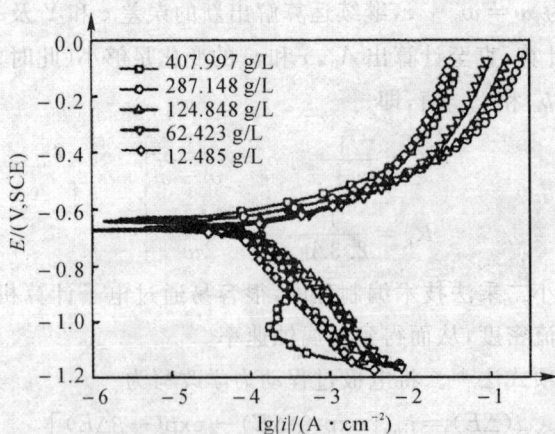

图9-3 J55油井套管钢的动极化曲线[5]

表 9 - 4 J55 油井套管钢的电化学参数拟合结果[5]

溶液矿化度/(g·L^{-1})	E_{cor}/(mV,SCE)	i_{corr}/(10^{-5}A·cm^{-2})	b_a/mV	b_c/mV
407.997	-636	38.5	51	173
287.146	-645	67.2	50	177
124.846	-664	87.8	49	193
62.423	-671	99.4	46	267
12.485	-675	77.2	43	445

5. 电化学阻抗测量

电化学阻抗测量属于电化学试验方法的一种,但极化的方式与一般的电化学极化有一定的区别。对材料的电化学腐蚀过程,腐蚀是发生在介质与材料的界面,在该界面存在一个双电层,双电层具有界面电阻 R、电容 C 和电感 L。因此,电化学系统可以看做是一个等效电路,这个等效电路是由电阻、电容和电感等基本元件按串、并联等不同方式组合而成的。由于电容和电感对交流信号产生阻抗,因此采用交流信号来扰动电化学系统,可以测定等效电路的构成以及各元件的大小,然后利用这些元件的电化学含义来分析电化学系统的结构和电极过程的性质等。

电化学阻抗谱(Electrochemical Impedance Spectroscopy,简称 EIS)是给电化学系统施加一个频率不同的小振幅的交流电势波,测量交流电势与电流信号的比值(此比值即为系统的阻抗)。随正弦波频率 $\omega=2\pi f$ 的变化,阻抗的相位角 Φ 也随 ω 的变化,电化学系统的阻抗也发生相应的变化。然后采用阻抗的变化关系,分析电极过程动力学、双电层和扩散等,可以研究电极材料、固体电解质、导电高分子以及腐蚀防护机理等。

电化学阻抗测量采用小幅度的正弦电势信号对系统进行微扰,电极上交替出现阳极和阴极过程(也就是氧化和还原过程),二者作用相反。因此,即使扰动信号长时间作用于电极,也不会导致极化现象的积累性发展和电极表面状态的积累性变化。因此,EIS 法是一种"准稳态方法"。由于电势和电流之间存在着线性关系,测量过程中电极处于准稳态,使得测量结果的数学处理简化。EIS 是一种频率域测量方法,可测定的频率范围很宽,因而可以比常规电化学方法得到更多的动力学信息和电极界面结构信息。

电化学阻抗测量采用三电极系统,研究试样的制备和普通的电化学测量一样,测试在电化学工作站上进行。

下面讨论几种典型电化学体系的交流阻抗特征[6-7]。

在浓差极化可以忽略的情况下,腐蚀体系的等效电路可简单地表示为图 9 - 4(a) 的形式,该等效电路的总阻抗 Z 为

$$Z = R_L + \left(\frac{1}{R_{ct}} + j\omega C_d\right)^{-1} \tag{9-22}$$

式中,R_L 为溶液电阻;R_{ct} 为双电层的界面电阻或界面反应电阻;C_d 为双电层的电容;j 表示虚数的符号。

经适当整理后可得

$$Z = \left(R_L + \frac{R_{ct}}{1 + \omega^2 C_d^2 R_{ct}^2}\right) - j\frac{\omega C_d R_{ct}^2}{1 + \omega^2 C_d^2 R_{ct}^2} \tag{9-23}$$

由此可见,总阻抗 Z 可由实部(A)和虚数部分($-jB$)组成,即 $Z = A - jB$。实际测定金属／溶液界面的阻抗时,往往可按等效电路图 9-4(b) 的电路表示,此电路的阻抗可表示为

$$Z = R_s - j\frac{1}{\omega C_s} \tag{9-24}$$

比较式(9-23)和式(9-24),可从实数部分和虚数部分分别得到

$$R_s = R_L + \frac{R_{ct}}{1 + \omega^2 C_d^2 R_{ct}^2} \tag{9-25}$$

$$\frac{1}{\omega C_s} = \frac{\omega C_d R_{ct}^2}{1 + \omega^2 C_d^2 R_{ct}^2} \tag{9-26}$$

由式(9-25)和式(9-26)两边平方后相加可得

$$\left[R_s - \left(R_L + \frac{R_{ct}}{2}\right)\right]^2 - \left(\frac{1}{\omega C_s}\right)^2 = \left(\frac{R_{ct}}{2}\right)^2 \tag{9-27}$$

从式(9-27)可以看出,如把图 1-23(a) 等效电路的阻抗轨迹描绘在以 R_s 为实轴(A)、以 $\left(\frac{1}{\omega C_s}\right)$ 为虚轴(B)的复数平面上,就可得到以 $\left(R_L + \frac{R_{ct}}{2}, 0\right)$ 为圆心,以 $\frac{R_{ct}}{2}$ 为半径的半圆(见图 9-4(c))。

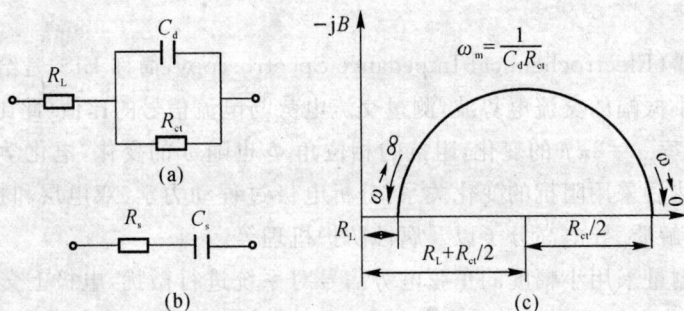

图 9-4 等效电路与阻抗图谱

(a)腐蚀体系的简化等效电路; (b)阻抗测定的表示电路; (c)等效电路的 Nyquist 图

当高频 $\omega \to \infty$ 时,相当于半圆与实轴相交的左侧点,此时阻抗为 R_L;当频率低至 $\omega \to 0$ 时,相当于半圆与实轴相交的右侧点,此时阻抗为 $R_L + R_{ct}$;当虚轴 $\frac{1}{\omega C_s}$ 为最大时相应的角频率以 ω_m 表示,则可导出:

$$\omega_m = \frac{1}{C_d R_{ct}} \tag{9-28}$$

随角频率变化产生的阻抗矢量轨迹称为阻抗图。以 R_s 为实轴、以 $\frac{1}{\omega C_s}$ 为虚轴的复数平面上的阻抗图又称为 Nyquist 图。根据等效电路,阻抗为模(幅值)和相角获得的 $\lg|Z| - \lg\omega$ 及 $\Phi - \lg\omega$ 的阻抗图则称为 Bode 图,如图 9-5 所示。图 9-5 相应于图 9-4(a) 等效电路的 Bode 图,由幅频特性曲线的高频端和低频端的水平直线的纵坐标可以确定 R_L 和 R_{ct};在中间频率范围内,$\lg|Z| - \lg\omega$ 呈斜率为 -1 的直线,将此直线外延至 $\omega = 1$,此时 $|Z| = 1/C_d$,由此可确定 C_d。也可由相频特性曲线中 $\Phi = \pi/4$ 所对应的角频率 ω 来确定 C_d 值。

　　从试验测定的阻抗图(见图 9-4(c))可直接确定溶液电阻 R_L 和界面反应电阻 R_{ct},再从式(9-28)可求得界面电容 C_d 值。

　　为了比较准确完整地获得复数平面图上的半圆,实验采用的交流信号频率范围不能太小,这取决于时间常数 $R_{ct}C_d$。实验频率范围可由 ω_m 确定,通常要求频率高端 $\omega_{高} > 5\omega_m$,频率低端 $\omega_{低} > \omega_m/5$。常用频率范围在 $100\ \text{kHz} \sim 10\ \text{mHz}$ 范围。

　　当电化学等效电路仅为简单的 R_L 与 C_d 串联时,其阻抗表达式为

$$Z = R_L - j\frac{1}{\omega C_d} \tag{9-29}$$

这一电路阻抗的模(幅值)和相角的表达式为

$$|Z| = \sqrt{R_L^2 + \frac{1}{(\omega C_d)^2}} = \frac{\sqrt{1+(\omega R_L C_d)^2}}{\omega C_d} \tag{9-30}$$

$$\tan\Phi = \frac{1}{\omega R_L C_d} \tag{9-31}$$

图 9-6 给出了 R_L 与 C_d 串联时的 Nyquist 图和 Bode 图。当高频时,$|Z| \approx R_L$,$\lg |Z| \approx \lg R_L$,而 $\tan\Phi \approx 0$,即 $\Phi \approx 0$;在低频部分,$|Z| \approx \frac{1}{\omega C_d}$,$\lg |Z| \approx \lg \omega - \lg C_d$,而 $\tan\Phi \to \infty$,即 $\Phi \to \frac{\pi}{2}$。由此可绘出 R_L 和 C_d 串联电路的 Bode 图,即 $\lg |Z|$-$\lg \omega$ 曲线(见图 9-6(c))和 Φ-$\lg \omega$ 曲线(见图 9-6(d))。由 Bode 图也可方便地准定 R_L 和 C_d 值。

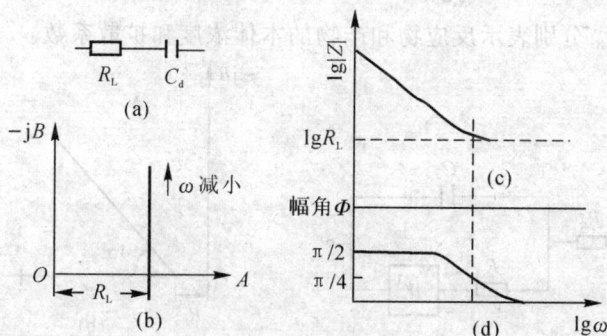

图 9-5　RC 串联电路的 Bode 图

图 9-6　RC 串联电路的 Nyquist 图和 Bode 图

　　当电化学等效电路仅为 R_{ct} 和 C_d 并联时,即 $R_L = 0$ 的情况,其阻抗可表示为

$$Z = \frac{R_{ct}}{1+\omega^2 C_d^2 R_{ct}^2} - j\frac{\omega C_d R_{ct}^2}{1+\omega^2 C_d^2 R_{ct}^2} \tag{9-32}$$

　　其复数平面图如图 9-7(b) 所示,是以 $(R_{ct}/2, 0)$ 为圆心、$R_{ct}/2$ 为半径的半圆。此等效电路的模和相角的表达式为

$$|Z| = \frac{R_{ct}}{\sqrt{1+\omega^2 R_{ct}^2 C_d^2}} \tag{9-33}$$

$$\tan\Phi = \omega R_{ct} C_d \tag{9-34}$$

该 R_{ct} 和 C_d 并联电路的 Bode 图示于图 9-7(c)。根据 Bode 图,在低频端的水平可确定 R_{ct},在中间频率范围 $\lg|Z|-\lg\omega$ 呈斜率为 -1 的直线,将此直线外延至 $\omega=1$,此时 $|Z|=1/C_d$,由此可确定 C_d。

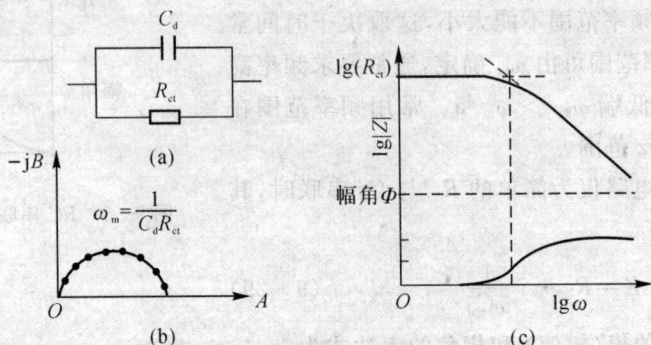

图 9-7 R_{ct} 和 C_d 并联电路的 Bode 图

当腐蚀体系存在浓差极化时,这种体系通常称为扩散体系。这种腐蚀体系的法拉第阻抗由电荷传递电阻 R_{ct} 和浓差极化阻抗 W 组成(见图 9-8),后者又称为 Warburg 阻抗,它是反映浓差极化和扩散对电极反应影响的阻抗,具有复数形式,可由下式表示:

$$W = \frac{\sigma}{\sqrt{\omega}} - j\frac{\sigma}{\sqrt{\omega}} \tag{9-35}$$

式中,σ 是 Warburg 系数,可表示为

$$\sigma = \frac{RT}{\sqrt{2}\, n^2 F^2}\left(\frac{1}{C_O^o \sqrt{D_O}} + \frac{1}{C_R^o \sqrt{D_R}}\right) \tag{9-36}$$

其中 C_O^o,D_O 及 C_R^o,D_R 分别表示反应物和产物的本体浓度和扩散系数。

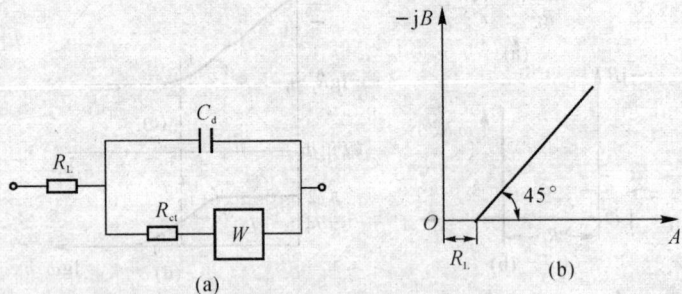

图 9-8 Warburg 阻抗的 Nyquist 图
(a)有浓差极化的等效电路; (b)Nyquist 图

式(9-35)表明,在任一频率角 ω 时,浓差极化阻抗的实部和虚部均相等,且与 $1/\sqrt{\omega}$ 成正比。在复数平面图上 Warburg 阻抗为与实轴呈 $45°$ 的直线(见图 9-8(b))。高频时 $1/\sqrt{\omega}$ 值很小,$W\rightarrow 0$,虚部趋近于零,实部趋近于 R_L,低频时 $1/\sqrt{\omega}$ 的值比较大,Warburg 阻抗才比较明显。Warburg 阻抗的实质是描述物质的扩散传递过程,因此仅在低频时能观察到 Warburg 阻抗。

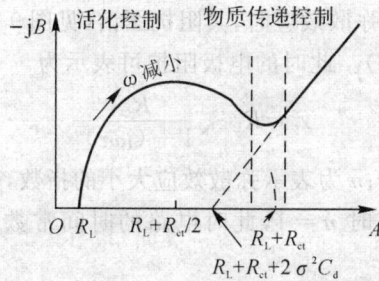

图 9－9　活化极化和浓差极化的阻抗图

图 9－9 为包括活化极化和浓差极化阻抗的等效电路（见图 9－8）所对应的阻抗轨迹。在高频段为以 R_{ct} 为直径的半圆，半圆左侧与实轴相交于 R_L 处；在低频段，曲线从半圆转变成一条倾斜角为 45° 的直线，该直线延长与实轴相交于 $(R_L + R_{ct} - 2\sigma^2 C_d)$ 处。实际的电化学腐蚀过程均存在一定程度的浓差极化。

当反应中间物或缓蚀剂等电活性质点在电极表面吸附时，这种腐蚀体系称为含有吸附型阻抗的体系，在复数平面阻抗图上将产生第二个半圆，电化学电路存在 2 个时间常数，这取决于它与电化学反应的时间常数、等效电路中各电阻与电容数值以及吸附所相应的容抗还是感抗等。图 9－10 和图 9－11 为两种不同缓蚀剂吸附体系的等效电路及其所对应的阻抗谱。

在图 9－10 中，高频端电容性的大半圆是由电化学反应电阻 R_{ct} 和双电层电容 C_d 形成的，此时双电层的电容 C_d 与时间有关，习惯上可用 Q_{dl} 表示。低频端电感性的小半圆则是吸附影响而形成的。腐蚀电流 i_{corr} 可以直接从电容性半圆的直径 R_{ct} 获得。当 $\omega \to 0$ 时的电极反应阻抗则取决于 R_{ct} 和 R_{ad}（吸附电阻）的并联电阻。

图 9－11 中的阻抗图由两个表示电容的半圆组成，电化学电路也存在 2 个时间常数。左侧半圆的直径为 R_{ct}，右侧半圆的直径为 R_{ad}。当表征吸附过程的时间常数 τ 与电极反应的时间常数 $R_{ct}C_d$ 值相差越大时，图 9－10 中的感抗弧和图 9－11 中的右侧容抗弧就越接近于半圆；当吸附过程的时间常数 τ 接近于 $R_{ct}C_d$ 值时，表征吸附过程的感抗弧或容抗弧将逐渐萎缩成与表征电化学反应的容抗弧叠合，直至最终出现一个变形的容抗弧，或称实部收缩的半圆，如图 9－12 所示。

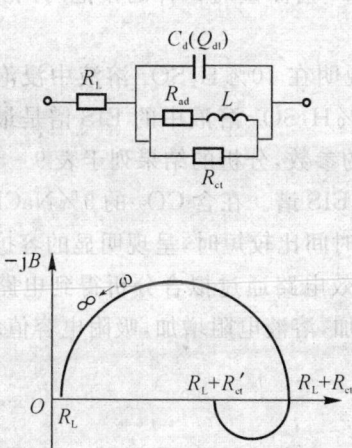

图 9－10　容抗-感抗吸附的阻抗图

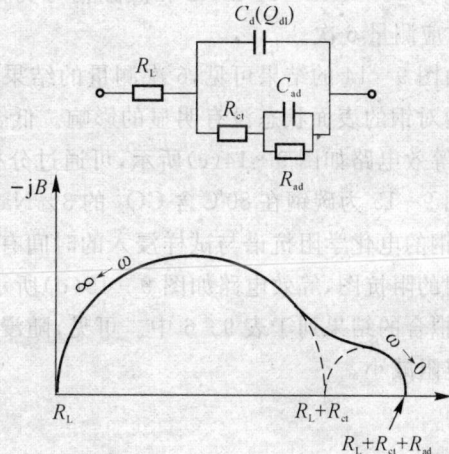

图 9－11　容抗-容抗吸附的阻抗图

当活化极化控制体系出现弥散效应时,其阻抗图谱(见图 9-13 中曲线 1)将转变为圆心下降的半圆(见图 9-13 中曲线 2)。此时的电极阻抗可表示为

$$Z = R_L + \frac{R_{ct}}{1 + (j\omega\tau)^n} \tag{9-37}$$

式中,τ 为具有时间量纲的参数;n 为表示弥散效应大小的指数,其值在 $0 \sim 1$ 之间。n 值越小,弥散效应越大。当无弥散效应时 $n = 1$,此时电路的时间常数 $\tau = R_{ct}C_d$,式(9-37)转变为式(9-32)。

图 9-13 中虚线表示的是无弥散效应时的阻抗弧。显然,当存在弥散效应时,阻抗圆弧向下偏转了一个角度 α,但与实轴的两个交点的位置不变(即 R_L 与 R_{ct} 的数值不变)。α 角与 n 值的关系为

$$\alpha = \frac{\pi}{2}(1 - n) \tag{9-38}$$

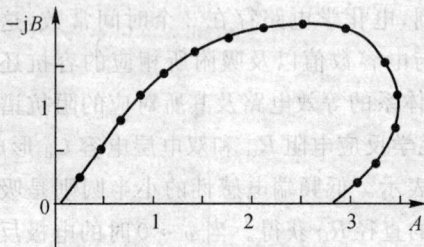

图 9-12 实部收缩的阻抗图　　图 9-13 具有弥散效应的阻抗图

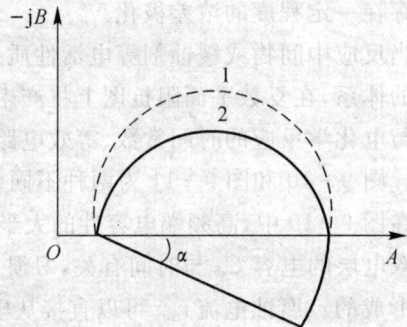

在实际的腐蚀体系中,电极过程比较复杂,常受吸脱附、前置或后继化学反应等所控制,加之吸附剂结构、钝化膜以及固相产物生成的影响等,使电极系统的等效电路较为复杂,复数阻抗平面轨迹可能存在于各个象限中,并呈现各种形状。

图 9-14 为低合金钢在 $10\% H_2SO_4$ 溶液中的 EIS 谱和 Bode 图。EIS 谱数据所采用的频率范围为 $100\ kHz \sim 10\ mHz$ 和激励信号为 $\pm 20\ mV$。EIS 谱测量时试样的浸泡时间为 $1 \sim 6\ h$,对应测量 6 次。

由图 9-14 的结果可见,6 次测量的结果十分接近,说明在 $10\% H_2SO_4$ 溶液中浸泡时间的长短对钢的表面状态没有明显的影响。低合金钢在 $10\% H_2SO_4$ 溶液中的 EIS 谱是最简单的,其等效电路如图 9-14(c)所示,可通过分析得到电路的参数,分析的结果列于表 9-5 中。

图 9-15 为碳钢在 80℃含 CO_2 的 $3\% NaCl$ 溶液中的 EIS 谱。在含 CO_2 的 $3\% NaCl$ 溶液中,碳钢的电化学阻抗谱与试样浸入的时间有关。当浸入时间比较短时,呈现明显的容抗-感抗吸附的阻抗图,等效电路如图 9-15(d)所示,根据此等效电路通过拟合分析得到电路元件参数,拟合的结果列于表 9-6 中。可见,随浸入时间的增加,溶液电阻增加,吸附电容值增加,界面电阻减小。

表 9 - 5　不同浸入时间的 EIS 谱分析的结果[8]

浸入时间/h	$R_L/(\Omega \cdot cm^2)$	$C_d/(mF \cdot cm^{-2})$	n	$R_{ct}/(\Omega \cdot cm^2)$
1	0.246 1	0.496	0.8	1.447
2	0.254 3	0.688	0.8	1.447
3	0.244 5	0.711	0.8	1.426
4	0.237 5	0.711	0.8	1.437
5	0.228 5	0.757	0.8	1.439
6	0.225 9	0.749	0.8	1.452

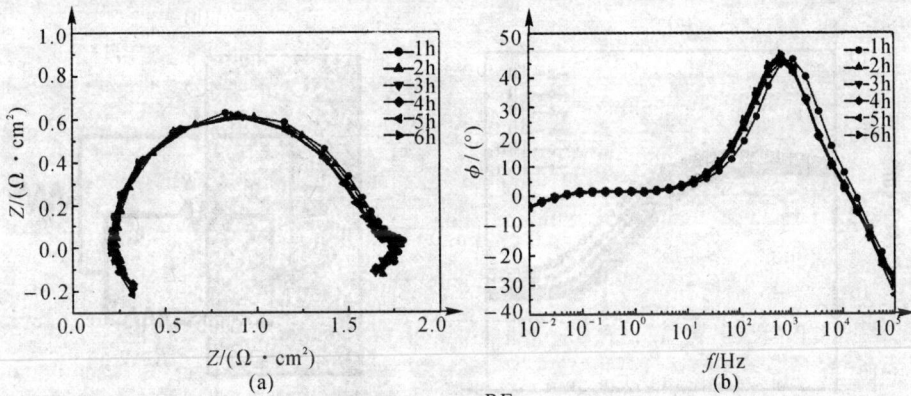

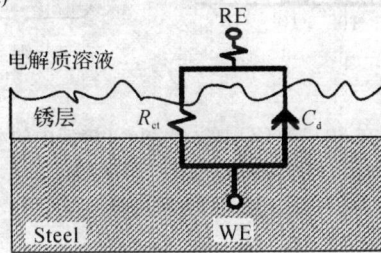

图 9 - 14　低合金钢在 $10\%H_2SO_4$ 溶液中的 EIS 谱及分析[8]

表 9 - 6　碳钢在 80℃含 CO_2 的 3%NaCl 溶液中的 EIS 谱分析结果[9]

浸入时间/h	$R_L/(\Omega \cdot cm^2)$	$Q_{dl}/(\mu F \cdot cm^{-3} \cdot s^{1-n})$	n	$R_{ct}/(\Omega \cdot cm^2)$
1	90	183.49	0.85	47.12
2	150	353.98	0.90	42.83
4	170	561.63	0.93	37.18
8	230	904.54	0.93	29.67
10	235	1 087.50	0.93	28.02
15	245	1 447.40	0.92	26.29

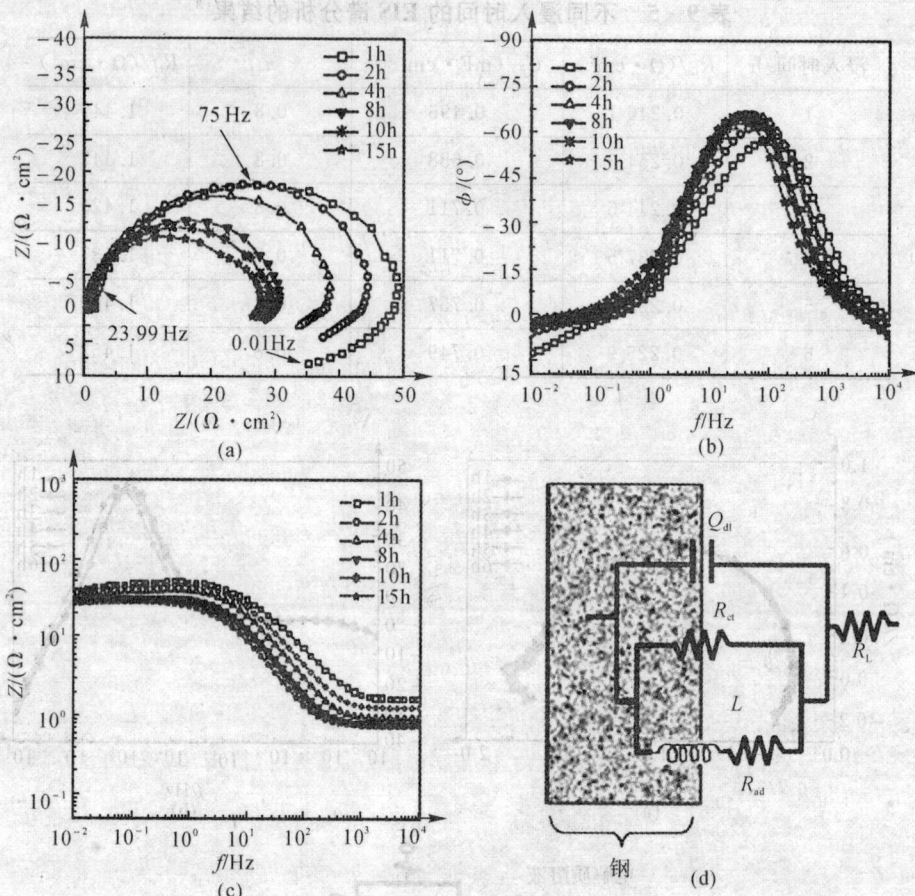

图 9-15　碳钢在 80℃ 含 CO_2 的 3%NaCl 溶液中的 EIS 谱及分析[9]

9.1.2　点腐蚀试验方法

1. 三氯化铁试验法

三氯化铁试验法用于检验不锈钢及含铬的镍基合金在氧化性氯化物介质中耐点腐蚀性能，也可用于研究合金元素、热处理和表面状态等对上述合金耐点蚀性能的影响，此法已经成为标准试验方法，列入 ASTM 标准和 JIS 标准，我国针对点腐蚀也制定了相应的标准，如 GB 4334.7—84。表 9-7 列出了此 3 个标准的试验方法要点，并进行了综合比较。可见，这些标准有些内容是相同的，但有些是有区别的。在三氯化铁溶液中加入少量的盐酸，可以加速点腐蚀过程，相应的腐蚀试验的时间可以缩短。

除了三氯化铁腐蚀溶液外，有时也采用其他腐蚀溶液进行点腐蚀浸泡试验。这类试验溶液首先要求其中含有侵蚀性阴离子(如氯离子)，以使钝化膜局部活化。此外，腐蚀溶液还应含有促进点腐蚀稳定发展的氧化剂，以其高的氧化还原电位促使材料发生点腐蚀。

表 9-7　三氯化铁点腐蚀实验法的主要技术条件对比

序号	技术条件	GB4334.7—84	ASTM G48—76	IS G0578—81
1	试验溶液	6%FeCl$_3$ +0.05N HCl	6%FeCl$_3$	6%FeCl$_3$ +0.05N HCl
2	试验温度	(35±1)℃,(50±1)℃	(22±2)℃,(50±2)℃	(35±1)℃,(50±1)℃
3	试验时间	24 h	72 h	24 h
4	试样(1)尺寸　(2)研磨	>10 cm^2　240 号砂纸	50 mm×25 mm　120 号砂纸	>10 cm^2　320 号砂纸
5	溶液量要求	≥20 mL/cm^2	≥20 mL/cm^2	≥20 mL/cm^2
6	试样放置位置	水平	倾斜	水平
7	耐点蚀判据	腐蚀速率	腐蚀速率　点蚀特征数据	腐蚀速率

氯离子是最常用的侵蚀性阴离子,在试验溶液中的氯离子浓度应高于诱发点腐蚀所需的最低临界浓度,表 9-8 中列出了某些铁基合金的临界 Cl⁻ 离子浓度。点腐蚀浸泡试验溶液中的氧化剂通常具有较高的氧化还原电位,常用的氧化剂有 Fe^{3+},Cu^{2+},Hg^{2+},MnO_4^-,H_2O_2 等。选用不同氧化剂,金属将呈现不同的氧化还原电位,因此应谨慎选择氧化剂的种类和数量。化学浸泡的点腐蚀试验溶液种类较多,采用的氧化剂也不同,表 9-9 中列出了一些常用的腐蚀溶液组成和点腐蚀的试验条件。

表 9-8　诱发点腐蚀所需 Cl⁻ 的最低浓度

序号	合金	最低 Cl⁻ 浓度/N
1	Fe	0.000 3
2	Fe - 5.6Cr	0.017
3	Fe - 11.6Cr	0.069
4	Fe - 20Cr	0.1
5	Fe - 24.5Cr	1.0
6	Fe - 29.4Cr	1.0

表 9-9　实验室点腐蚀浸泡试验用的溶液

序号	试验溶液	温度/℃	时间/h
1	10%FeCl$_3$ · 6H$_2$O	50	
2	50g/L FeCl$_3$ +0.05N HCl	50	48
3	100g FeCl$_3$ · 6H$_2$O+900 mL H$_2$O	22 或 50	72
1	0.33 mol/L FeCl$_3$ +0.05 mol/L HCl	25	
5	108g/L FeCl$_3$ · 6H$_2$O,用 HCl 调 pH 到 0.9		
6	10.8%FeCl$_3$ · 6H$_2$O,在 0.05N HCl 的溶液	20	4
7	10g FeCl$_3$ · 6H$_2$O+5g NaCl +2.5ml 浓盐酸+200mL H$_2$O	室温	5 min

在点腐蚀试验结束后,需要对试样进行检查与评定。首先,进行表观检查,确定受腐蚀金属表面的点腐蚀严重程度,如测量点腐蚀的密度、大小。其次,测定点蚀的深度、形状。ASTM G46 中对点腐蚀的密度、大小和深度进行了分级,并给出了标样图,如图 9 - 16 所示。

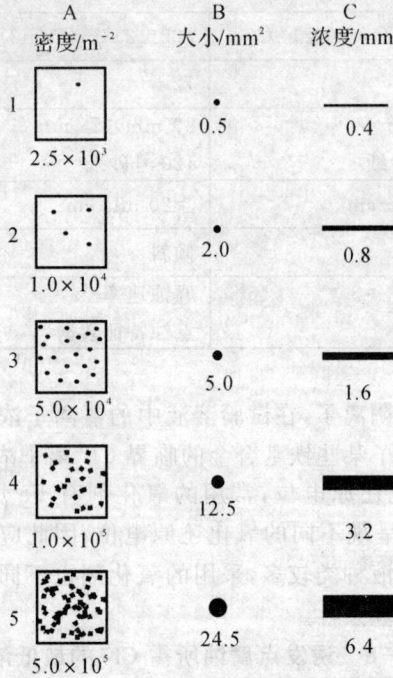

A 密度/m^{-2}	B 大小/mm^2	C 浓度/mm
1 2.5×10^3	0.5	0.4
2 1.0×10^4	2.0	0.8
3 5.0×10^4	5.0	1.6
4 1.0×10^5	12.5	3.2
5 5.0×10^5	24.5	6.4

图 9 - 16 评定点腐蚀的标准样图[10]

按照图 9 - 16 的标准样图,A - 2 级代表点腐蚀的密度为 1 个每平方厘米,B - 2 级代表点腐蚀的面积为 2 mm^2,C - 2 级代表点腐蚀的深度为 0.8 mm,以此类推。

根据试验要求可分别采用金相检测和无损检验,测量点腐蚀的深度。点腐蚀的形状测量需要将试样切开,从横截面上观察点腐蚀的截面形状,也可以精确测量点腐蚀的深度。首先,将试样采用线切割进行切割。其次,切割后的试样在 100~600 粒度的砂纸上进行打磨。最后,在读数显微镜(30×)或其他低倍显微镜上观察点腐蚀的形状,以及测量点腐蚀的深度。

在 ASTM G46 标准中,按点腐蚀的断面形状可将点腐蚀分成 6 个类型(见图 9 - 17)。

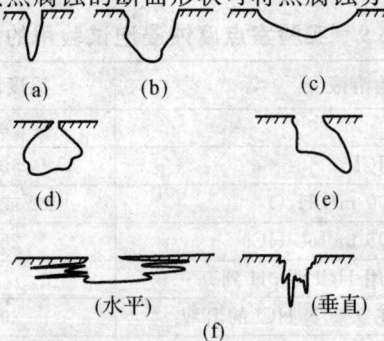

(a)   (b)   (c)

(d)   (e)

(水平)   (垂直)

(f)

图 9 - 17 点腐蚀的横截面形状[10]

(a)窄深型; (b)椭圆型; (c)宽浅型; (d)皮下发展型; (e)底切型; (f)水平和垂直型

为进一步表示点腐蚀的严重程度,还可进行失重测量得到试样表面的平均腐蚀深度,采用点腐蚀系数 PF 表征点腐蚀严重程度,即

$$PF = \frac{d_{\max}}{d_{\text{mean}}} \tag{9-39}$$

式中,$d_{\max}$ 为腐蚀试片的最大点蚀深度,d_{mean} 为按失重计算的表面平均腐蚀深度。也可以由极化试验的结果得到点蚀系数。

对不锈钢,高的含钼量和含氮量能大大提高抗点蚀能力,往往可采用合金中 Cr',Mo',N 的含量估算耐点腐蚀当量 PRE:

$$\text{PRE} = w_{Cr} + 3.3 w_{Mo} + 16 w_{N} \tag{9-40}$$

PRE 值越高,表示不锈钢抗点蚀的能力越强,点腐蚀的临界温度也越高。表 9-10 中列出了几种不锈钢的 PRE 值。

表 9-10　几种不锈钢的 PRE 量

钢	Cr/(%)	Mo/(%)	N/(%)	PRE
0Cr25Ni6Mo3CuN	25	3	0.18	37.8
Ferralium alloy 255	25.5	3.4	0.18	39.6
00Cr18Ni5Mo3Si2	18.5	2.7	0.08	28.7
2205				35
316 L	17	2.7		25.9
304				18.4

2.电化学试验方法

点腐蚀电位 E_b 和保护电位 E'_p 是表征金属材料孔蚀敏感性的两个基本电化学参数,它们把具有活化－钝化转变行为的阳极极化曲线划分为 3 个区段见图 9-18,即

(1) $E > E_b$,将形成新的点蚀,已有蚀孔继续长大;

(2) $E_b > E > E'_p$,不会形成新蚀孔,但原有蚀孔将继续发展长大;

(3) $E \leqslant E'_p$,原有蚀孔再钝化而不再发展,也不会形成新蚀孔。

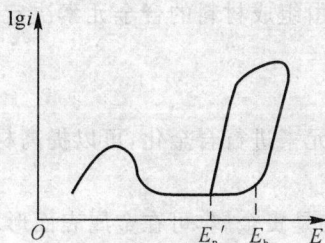

图 9-18　钝化金属的典型阳极极化曲线和点腐蚀的特征电位

测量点蚀电位 E_b 和保护电位 E'_p 的方法很多,也可采用测量极化曲线的方法(见图 9-18)。有关不锈钢点腐蚀电位的测量已经标准化,如 GB4334.9—1984,ASTM G61—1978 和 JIS G0577—1981。这些标准全都是采用连续扫描动电位法测定极化曲线和回扫曲线,由极化曲线确定点蚀电位 E_b 和保护电位 E'_p。表 9-11 中列出了这几个标准主要技术条件的比较。

表 9 - 11　电化学点蚀试验方法的对比

技术条件	GB4334.9—1984	JIS G0577—1981	ASTM G61—1978
试验溶液	3.5％NaCl	3.5％NaCl	3.5％NaCl
试验温度	(30±1)℃	(30±1)℃	(25±1)℃
试样	涂敷型和镶嵌型,硝酸预钝化	涂敷型和镶嵌型,硝酸预钝化	圆片,聚四氟乙烯压和装配支架
试样初磨	湿磨到 600 号砂纸	磨到 JISR6252 或 6253 的 600 号砂纸	湿磨到 600 号砂纸
试样终磨		磨到 JISR6252 或 6253 的 800 号砂纸	
扫描速率	20 mV/min	20 mV/min	10 mV/min
耐点蚀判据	E_b, E_{b10}, E_{b100}	V_{c10} 或 V_{c100}	电流快速增加的电位

在表 9 - 11 中,E_{b10},E_{b100} 或 V_{c10},V_{c100} 分别为在阳极极化曲线上对应电流密度 10 $\mu A/cm^2$,100 $\mu A/cm^2$ 的电位,用此电位作为点蚀电位。

3.现场试验方法

将试片在实际工况介质中进行试验,可测定材料表面发生点腐蚀的概率,并可测定点腐蚀发展的速率。其方法是在试验过程不同时刻取出一批试片,以其最大点腐蚀深度对时间作图,并通过数学分析找出它们之间的相关性(关系式),据此可比较点腐蚀发展的速率。为使结果可靠,试片的面积应尽可能大一些,每批次取出的试片也要尽可能多一些。

9.2　提高材料抗腐蚀性的方法

9.2.1　提高抗腐蚀性的合金化

材料的腐蚀性首先或主要是由组成材料的合金元素决定的,因此合金化是提高材料抗腐蚀性的基本方法。

1.提高合金的热力学稳定性

采用热力学稳定性高的合金元素进行合金化,可以提高材料的热力学稳定性,从而达到提高抗腐蚀的目的。

热稳定性比较高的金属,往往是贵金属,可在金属表面形成由贵金属元素组成的连续保护层,提高金属的耐腐蚀性。如在 Cu 中加入 5％的 Au,可以使 Cu 合金达到 Au 的耐蚀性,但这样的合金很昂贵。

一般合金化时,合金元素首先溶入基体的晶格中,形成固溶体。但是,由于溶解度的限制,要获得多组元的单一固溶体是困难的。当合金元素的含量超过固溶体的溶解度时,合金的组元之间会形成金属化合物。当形成固溶体或金属化合物时,合金中原子的电子壳层结构要发生变化,合金的能量也发生相应的变化。当合金形成时可看到有热量的放出,大体上相当于自由能降低了,热力学稳定性提高了。在工业合金在腐蚀过程中,其热力学稳定性往往会发生显著的变化。相对腐蚀过程热力学稳定性的变化,合金反应的热效应是相当低的。故以形成合金时自由能的降低提高热力学稳定性的办法获得固溶体型耐腐蚀合金的可能性很小。

要显著提高固溶体型耐蚀合金的热力学稳定性,就需要采用大量热力学稳定性的组分进行合金化。塔曼研究单相(固溶体)合金的耐蚀性时发现,单相合金耐蚀能力随耐蚀组分的原子数与合金总原子数之比为 $n/8(n=1,2,3,\cdots)$ 呈阶梯式升高,合金的电极电位相应升高,这一规律称 $n/8$ 规律,n 称为稳定性台阶。如不锈钢,在铁的基体中加入大于 12% 的 Cr,正好对应 Cr 的原子数比为 1/8。

2. 阻滞阴极过程

电化学腐蚀过程存在一对共轭的阴极反应和阳极反应,其中任何一个反应过程变慢,总的腐蚀反应过程也相应地变慢,结果腐蚀速率降低。当腐蚀过程主要受阴极过程控制时,可通过增强阴极极化的办法降低材料的腐蚀性。

在非氧化性酸溶液中,减少金属中阴极相或夹杂物,可减少活性阴极的面积,阻滞阴极过程提高材料的耐蚀性。如减少 Zn,Al,Mg,Fe 金属中的阴极性夹杂物,不同金属中产生阴极性夹杂物的元素往往不同。

使金属组织均匀化的淬火能提高材料的耐蚀性;反之,退火、时效处理降低材料的腐蚀稳定性,其主要原因是淬火得到单相组织,退火、时效后得到多相组织。例如,硬铝在淬火后得到过饱和的单相固溶体,在退火或时效后,固溶体中析出 $CuAl_2$ 阴极相,因此硬铝的耐腐蚀性下降。

当非氧化性酸溶液中阴极反应为氢的还原反应时,加入氢超电位高的合金元素,可以提高阴极的析氢电位,降低合金在酸性溶液中的腐蚀。如在 Zn 中,当含有杂质 Fe,Cu 时,加入氢超电压高的 Cd(镉),Hg(汞)元素,使 Zn 在酸液中耐腐蚀;当 Mg 中含有 Fe 时,加入 Mn 可以提高工业纯镁在氯化物水溶液中的耐腐蚀性,因为 Mn 比 Fe 析氢电位高。

3. 阻滞阳极的活性

采用合金化的方法降低合金阳极活性,尤其是用提高合金钝化的方法阻滞阳极过程的进行,即电阻极化,可提高合金的耐腐蚀性,是耐腐蚀合金化中应用最有效、最广泛的方法。

对于工业合金,大多数为多相合金,从抗腐蚀的观点,最希望阳极组成相的相对面积尽量得少,最好是合金中的强化相相对基体相是阳极,实际上绝大多数合金难以实现,因为第二相作为阳极的情况极少。在碳钢、铸铁中,铁素体相为阳极,渗碳体相为阴极。对于铝合金,强化相 $CuAl_2$ 相对铝基固溶体是阴极。在 Mg 合金中,采用 Al 合金化形成的强化相 Al_2Mg_3 相对基体是阳极。当合金发生晶间腐蚀时,晶界往往是阳极区,但在常温下总是不希望减少晶界面积,可通过提高合金的纯度或适当的热处理使晶界变薄、变纯净,达到防止或减轻晶间腐蚀的目的,提高合金的耐腐蚀性。

由于合金的基体往往是阳极相,采用容易钝化的合金元素进行合金化是提高耐腐蚀性的有效方法,这与合金的使用条件及合金元素的含量有很大的关系,如在 Fe 基合金中加入 Cr 含量超过 12%,即满足原子数比 1/8,才显著提高耐腐蚀性。在一般不锈钢钢中,Cr 的含量大于 12%;在镍基耐腐蚀合金中,Cr 含量控制在 10%~30%;在钛基合金中则需要加入钼。

合金的钝化性能还与环境介质的性质有关,如 Fe,Ni 在某些条件下是能够钝化的元素,而在一般自然环境下则不能产生有效的钝化。

对于钢铁材料,在合金元素中能达到有效钝化的合金元素主要有 Cr,Al,Si,Mo,它们往往作为附加元素提高耐腐蚀性。因此,含有一定量的 Cr,Mo,Al 的钢被认为是抗海水腐蚀用钢。

另外,在合金中加入阴极性合金元素可促使合金阳极相的钝化,可以制成耐腐蚀合金。产生这种效应的原因是阳极钝化需要一个很小的维钝电流,阴极性很强的合金元素与阳极相形成腐蚀电池,提供阳极钝化所需要的这一维钝电流,保证阳极始终处于钝化区。

利用腐蚀过程在合金表面形成高电阻腐蚀产物膜也是提高合金耐腐蚀性的有效途径。采用合金化,一些合金元素会富集在腐蚀产物中促使腐蚀产物的性质发生改变,由原来疏松的腐蚀产物转变为致密的腐蚀产物膜,进一步增加体系的电阻,使得腐蚀速率降低。在钢加入 Cu,P,促使在钢表面生成致密的非晶态羟基氧化铁 $FeO_x \cdot (OH)_{3-2x}$,使钢耐大气腐蚀,如耐候钢均含有适量的 Cu,P。

9.2.2 耐蚀合金化的机理

1. 有序固溶体说

在给定的腐蚀介质中,当耐腐蚀组元(热力学上稳定或容易发生钝化)与相对不耐腐蚀的组元组成长程有序固溶体,随着腐蚀过程的进行,不耐腐蚀的组元优先发生腐蚀,而后形成了耐腐蚀组元原子构成的合金表面层如图 9-19 所示,阻滞或减缓腐蚀的进一步发展,结果使得合金在该腐蚀体系中具有很高的耐腐蚀性。

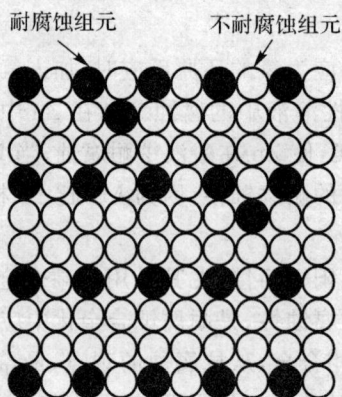

图 9-19 合金表面形成耐腐蚀组元层示意图

耐腐蚀合金的长程有序化,是在耐腐蚀组元占一定原子分数的情况下发生的,其原子分数服从 $n/8$ 定律,如各种不锈钢,其最少的含 Cr 量超过 12% 质量百分浓度。

2. 电子结构说

一些过渡族金属形成固溶体时,原子内部的电子结构发生了变化,合金在腐蚀介质中不容易失去原子核外的自由电子,氧化反应难以进行,从而提高了耐腐蚀性。如当 Cr 和 Fe 组成固溶体时,每个 Cr 原子(3d 层缺少 5 个电子)从 Fe 原子夺取 5 个电子,并使 5 个 Fe 原子转入钝态,提高了耐腐蚀性。

3. 表面富集耐腐蚀相说

对于多相合金,组成合金的相因化学成分不同,其电化学活性总是存在差别的,在腐蚀介质中总会产生选择性腐蚀。依腐蚀电位和钝化能力的不同,通常有一相优先发生溶解,导致表面金属损失,并在金属表面形成腐蚀产物,结果另外一相则富集于合金表面如图 9-20 所示。但较稳定的腐蚀相不一定提高合金的耐腐蚀性,这主要取决于富集相能否形成完整的表面覆盖层和阳极相的钝化能力,其可划归为 3 种情况。

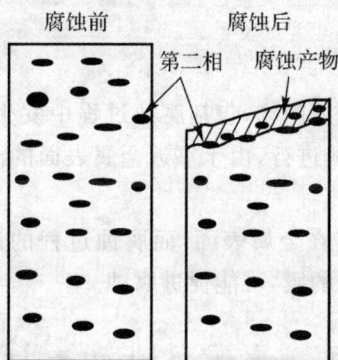

图 9-20　合金表面富集第二相示意图

若基体相为阳极,体积分数比较少的第二相为阴极,基体相无钝化能力,往往加速腐蚀。如灰口铸铁或高碳钢在稀硫酸溶液中,腐蚀后[C]和渗碳体保留在合金表面,作为阴极起阴极去极化作用,反而会加速腐蚀。只有基体(阳极组分)能在钝化的条件下,疏松堆积的阴极相可促进基体钝化,使得腐蚀速率降低,如灰口铸铁在浓硝酸、浓硫酸中抗腐蚀性比纯铁高。

若合金基体相为阴极,少量的第二相或夹杂物为阳极,腐蚀一段时间后,合金表面阳极相溶解掉,使合金表面变成完全由稳定相组成的连续层,会提高合金的耐腐蚀性。在 Al-Mg 及 Al-Mg-Si 合金中,第二相 Mg_2Al_3,Mg_2Si 为阳极相,基体为阴极相,故它们在海水中的耐腐蚀性比 Al-Cu 合金高。

若组成合金两相的体积分数相近,钝化相为连续的锁边形态,提高合金的耐腐蚀性,如双相不锈钢。

4. 表面富集耐腐蚀组元说

一般来说,固溶体在腐蚀环境中的腐蚀是一种元素优先腐蚀,合金表面相对富集另一种耐腐蚀的组元,这些耐腐蚀组元如能通过表面扩散或体积扩散发生重结晶形成一层极薄的完整表面层,则会提高合金的耐腐蚀性。

固溶体组元的选择性腐蚀溶解理论就是以这个学说为基础的。

5. 表面富集阴极性合金元素说

对于采用阴极性合金元素促进阳极钝化的合金,阴极性合金元素加入量极少,通常为 0.2%~0.5%,但当合金实现阳极钝化时,在合金表面却富集了比平均含量高的阴极性合金元素。当阴极性合金元素足够高时,才促使阳极钝化,使得合金的腐蚀速率明显降低。

6. 表面腐蚀电位较正元素的机理

根据平衡电极电位序列表,贵金属具有正的电极电位,如果合金中的贵金属富集于合金表面,形成一层贵金属层,则显著提高合金的耐腐蚀性。贵金属组元在合金表面富集的机理有两种不同的观点。

一种观点认为,贵金属与电位较低的组元一起以离子的形式预先进入溶液,由于贵金属组元的离子析出电位高于固溶体的腐蚀电位,贵金属就以金属相的形式在合金表面上进行二次电化学析出或电结晶,从而富集在合金表面。

另一种观点认为,电位较负的组元原子优先发生选择性溶解,使贵金属组元在合金表面逐渐积累,这样在合金表面薄层内发生合金组元原子的相互体扩散,使贵金属组元的原子能够重新结晶出自己的纯金属。

7. 致密腐蚀产物的形成

腐蚀过程生成的产物统称腐蚀产物,包括腐蚀过程中发生化学作用时在金属表面直接生成的产物;也包括随着腐蚀过程的进行,由于靠近金属表面的液层中组分变化引起的次生反应所产生并黏附在金属表面的产物。

这些腐蚀产物往往成膜覆盖在金属表面,而腐蚀过程的许多特点与膜的性质变化有关。致密的膜,对金属有保护性;疏松的膜,可能促进腐蚀。

9.3　钢铁材料的腐蚀性

9.3.1　碳钢

碳钢是以 Fe - C 为主的二元合金,还含有少量的 S,P,通常被认为是杂质,因为冶金的原因和提高钢的强度还含有一定量的 Mn,Si。碳钢是应用最广泛的工程材料,价格低,抗腐蚀性能十分有限,它们在腐蚀介质、大气、海水和土壤等环境中腐蚀性比较高,为了延长碳钢结构等的腐蚀寿命,往往需要采用相应的防腐措施。

1. 化学成分的影响

在多数中性溶液中,含 C 量对碳钢的腐蚀影响不明显。在酸性溶液中,含碳量增加,腐蚀速率升高,如图 9 - 21 所示。在氧化性酸中,随含碳量的增加,开始腐蚀速率增加,当含 C 量大于一定量时,腐蚀速率下降,高碳钢的腐蚀速率往往反低于低碳钢的腐蚀速率,其原因是阴极相促进了钢的钝化,如图 9 - 22 所示。

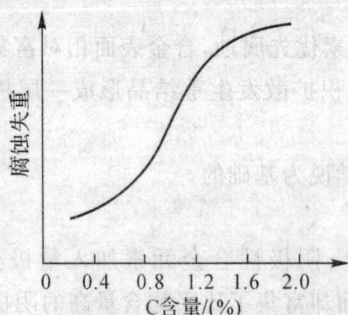

图 9 - 21　20％H$_2$SO$_4$ 中碳钢的腐蚀趋势　　　图 9 - 22　30％HNO$_3$ 中碳钢的腐蚀趋势

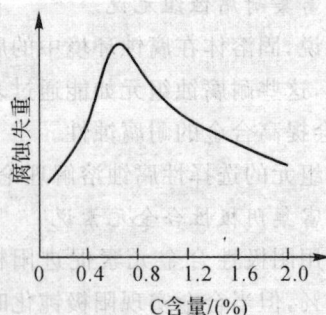

在钢中,S 降低钢的耐腐蚀性。S 常常与 Mn 形成 MnS 夹杂,会诱发点蚀及应力腐蚀。钢中 P 的影响与介质有关。在酸性溶液中,钢中的 P 增加,可形成 P 化物,在其上的析氢电位过低,会加速腐蚀;而在大气环境、海水环境中,一定量的 P 与其他元素配合提高钢的耐腐蚀性。

碳钢中的 Mn,Si 在正常范围内对碳钢的腐蚀性没有明显的影响。

2. 环境影响

碳钢的腐蚀性除了与材料的化学成分有关外,还与腐蚀环境有关。腐蚀环境的任何变化和材料化学成分的微小改变,都会影响碳钢的腐蚀速率,因此在很多情况下不同研究得到的腐蚀速率很难有可比性。

试样的暴露方式往往对腐蚀速率影响比较大,半浸试验(相当于干湿交替试验)往往具有高的腐蚀速率,全浸试验得到的腐蚀速率随腐蚀时间的增长而降低,如图 9-23 所示(1 mpy＝0.039 4 mm/a)。

一般试验的环境温度升高,腐蚀加速,但在 80～90℃以后腐蚀速率又降低,如图 9-24所示。

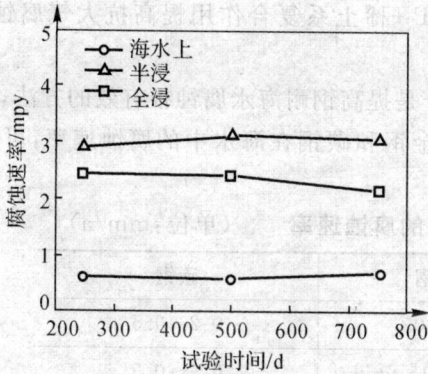

图 9-23　G1020(22Mn)钢在海水环境中的腐蚀[11]　　图 9-24　温度对碳钢腐蚀速率影响[12]

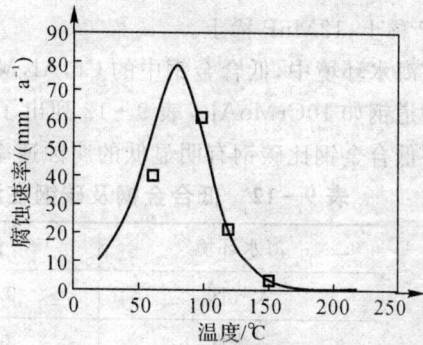

9.3.2　低合金钢

合金元素总量小于 5%(或 3.5%)的合金钢叫作低合金钢。低合金钢是相对于碳钢而言的,是在碳钢的基础上,为了改善钢的一种或几种性能,而有意在钢中加入一种或几种合金元素。当加入的合金元素含量超过碳钢正常生产方法所具有的一般含量时,这种钢称为合金钢。低合金钢中主要加入的合金元素有 Mn,Si,Cr,Ni,Al,Mo,Cu,Ti 等。这些合金元素除了提高钢的强度、改善工艺性能等外,还能提高钢的耐腐蚀性,因此低合金钢相对碳钢具有较高的抗腐蚀性(见图 9-25)。

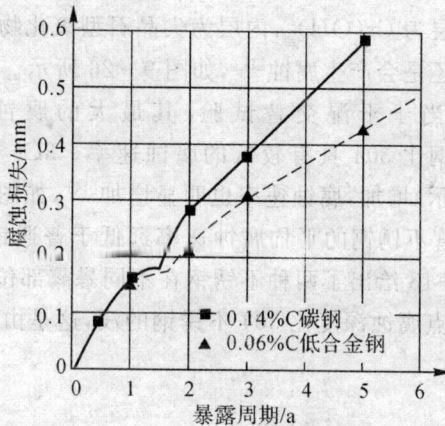

图 9-25　低合金钢在海水中的腐蚀失重[13]

在低合金钢中,往往是加入多种合金元素,其抗腐蚀性也是多种合金元素复合作用的结果,同时合金元素的作用还和具体的腐蚀介质有关。

在大气环境中金属的腐蚀主要是受阳极的控制,合金化是提高钢耐大气腐蚀很有效的方法,合金元素中以 Cu,P,Cr 的效果最明显。通常将含 Cu 在 0.2%～0.5%、含 P 在 0.06%～0.1%范围的钢称为耐候钢。合金元素 Si 通常对耐大气腐蚀是不利的,但 Si 和适量的 Al 配合也具有高的抗大气腐蚀性。例如,10CuPCrNi 钢在大气环境中腐蚀速率为 0.002 5 mm/a,是碳钢腐蚀速率 0.05 mm/a 的 0.25 倍。

国内耐候钢按合金元素可分为 Cu 系、P－V 系和 P－稀土系等。Cu 系主要靠 Cu 的作用提高抗大气腐蚀性,如 09MnCuPTi,16MnCu。P－V 系主要靠 P 和 V 复合作用提高抗大气腐蚀性,如 08MnPV,12MnPV。P－稀土系主要靠 P－稀土系复合作用提高抗大气腐蚀性,如 08MnP 稀土,12MnP 稀土。

在海水环境中,低合金钢中的 Cr,Al,Mo 配合是提高钢耐海水腐蚀很有效的方法,国内典型的管道钢如 10CrMoAl。表 9－12 列出了低合金钢和碳钢在海水中的腐蚀速率,可见除潮汐区外低合金钢比碳钢有明显低的腐蚀速率。

表 9－12　低合金钢及碳钢在海水中的腐蚀速率　　（单位:mm/a）

海水环境	低合金钢	碳钢
大气区	0.04～0.05	0.2～0.5
飞溅区	0.1～0.15	0.5～0.5
潮汐区	～0.1	～0.1
全浸区	0.15～0.2	0.2～0.25
海泥区	～0.06	～0.1

9.3.3　不锈钢

不锈钢可指钢中含 Cr 量大于 12%的钢种,其在大气环境中是"不锈的"。由于其高的抗腐蚀性,主要应用于各种工业介质中,或高腐蚀性的油气田环境中。不锈钢高的抗腐蚀性与其钝化性能有关,在钢的表面形成 1～3 nm 的钝化膜,其钝化性能随 Cr/Fe 值的增加而提高。表面钝化膜一般为二层,外层为 $Cr(OH)_3$,内层为尖晶石型氧化物。

不锈钢在海水环境中,还是会产生腐蚀[11],如图 9－26 所示。可见,半浸状态具有比较高的腐蚀速率,由于半浸相当于干湿交替试验,其最大的腐蚀速率可达 0.03 mpy,即 0.001 2 mm/a;316 L 不锈钢比 304 具有较低的腐蚀速率。3Cr 在 NaCl 溶液中随 Cl^- 浓度（以 NaCl 的摩尔浓度 M 表示）增加,腐蚀速率也明显增加[14],如图 9－27 所示。

在含 Cl^- 的溶液中,尽管不锈钢的平均腐蚀速率远低于普通钢,即均匀腐蚀不严重,但存在比较严重的点腐蚀,表 9－13 给出了两种不锈钢在不同暴露部位测量的点腐蚀深度。可见,在相同的暴露时间 316L 的点腐蚀深度比 304 不锈钢的浅,这是由于 316L 具有高的 PRE 值。

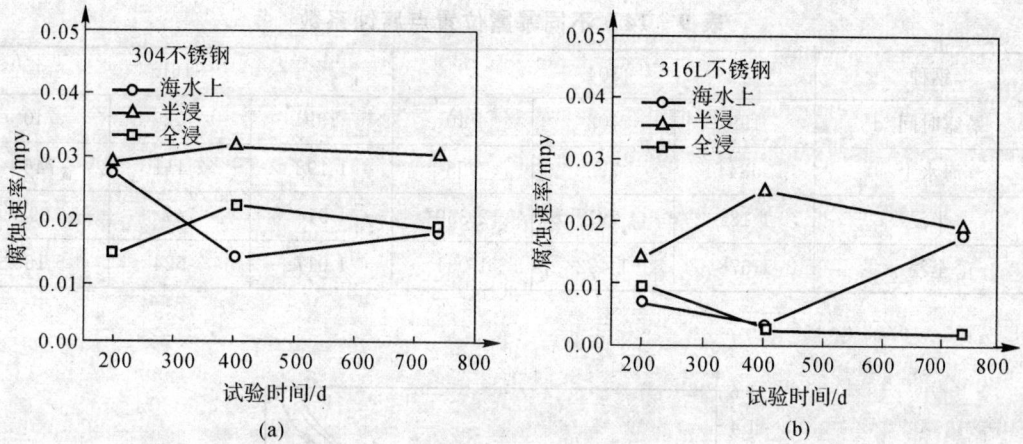

图 9-26　不锈钢在海水中的腐蚀速率

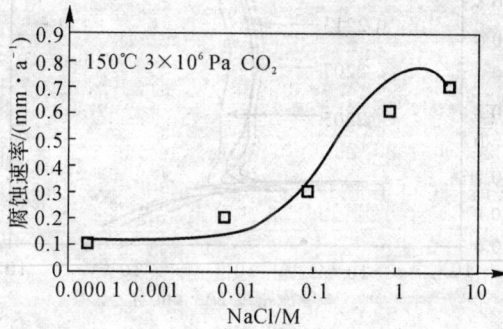

图 9-27　13Cr 腐蚀速率随 NaCl 浓度的变化

表 9-13　不同暴露位置点腐蚀的深度[11]　　　　　（单位：mm）

钢种	304			316L		
暴露时间/d	199	402	740	199	402	740
海水上	0.31	0.47	0.93	0.18	0.36	0.65
半浸	0.73	1.08	1.38	0.58	0.81	0.15
全浸	0.52	1.38	1.54	0.21	0.39	0.81

　　双相不锈钢是由铁素体和奥氏体组成的双相组织,两相的相对含量约为一半,在此含量保证了双相不锈钢高的强度和高的抗腐蚀性能,但在腐蚀介质中也存在点腐蚀的问题。在 2205（5％Ni）双相钢的基础上增加 Ni 到 2213（13％Ni）,不锈钢在硫酸溶液的钝化性能增加,钝化电流密度随 Ni 含量增加而减低,其点腐蚀电位随 Ni 含量的增加而增加,如图 9-28 所示。

　　由图 9-26 和表 9-13 的数据,可通过计算得到点蚀系数 PF 值,计算的结果列于表 9-14 中。可见,不锈钢在海水中具有很高的点腐蚀敏感性,尽管其平均的腐蚀速率很低。

表 9 - 14　不同暴露位置点腐蚀系数

钢种	304			316L		
暴露时间/d	199	402	740	199	402	740
海水上	534	796	995	1 198	2 411	746
半浸	1 180	791	2 359	1 916	747	99
全浸	1 678	1 452	1 031	1 017	3 524	5 165

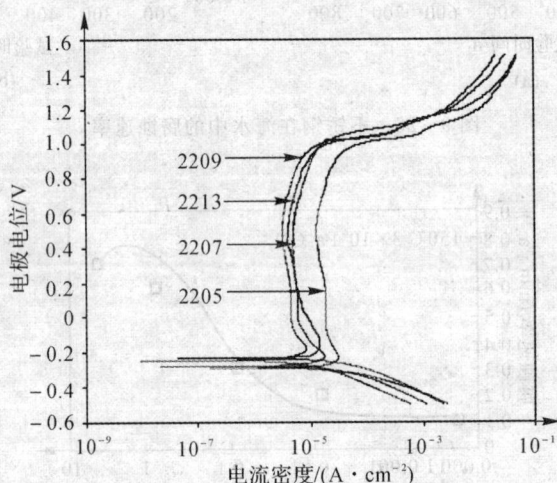

图 9 - 28　双相不锈钢在 1M 硫酸中的极化曲线[15]

　　在工程实践中,不锈钢结构需要采用焊接方法连接,在不锈钢结构的焊缝也存在比较严重的点腐蚀问题,如图 9 - 29 所示。

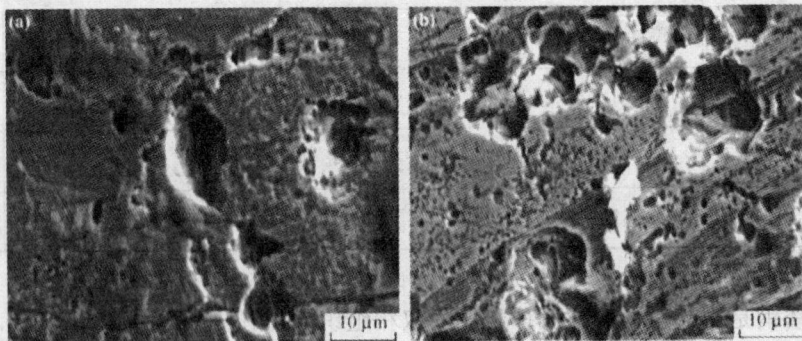

图 9 - 29　304 不锈钢焊缝在 3.5% NaCl 溶液中干湿腐蚀的形貌

(a)33 d;　(b)40 d[16]

　　奥氏体不锈钢焊接后,采用电化学微电池测量的阳极极化曲线如图 9 - 30 所示。可见,焊缝金属和基体金属具有良好的钝化性能,而熔合线和热影响区具有比较高的阳极极化电流密度,在该两个部位金属的钝化性能变坏,从而在腐蚀介质中容易产生点腐蚀。

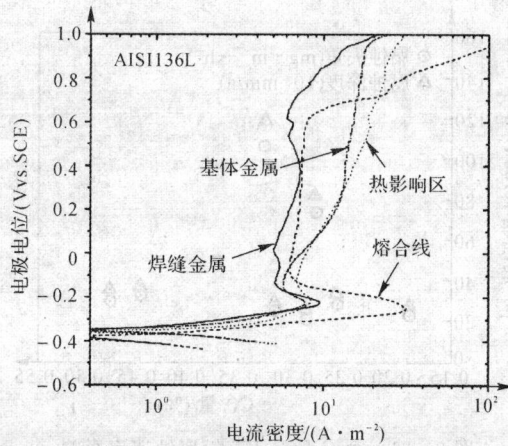

图 9 - 30　316L 不锈钢焊接接头的阳极极化曲线[17]

9.3.4　石油工程用钢

石油工程用钢涉及碳钢、低合金钢和不锈钢等。各种管材所遇到的腐蚀环境包括高矿化度溶液，CO_2 和 H_2S 高腐蚀性的环境，在这些腐蚀环境中管材会发生严重的腐蚀，造成了巨大的经济损失。

从钢的化学成分上，为防止石油工程用钢在服役过程中产生的应力腐蚀均采用超低 S，P 钢，各种专用管的组织状态从正火组织到调质组织，高钢级的管线钢则更复杂，下面讨论油井套管用钢的腐蚀。

在油气田应用最广泛的套管钢级有 J55，N80 和 P110 等。

J55 钢级的油井套管可划归为 C - Mn 钢，表 9 - 15 中列出了几种钢的化学成分。J55 钢的含 C 量在 0.19%～0.48% 范围，Mn 含量在 0.88%～1.43% 范围。在 40℃，6 MPa 高矿化度的电解质溶液中，由浸泡试验得到的腐蚀失重为 22～105 mg·m^{-2}·h^{-1}，腐蚀深度为 0.025～0.118 mm/a[18]。在 0.19%～0.48% 的含 C 量范围，腐蚀速率与含 C 量没有明显的相关性，如图 9 - 31 所示。

表 9 - 15　J55 钢的化学成分　　　　　（单位：%）

编号	C	Si	Mn	P	S	Cr	Ni	V	Ti	Cu	参考文献
1	0.29	0.26	1.42	0.013	0.014	0.017	0.043	0.013	0.039	0.043	[18]
2	0.28	0.27	1.43	0.013	0.006	0.016	0.010	0.012	0.038	0.010	
3	0.26	0.30	1.38	0.010	0.004	0.051	0.050	0.013	0.041	0.073	
4	0.19	0.31	1.39	0.014	0.004	0.190	0.017	0.013	0.040	0.010	
5	0.45	0.32	0.98	0.018	0.014	0.027	0.010	0.014	0.036	0.010	
6	0.48	0.20	0.88	0.019	0.015	0.045	0.012	0.013	0.036	0.010	
7	0.33	0.23	1.29	0.009	0.009	0.016	0.012	0.012	0.037	0.010	
8	0.32	0.24	1.41	0.015	0.004	0.045	0.017	0.013	0.037	0.010	
9	0.19	0.31	1.39			0.190					[19]
10	0.33	0.28	1.24	0.019	0.019	0.013					[5]

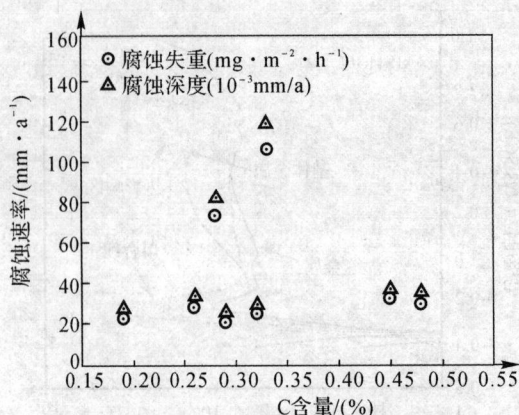

图 9-31 含 C 量对 J55 钢腐蚀速率影响

表 9-16 列出了 N80 和 P110 的化学成分,它们也属于 C-Mn 钢,化学成分和 J55 没有明显的差别,主要靠热处理调整钢的强度以得到不同钢级的油井套管。在含有 CO_2 的电解质溶液中,油井套管钢的腐蚀速率一般随钢级的增加而升高。在试验温度 70～150℃ 和 CO_2 分压 $3×10^5～35×10^5$ Pa 范围内,J55,N80 和 P110 的腐蚀速率在 0.5～2.8 mm/a 范围,明显高于高矿化度溶液中 J55 钢的最大腐蚀速率 0.118 mm/a[18]。

表 9-16 油井套管钢的成分 (单位:%)

编号	C	Si	Mn	P	S	Cr	Ni	V	Ti	Cu	参考文献
N80	0.23	0.22	1.01	0.008	0.001	0.035					[20]
N80	0.24	0.22	1.19	0.013	0.004	0.036	0.028	0.017	0.011	0.019	[21]
P110	0.26	0.19	1.37	0.009	0.004	0.148	0.028	0.006	0.011	0.019	
P110	0.27	0.26	1.41	0.002	0.004	0.089	0.049		0.036	0.030	[22]

随着石油天然气工业的快速发展,同时含 CO_2,H_2S 等多种腐蚀介质的情况相继出现,在二者共存的腐蚀体系中,就出现所谓的 CO_2/H_2S 腐蚀。由于 H_2S 在电解质溶液中的溶解度比 CO_2 的大得多,少量的 H_2S 也会对 CO_2 腐蚀产生明显的影响,使油井套管的耐腐蚀性显著降低,其腐蚀规律变得尤为复杂并难于把握,主要可能是引起腐蚀的因素过多以及这些因素之间存在交互作用所致。

在模拟油田采出液介质中(Cl^-,Ca^{2+},Mg^{2+} 质量浓度分别为 50,18,2 g/L),H_2S 分压与油井管 CO_2/H_2S 腐蚀速率呈比较复杂的关系[23]。当 CO_2 分压为 1 200 kPa,H_2S 分压分别为 1.4 kPa,20 kPa,60 kPa,120 kPa 时,N80 钢和 P110 钢都发生了极严重的 CO_2/H_2S 腐蚀,并随着 H_2S 分压的增加,两种材料的腐蚀速率先增加然后再降低。H_2S 分压在 1.4 k～20 kPa 范围。腐蚀速率随 H_2S 分压增加单调上升,当 H_2S 分压为 20 k～120 kPa 时却单调下降,两种钢在 H_2S 分压为 20 kPa 时腐蚀速率最大。H_2S 分压极低(1.4 kPa)和极高(120 kPa)时,两种钢腐蚀速率相近,其他分压下 P110 钢的腐蚀速率总是低于 N80 钢。N80 钢在 H_2S 含量为 70,3 000,6 000 mg/m³ 时,腐蚀速率分别为 7.5,13.9,4.9 mm/a[24]。

由于 J55,N80 和 P110 在 CO_2,CO_2/H_2S 共存条件下的耐腐蚀性十分有限,目前受到普遍关注的是低 Cr 钢。低 Cr 钢是在碳钢的基础上，向钢中加入 1%～5% 的 Cr 可显著提高油井套管钢抗 CO_2 腐蚀的能力、减少局部腐蚀和点蚀现象的发生的钢。由于低 Cr 钢中的含 Cr 量比不锈钢低，成本低，它是一种经济型的抗 CO_2 腐蚀用钢。在高温 CO_2 分压为 0.8 MPa 油田模拟水介质环境中和流速为 1.5 m/s 条件下，低 Cr 钢具有明显低的腐蚀速率，如图 9-32 所示。

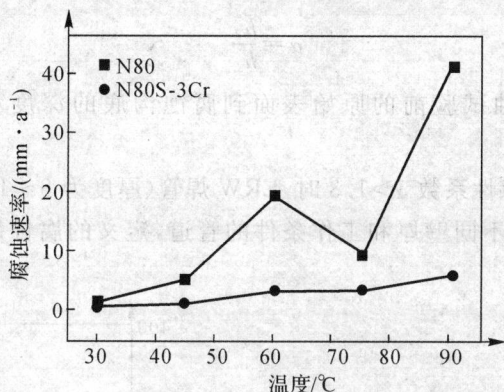

图 9-32　低 Cr 钢的平均腐蚀速率随温度变化[20]

低 Cr 钢具有高抗腐蚀性的原因可归结为两个方面：①钢中的 Cr 会在腐蚀介质中发生优先溶解，富集在钢表面的腐蚀产物中，通过降低钝化电位来达到降低腐蚀的目的；②电化学腐蚀溶解的 Cr 与腐蚀介质中的 OH^- 形成 $Cr(OH)_3$ 存在于腐蚀产物中，产生电阻极化，使得基体溶解受到抑制，显著地降低了腐蚀速率。但是，低 Cr 钢的高抗腐蚀性一直是存在争议的，原因是低 Cr 钢容易产生点腐蚀。

高频电阻焊（ERW）管是采用钢板卷制成型然后采用高频电阻焊接的一种快速管道生产技术，由于其在经济性、尺寸精度及表面状态等方面超过无缝钢管的优越性，在许多领域得到广泛的应用，如管道、热交换器和各种工程结构。目前，J55 钢级油井 ERW 套管也得到实际的应用。但是，ERW 套管焊接区的沟槽腐蚀是影响 ERW 套管推广使用的重要问题之一。

沟槽腐蚀是 ERW 焊管焊接区产生的一种特殊的腐蚀现象，通常在焊缝处形成沟槽状的选择性腐蚀（见图 9-33），从而使 ERW 焊管在实际的腐蚀性环境中抗腐蚀性能变差，焊接区的沟槽腐蚀使得焊管过早因腐蚀而穿孔。

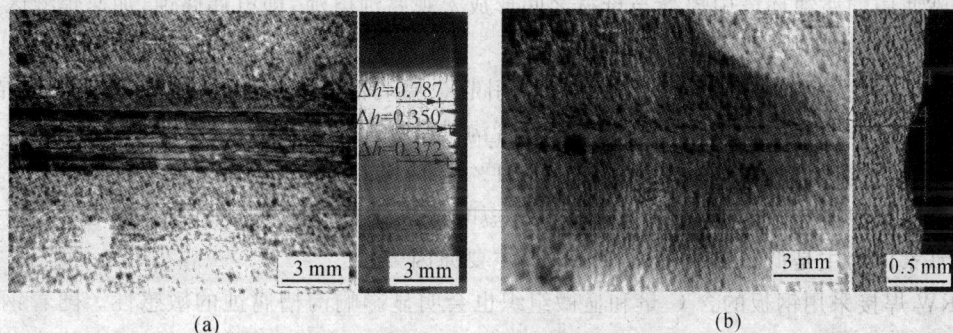

(a)　　　　　　　　　　　　(b)

图 9-33　J55 套管的沟槽腐蚀[25-26]

在实验室加速评价 ERW 焊管焊接区腐蚀敏感性可应用恒电位极化方法,采用三电极系统,腐蚀溶液多采用人工海水。对试件施加 -550 mV 的恒电位(相对于饱和甘汞电极 SCE),试件处于阳极极化状态,极化 144 h 后测量腐蚀沟槽的几何参数,计算沟槽腐蚀的敏感性系数。沟槽腐蚀敏感性的评价采用具有相对意义的沟槽腐蚀敏感性系数 α 作为评价指标,其定义为

$$\alpha = \frac{h_2}{h_1} \tag{9-41}$$

其中,h_2 和 h_1 分别为腐蚀试验前的原始表面到腐蚀沟底的深度和母材的腐蚀深度(见图 9-34)。

一般认为,当腐蚀敏感性系数 $\alpha > 1.3$ 时,ERW 焊管(厚度为 8~10 mm)具有高的沟槽腐蚀敏感性。应该指出对于不同壁厚和工作条件的管道,定义的腐蚀敏感性系数临界值也应不同。

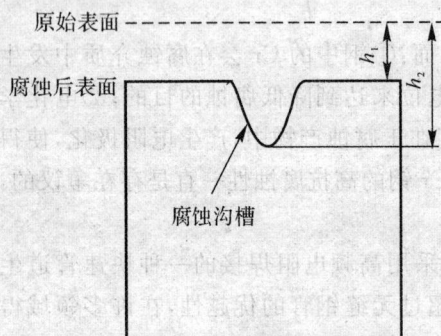

图 9-34 沟槽敏感性系数

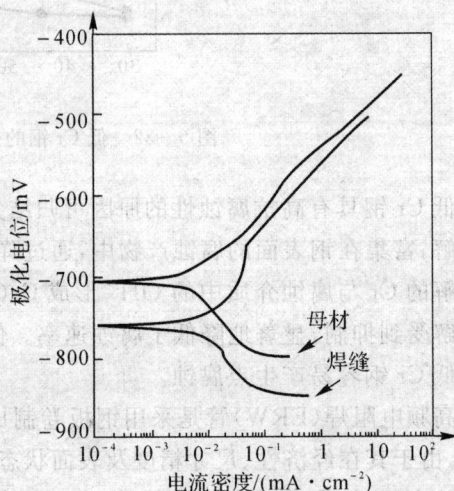

图 9-35 J55 钢焊管焊缝和母材的极化曲线[27]

焊接区沟槽腐蚀,是焊缝及其热影响区与基体金属在腐蚀介质中的电化学不均匀性引起的局部选择性腐蚀,其表征为焊缝具有更低的腐蚀电位(见图 9-35),因而在恒电位电化学极化或实际使用的腐蚀环境中焊缝与母材之间形成宏观腐蚀电池,即电偶腐蚀,加速焊缝区金属的腐蚀,形成沟槽腐蚀。

焊管沟槽腐蚀是焊接过程中急热和急冷引起金属局部的一些化学、组织等变化的结果。对于高、中含 S(质量分数大于 0.01%)钢,焊管沟槽腐蚀主要由 MnS 夹杂引起,焊后的退火处理对钢没有影响。对低含 S 钢,其含量在 0.01% 以下,焊后的退火热处理可显著降低沟槽腐蚀敏感性系数(见图 9-36)。ERW 焊接过程短时加热会导致焊缝金属中合金元素的损失和焊缝以铁素体为主是低 S 含量钢沟槽腐蚀的主要原因[27-28]。

ERW 焊接采用钢板的含 C 量和显微组织也会明显影响沟槽腐蚀的敏感性。随着钢的 C 含量增加,沟槽腐蚀的敏感性增加(见图 9-36)。对较高 C 含量的控轧钢板,钢中的珠光体沿流线分布,形成连续的流线组织,焊接挤压力过大时导致流线上升角过大,流线露头,腐蚀优先沿流线发展,产生更严重的沟槽腐蚀,如图 9-37 所示。

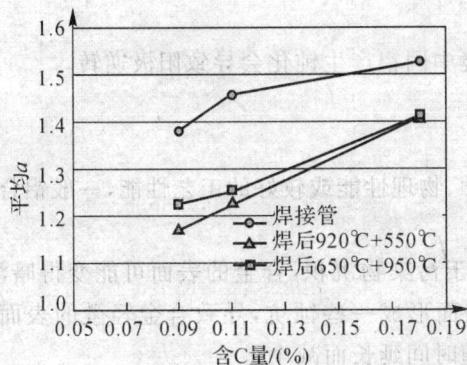

图 9-36　不同含 C 量 J55 钢的沟槽腐蚀敏感系数[27]

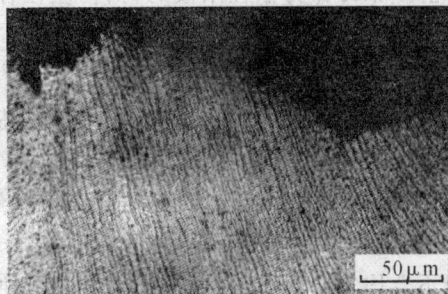

图 9-37　沿流线发展的腐蚀沟槽[27]

9.4　铝及铝合金的腐蚀性

9.4.1　纯铝的腐蚀性

铝为有色轻金属,密度为 2.7 g/cm³,其强度比钢低,但铝及铝合金具有高的比强度,塑性优良,导电、导热性能优异等特点,同时还具有良好的加工性能和耐蚀性,在航空航天工业、兵工工业及建筑、电气、化学、运输等民用领域都有广泛应用。在石油工业,轻质钻杆采用铝合金材质,可大大降低钻杆的质量。

铝在 25℃ 的水溶液中标准电位为 -1.66 V,是比较活泼的金属。从热力学上看,铝很不稳定,会产生严重腐蚀,但是它在大气中和 pH 值为 4.5~8.5 的水溶液中能够迅速形成一层薄且致密的氧化膜而使铝钝化,其钝化态的稳定性仅次于钛,该膜由 Al_2O_3 或 $Al_2O_3 \cdot nH_2O$ 组成。依生成条件不同,其厚度可在很大范围内变化。铝的耐蚀性基本上取决于给定的腐蚀环境以及形成保护膜的稳定性。

由于铝在 pH 值为 4~8 的介质中能够钝化,因此铝在中性和接近中性的水溶液中以及大气环境中是非常耐蚀的,但当介质中存在某种阴离子时,可能会产生点腐蚀等局部腐蚀。

铝对酸一般是不耐蚀的,特别是对盐酸。在 40% 以下的稀硫酸和发烟硫酸中耐蚀。当硝酸浓度在 10% 以下或 80% 以上时,其腐蚀速度小于 0.02 mm/a,因此也是耐蚀的。铝在许多有机酸中也是耐腐蚀,特别是耐无水醋酸腐蚀,但当含水量小于 0.2% 和温度大于 50℃ 时,将会发生严重的局部腐蚀。

铝在碱和碱性溶液中是很不耐蚀的,因为 Al_2O_3 膜可溶解于碱性溶液中,即

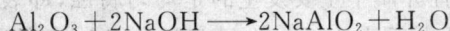

$$Al_2O_3 + 2NaOH \longrightarrow 2NaAlO_2 + H_2O$$

而且,Al 也很容易和 OH^- 离子结合而形成 AlO_2^-,发生析氢腐蚀,即

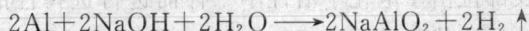

$$2Al + 2NaOH + 2H_2O \longrightarrow 2NaAlO_2 + 2H_2 \uparrow$$

这个反应即使在室温下也很容易进行。

铝的耐蚀性受铝中杂质影响很大,特别是当铝中存在有正电性的析氢超电压低的金属杂质时,它们能成为有效的阴极而显著加速铝的腐蚀,因此提高铝的纯度可以显著降低铝在非氧化性酸中的腐蚀速率。杂质对铝在氧化性酸中影响较小,常见的杂质有铜、铁、硅,对铝的耐蚀性都有不良的影响,其中铜的影响最大。在工程实践中,当铝和电位高的金属接触时,会产生

电偶腐蚀,最危险的是与铜及铜合金的接触。

此外,铝可作为牺牲阳极的材料,但在有些环境中因铝产生钝化会导致阳极逆转。

9.4.2 铝合金的腐蚀性

铝中加入合金元素主要是为了获得较高的力学、物理性能或较好的工艺性能,一般铝合金的耐蚀性很少能超过纯铝。

铝合金在大气中能长期保持金属光泽,然而由于污染物沉积,合金的表面可能变得暗淡、灰色甚至黑色,并且由于风化使大多数铝合金的表面形成一些蚀坑,导致合金轻微的表面粗糙,但不会均匀变薄,铝合金在大气中的腐蚀速率随时间延长而减小。

纯铝和 Al-Mn 系,Al-Mg 系,Al-Mg-Si 系合金在天然淡水中是耐蚀的。Al-Ni-Fe 在纯水中具有最好的耐蚀性,锻造铝合金在海水中有较好的耐蚀性,而含铜的 Al-Cu,Al-Zn 系合金耐海水腐蚀性能差。

铝合金在海水中也具有比较低的腐蚀速率(见图9-38),测量的腐蚀速率是随浸泡时间增加而降低的,如果加入缓蚀剂(NaBz)也具有明显的缓蚀效果。但是,铝合金一般不用于海水系统中,在一些特定要求下使用也必须加上涂漆后使用。

由于土壤的腐蚀性变化极大,故在土壤中使用铝合金应给予防护。另外,铝合金在酸、碱、酸性及碱性盐溶液中均不耐蚀,在中性盐溶液中的耐蚀性则取决于溶液中的阴、阳离子的特性。

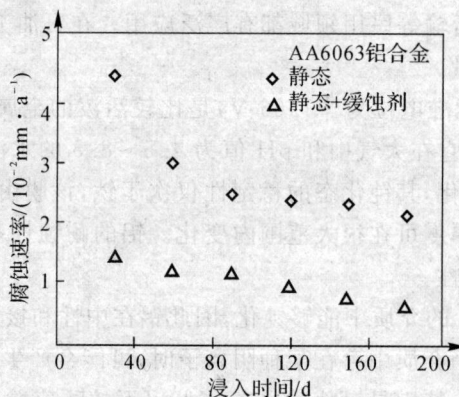

图 9-38　AA6063 铝合金在海水中的腐蚀速率[29]

9.4.3 铝及铝合金的腐蚀类型

铝及铝合金在大多数碱性介质中主要发生的是均匀腐蚀,即表面氧化膜完全溶解且均匀地浸蚀基体,而在大多数酸性介质中主要发生局部腐蚀,即表面氧化膜局部地破损且浸蚀基体,或是基体内不同的相及部位由于电化学活性不一样而进行选择性的溶解。局部腐蚀的主要形式有点腐蚀、晶间腐蚀及层状腐蚀等。

1. 点腐蚀

点腐蚀或孔蚀,是铝及铝合金最常见的局部腐蚀,其特征为铝合金表面形成一些不规则的蚀坑如图9-39所示。它们最常发生在 pH 值为 4.5~8.5 的钝化区内,这是由于氧化膜的局部破坏形成局部的微电池,这些微电池的形成原因主要有铝合金表面与环境介质界面的污染物作为腐蚀的阴极使局部钝化膜破坏,导致点腐蚀的发生和发展;不同的热处理方法使得第二相析出,导致局部的电化学性能不均匀;合金表面氧化膜的局部机械损伤,形成活性阳极区,导致点腐蚀的形核;腐蚀溶液的充气状况的不同,形成宏观的腐蚀电池;外加电位达到钝化膜破裂的电位。点腐蚀的孕育期随温度升高而加快,但一旦形成点蚀,点蚀穿孔的速率却随温度升高而下降。总体来说,高纯铝不易发生点蚀,而其他的铝合金耐点蚀性相对差一些。

防止铝合金产生点蚀的方法:①消除介质中产生点蚀的有害成分,如尽可能去除溶解氧、氧化物离子或氯气等;②采用纯铝或耐点蚀性能较好的 Al-Mg 和 Al-Mn 合金;③对 Al-Cu 等耐蚀性能不好的合金,可采用包覆纯铝或 Al-Mg 合金层的措施。

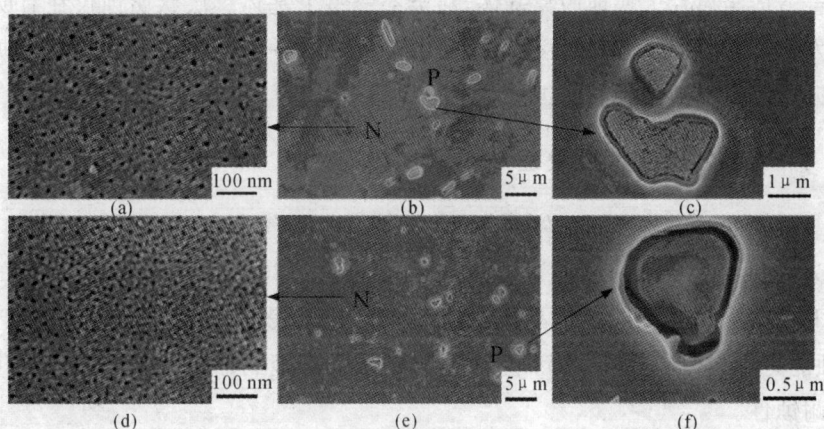

图 9-39　400 A/m² 阳极极化 40 min 后的点腐蚀形貌[30]

(a)(b)(c)铝;　(d)(e)(f)铝镁合金

2. 晶间腐蚀

在一定的冶金条件和环境下,任何铝合金都可以发生晶间腐蚀(见图 9-40),甚至高纯铝经高温热处理和快速淬火后,在盐酸中也产生晶间腐蚀。铝合金的晶间腐蚀尽管肉眼看不见,且几乎不会引起材料的质量变化,但其网络状的腐蚀特征,使铝合金结构内部中的晶界和晶粒间的结合力遭到破坏,引起力学性能的明显降低,并且常与应力腐蚀开裂有关,因此它是一种比均匀腐蚀和点蚀更为有害的隐蔽性腐蚀破坏行为。晶间腐蚀的原因是晶界与晶粒之间存在电位差,它们在腐蚀过程中形成局部的微电池。

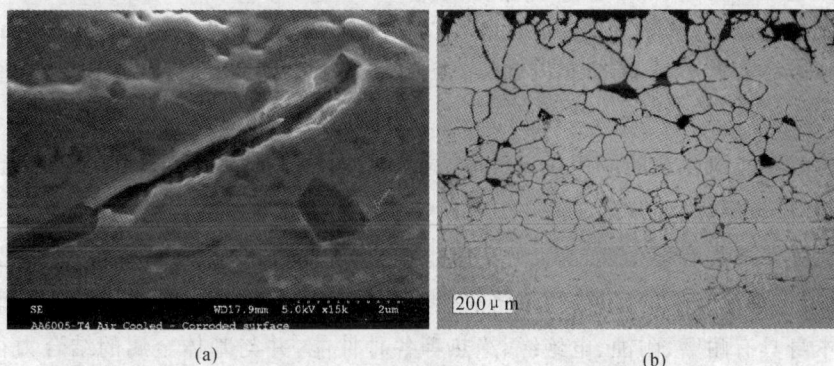

图 9-40　AA6005 铝合金在酸性 NaCl 溶液中的晶间腐蚀

(a)晶界附近阴极粒子;　(b)晶界腐蚀

具有晶间腐蚀倾向的合金,在工业大气、海洋大气和海水中都可能产生晶间腐蚀。通过适当的热处理消除有害相在晶界的连续析出,可以消除晶间腐蚀倾向,也可以采用包镀或喷镀牺牲性阳极金属的方法加以防止。

3. 层状腐蚀

锻压铝合金容易发生层状腐蚀,有时也称为剥蚀,其特征是沿着平行于基体表面的晶间方向横向扩展,使铝合金产生各种形式的层状剥离。层状腐蚀的初期会产生一些不连续的小裂片、碎沫,很容易被发现,不会产生像晶间腐蚀或应力腐蚀开裂那样的意外结构破坏,但层状腐蚀严重时也会造成金属片大块地脱离基体,甚至穿透整个基体。层状腐蚀仅在有明显定向结构的制品中发生,引起层状腐蚀的主要原因是由于析出物不合理的分布。因此,增加析出热处理时间或提升温度可以减少层状腐蚀敏感性。

9.4.4 铝及其铝制品的氧化处理

铝表面氧化膜的结构与形成条件有很大的关系。在大气中或低于 80℃ 的水溶液中,所形成的氧化膜为贝利体($Al_2O_3 \cdot 3H_2O$),它是非晶态的。在 80℃ 以上水溶液中形成的膜为勃母体($Al_2O_3 \cdot H_2O$ 或 $AlOOH$),它为晶体结构。事实上,铝表面自身形成的氧化膜疏松多孔、不均匀、抗蚀能力不强,且容易沾染污迹。因此,铝及其合金制品通常采用阳极氧化处理的方式来提高其耐蚀性。

氧化处理是以铝或铝合金制品为阳极,置于电解质溶液中进行通电处理,利用电解作用使其表面形成氧化铝薄膜的过程。经过阳极氧化处理,铝表面能生成几个微米至几百个微米的氧化膜。比起铝合金天然形成的氧化膜,其耐蚀性、耐磨性和装饰性都有明显的改善和提高。

铝阳极氧化的原理实质上就是水电解的原理。当电流通过时,将发生以下的反应:

在阴极上,按下列反应放出 H_2:$2H^+ + 2e^- \longrightarrow H_2 \uparrow$;

在阳极上,$4OH^- + 4e^- \longrightarrow 2H_2O + O_2 \uparrow$,析出的氧不仅是分子态的氧($O_2$),还包括原子氧($O$),以及离子氧($O^{2-}$),通常在反应中以分子氧表示。

作为阳极的铝被其上析出的氧所氧化,形成无水的 Al_2O_3 膜:$2Al + 3[O] \Longrightarrow Al_2O_3 + 1\ 675.7\ kJ$。应该指出,生成的氧并不全部与铝作用,一部分以气态的形式析出。

按电解液分有硫酸、草酸、铬酸、混合酸和以有机磺酸溶液自然着色的阳极氧化。

按膜层性质分有普通膜、硬质膜(厚膜)、瓷质膜、光亮修饰层、半导体作用的阻挡层等阳极氧化。

直流电硫酸阳极氧化法的应用最为普遍,这是因为它具有适用于铝及大部分铝合金的阳极氧化处理,膜层较厚、硬而耐磨。

阳极氧化膜普遍具有多孔性,有良好的吸附能力,采取封闭等后处理后可直接起到很好的防腐效果,也可作为涂镀层的底层,还可将氧化膜染成各种不同的颜色,提高金属的装饰效果。阳极氧化膜本身具有耐磨、耐蚀、电绝缘、绝热等各种性能,并与基体金属的结合力很强,很难用机械方法将它们分离,即使膜层随基体弯曲直至破裂,膜层与基体金属仍保持良好的结合。

9.5　钛及钛合金的腐蚀性

9.5.1　钛的腐蚀性

钛的熔点为 1 668℃，具有同素异转变，当低于 882℃ 时呈密排六方晶格结构，称为 α 钛；882℃ 以上时呈体心立方晶格结构，称为 β 钛。在常温下，钛的密度为 4.51 g/cm³，其强度可达到普通钢的强度，因此钛及钛合金在工业合金中具有最高的比强度。可制出单位强度高、刚性好、质轻的零部件。目前飞机的发动机构件、骨架、蒙皮、紧固件及起落架等都使用钛合金。在石油工业中，采用钛合金制成的比强度高的轻质钻杆，在近海油田获得了应用。

纯钛的耐腐蚀能力比不锈钢高 100 倍，可在各种腐蚀性介质中应用。钛及钛合金作为潜艇材料可抵御海水的侵蚀。另外，钛合金以其优异的性能，已成为最有发展前景的医用材料之一。

工业纯钛的代号为 TA1，TA2 和 TA3。

9.5.2　钛合金的腐蚀性

在钛合金中由于杂质和合金元素的存在，钛合金的抗腐蚀性不会超过纯钛。

钛合金按组织状态可划分为：α 钛合金，α＋β 钛合金，β 钛合金，其中最常用的是 α 钛合金和 α＋β 钛合金。α 钛合金的切削加工性最好，α＋β 钛合金次之，β 钛合金最差。国内 α 钛合金代号为 TA，β 钛合金代号为 TB，α＋β 钛合金代号为 TC。

α 钛合金是由 α 相固溶体组成的单相合金，主要加入铝、碳、氧和氮等提高相转变温度的元素，即这些合金元素为 α 稳定元素。其中，铝是钛合金主要合金元素，它对提高合金的常温和高温强度、降低比重、增加弹性模量有明显效果。典型的合金有 Ti－6Al－4V(TC4)，Ti－5Al－2.5Sn(TA7)，它们的应用十分广泛。α 钛合金组织稳定，耐磨性高于纯钛，抗氧化能力强。在 500～600℃ 的温度下，仍保持其强度和抗蠕变性能，但不能进行热处理强化，室温强度不高。

Ti－6Al－4V 在模拟生物溶液中，由动电位极化曲线和线性极化技术得到的腐蚀速率为 $29 \times 10^{-66} \sim 34 \times 10^{-6}$ mm/a，在含有 NaCl 的生物溶液中腐蚀速率有所提高，为 23×10^{-5} mm/a[31]。因此，钛合金具有很高的抗腐蚀性。

β 钛合金是 β 相固溶体组成的单相合金，主要加入的合金元素有钼、铌、钒、铬、锰、铜、铁、硅等，降低相变温度，这些合金元素为 β 稳定元素。β 钛合金具有较高的强度，可进行热处理进一步提高合金强度。在淬火、时效后合金的室温强度可达 1 372～1 666 MPa；但热稳定性较差，不宜在高温下使用。

α＋β 钛合金是双相合金，具有良好的综合性能，组织稳定性好，有良好的韧性、塑性和高温变形性能，能较好地进行热压力加工，能进行淬火、时效使合金强化。热处理后的强度约比退火状态提高 50%～100%；高温强度高，可在 400～500℃ 的温度下长期工作，其热稳定性次于 α 钛合金。

钛合金在潮湿的大气和海水介质中工作，其抗蚀性远优于不锈钢。对点蚀、酸蚀、应力腐蚀的抵抗力特别强；对碱、氯化物、氯的有机物品、硝酸、硫酸等有优良的抗腐蚀能力。但钛对具有还原性氧及铬盐介质的抗蚀性差。表 9-17～表 9-19 给出了钛和钛合金在酸、碱溶液中的腐蚀速率。

表 9-17 钛及钛合金在常温硫酸介质中腐蚀实验数据　　（单位：mm/a）

合金成分	硫酸浓度						
	10％	20％	30％	40％	50％～60％	80％	98％
Ti	0.018	0.407	1.08	0.291	2.18	7.04	1.67
TC4	0.164	0.490	3.01	0.487	2.93		

表 9-18 钛及钛合金在盐酸介质中腐蚀实验数据　　（单位：mm/a）

合金成分	室温		50℃		70℃		90～93℃	
	10％	20％	10％	20％	10％	20％	10％	20％
Ti	0.017	0.204	4.11	12.5				
TC4	0.345	1.29	2.32	15.5				

表 9-19 钛在碱溶液中的腐蚀速率

介质	浓度/（％）	温度/℃	腐蚀速率/(mm·a^{-1})
NH$_4$OH	28	室温	0.002 5
Ba(OH)$_2$	饱和	室温	0
Ca(OH)$_2$	饱和	室温	0
Mg(OH)$_2$	饱和	室温	0
KOH	10	沸腾	0
	25	沸腾	0.13
	50	沸腾	0
	50	室温	0.010
NaOH	10	21	0.001
	28	室温	0.000 25
	40	80	0.13
	50	38～57	0.000 25～0.013
	50	60	0.013
	70	130	0.18
	50～73	190	1.09
	10	沸腾	0.02

参 考 文 献

[1]　SYJ7—84,钢质管道及储罐防腐蚀工程设计规范,1989.

[2]　NACE RP 0775—99. Standard recommended practice: preparation, installation, analysis, and interpretation of corrosion coupons in oilfield operations.

[3]　宋诗哲. 腐蚀电化学研究方法. 北京：化学工业出版社,1988.

[4]　Rocchini G. Evaluation of the electrochemical parameters by means of series expansion. Corrosion Science, 1994,36(8):1347 – 1361.

[5]　孙建波,柳伟,杨丽颖,等.高矿化度介质中 J55 钢 CO_2 腐蚀电化学.金属学报,2008,44(8):991 – 994.

[6]　曹楚南,张鉴清.电化学阻抗谱导论. 北京：科学出版社，2002.

[7]　吴荫顺,方智,何积铨,等. 腐蚀试验方法与防腐蚀检测技术.北京：化学工业出版社, 1996.

[8]　Hong J H, Lee S H, Kim J G, et al. Corrosion behaviour of copper containing low alloy steels in sulphuric acid. Corrosion Science, 2012,54:174 – 182.

[9]　Farelas F, Galicia M, Brown B, et al. Evolution of dissolution processes at the interface of carbon steel corroding in a CO_2 environment studied by EIS. Corrosion Science, 2010,52:509 – 517.

[10]　ASTM G46—2005. Standard Guide for Examination and Evaluation of Pitting Corrosion.

[11]　Al-Fozan S A, Malik A U. Effect of seawater level on corrosion behavior of different alloys. Desalination, 2008,228(1 – 3):61 – 67.

[12]　Ikeda A,Ueda M, Yoshitake A, et al. in Hausler R H, Godard H P. eds, CO_2 Behavior of carbon and crstecl in Advance in CO_2 corrosion. NACE Corrosion,1984.

[13]　Melchers R E. Effect on marine immersion corrosion of carbon content of low alloy steels. Corrosion Science, 2003,45:2609 – 2625.

[14]　Ikeda A,Mukai S, Ueda M. Advances in CO_2 corrosion. Burke P A, Asphahani A I, Wright B S, eds. NACE Corrosion, 1985,2:47 – 54.

[15]　Potgieter J H, Olubambi P A, Cornish L, et al. Influence of nickel additions on the corrosion behaviour of low nitrogen 22% Cr series duplex stainless steels. Corrosion Science, 2008,50:2572 – 2579.

[16]　Lin C, Li X, Dong C. Pitting and galvanic corrosion behavior of stainless steel with weld in wet – dry environment containing Cl^-. Journal of University of Science and Technology Beijing, 2007,14(6):517.

[17]　Garcia C,Martin F,de Tiedra P, et al. Pitting corrosion of welded joints of austenitic stainless steels studied by using an electrochemical minicell. Corrosion Science, 2008, 50:1184 – 1194.

[18]　Yan M, Zhao G, Lu M, et al. Evaluation of the corrosion performance of 8 kinds of

J55 casing in Luohe Water of Changqong oilfield. Corrosion & Protection, 1999, 20 (6): 259 - 261.

[19] 张蕾, 国大鹏, 路民旭. Cl⁻含量对 J55 钢 CO_2 腐蚀行为的影响. 中国腐蚀与防护学报, 2009, 29(1): 64 - 67.

[20] 杨立红, 李建平, 石在虹, 等. 两种油管材料在模拟油田水溶液中的 CO_2 腐蚀行为. 腐蚀科学与防护技术, 2010, 22(2): 131 - 135.

[21] 赵国仙, 严密林, 路民旭, 等. 油田 CO_2 腐蚀环境中的选材评价. 腐蚀科学与防护技术, 2000, 12(4): 240 - 242.

[22] 朱世东, 尹志福, 白真权, 等. 温度对 P110 钢腐蚀行为的影响. 中国腐蚀与防护学报, 2009, 29(6): 493 - 497.

[23] 张清, 李全安, 文九巴, 等. H_2S 分压对油管钢 CO_2/H_2S 腐蚀的影响. 腐蚀科学与防护技术, 2004, 16(6): 395 - 397.

[24] 白真权, 李鹤林, 刘道新, 等. 模拟油田 CO_2/H_2S 环境中 N80 钢的腐蚀及影响因素研究. 材料保护, 2003, 36(4): 32 - 34.

[25] 王荣. J55 钢直缝焊油井套管沟槽腐蚀性能研究. 中国腐蚀与防护学报, 2004, 24(6): 360 - 363.

[26] 王荣. 显微组织和热处理对直缝电阻焊管沟槽腐蚀的影响. 金属学报, 2002, 38(12): 1281 - 1286.

[27] Wang R, Luo S. Grooving corrosion of electric-resistance-welded oil well casing of J55 steel. Corrosion Science, 2012, in press.

[28] Bi Z, Wang R, Jing X. Grooving corrosion of oil coiled tubes manufactured by electrical resistance welding. Corrosion Science, 2012, 57: 67 - 73.

[29] Wan Nik W B, Sulaiman O, Fadhli A, et al. Corrosion behaviour of aluminum alloy in seawater: Proceedings of MARTEC 2010: The International Conference on Marine Technology 11−12 December 2010, BUET, Dhaka, Bangladesh.

[30] Son I J, Nakano H, Oue S, et al. Pitting corrosion resistance of anodized aluminum alloy processed by severe plastic deformation. Materials Transactions, 2007, 48(1): 21-28.

[31] Zaveri N, Mahapatra M, Deceuster A, et al. Corrosion resistance of pulsed laser-treated Ti-6Al-4V implant in simulated biofluids. Electrochimica Acta, 2008, 53: 5022 - 5032.